计算机“十四五”精品教材

PowerPoint 多媒体课件制作实例教程

主　编　王立慧　陈小华　尹吉丽
副主编　匡栩葭　朱华西　任靖娟

哈尔滨工程大学出版社
Harbin Engineering University Press

内容简介

本书共10章，主要包括课件制作基础知识、PowerPoint 2016基本知识、课件片头的制作、课件超链接的制作、课件内容的制作、控件及母版的应用、多媒体课件的放映、课件的设置与打印、课件的排版与输出和PowerPoint课件制作综合案例等内容。

本书内容丰富、语言通俗、实用性强，既可作为应用型本科、职业院校相关专业教材，也可作为广大多媒体制作人员、课件制作人员的参考书，还可以作为电脑培训班及电脑学校的教学用书。

图书在版编目（CIP）数据

PowerPoint多媒体课件制作实例教程 / 王立慧，陈小华，尹吉丽主编. -- 哈尔滨 ：哈尔滨工程大学出版社，2021.5

ISBN 978-7-5661-2959-8

Ⅰ. ①P… Ⅱ. ①王… ②陈… ③尹… Ⅲ. ①多媒体课件－制作－图形软件－高等学校－教材 Ⅳ. ①G434

中国版本图书馆CIP数据核字（2021）第086681号

PowerPoint多媒体课件制作实例教程

PowerPoint DUOMEITI KEJIAN ZHIZUO SHILI JIAOCHENG

责任编辑 张 曦
封面设计 赵俊红

出版发行 哈尔滨工程大学出版社
社　　址 哈尔滨市南岗区南通大街145号
邮政编码 150001
发行电话 0451-82519328
传　　真 0451-82519699
经　　销 新华书店
印　　刷 唐山唐文印刷有限公司
开　　本 787 mm×1 092 mm 1/16
印　　张 15
字　　数 384千字
版　　次 2021年5月第1版
印　　次 2023年5月第2次印刷
定　　价 48.00元
http://www.hrbeupress.com
E-mail：heupress@hrbeu.edu.cn

前　言

PowerPoint 具有强大而完善的绘图和设计功能，提供了高效的图形图像、文本声音、自定义动画、播放幻灯片等功能。本书立足于 PowerPoint 2016 软件的多媒体课件制作技术，通过大量课件案例演练介绍其操作方法。

为了帮助广大读者快速掌握 PowerPoint 多媒体课件制作方法，我们特别组织专家和一线骨干教师编写了《PowerPoint 多媒体课件制作实例教程》一书。本书主要具有以下特点：

（1）本书用到的实例源文件和各种素材可直接应用到教学中，或者以这些课件实例为模板稍作修改，即可制作出更多实用课件。

（2）本书使用的素材与制作的效果共达 290 多款，其中包含 150 多款素材文件、140 多款效果文件，涉及很多的课后习题实例等。

（3）为了更便于教学，每章都增加了上机练习模块，可以使读者及时检验学习成果以及举一反三制作出更多精彩的课件范例。

（4）本书对 PowerPoint 2016 多媒体课件的制作方法和基本应用技巧进行了合理划分，让读者循序渐进地学习软件应用。

（5）本书附有作者在使用软件过程中总结的经验技巧，共计 80 多个，全部奉献给读者，方便读者提升课件实战技巧与经验。

（6）本书是一本操作性强的技能实例手册，共计 150 多个实例讲解。使读者在熟悉基础知识的同时熟练掌握多媒体课件的制作方法。

（7）本书所介绍的技能实例的操作，全部录制了带语音讲解的演示视频，约 210 多分钟，读者可以独立观看视频演示进行学习。

（8）在写作过程中，避免了冗繁的文字叙述，通过 870 多张操作截图来展示软件具体的操作方法，做到图文对照、简单易学。

本书共 10 章，主要包括主要包括课件制作基础知识、PowerPoint 2016 基本知识、课件片头的制作、课件超链接的制作、课件内容的制作、控件及母版的应用、多媒体课件的放映、课件的设置与打印、课件的排版与输出和 PowerPoint 课件制作综合案例等内容。

本书由王立慧（辽宁省鞍山技师学院）、陈小华（安顺城市服务职业学校）和尹吉丽（河南省平顶山市财经学校）担任主编，由匡栩葭（益阳职业技术学院）、朱华西（张家界航空工业职业技术学院）和任靖娟（河南中医药大学）担任副主编。本书的相关资料可扫封底微信二维码或登录 www.bjzzwh.com 获得。

由于编者水平有限，书中存在的疏漏和不当之处，敬请各位专家及读者不吝赐教。

编　者

目 录

第 1 章 课件制作基础知识

【本章概览】

Microsoft PowerPoint 2016 的功能非常强大，其实用性很强，创作人员可以根据自己的创意，先从总体上对信息进行分类组织，然后把文字、图形、图像、声音、动画、影像等多种媒体素材在时间和空间两方面进行集成，使它们融为一体并赋予其交互特性，从而制作出精彩纷呈的多媒体应用软件产品。

【本章重点】

- ➢ 多媒体课件的类型
- ➢ 多媒体课件设计流程
- ➢ 多媒体课件制作过程
- ➢ 多媒体教学帧面设计
- ➢ 多媒体虚拟现实应用

1.1 多媒体课件的类型

从计算机辅助教学的发展来看，多媒体课件分为传统型课件、多媒体型课件和网络型课件三种。

1.1.1 传统型

由于计算机技术的发展和软件开发水平在多媒体课件发展的初期受到一定的限制，使得多媒体课件只能在一些大型的系统上得到应用。尽管后来个人计算机的出现使多媒体课件有了一定的发挥空间，但当时个人计算机的操作系统大都是 DOS 操作系统（Disk Operating System 的缩写，意思是“磁盘操作系统”），要编制一个多媒体课件非常困难，需要花费大量的时间，需要编写大量的复杂代码，最终的结果并不理想。这样编制的多媒体课件应用软件效果并不明显，最大的缺点便是缺少生动的画面和人机交互，对于非专业的人员来说，要制作一个这样的多媒体课件应用软件几乎是不可能的事。因此在传统型多媒体课件时期，多媒体课件强大的作用并没有得到真正的体现。

1.1.2 多媒体型

随着计算机多媒体技术的不断发展，使得用户能够在各种多媒体课件模式下运用多媒体技术，通过将文字、图像、声音和动画等多种媒体集成在一起，让教学内容更为丰富形象，教学过程更为生动有趣，学习效果更为明显，教学效率大大提高。同时，Windows 等系统软件在个人计算机上诞生使得一大批多媒体应用软件闪亮登场，如 PowerPoint、Authorware 等，它们为非计算机专业的人员提供一个个理想的多媒体课件的设计平台。

1.1.3 网络型

当今互联网已经成为人们查找信息、收集信息和处理信息的主要工具，Internet 的发展使多媒体课件应用不再是一种孤立的、局部的应用，而将是更大范围的应用、更多的资源共享以及更强大的人机交互。例如，Flash、FrontPage 等面向网络的多媒体应用软件，使用户设计的课件可以直接通过网络发布，学生可以通过 Internet 浏览器获取学习资源，利用 QQ、微信、微博、钉钉等多种网络通信方式进行学生与学生、学生与教师，乃至学生与社会各界的相互交流。同时，网络型多媒体课件能够及时获取和处理学生的反馈信息，增强了人机的交互功能。因此，网络型多媒体课件为用户提供了丰富的教学资源。现在，用户要制作一个网络型多媒体课件已经是一件很容易的事情。比如，目前可以利用 FrontPage、Dream weaver 等网页制作软件，再配合 JavaScript、VBScript、DHTML 等简单的编程语言，以及数据库等技术，制作出交互性较强的网络型多媒体课件。

与网络型课件相对应的，是计算机课件（基于计算机的课件）。通常所说的光盘版、单机版和本地版，就是指基于计算机的课件。这类课件通常较大，无法流畅地在网络浏览和传输。例如，课堂录像类视频课件，1 小时的课件有几百兆大，即使上传到网上打开也很费力，而且难以通过邮件等工具传输。

1.2 多媒体课件设计流程

一个多媒体课件的开发流程与实施其他软件工程一样，从严格的角度来说，都要经历一些必不可少的步骤。这些步骤主要是课件主题、教学设计、系统设计、数据采集、软件编辑、试用评论和改进。

1.2.1 课件选题的确定

多媒体应用是经过精心创意设计的应用软件，因此评估多媒体设计的选题的可行性是一项十分重要的工作。多媒体应用系统选题范围是没有限制的，但必须经过严格思考后，方可确定。多媒体课件开发首先要解决的问题是选择什么样的内容，具体应用到什么区域，主题确定以后，应该编写选题报告和计划书。选题报告计划书中应该包括以下内容。

（1）用户分析报告：说明有哪些基本用户，在什么场合使用，用户计算机应用水平，还有哪些扩展用户，并对用户一般特点和使用风格进行分析。

（2）设施分析报告：说明硬件基本装备，需要什么辅助装备，有哪些可选用，有无特殊需要，需要哪些多媒体软件，软件环境需提供什么支持等。

（3）成本效益分析报告：该系统管理效益与经济效益以及市场潜力如何，设计开发投入的人力和资金预算，需花费的时间，所用资源和资金来源，所提供信息的使用价值如何，使用频率又如何。

（4）系统内容分析报告：系统总体设计流程，涉及的多媒体元素系统的组织结构等。

上述分析报告的目的是确定使用对象和要求，确定应用系统设计结构，建立设计标准，确定制作目标。

1.2.2　课件结构的确定

在制作多媒体时，结构设计是非常重要的，没有结构支撑，很难实现正常的功能。在着手制作多媒体课件时，首先应该确定结构。在传统教学中，教学信息如课本、录音和录像等的组织结构都是线性的，这在客观上限制了人类自由联想能力的发挥，而超文本技术就克服了这一缺点。多媒体课件中的信息结构就是采用这种非线性的超文本方式。

根据多媒体课件中节点和链的连接关系，可以归纳出多媒体课件中的教学内容结构组织方式有线性结构、树状结构、网状结构和混合结构等几种。多媒体课件的结构设计主要包括节点设计、链的设计，以及由此产生的网络和学习路径的设计。

（1）节点设计。它是存储信息的基本单元，又称信息块，每个节点表达一个特定的主题，它的大小根据实际需要而写，没有严格的限制，通常有程序类节点和根节点等。程序类节点用“按钮”来表现，进入这种节点后，将启动相应的程序，完成特定的操作。根节点是进入系统学习遇到的第一个节点，同时也是其他任何节点都能返回的中心节点，因此根节点的设计十分重要。根节点的常用设计方法如下。

➢ **总述：** 根节点中整个内容的概述与知识库中的所有主要概念都建立了联系。

➢ **自顶向下：** 使用层次分析法，根节点是顶端的主要本质概念。

➢ **菜单：** 根节点是知识库中主要概念的列表或内容表。

➢ **辅导：** 根节点是进入其他节点通道的示范。

（2）链的设计。链的设计主要涉及节点之间如何联结及其怎样表示。链表示不同节点间信息的联系，它是由一个节点指向其他节点，或从其他节点指向该节点。因为信息间的联系是千变万化、丰富多彩的，所以链也是复杂多样的，有单向链、双向链等。链功能的强弱，直接影响节点的表现力，也影响到信息网络的结构和导航的能力。超文本中有了链才有了非线性，用户才能“沿着”链找到相关信息。在多媒体课件中，链是隐藏在信息背后、记录在系统中的，用户看不到表示单向或双向的线，只是在从一个节点转向另一个节点时，会感觉到链的存在。链的基本组合方式有以下几种：一条线性浏览路径、树状结构、无环的网、分块链接、任意链接。链分为以下三种。

➢ **线性链：** 反映节点之间的次序、位置等关系。

➢ **树形链：** 体现节点间的层次、归属和类推等关系，反映节点内容的语义逻辑联系。

➢ **网状链：** 即任何节点之间都可以建立联系，如背景、索引、例证、重点和参考资料等，体现创建人员的联想。

一个超媒体系统中各种类型的链所占的比例取决于领域知识、系统目的和学习特征。

（3）网络和学习路径设计。节点和链的组织方式不同，从而产生不同的超媒体系统网络结构，包括阶层型、细化型和对话型。常见的学习路径模式有顺序式、循环式、分支式、索引式和网状式。

1.2.3 课件脚本的编写

制作一个多媒体课件首先要规划与撰写脚本，脚本的撰写是多媒体课件创建的核心，它除了要求写作者有一定的教学经验外，更重要的是要把心理学和计算机教学的特点融合进来。脚本对于软件的作用相当于剧本对于电视、电影的作用，它是开发与制作课件的依据。

在多媒体脚本设计过程中应该做到以下几点。

（1）规划各项内容显示的顺序和步骤。

（2）描述期间的分支路径和衔接的流程。

（3）兼顾系统的完整性和连贯性。

（4）既要考虑到整体结构，又要善于运用声、画以及影物等多重组合达到最佳效果。

（5）注意交互性和目标性。

（6）根据不同的应用系统运用相关领域的知识和指导理论。

多媒体应用系统能根据用户的输入要求随时改变节目控制流程，可通过菜单、热键按钮及超级链接等方法来实现，对不同应用系统控制的程序也各异。脚本编写完后，应组织有关专家和用户进行评议，进行修改完善，进行下一步创意设计。

1.3 多媒体课件制作过程

制作一个高效实用课件的前提条件是必须了解多媒体课件制作的基本过程，其过程大致可分为准备阶段、制作阶段和应用阶段。

1.3.1 脚本设计与制作

脚本的设计与制作就是需要设计者根据使用者编写的脚本，站在使用者的角度来考虑和分析问题，设计好课件的书面文字表达方式。设计与制作脚本时可以跟使用者进行商量，决定最好的实现效果和最优的实现方法。课件制作脚本的具体内容包括封面的设计、界面的设计、结构的安排、素材的组织和技术的运用。制作脚本的设计不仅可以使课件设计者在制作课件时做到心中有数，不至于走弯路，也方便以后对课件进行重新整理和修改。这一步对设计一个优秀的多媒体 CAI（Computer Aided Instruction，计算机辅助教学）课件是非常必要的。

1.3.2 课件素材的准备

在实际制作过程中，准备素材消耗的时间往往是最多的，例如，要制作一个语文课件，需要收集与本课相关的图片、动画和声音等素材。这些素材有的可以找到，但也需进行加工和处理才能够利用；有的却不容易找到，只有自己进行制作。没有图片就需要使用图像处理软件绘制，没有动画就需要使用动画制作软件制作，没有声音就需要使用录音机来录制等，所有这些花费的时间将远远超过制作课件所花费的时间。由此可见，掌握获取素材、处理素材的方法和技巧是非常有价值的事。

1.3.3　课件的制作技巧

课件的制作技巧就是将各种教学素材放置到课件中，设置用户对课件的控制点和交互方式。在课件的具体制作过程中，好的操作习惯和方法可以加快课件的制作，方便课件的修改；可以把课件的不同部分制作成几个分支结构；尽量将具有一个整体功能的部分制作成一个模板，方便同一课件中不同部分的共享；经常为课件比较重要的部分做一个批注；为不同的素材对象赋予一个名称；允许使用者出现错误的操作，并且能够及时纠正；设计一个生动快捷的帮助信息系统，随时给予读者一定的提示等。这样的课件将具有良好的可读性、可维护性和实用性。

1.3.4　文字脚本的编写

文字脚本就是设计者根据实际需要而写的需求书。文字脚本一般要求由设计者根据自己的课堂教学需要来编写。首先，必须写清楚大概的教学过程和重要的教学环节；其次，要写明课件的作用点，明确课件所具有的作用和意义，如果能够使用其他媒体或手段达到更好的效果，就没有必要使用课件；再次，要写出需要的文字、图片、动画和声音等素材；最后，要注明各个课件片段需要展现的效果和出现形式。以上的文字脚本内容，设计者可以根据实际情况设计一张表格让用户填写，这样才能保证课件设计的科学性、实用性和针对性。表 1-1 所示为一个脚本设计表格的范例。

表 1-1　多媒体 CAI 课件制作脚本设计

<table>
<tr><th colspan="2">学　科</th><th>年　级</th><th>执教者</th><th colspan="2">教学课目</th><th>课件用途</th></tr>
<tr><td colspan="2">数学</td><td>二年级</td><td>李花</td><td colspan="2">时分的认识</td><td>赛课</td></tr>
<tr><td>课件设计结构及实现步骤</td><td colspan="3">该课件共分为三大部分：复习、新授、巩固
一、复习部分
（1）显示各种各样的钟表。
（2）出现作息时间图——要求依次出现。
二、新授部分
（1）认识钟面：划分钟面，制作时针和分针的移动。
（2）时分概念：听一分钟音乐，出现一个进度条。
（3）制作例 1：按照书上要求先出现图，再出现答案，最后将 4 个时刻的钟面放在一起做对比。
（4）制作例 2：先转动时针和分针再出现答案。
三、巩固练习
（1）制作练习 1：内容略，要求答案能够输入，并且能够作出判断。
（2）制作练习 2：内容略，出现一张运动会日程安排表。
（3）游戏：动物运动、比赛跑步，详细过程略</td><td>简单图例</td><td colspan="2">界面要求
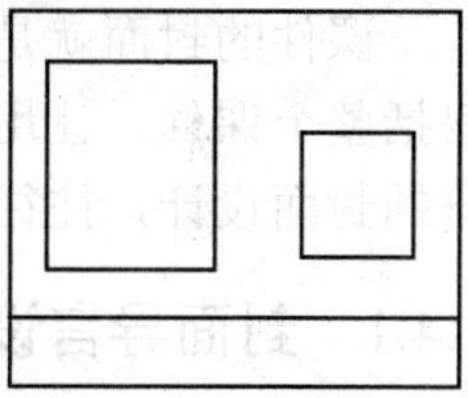
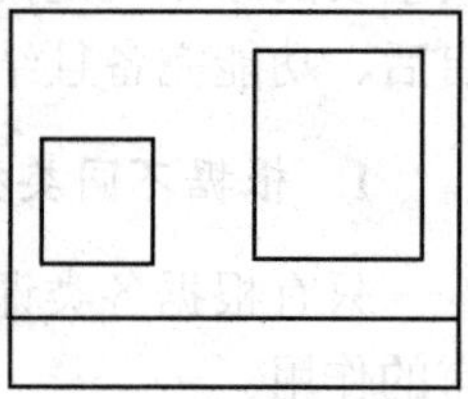</td></tr>
<tr><td>修改方案</td><td colspan="6">课件结构需要重新安排，分三个大版块，进入后里面又分子版块，各个版块之间能够快速切换。游戏的动画需要调整，最后要求能够拖放动物，并排出正确的名次</td></tr>
</table>

1.3.5 课件的调试运行

为了保证课件的正常运行，需要对课件进行调试。通常可以使用以下几种实用的方法进行课件的调试。

（1）分模块调试：对于内容比较多的课件，设计者可以将课件从逻辑上分为几个比较独立的片段进行调试，保证每一个模块都能够正常运行。

（2）测试性调试：将课件的不同部分集成在一起进行调试，尽量尝试多种操作的可能性，看是否能够保证课件的正常运用。

（3）模拟性调试：模拟实际教学过程中教师的“教”和学生的“学”，看课件能否满足或适应实际教学的需要。

（4）环境性调试：一个课件的正常运行总是要依赖事实上的硬件和软件环境，可以尝试在不同配置的计算机上、不同操作系统以及不同的应用软件环境下进行调试，以获得课件运行的最佳环境。

1.3.6 课件的维护更新

对于同一个教学内容，不同的教师对课件的需求也不尽相同。设计者应该不断地收集使用者的信息，更新和完善课件内容，以使课件在教学中发挥更加强大的作用。例如，设计者可以通过网络发布课件，实现课件资源共享，从而获得更多使用者的反馈信息和综合意见，不断改进，对课件进行完善的过程也是设计者自身设计水平提高的过程。

1.4 多媒体教学帧面设计

课件的封面就是课件的门面，它通过与内容相关的画面和标题文字的结合，简洁明了地概括整个课件，让用户在未打开课件时，对课件的主要内容就有了一个初步的感受。一部经典的封面设计，往往会给人留下极其深刻的印象。

1.4.1 封面导言设计

因为导言部分是课件中抛砖引玉的部分，因此封面导言部分的设计中应遵循的最基本、最重要的原则就是简单、明了和清晰。这一部分的设计不能过于复杂和烦琐，但必须能承前启后、功能完备且结构简单。封面导言部分的设计主要依据以下方法进行。

1. 根据不同类型的课件选择不同类型的封面导言

只有根据各类课件的特点和要求在不同的课件中选用最佳的导言类型，才能发挥封面导言的作用。

（1）通常在演示型和个别化学习型课件中选用介绍型导言，让用户了解课件的内容和使用方法。

（2）在练习型和智能化课件中常用数据获取型导言，主要用于获取用户信息，且按用户的要求设定系统运行的有关参数。

（3）在故事型或以叙述为主的演示课件中常使用序幕型导言，便于用户感受气氛，进入角色，自然而然地被软件所吸引。

2. 针对不同类型封面导言，适当选择和有机组合各种媒体信息

封面导言的类型不同，其作用、使用环境等也不同，因此设计不同类型的导言时要选择适当种类的媒体信息，经过合理设计，有效组合，发挥各种导言的作用。

在介绍型导言中，常使用课件特有的主题人物，如“智慧鸟”“鹏博士”和“小精灵”等来介绍有关情况，因此在这种导言中，常常用到的媒体信息是图像、动画和声音，同时也使用音乐文件作背景，少量的文字作提示和强调。在数据获取型的导言中，常使用的媒体信息是文字，通常以提示语出现，引导用户正确输入信息，同时也可采用一些图像做底图或提示符号。在序言型导言中常用的媒体信息是动画、语音和文字。在这里，语音用作解说，文字用作字幕，音乐或视频片段用以创设情景和制造气氛。

多媒体技术的特点在于它拥有丰富多彩而又繁多的信息种类，可以尽可能地发挥模仿、再现等表现方法的作用。但由于封面的导言部分不能过于烦琐和复杂，因此在设计中要注意选择必要的多媒体信息，通过有效的组合方法来设计导言部分，以免喧宾夺主。

3. 根据主要使用对象的特征，合理设计导言

在确定了课件封面中要采用的导言类型、导言部分信息种类后，应考虑用户的特征进行封面导言部分的具体设计。由于不同的用户在生理特征、知识水平和计算机经验等方面都有差异，因此要注意针对主要的用户，充分兼顾其他的用户，设计可简可繁，使用灵活的导言。例如，序言型导言应能够自动演示且又能随时中断；信息获取型导言应该有充分的指示，不仅可以引导新的用户填充数据，同时又能方便原来的用户跳过不必要的重复操作。

总体而言，封面导言的设计要做到简练，这是由封面导言部分在整个课件结构中的地位和其自身的特点决定的，既要突出这个部分的作用，又要避免喧宾夺主。

1.4.2　导航设计

课件的导航体现了整个课件的大纲，可按照下面的方法进行设计。

（1）信息隐形。信息隐形就是将不常用的或在一定的条件下才能使用的选择工具暂时隐藏起来，只有在条件满足时，才开放给用户，这样就减少了用户的选择。如菜单中常常有些项目显示模糊，表明此时不能选择该项目。

（2）电子书签和电子笔记。电子书签可以让学生在超媒体系统探索路径上做上多个标记，供下次学习参考；学生使用电子笔记记下学习心得或将对自己有用的信息拷贝到电子笔记中。

（3）减少链数目。一个简单而容易忽视的方法是减少超媒体系统中的链数目，对关系不明显的结点之间没有必要建立链。建立的链一定要对学生有明确的意义，并且学生能够理解。

（4）浏览图。直观形象的浏览图可以指示出学生在超媒体系统网络结构中的位置：一是在封面或开头给出系统的整体结构，如 The Animals CD—ROM 光盘，进入系统，首先是一张圣地亚哥动物园示意图，给出陆地、高山、平原或海洋等地区的动物分布图，这样不仅知晓该系统的主要内容，还有利于确定自己在系统中的位置；二是系统显示每个主题内容在整个系统网络结构中的次序和位置，因为对于一个复杂的系统要表示出整个结构是非常困难的。

（5）安全返回。发现学生在系统中迷路或遇到困难时，系统应提供工具，让学生能够“安全”退回大本营，回到中心结点，如 HyperCard 中有一个 Home 按钮，随时可以回到系统的开头。

（6）提供教学导向活动。多媒体课件和多媒体展示软件的区别之一是前者包含教学导航活动。具体来说，至少包括下列内容：系列化教学事件，如明确学习目标、课程概览、提示学前经验、提供原则、例证、练习、评估和反馈等；提供导航工具，如目录、菜单、图标和索引等。

（7）给予学生适当的控制权。在多媒体辅导教学中，要达到个别化教学的目的，最容易做到也最可行的方法是经由“学生控制”，由学生根据自己的需求和偏好来选择信息的形式、数量、速度和路径。尽管“学生控制”的方法看起来颇为吸引人，但需谨慎，避免误用了控制的权力。系统应适当监控学生，提供学习建议，提示重要的学习路径，更重要的是评估学习成果，以诊断学习中的问题并保证学习目标的达成。

（8）告知学习进度。在传统的印刷媒体呈现信息的方式中，学生可以随时浏览而得知自己的阅读进度，而多媒本教学环境中则不行。因此，在多媒体课件中，当学生行径每一章节或段落时，系统应告知，以便了解进度，如路径和页数等的显示。

（9）人工智能技术的应用。应用人工智能技术，特别是教学专家系统的学生模型和教学法模块，系统将学生的学习行为记录下来，并与专家系统里的知识比较，再用规则去控制下一步系统所采取的教学策略，这样可以有效地防止学生偏离学习目标，起到导航作用。

1.5 多媒体虚拟现实应用

虚拟现实应用于教育是教育技术发展的一个飞跃。它营造了“自主学习”的环境，由传统的“以教促学”的学习方式转为学习者通过自身与信息环境的相互作用来得到知识、技能的新型学习方式。本节将介绍多媒体虚拟现实的应用领域。

1.5.1 科技研究

当前许多高校都在积极研究虚拟现实技术及其应用，并相继建起了虚拟现实与系统仿真的研究室，将科研成果迅速转化为实用技术，如北京航空航天大学在分布式飞行模拟方面的应用；浙江大学在建筑方面进行虚拟规划、虚拟设计的应用；哈尔滨工业大学在人机交互方面的应用；清华大学对临场感的研究等都颇具特色。有的研究室甚至已经具备独立承接大型虚拟现实项目的实力。虚拟学习环境的虚拟现实技术能够为学生提供生动、逼真的学习环境，如建造人体模型、电脑太空旅行和化合物分子结构显示等。在广泛的科目领域提供无限的虚拟体验，从而加速学习过程和巩固学生学习成果。亲身去经历、亲身去感受比空洞抽象的说教更具说服力，主动的交互与被动的灌输有本质的差别。

虚拟实验利用虚拟现实技术，可以建立各种虚拟实验室，如地理、物理、化学、生物实验室等，拥有传统实验室难以比拟的优势。

（1）节省成本。通常由于设备、场地和经费等硬件的限制，许多实验都无法进行。而利用虚拟现实系统，学生足不出户便可以做各种实验，获得与真实实验一样的体验。在保证教学效果的前提下，极大地节省了成本。

（2）规避风险。真实实验或操作往往会带来各种危险，利用虚拟现实技术进行虚拟实验，学生在虚拟实验环境中，可以放心地去做各种危险的实验。例如，虚拟的飞机驾驶教学系统，可免除学员操作失误而造成飞机坠毁的严重事故。

（3）打破空间、时间的限制。利用虚拟现实技术，可以彻底打破时间与空间的限制。大到宇宙天体，小至原子粒子，学生都可以进入这些物体的内部进行观察。一些需要几十年甚至上百年才能观察的变化过程，通过虚拟现实技术，可以在很短的时间内呈现给学生观察。例如，生物中的孟德尔遗传定律，用果蝇做实验往往要几个月的时间，而虚拟技术在一堂课内就可以实现。

1.5.2　虚拟实训基地

利用虚拟现实技术建立起来的虚拟实训基地，其“设备”与“部件”多是虚拟的，可以根据需要随时生成新的设备。虚拟现实的教学内容可以不断更新，使实践训练及时跟上技术的发展。同时，虚拟现实的沉浸性和交互性，使学生能够在虚拟的学习环境中扮演一个角色，全身心地投入到学习环境中去。

这非常有利于学生的技能训练，包括军事作战技能、外科手术技能、教学技能、体育技能、汽车驾驶技能、果树栽培技能和电器维修技能等各种职业技能的训练。由于虚拟的训练系统无任何危险，因此学生可以不厌其烦地反复练习，直至掌握操作技能。例如，在虚拟的飞机驾驶训练系统中，学生可以反复操作控制设备，学习在各种天气情况下驾驶飞机起飞、降落，通过反复训练，达到熟练掌握驾驶技术的目的。

1.5.3　虚拟校园

教育部在一系列相关的文件中，多次涉及虚拟校园，阐明了虚拟校园的地位和作用。虚拟校园也是虚拟现实技术在教育培训中最早的具体应用，它由浅至深有三个应用层面，分别适应学校不同程度的需求。

（1）简单的虚拟校园环境，可供浏览教学、教务和校园生活。

（2）功能相对完备的三维可视化虚拟校园以学员为中心，加入一系列人性化的功能，以虚拟现实技术作为远程教育基础平台虚拟远程教育。

（3）虚拟现实可为高校扩大招生后设置的分校和远程教育教学点提供可移动的电子教学场所，通过交互式远程教学的课程目录和网站，由局域网工具作校园网站的链接，可对各个终端提供开放性的、远距离的持续教育，还可为社会提供新技术和高等职业培训的机会，创造更大的经济效益与社会效益。

随着虚拟现实技术的不断发展和完善，以及硬件设备价格的不断降低，虚拟现实技术以其自身强大的教学优势和潜力，将会逐渐受到教育工作者的重视和青睐，最终在教育领域广泛应用并发挥其重要作用。

本章小结

本章主要介绍了多媒体课件的基本知识。首先介绍了多媒体课件的类型，包括传统型、多媒体型和网络型；然后介绍了多媒体课件的设计流程，其中包括选题的确定、结构的确定和脚本的编写；接着介绍了多媒体课件的制作过程；最后介绍了多媒体教学帧面设计和多媒体虚拟现实应用。通过本章的学习，可以帮助读者全面了解课件的基础知识。

第 2 章　PowerPonint 2016 基本知识

【本章概览】

学习 PowerPoint 2016 之前，应从演示文稿的建立开始，演示文稿的建立包括创建文稿、打开文稿、保存文稿和编辑幻灯片。本章主要介绍 PowerPoint 2016 的基本知识。

【本章重点】

- 掌握 PPT 软件基本操作
- 认识 PPT 的工作界面
- 掌握课件常用视图
- 创建多媒体课件
- 保存演示文稿
- 制作个性化工作界面
- 自定义快速访问工具栏

2.1　PowerPoint 2016 基本操作

PowerPoint（简称 PPT）是微软公司推出的 Microsoft Office 办公套件中的一个组件，专门虚拟现实的演示文稿（俗称幻灯片），广泛应用于各种会议、产品演示、学校教学等。

本节主要介绍 PowerPoint 2016 的软件界面、普通演示文稿的制作流程、PowerPoint 2016 的基本操作，并通过一个实例制作过程帮助读者快速上手做出自己的演示文稿。

2.1.1　启动 PowerPoint 2016

PowerPoint 是在 Windows 环境下开发的应用程序，和启动 Microsoft Office 软件包中的其他应用程序一样，可以采用以下几种方法来启动 PowerPoint。

- **图标：** 双击桌面上的 PowerPoint 2016 快捷方式图标，即可启动 PowerPoint 2016。
- **命令：** 单击“开始” | “所有程序” |Microsoft Office| Microsoft PowerPoint 2016 命令，即可启动 PowerPoint 2016。
- **快捷菜单：** 在桌面窗口中的空白区域单击鼠标右键，在弹出的快捷菜单中选择“新建” | “Microsoft PowerPoint 演示文稿”选项，即可启动 PowerPoint 2016。

2.1.2 退出 PowerPoint 2016

退出 PowerPoint 2016，常用以下三种方法。

- **按钮：** 单击标题栏右侧的“关闭”按钮。
- **命令：** 单击“文件”|“退出”命令。
- **快捷键：** 按【Alt + F4】组合键，可直接退出 PowerPoint 应用程序。

2.2 PowerPoint 2016 的工作界面

PowerPoint 2016 的工作界面和以往的 PowerPoint 工作界面区别不是特别大，它主要包括快速访问工具栏、标题栏、功能区、编辑区、状态栏、备注栏、幻灯片/大纲窗格等部分，如图 2-1 所示。

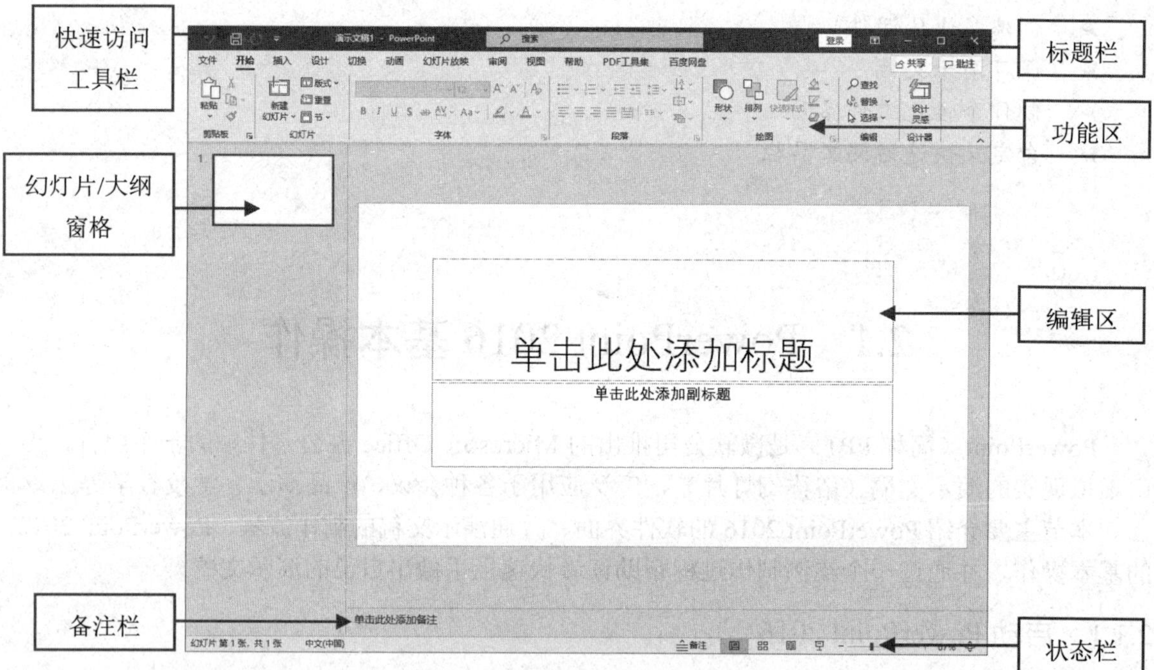

图 2-1　PowerPoint 2016 工作界面

2.2.1 快速访问工具栏

默认情况下，快速访问工具栏位于 PowerPoint 窗口的顶部，用户可以自行设置快速访问工具栏中的按钮，可将需要的常用按钮显示其中，也可以将不需要的按钮删除。利用该工具栏可以对最常用的工具进行快速访问，如图 2-2 所示。

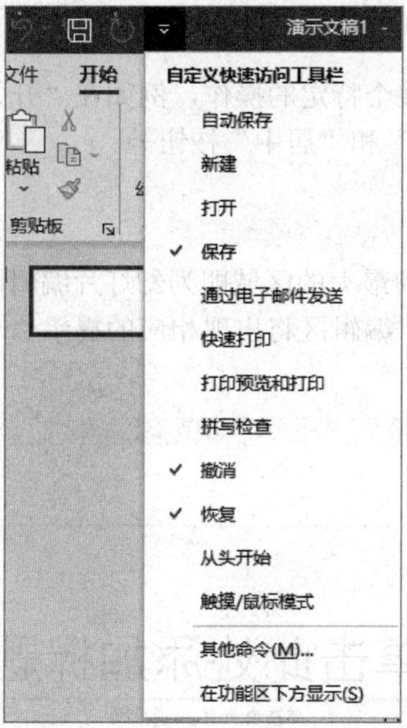

图 2-2 自定义快速访问工具栏及其列表框

2.2.2 标题栏

标题栏位于 PowerPoint 工作界面的顶端，用于显示演示文稿的标题。标题栏最右端有三个按钮，分别用来实现窗口的最大化（还原）、最小化和关闭等操作。

2.2.3 功能区

功能区由面板、选项板和按钮三部分组成，如图 2-3 所示。

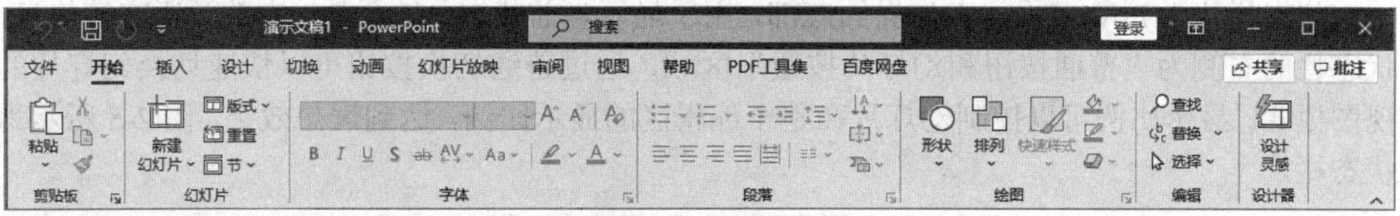

图 2-3 功能区

下面分别介绍这三个部分。

1. 面板

面板位于功能区顶部，各个面板都围绕特定方案或对象进行组织，例如“开始”面板中包含了若干常用的控件。

2. 选项板

选项板位于面板中，用于将某个任务细分为多个子任务控件，并以按钮、库和对话框的形式出现，比如“开始”面板中的“幻灯片”选项板、“字体”选项板等。

3. 按钮

选项板中的按钮用于执行某个特定的操作，例如在“开始”面板中的“段落”选项板中有“文本左对齐”“文本右对齐”和“居中”按钮等。

2.2.4 编辑区

PowerPoint 2016 主界面中间最大的区域即为幻灯片编辑区，用于编辑幻灯片的各项内容，当幻灯片应用了主题和版式后，编辑区将出现相应的提示信息，提示用户输入相关内容。图 2-4 所示为幻灯片编辑区。

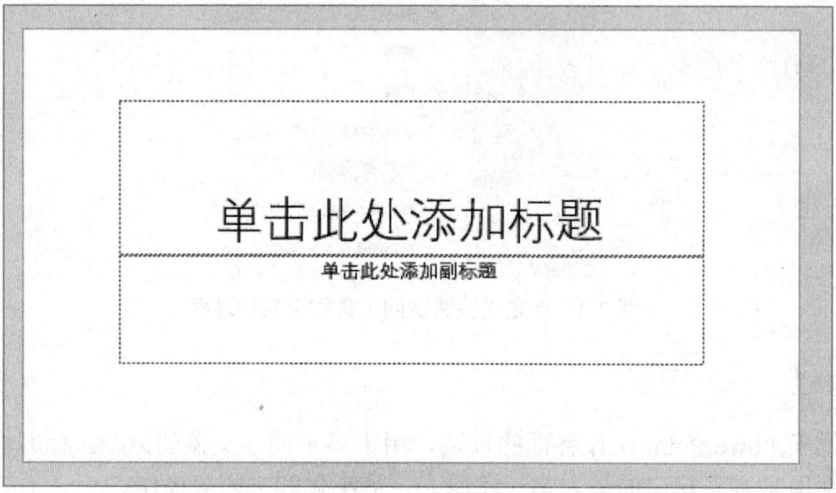

图 2-4 幻灯片编辑区

2.2.5 状态栏

状态栏位于 PowerPoint 工作界面底部，用于显示当前状态，如页数、字数及语言等信息，状态栏的右侧为“普通按钮和幻灯片按钮”区域，通过普通切换按钮可以快速切换幻灯片的视图模式。显示比例可以控制幻灯片在整个编辑区的显示比例，达到理想效果。图 2-5 所示为状态栏。

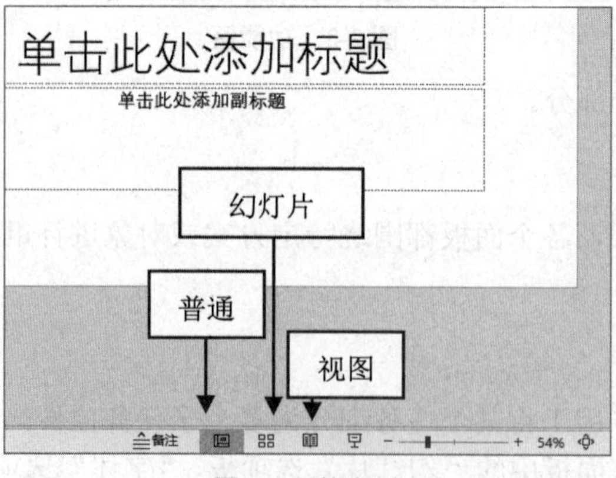

图 2-5 状态栏

2.2.6 备注栏

备注栏位于幻灯片编辑窗口的下方，用于显示幻灯片备注信息，方便演讲者使用。用户还可以打印备注，将其分发给观众，也可以将备注添加到发送给观众或在网页上发布的演示文稿中。

2.2.7 幻灯片/大纲窗格

这包括“幻灯片”和“大纲”选项卡。幻灯片模式是调整和设置幻灯片的最佳模式，在这种模式下幻灯片会以序号的形式进行排列，用户可以在此预览幻灯片的整体效果。使用大纲模式可以很好地组织和编辑幻灯片内容。在编辑区的幻灯片中输入文本内容之后，在大纲模式的任务窗格中也会显示文本的内容，用户也可以直接在此输入或修改幻灯片的文本内容。

2.3 课件常用视图

在演示文稿制作的不同阶段，PowerPoint 提供了不同的工作环境，称为视图。在 PowerPoint 中，给出了五种基本的视图模式：普通视图、大纲视图、幻灯片浏览视图、备注页视图和阅读视图。在不同的视图中，可以使用相应的方式查看和操作演示文稿。

2.3.1 普通视图

普通视图是 PowerPoint 2016 的默认视图，也是使用最多的视图。普通视图可以同时观察到演示文稿中某张幻灯片的显示效果、大纲级别和备注内容。普通视图主要用于编辑幻灯片总体结构，也可以单独编辑单张幻灯片或大纲。单击“普通”按钮，进入演示文稿视图的普通视图幻灯片模式，如图 2-6 所示。

幻灯片模式是调整、修饰幻灯片的最好显示模式，如图 2-7 所示。在幻灯片模式窗口中显示的是幻灯片的缩略图，在每张图的前面有该幻灯片的序列号。单击缩略图，即可在右边的幻灯片编辑窗口中进行编辑修改，还可拖拽缩略图，改变幻灯片的位置，调整幻灯片的播放次序。

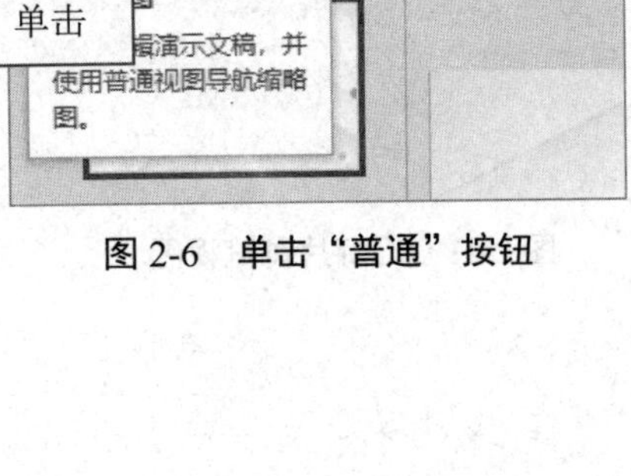

图 2-6 单击“普通”按钮

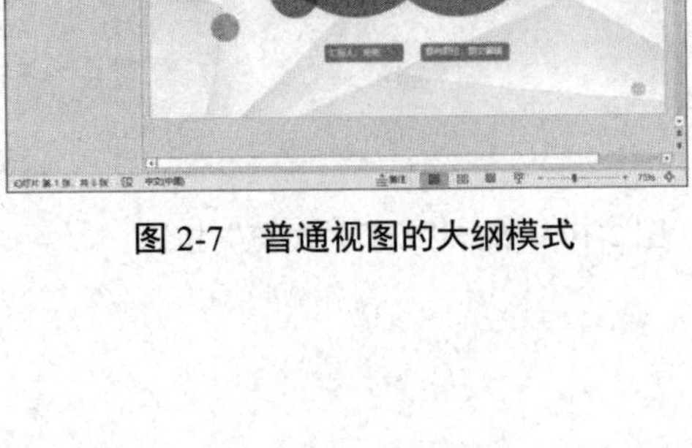

图 2-7 普通视图的大纲模式

2.3.2 大纲视图

大纲视图是指用缩进文档标题的形式代表标题在文档结构中的级别。单击“视图”面板中的“大纲视图”按钮，如图 2-8 所示。可以切换到大纲视图，显示大纲视图模式，如图 2-9 所示。

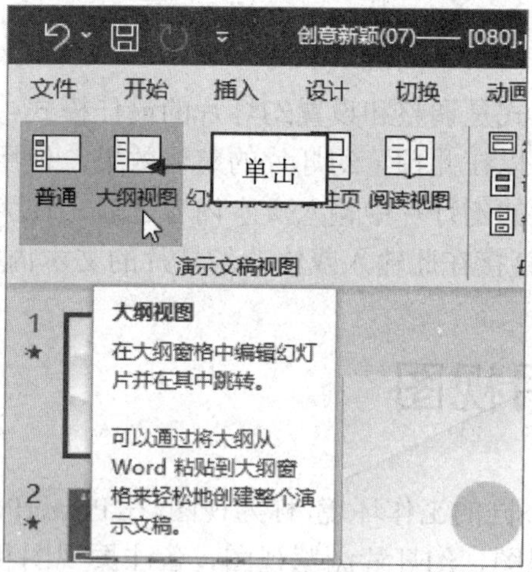

图 2-8 单击“大纲视图”按钮

图 2-9 显示大纲视图模式

2.3.3 幻灯片浏览视图

在幻灯片浏览视图中，演示文稿中的所有幻灯片以缩略图方式整齐地显示在同一窗口中。在该视图中可以查看幻灯片的背景设计、配色方案，检查幻灯片之间是否协调、图标的位置是否合适等；同时还可以快速地在幻灯片之间添加、删除和移动幻灯片的前后顺序，以及对幻灯片之间的动画进行切换。

单击状态栏中的“幻灯片浏览”按钮 ▦，可将视图模式切换到幻灯片浏览视图模式。另外，用户还可以切换至“视图”面板，在“演示文稿视图”选项板中单击“幻灯片浏览”按钮（图 2-10）。同样可以切换到幻灯片浏览视图模式，如图 2-11 所示。

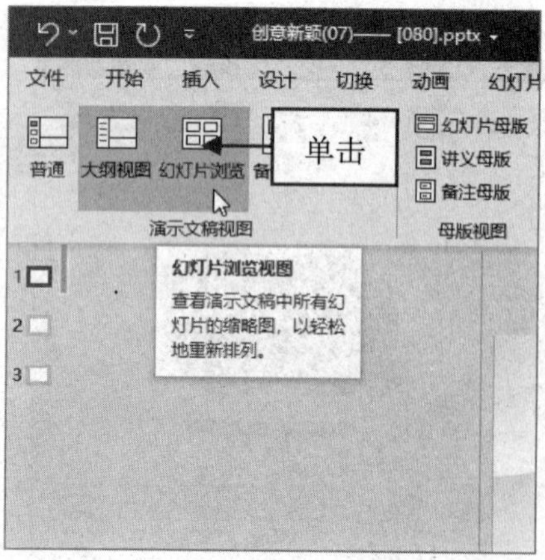

图 2-10 单击“幻灯片浏览”按钮

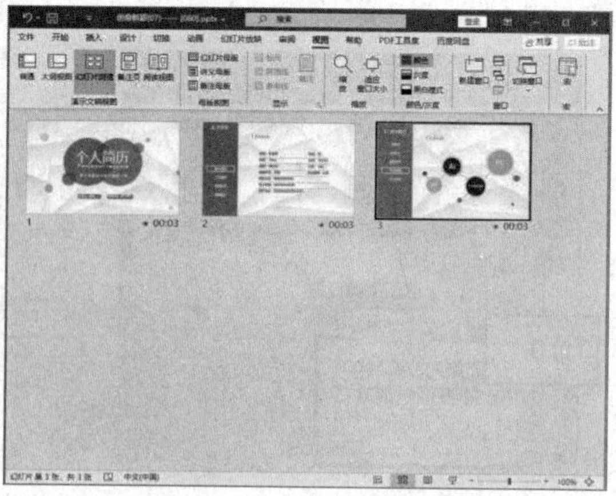

图 2-11 幻灯片浏览视图

> **▶ 专家指点**
>
> 在幻灯片浏览视图中，如果要对当前幻灯片的内容进行编辑，那么可以在该幻灯片中单击鼠标右键，在弹出的快捷菜单中选择需要编辑的选项，或者双击该幻灯片切换到普通视图即可。

2.3.4　备注页视图

备注页视图用于为演示文稿中的幻灯片提供备注。单击“视图”面板中的“备注页”按钮，如图 2-12 所示，切换到备注页视图。在该视图模式下，可以通过文字、图片、图表和表格等对象来修饰备注，如图 2-13 所示。

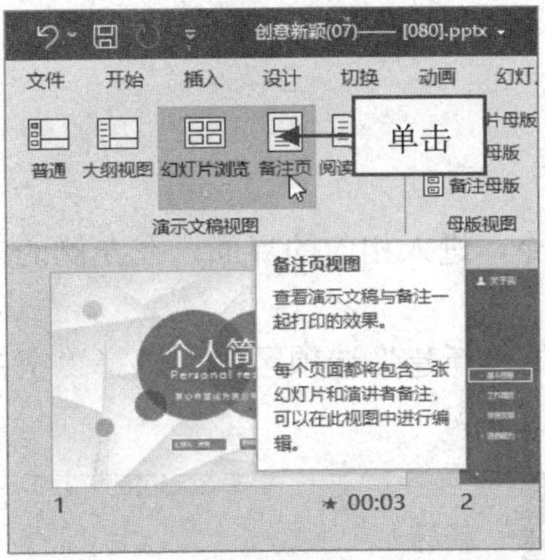

图 2-12　单击“备注页”按钮

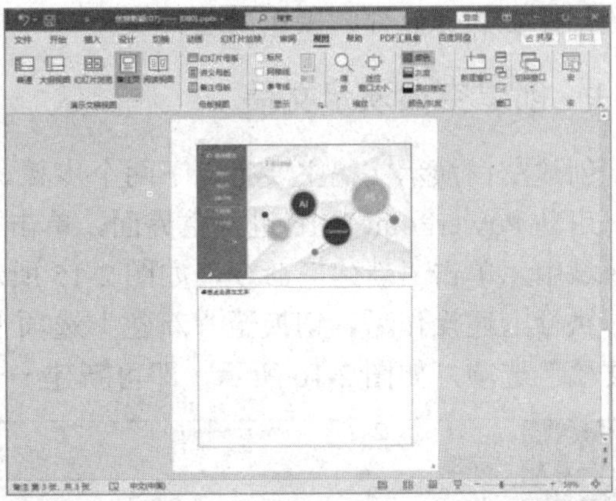

图 2-13　通过文字修饰备注

> **▶ 专家指点**
>
> 备注页分为两个部分：上半部分是幻灯片的缩小图像；下半部分是文本预留区。可以一边观看幻灯片，一边在文本预留区内输入幻灯片的备注内容。

2.3.5　阅读视图

阅读视图是在电脑屏幕上完整播放演示文稿的专用视图。在该视图模式下，可以观看演示文稿的实际播放效果，还能体验动画、声音和视频等多媒体效果。单击状态栏上的“幻灯片放映”按钮，即可进入幻灯片放映视图，如图 2-14 所示。

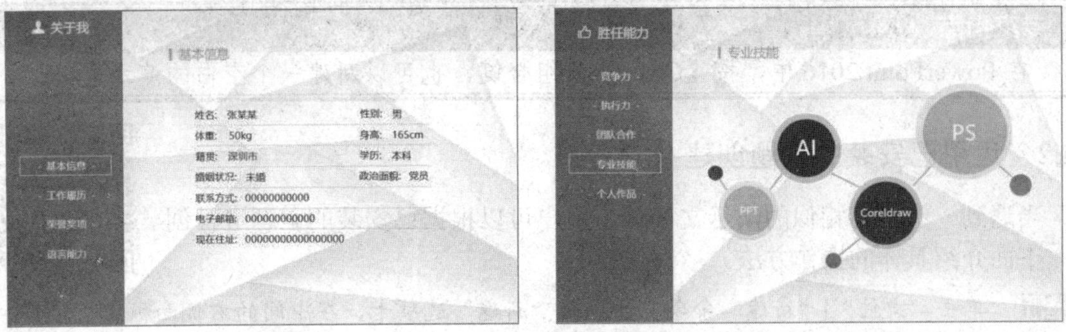

图 2-14　幻灯片放映视图

> ▶ 专家指点
>
> 在放映幻灯片时，幻灯片按顺序全屏幕播放，也可以单击鼠标，一张张放映幻灯片，或设置自动放映（预先设置好放映方式）。放映完毕后，视图恢复到原来的状态。

2.4　创建多媒体课件

创建多媒体课件的方法包括新建空白演示文稿、编辑已有演示文稿等。用户可以在空白的幻灯片上设计出具有鲜明个性的背景色彩、配色方案、文本格式和图片等内容。本节主要介绍创建多媒体课件的操作方法。

2.4.1　创建空白演示文稿

创建空白演示文稿主要有以下两个步骤。

启动 PowerPoint 2016 进入主界面，单击“文件”命令，进入相应的界面，在左侧的橘红色区域中，单击“新建”命令，如图 2-15 所示。

执行上述操作后，切换至“新建”选项卡，在右侧的“新建”选项区中，选择“空白演示文稿”选项，如图 2-16 所示，即可新建一个空白演示文稿。

图 2-15　单击“新建”命令

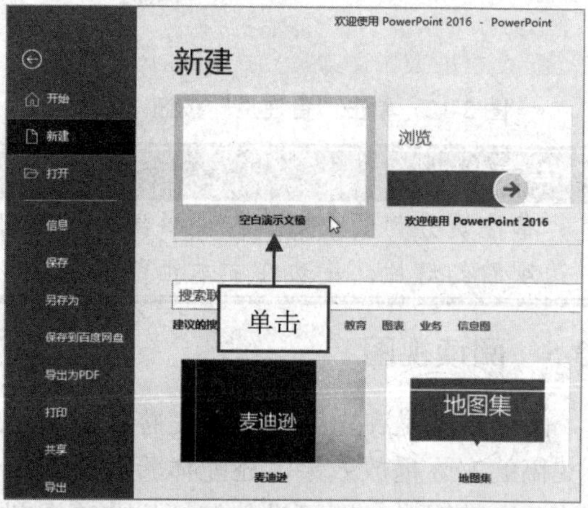

图 2-16　选择“空白演示文稿”选项

> ▶ 专家指点
>
> 在 PowerPoint 2016 中，按【Ctrl + N】组合键，也可以新建一个空白的演示文稿。

2.4.2　运用已安装的主题创建

当遇到一些内容相似的演示文稿时，用户可以根据已安装的主题进行创建。下面介绍具体的操作方法。

Step 01　单击“文件”|“新建”命令，切换至“新建”选项卡，在中间的右侧面板中，单击“主题”按钮，如图 2-17 所示。

Step 02 在“主题”选项区中选择“电路设计”选项，如图 2-18 所示。

图 2-17 单击“主题”按钮

图 2-18 选择“电路设计”选项

Step 03 弹出“电路设计”对话框，在右侧单击“创建”按钮，如图 2-19 所示。

Step 04 执行上述操作后，在新建的文稿中输入相应的文字内容，即可运用已安装的主题创建古代文学课件，效果如图 2-20 所示。

图 2-19 单击“创建”按钮

图 2-20 创建课件

2.5 保存演示文稿

PowerPoint 2016 提供了多种保存演示文稿的方法和格式，用户可以根据演示文稿的用途来进行选择。

2.5.1 保存演示文稿

在实际工作中，一定要养成经常保存的习惯。在制作演示文稿的过程中，保存的次数越多，因意外事故造成的损失就越小。

在 PowerPoint 2016 中，保存文稿的方法主要有以下四种。

- **按钮**：单击“自定义快速访问工具栏”中的“保存”按钮。
- **快捷键 1**：按【Ctrl + S】组合键。
- **快捷键 2**：按【Shift + F12】组合键。
- **快捷键 3**：按【F12】组合键。

2.5.2 另存为演示文稿

在进行文件的常规保存时，可以在快速访问工具栏中单击“另存为”按钮。下面介绍具体的操作方法。

Step 01 单击“文件”|“另存为”命令，单击“浏览”按钮，如图 2-21 所示。

Step 02 弹出“另存为”对话框，选择该文件的保存位置，在“文件名”文本框中输入相应标题内容，单击“保存”按钮，如图 2-22 所示。

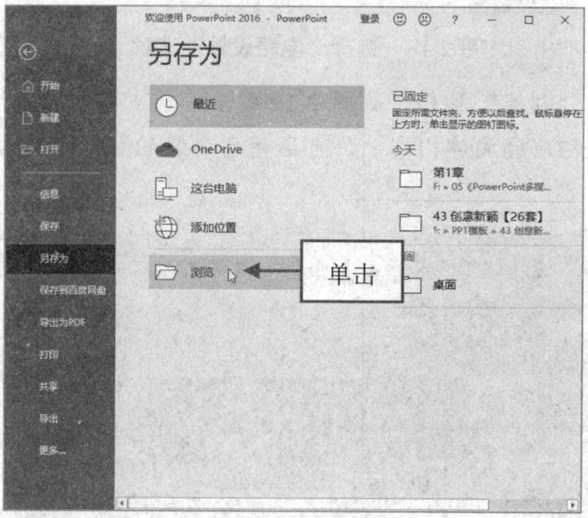

图 2-21 单击“浏览”按钮

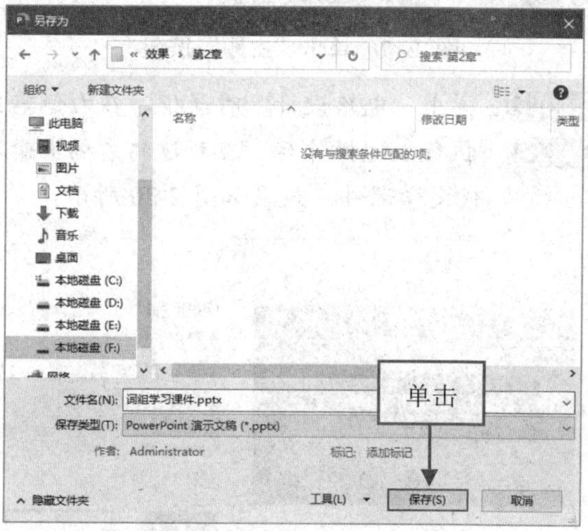

图 2-22 单击“保存”按钮

Step 03 执行上述操作后，即可另存为“词组学习课件.pptx”。

> **▶ 专家指点**
>
> 如再次保存这个文件时，只需单击快速访问工具栏上的“保存”按钮或按【Ctrl + S】组合键即可，不会再弹出“另存为”对话框。

2.5.3 保存为 PowerPoint 97-2003 格式

当要把 PowerPoint 2016 制作的文档用早期版本的 PowerPoint 打开时，需要安装相应的 Office 兼容包才能完全打开。用户可以将演示文稿保存为兼容格式，从而能直接使用早期版本的 PowerPoint 来打开文档。下面介绍具体的操作方法。

Step 01 单击“文件”|“另存为”命令，单击“浏览”按钮，弹出“另存为”对话框，如图 2-23 所示。

Step 02 单击“保存类型”右侧的下拉按钮，在弹出的列表框中选择“PowerPoint 97-2003 演示文稿”选项，如图 2-24 所示。

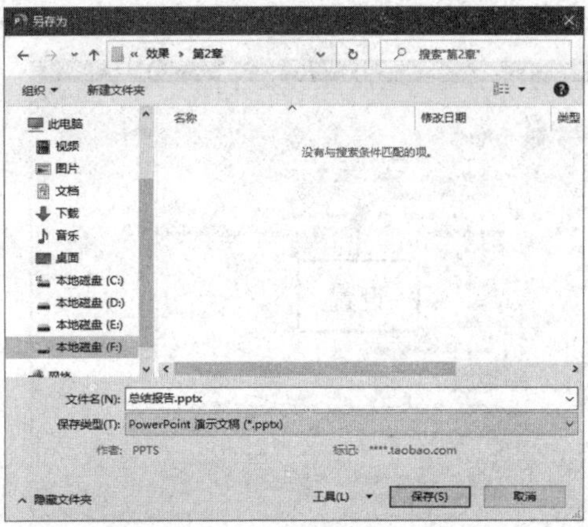

图 2-23 “另存为”对话框

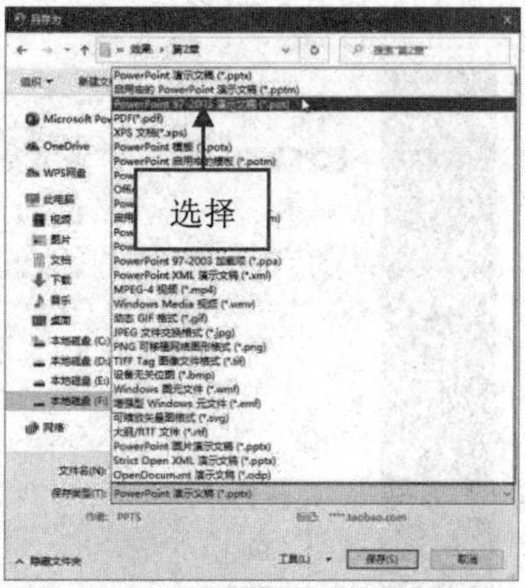

图 2-24 选择相应选项

Step 03 执行上述操作后，单击“保存”按钮，如图 2-25 所示。

Step 04 返回到演示文稿工作界面，在标题栏中将显示兼容性模式，如图 2-26 所示。

图 2-25 单击“保存”按钮

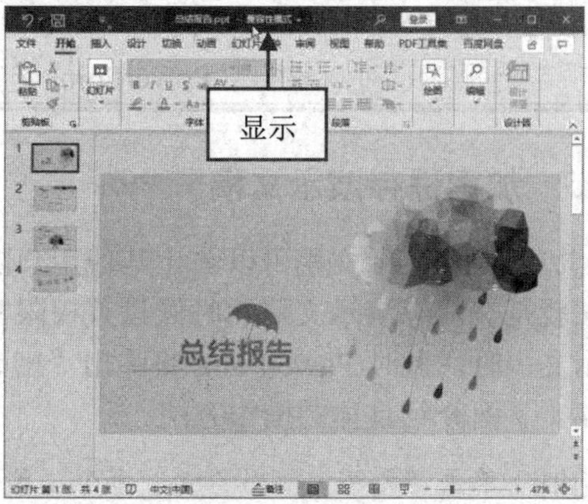

图 2-26 显示兼容性模式

▶ 专家指点

PowerPoint 2016 制作的演示文稿不向下兼容，如果需要在以前版本中打开 PowerPoint 2016 制作的演示文稿，就要将该文件的“保存类型”设置为“PowerPoint 97-2003 演示文稿”，PowerPoint 2016 演示文稿的扩展名是 pptx。

2.5.4 自动保存演示文稿

设置自动保存可以每隔一段时间自动保存一次，即使出现断电或死机情况，当再次启动时，保存过的文件内容也依然存在，而且避免了手动保存的麻烦。下面介绍具体的操作方法。

Step 01 启动 PowerPoint 2016 软件，在文件的菜单栏中，单击“选项”命令，如图 2-27 所示。

Step 02 弹出“PowerPoint 选项”对话框，切换至“保存”选项卡，在“保存演示文稿”选项区中选中“保存自动恢复信息时间间隔”复选框，并在右边的文本框中设置时间间隔为 5 分钟，如图 2-28 所示。

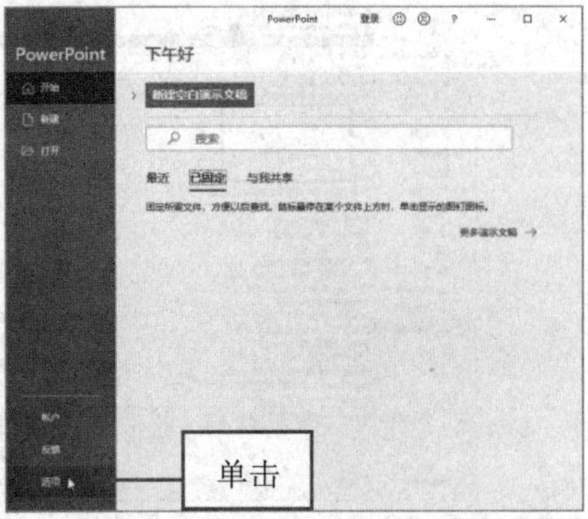

图 2-27　单击“选项”命令

图 2-28　设置时间间隔

Step 03 单击“确定”按钮，即可设置自动保存演示文稿。

▶ 专家指点

在“另存为”对话框中单击“工具”右侧的下拉按钮，在弹出的列表框中选择“保存选项”选项，也可以弹出“PowerPoint 选项”对话框。

2.5.5　加密保存演示文稿

加密保存演示文稿可以防止其他用户随意打开或修改演示文稿，一般的方法就是在保存演示文稿的时候设置权限密码。当用户要打开加密保存过的演示文稿时，此时 PowerPoint 将弹出“密码”对话框，只有输入正确的密码才能打开该演示文稿。下面介绍具体的操作方法。

Step 01 单击“文件”|“另存为”命令，单击“浏览”按钮，在弹出的“另存为”对话框中单击左下角的“工具”按钮，如图 2-29 所示。

Step 02 在弹出的列表框中选择“常规选项”选项，如图 2-30 所示。

图 2-29　“另存为”对话框

图 2-30　选择“常规选项”选项

Step 03　弹出“常规选项”对话框，在“打开权限密码”文本框和“修改权限密码”文本框中输入密码（123456789），如图 2-31 所示。

Step 04　单击“确定”按钮，弹出“确认密码”对话框，❶输入密码；❷单击“确定”按钮，如图 2-32 所示。

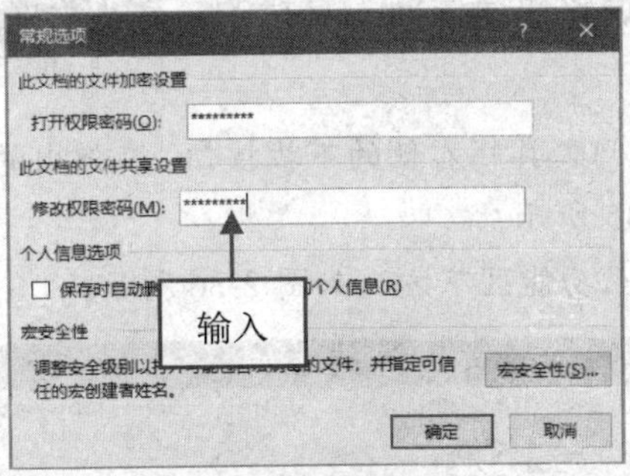

图 2-31　输入密码

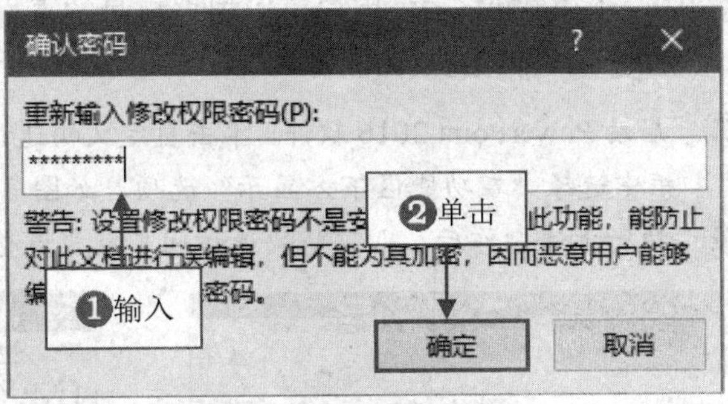

图 2-32　“确认密码”对话框

> **▶ 专家指点**
>
> 当用户要打开加密保存过的演示文稿时，此时 PowerPoint 将弹出“密码”对话框，输入密码即可打开该演示文稿。

Step 05　再次弹出“确认密码”对话框，❶输入密码；❷单击“确定”按钮，如图 2-33 所示。

Step 06　返回到“另存为”对话框，❶设置文档保存位置；❷单击“保存”按钮，如图 2-34 所示，即可加密保存课件。

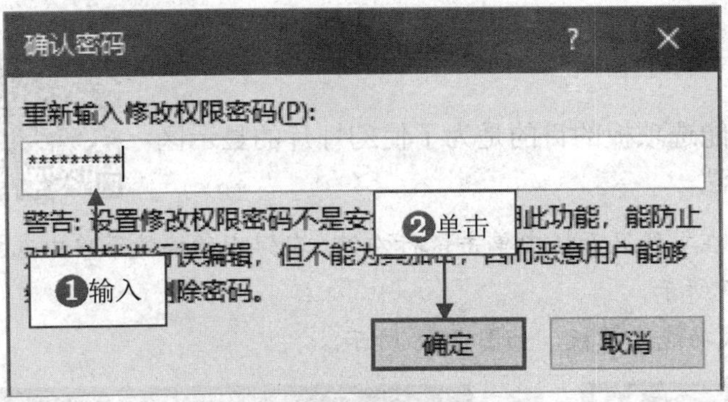

图 2-33　单击“确定”按钮

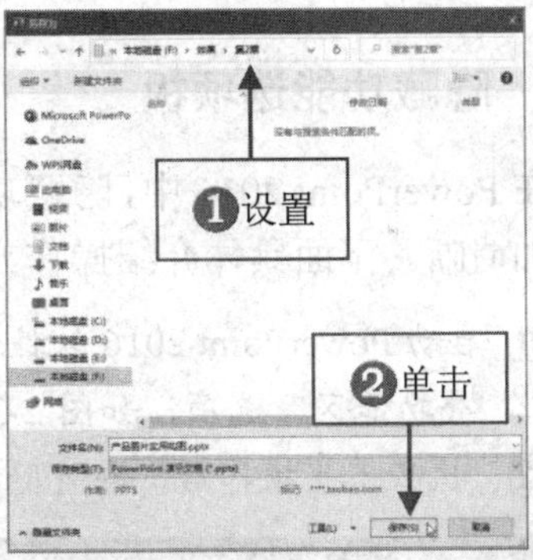

图 2-34　单击“保存”按钮

> **▶ 专家指点**
>
> “打开权限密码”和“修改权限密码”可以设置为相同的密码，也可以设置为不同的密码，它们将分别作用于打开权限和修改权限。

2.6　制作个性化工作界面

制作个性化工作界面是把 PowerPoint 2016 的工作界面设置成自己喜欢或习惯的界面，以提高工作效率。其中，包括调整快速访问工具栏位置、隐藏功能选项板，以及显示或隐藏对象等。

2.6.1 调整快速访问工具栏位置

在 PowerPoint 2016 中，用户可以根据自身的喜好调整快速访问工具栏的位置。下面介绍具体的操作方法。

Step 01 启动 PowerPoint 2016 软件，单击自定义快速访问工具栏右侧的下拉按钮，在弹出的列表框中选择“在功能区下方显示”选项，如图 2-35 所示。

Step 02 执行上述操作后，即可将快速访问工具栏调整至功能区下方，如图 2-36 所示。

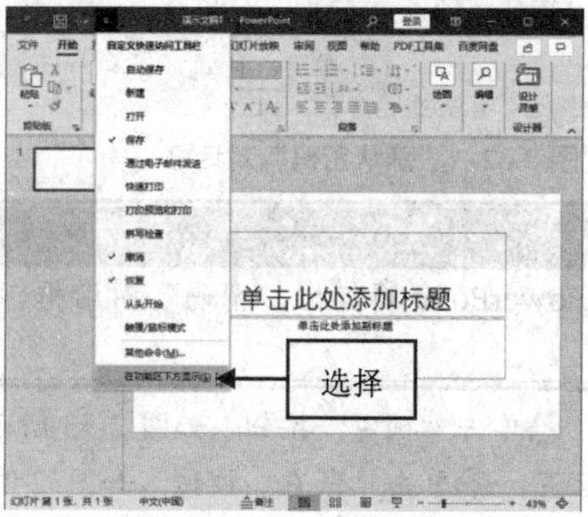

图 2-35 选择“在功能区下方显示”选项

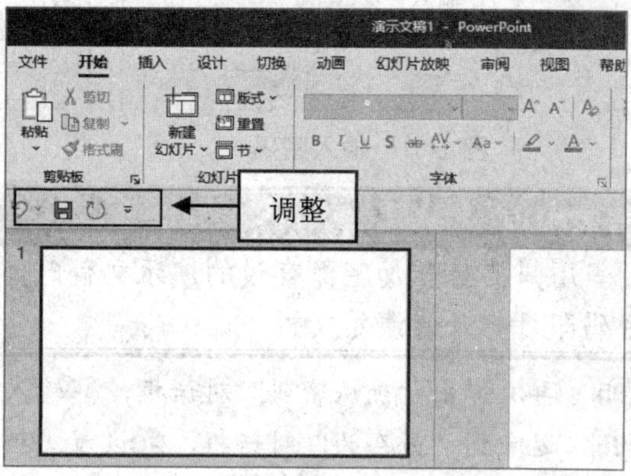

图 2-36 调整快速访问工具栏位置

2.6.2 隐藏功能选项板

在 PowerPoint 2016 中，隐藏功能选项板的目的是为了使幻灯片的显示区域更加清晰。下面具体介绍操作方法。

Step 01 启动 PowerPoint 2016 软件，在功能区面板中单击鼠标右键，在弹出的快捷菜单中选择“折叠功能区”选项，如图 2-37 所示。

Step 02 执行上述操作后，即可隐藏功能选项板，如图 2-38 所示。

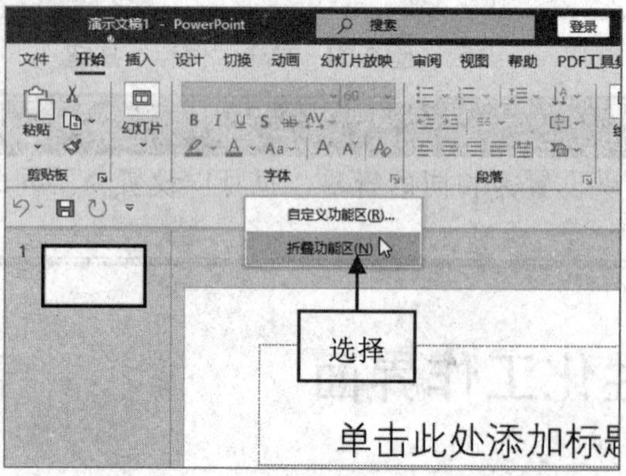

图 2-37 选择“折叠功能区”选项

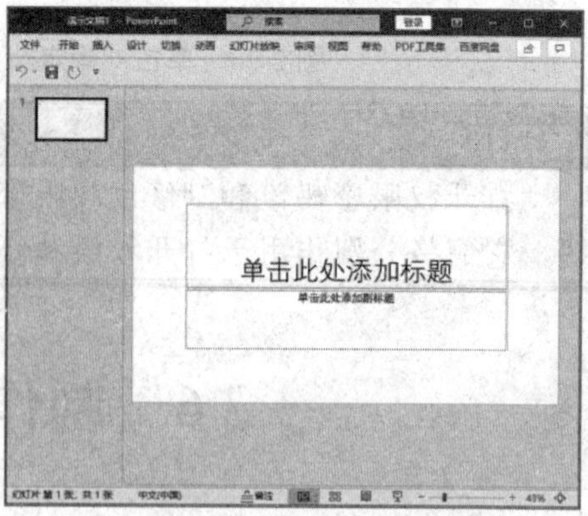

图 2-38 隐藏功能选项板

2.6.3　显示课件的标尺

在 PowerPoint 2016 中的普通视图模式下，利用标尺可以对齐文档中的文本、图形和表格等对象。下面介绍显示标尺的方法。

Step 01　单击“文件”|“打开”命令，打开素材文件“素材\第 2 章\社群运营.pptx”，如图 2-39 所示。

Step 02　切换至“视图”面板，在“显示”选项板中选中“标尺”复选框，如图 2-40 所示。

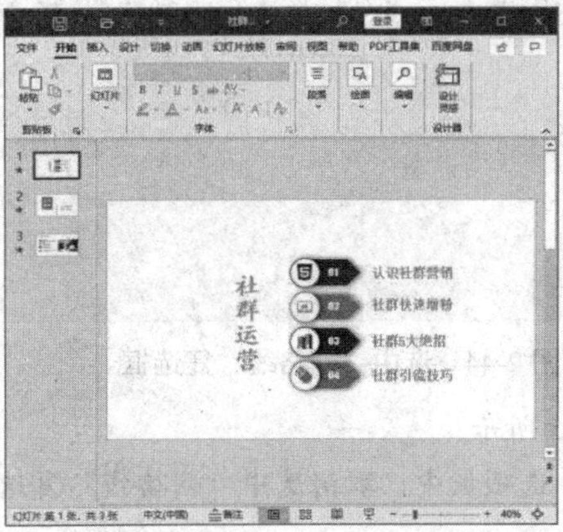

图 2-39　打开素材文件

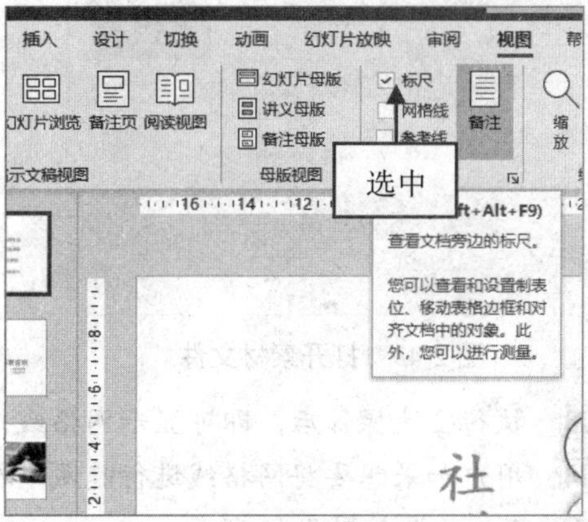

图 2-40　选中“标尺”复选框

Step 03　执行上述操作后，即可显示标尺，如图 2-41 所示。

Step 04　用户如果想要将标尺进行隐藏，在“显示”选项板中，取消选中“标尺”复选框即可，效果如图 2-42 所示。

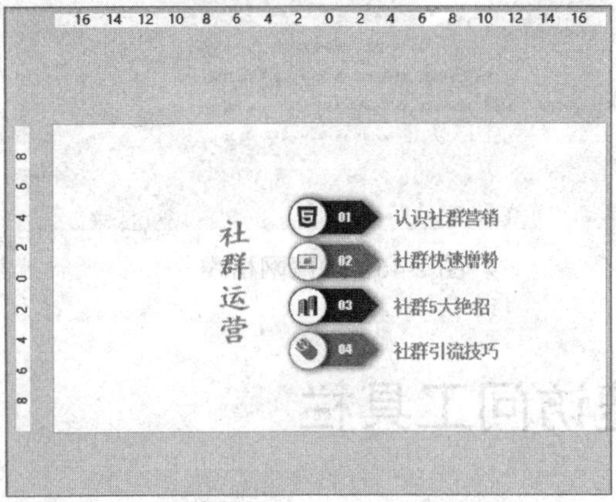

图 2-41　显示标尺

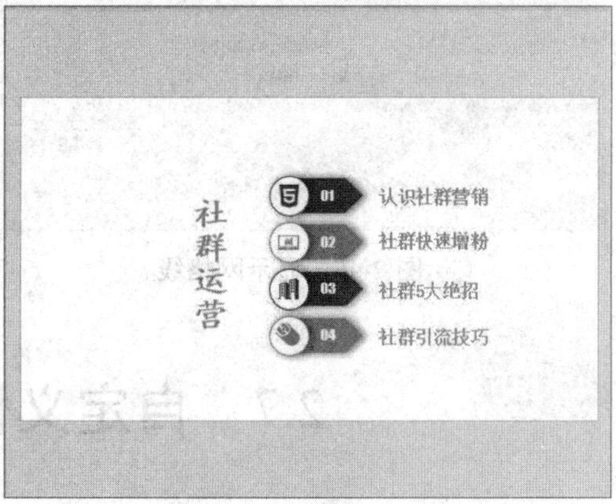

图 2-42　隐藏标尺

2.6.4　显示网格线

网格线是在普通视图模式下出现在幻灯片编辑区域的一组细线，在打印文稿时网格线不会被打印出来。下面介绍具体的操作方法。

Step 01 单击“文件”|“打开”命令，打开素材文件“素材\第 2 章\运营数据分析.pptx”，如图 2-43 所示。

Step 02 切换至“视图”面板，在“显示”选项板中，选中“网格线”复选框，如图 2-44 所示。

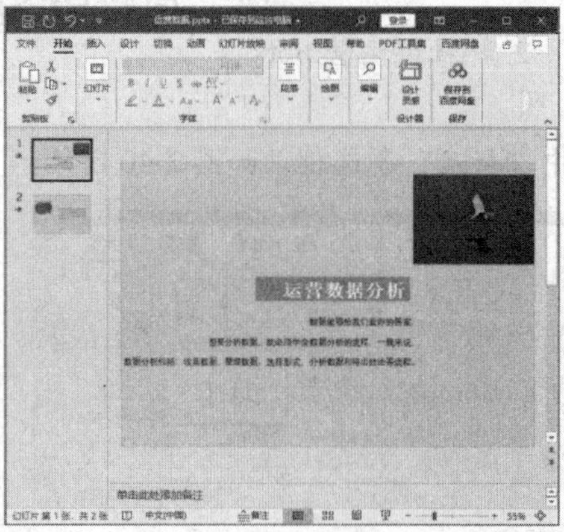

图 2-43　打开素材文件

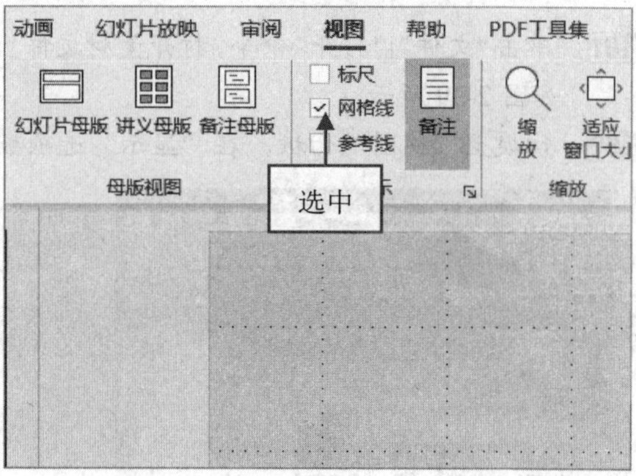

图 2-44　选中“网格线”复选框

Step 03 执行上述操作后，即可显示网格线，如图 2-45 所示。

Step 04 用户如果想要将网格线进行隐藏，在“显示”选项板中，取消选中“网格线”复选框即可，效果如图 2-46 所示。

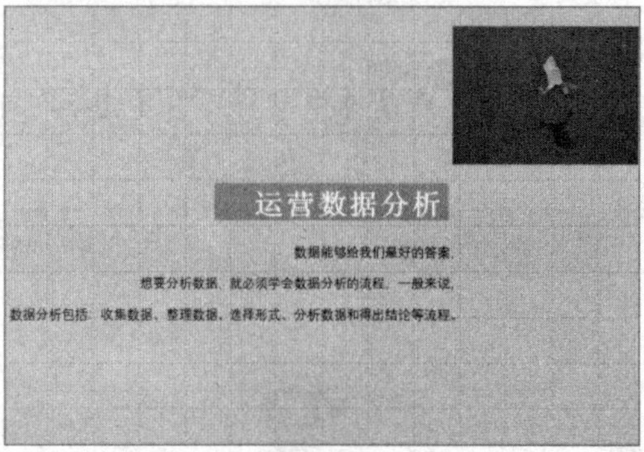

图 2-45　显示网格线

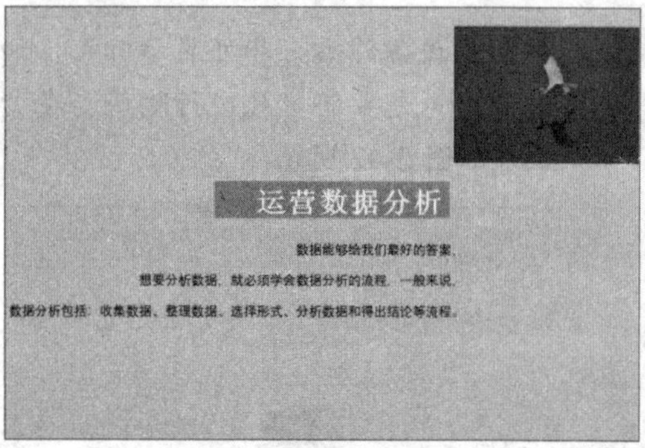

图 2-46　隐藏网格线

2.7　自定义快速访问工具栏

在 PowerPoint 2016 中，用户可以根据自己的需要设置“快速访问工具栏”中的按钮，将需要的常用按钮添加到其中，也可以删除不需要的按钮。

2.7.1　添加常用按钮

在 PowerPoint 2016 工作界面中的快速访问工具栏中，用户可以添加一些常用的按钮，以方便运用演示文稿制作课件。下面介绍如何在快速访问工具栏中添加常用的“打开”按钮。

Step 01　启动 PowerPoint 2016 软件，单击“自定义快速访问工具栏”下拉按钮，在弹出的列表框中选择“打开”选项，如图 2-47 所示。

Step 02　执行上述操作后，即可在“快速访问工具栏”中显示添加的按钮，如图 2-48 所示。

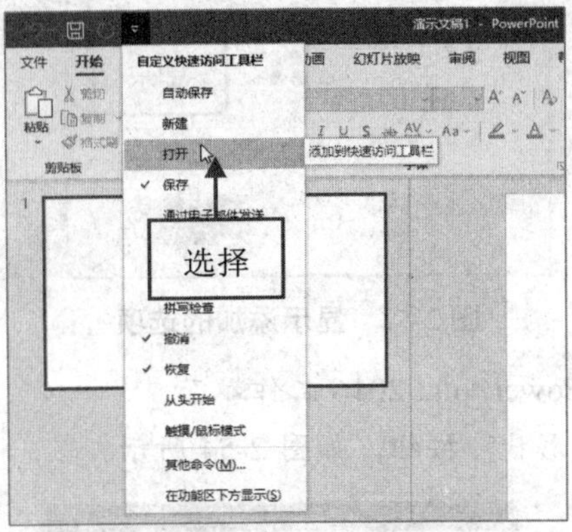

图 2-47　选择“打开”选项

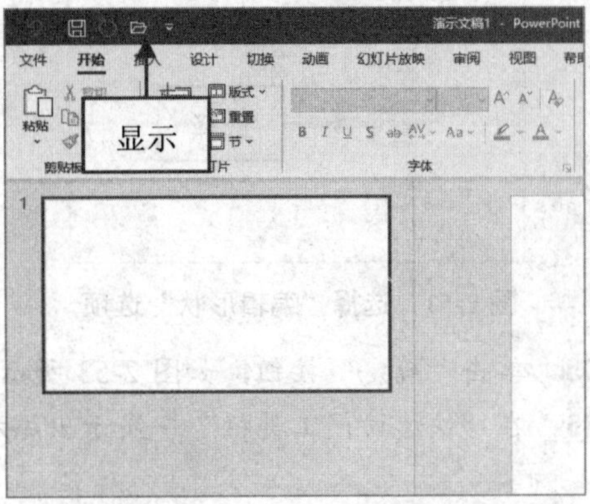

图 2-48　显示添加的按钮

2.7.2　添加其他按钮

由于在“自定义快速访问工具栏”中的按钮相对有限，所以用户还可以通过选择“其他命令”选项，在弹出的相应对话框中选择需要添加的按钮。下面介绍如何在快速访问工具栏中添加其他命令按钮。

Step 01　启动 PowerPoint 2016 软件，单击“自定义快速访问工具栏”下拉按钮，在弹出的列表框中选择“其他命令”选项，如图 2-49 所示。

Step 02　弹出“PowerPoint 选项”对话框，在“自定义”选项卡中单击“从下列位置选择命令”下方的下拉按钮，在弹出的下拉列表框中选择“所有命令”选项，如图 2-50 所示。

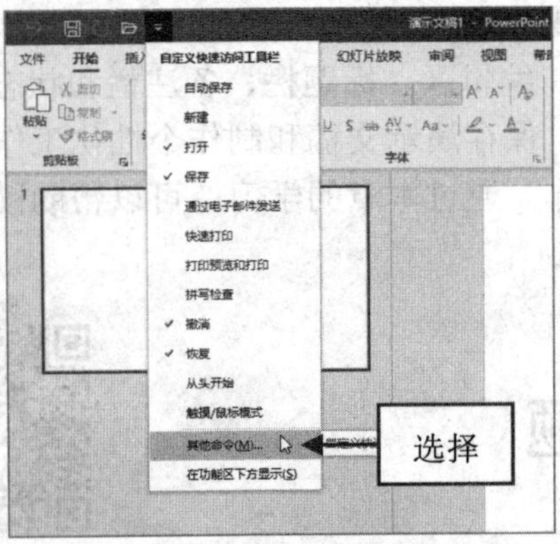

图 2-49　选择“其他命令”选项

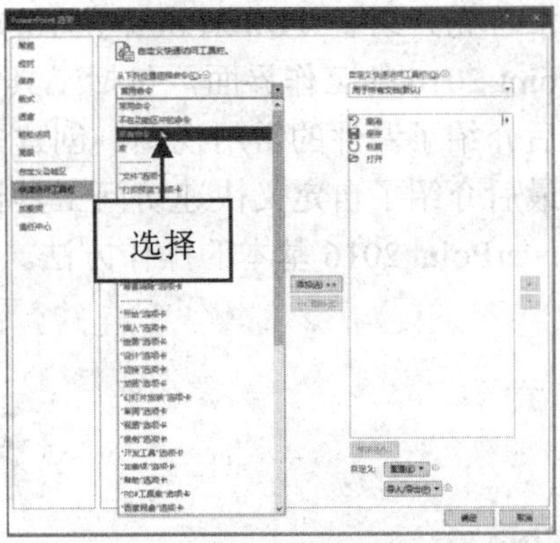

图 2-50　选择“所有命令”选项

Step 03　在“所有命令”下方的下拉列表框中选择“编辑形状”选项，如图 2-51 所示。

Step 04　单击“添加”按钮，即可在右侧的列表框中显示添加到“快速访问工具栏”中的选项，如图 2-52 所示。

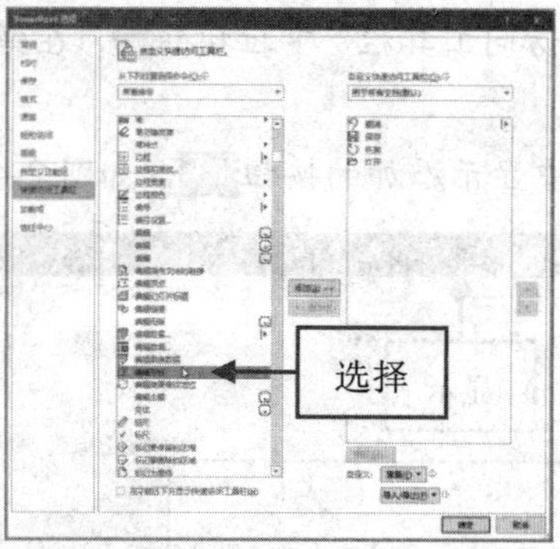

图 2-51　选择“编辑形状”选项

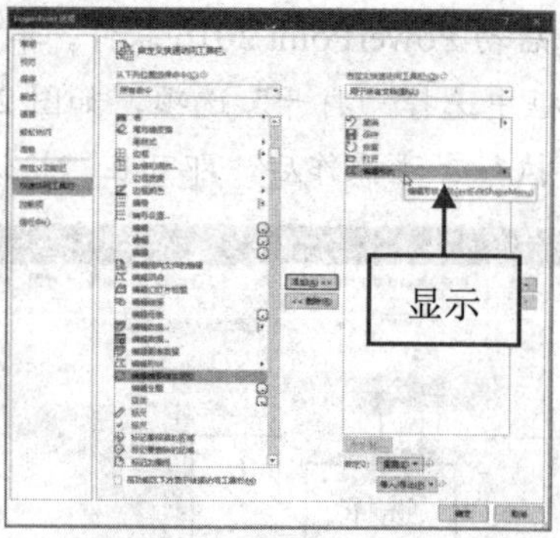

图 2-52　显示添加的选项

Step 05　单击“确定”按钮，如图 2-53 所示。返回到 PowerPoint 2016 工作界面。

Step 06　在“快速访问工具栏”中显示出添加的“编辑形状”按钮，如图 2-54 所示。

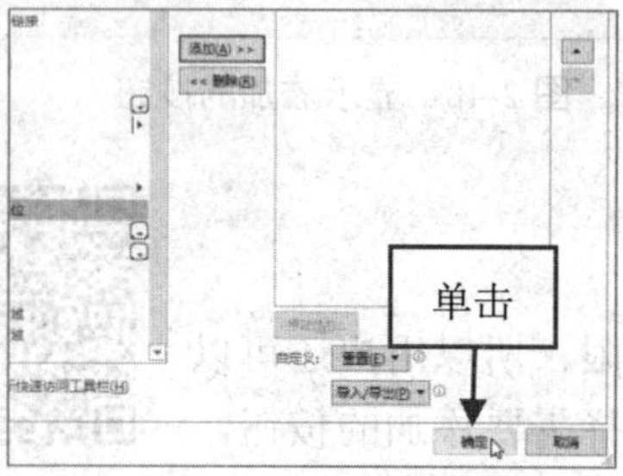

图 2-53　单击“确定”按钮

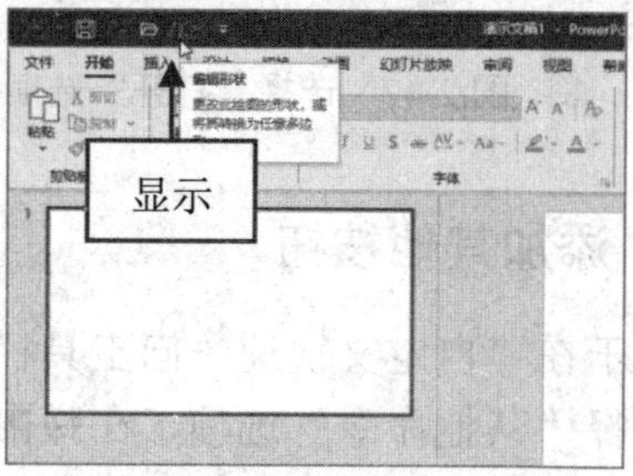

图 2-54　显示出添加的按钮

本章小结

本章首先介绍了 PowerPoint 2016 软件的基本操作，包括启动与退出软件；其次介绍了 PowerPoint 2016 的工作界面，包括工具栏、功能区、编辑区、标题栏、备注栏和状态栏设置等；然后介绍了课件的常用视图、创建多媒体课件、保存演示文稿和制作个性化工作界面等内容；最后介绍了自定义快速访问工具栏的相关操作。通过本章的学习，可以帮助读者快速掌握 PowerPoint 2016 基本的操作方法。

本章习题

本章重点介绍了 PowerPoint 课件的基础入门知识。下面将通过上机练习题对本章的知识点进行回顾。

打开“素材\第 2 章”文件夹下的“化学方程式的意义.pptx”课件素材，如图 2-55 所示。尝试另存为“化学方程式的意义”课件，如图 2-56 所示。

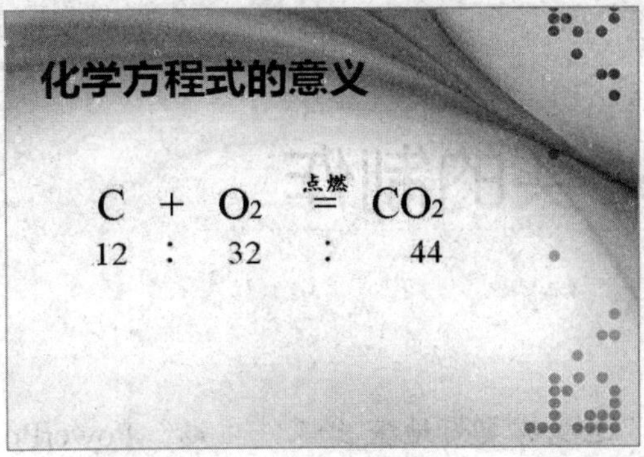

图 2-55 打开素材文件

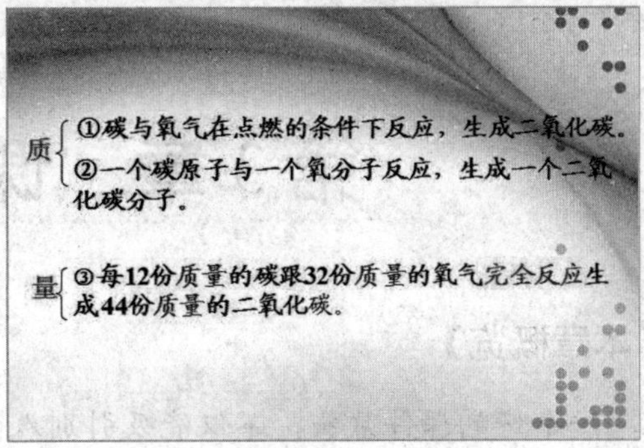

图 2-56 创建“化学方程式的意义”课件效果

第 3 章　课件片头的制作

【本章概览】

一个好的课件片头，不仅能吸引别人的注意，还能够更好地突出课件主题。PowerPoint 提供了大量的模板预设格式，通过这些格式，可以轻松制作具有专业效果的演示文稿。本章主要介绍课件片头的制作。

【本章重点】

- 新建课件幻灯片
- 设置段落文本
- 制作文本框
- 设置课件主题
- 设置课件背景

3.1　新建课件幻灯片

演示文稿是由一张张幻灯片组成的，它的数量是不固定的，用户可以根据需要增加或减少幻灯片数量。如果创建的是空白演示文稿，那么用户只能看到一张幻灯片，其他幻灯片都需要自行添加。在 PowerPoint 2016 中，用户要制作课件片头，首先得新建幻灯片。

3.1.1　通过选项新建幻灯片

在 PowerPoint 2016 中制作课件时，如果原有的幻灯片页数不能满足制作的需要，用户可以通过新建幻灯片来实现。下面将介绍通过选项新建幻灯片的操作方法。

Step 01　单击“文件”|“打开”命令，打开素材文件“素材\第 3 章\琵琶行.pptx”，如图 3-1 所示。

Step 02　在“开始”面板的“幻灯片”选项板中，单击“新建幻灯片”的下拉按钮，如图 3-2 所示。

Step 03　在弹出的列表框中选择“标题和内容”选项，如图 3-3 所示。

Step 04　执行上述操作后，即可通过选项新建幻灯片，如图 3-4 所示。

图 3-1　打开素材文件

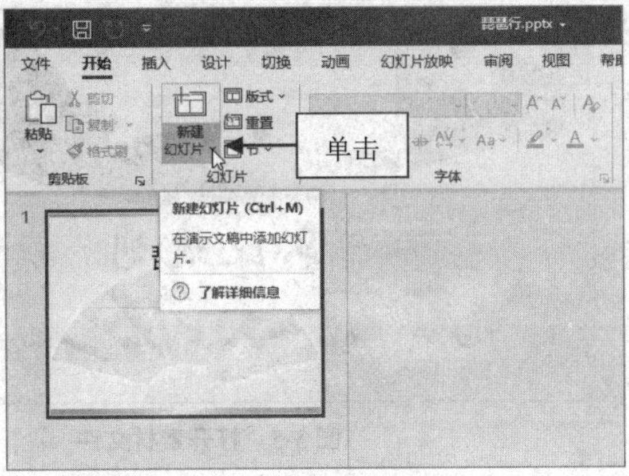

图 3-2　单击“新建幻灯片”下拉按钮

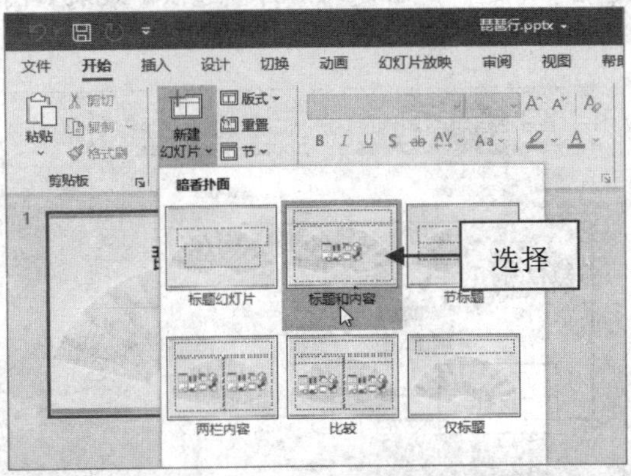

图 3-3　选择“标题和内容”选项

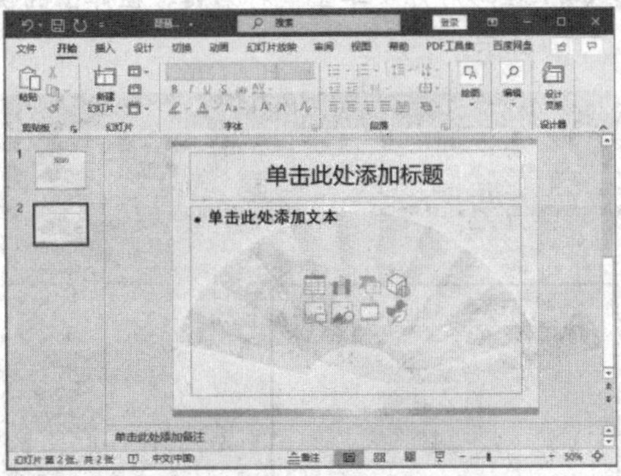

图 3-4　新建幻灯片

▶ 专家指点

在“新建幻灯片”弹出的列表框中，还包括“标题幻灯片”“节标题”“两栏内容”“比较”“仅标题”“空白”“内容与标题”“图片与标题”“标题和竖排文字”，以及“垂直排列标题与文本”等多种幻灯片样式。

3.1.2　通过快捷菜单新建幻灯片

在 PowerPoint 2016 中，用户不仅可以通过选项新建幻灯片，还可以通过在幻灯片浏览视图中，运用快捷菜单新建幻灯片。下面介绍具体的操作方法。

Step 01　单击“文件”|“打开”命令，打开素材文件“素材\第 3 章\职业规划.pptx”，如图 3-5 所示。

Step 02　切换至“视图”面板，在“演示文稿视图”选项板中，单击“幻灯片浏览”按钮，如图 3-6 所示。

图 3-5　打开素材文件

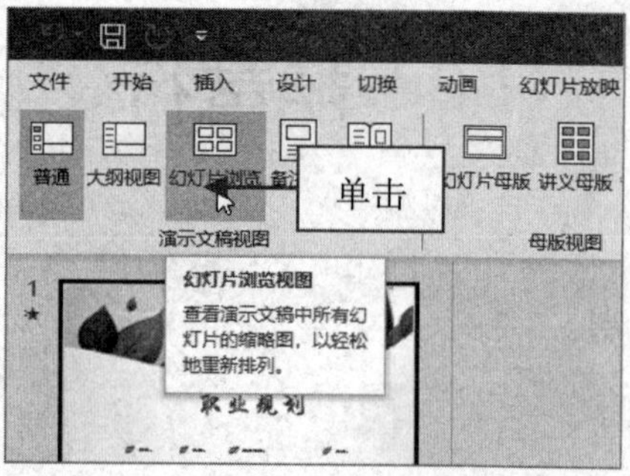

图 3-6　单击“幻灯片浏览”按钮

Step03　执行上述操作后，即可切换到幻灯片浏览视图，如图 3-7 所示。

Step04　在幻灯片中单击鼠标右键，在弹出的快捷菜单中选择“新建幻灯片”选项，效果如图 3-8 所示。

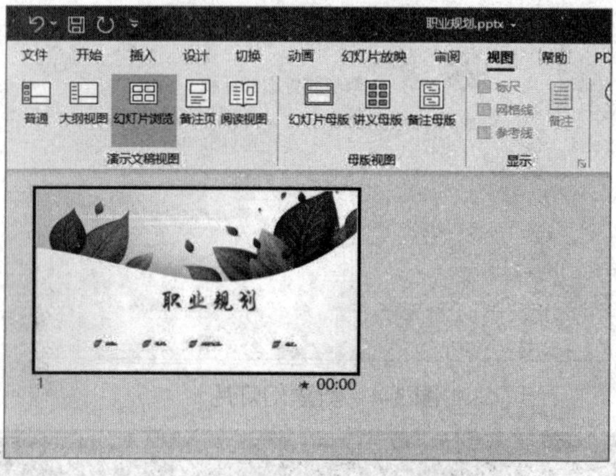

图 3-7　切换到幻灯片浏览视图

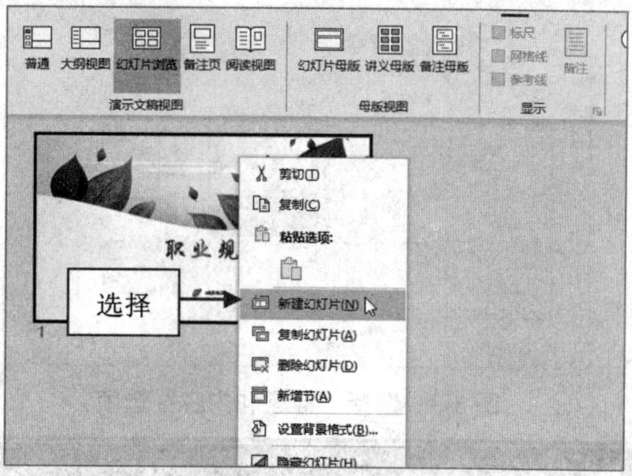

图 3-8　选择“新建幻灯片”选项

Step05　执行上述操作后，即可通过快捷菜单新建幻灯片，如图 3-9 所示。

Step06　用与上同样的方法，再次新建幻灯片，效果如图 3-10 所示。

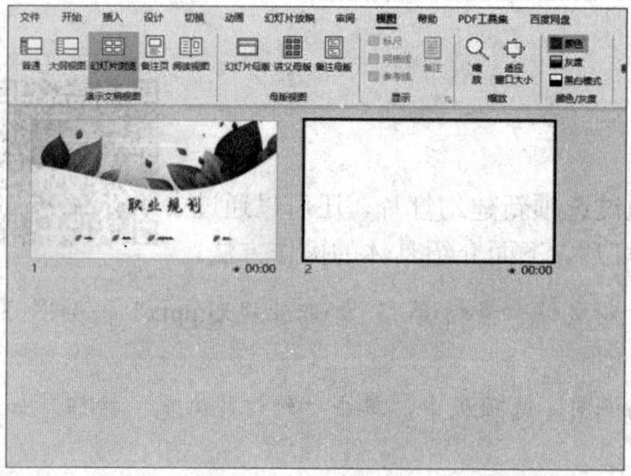

图 3-9　新建幻灯片

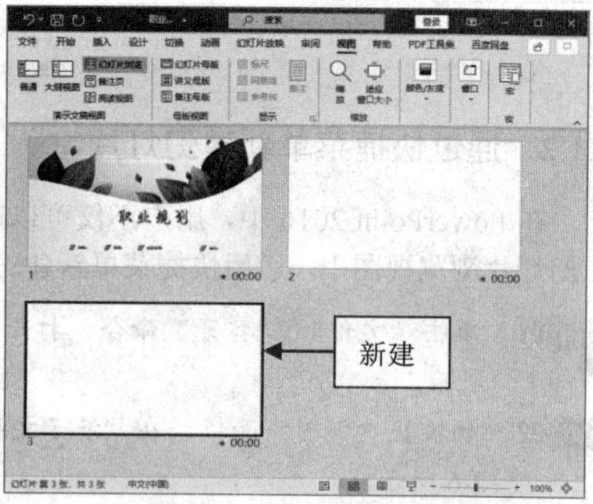

图 3-10　再次新建幻灯片

▶ 专家指点

新建幻灯片后，有的幻灯片只包含标题，有的包含标题和内容，有的包含图形、表格以及剪贴画，或是文件的排列。如果不满意软件提供的版式，用户还可以选择一个相近的版式，然后进行修改。

3.1.3　通过快捷键新建幻灯片

在 PowerPoint 2016 的普通视图中，用户可以用键盘上的【Enter】键，快速新建幻灯片。下面介绍具体的操作方法。

Step 01　单击“文件”|“打开”命令，打开素材文件“素材\第 3 章\陈情表.pptx”，如图 3-11 所示。

Step 02　在“幻灯片”窗格中，选择幻灯片，如图 3-12 所示。

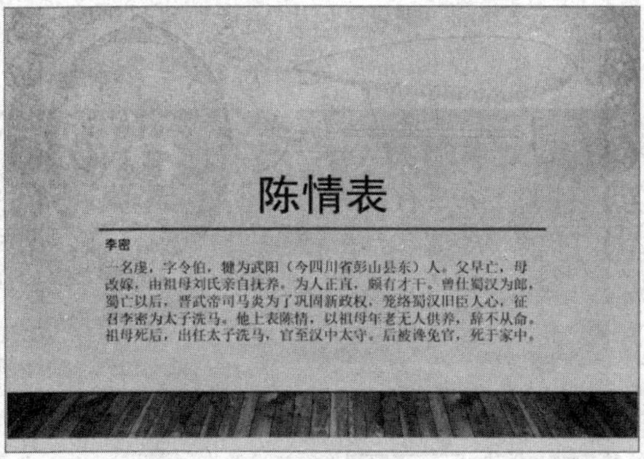

图 3-11　打开素材文件

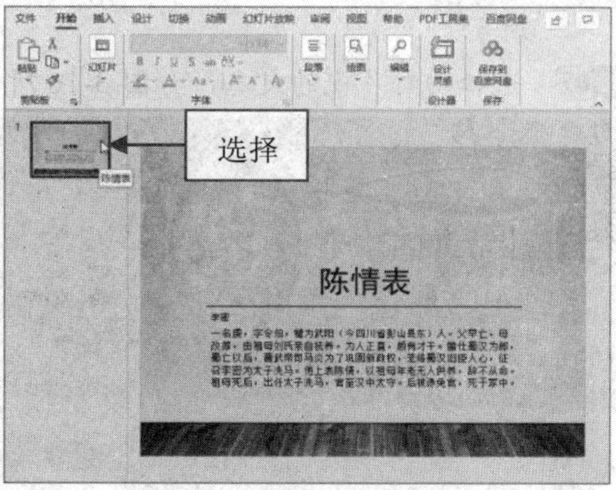

图 3-12　选择幻灯片

Step 03　按键盘上的【Enter】键，即可新建幻灯片，如图 3-13 所示。

Step 04　用与上同样的方法，再次新建一张幻灯片，❶切换至“视图”面板；❷单击“演示文稿视图”选项板中的“幻灯片浏览”按钮；❸预览新建的幻灯片，效果如图 3-14 所示。

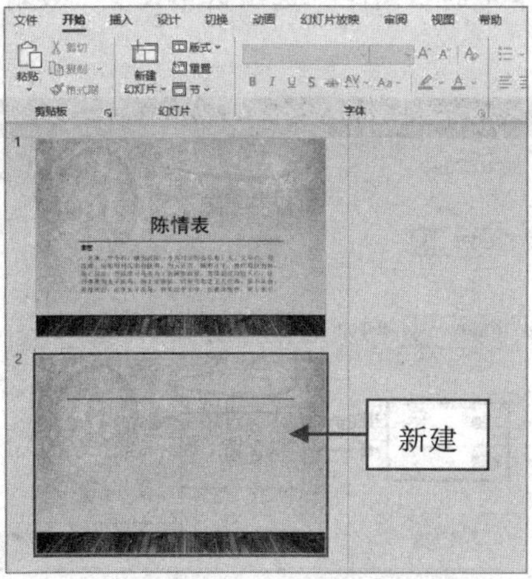

图 3-13　新建幻灯片

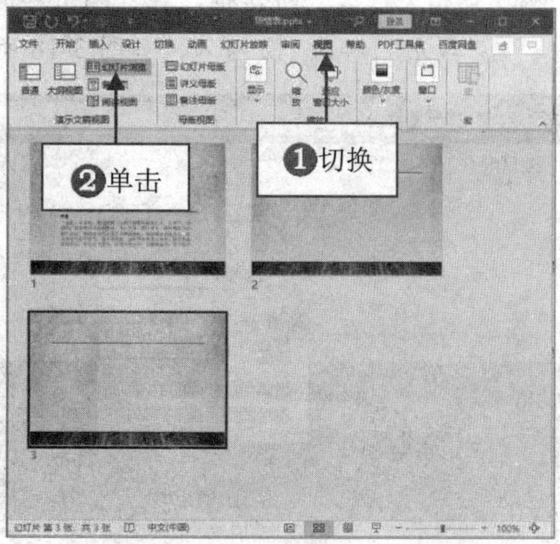

图 3-14　预览新建的幻灯片

3.2　设置段落文本

在演示文稿中，用户可以为幻灯片中的文字段落设置格式，即对段落进行行距、段落对齐和段落缩进等设置。本节主要介绍设置段落文本的各种操作方法。

3.2.1　设置段落行距和间距

在 PowerPoint 2016 中，用户可以设置段落行距及段落之间的间距大小，设置行距可以改变 PowerPoint 默认的行距，能使演示文稿的内容条理更为清晰，设置段落间距，可以使文本以用户规划的格式分行。下面介绍具体的操作方法。

Step 01 单击“文件”|“打开”命令，打开素材文件“素材\第 3 章\摇滚音乐.pptx”，如图 3-15 所示。

Step 02 选择幻灯片中的文本，如图 3-16 所示。

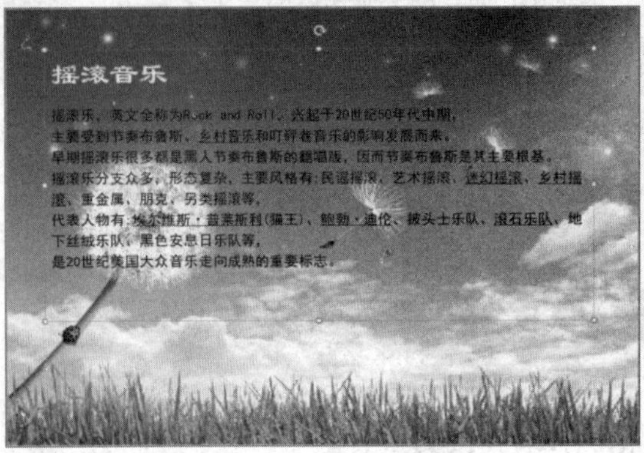

图 3-15　打开素材文件

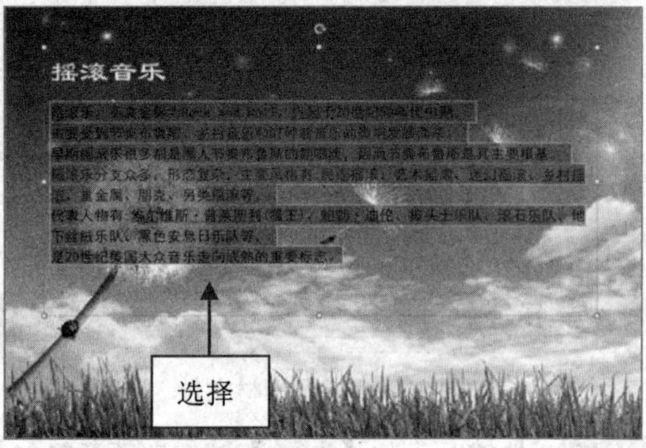

图 3-16　选择文本

Step 03 在“开始”面板中的“段落”选项板中，单击右下角的“段落”按钮，如图 3-17 所示。

Step 04 弹出“段落”对话框，在“缩进和间距”选项卡中的“间距”选项区中设置“段前”和“段后”都为“2 磅”，如图 3-18 所示。

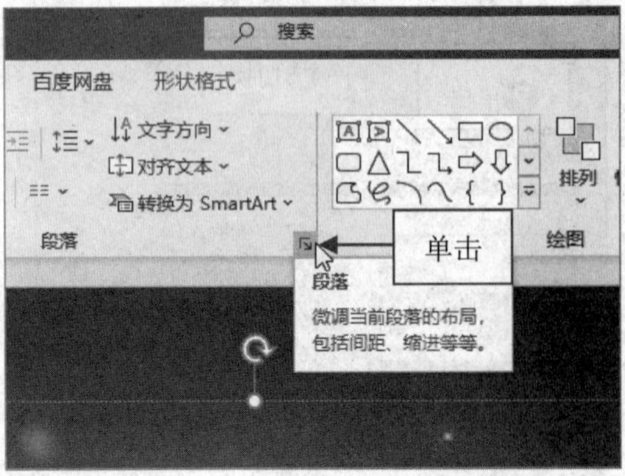

图 3-17　单击“段落”按钮

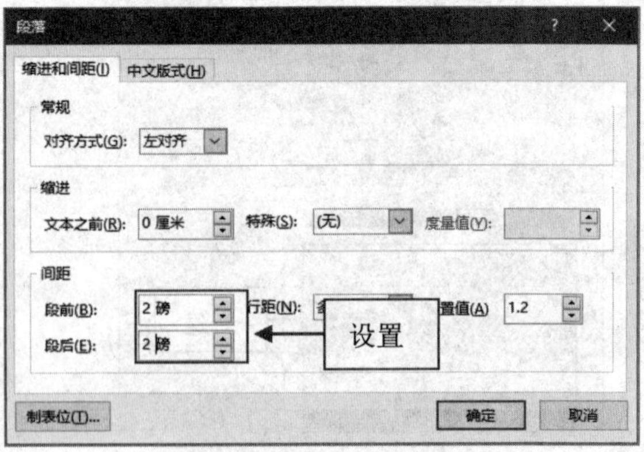

图 3-18　设置间距值

Step 05 ❶单击“行距”右侧的下拉按钮；❷在弹出的列表框中选择“1.5 倍行距”选项，如图 3-19 所示。

Step 06 单击“确定”按钮，即可设置课件段落行距和间距，并对幻灯片中的文本进行相应调整，效果如图 3-20 所示。

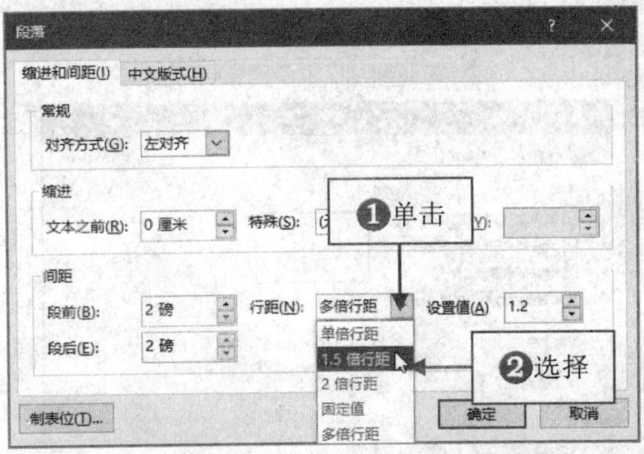

图 3-19　选择“1.5 倍行距”选项

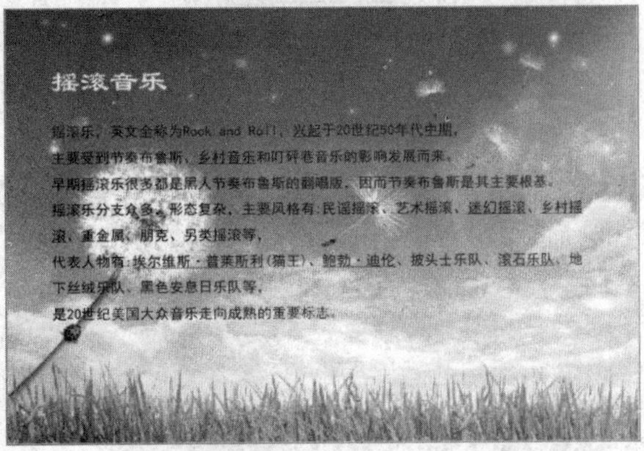

图 3-20　设置课件段落行距和间距效果

▶ 专家指点

在“间距”选项区中各选项的含义如下。

- **段前：**用于设置当前段落与前一段之间的距离。
- **段后：**用于设置当前段落与下一段之间的距离。
- **行距：**用于设置段落中行与行之间的距离，默认的行距是“单倍行距”，用户可以根据需要选择其他行距，并可以通过“设置值”对行距进行设置。

3.2.2　设置片头换行格式

在 PowerPoint 2016 中，用户还可以设置换行的格式，通过对换行格式的设置，可以方便字符、英文字母以及标点符号在文本框中的编辑。具体操作步骤如下。

Step 01 单击“文件”|“打开”命令，打开素材文件“素材\第 3 章\英语.pptx”，如图 3-21 所示。

Step 02 选择幻灯片中的文本，如图 3-22 所示。

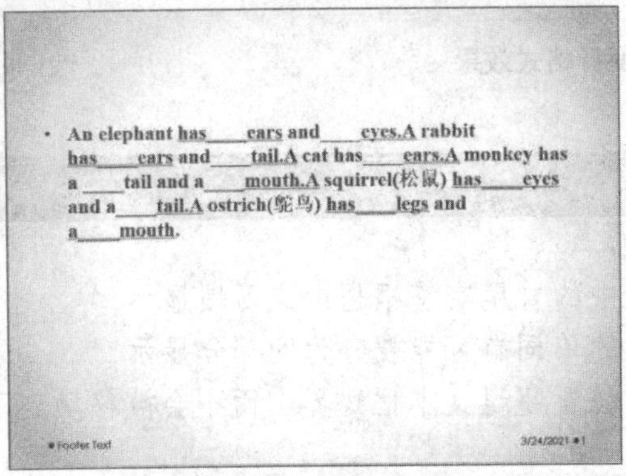

图 3-21　打开素材文件

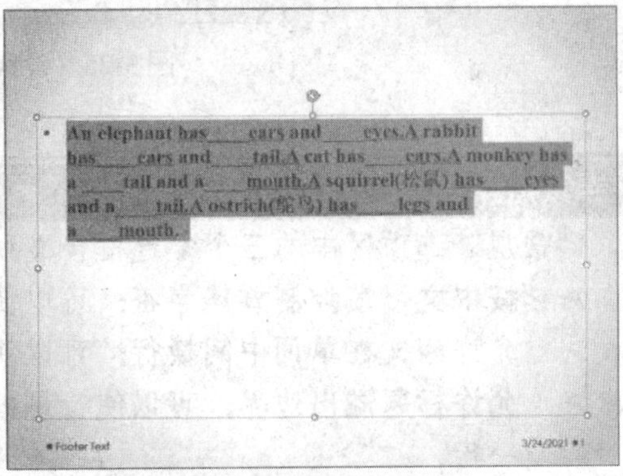

图 3-22　选择幻灯片中的文本

Step 03 在“开始”面板中的“段落”选项板中，单击右下角的“段落”按钮，如图 3-23 所示。

Step 04 弹出“段落”对话框，切换至“中文版式”选项卡，在“常规”选项区中，选中“允许西文在单词中间换行”复选框，如图 3-24 所示。

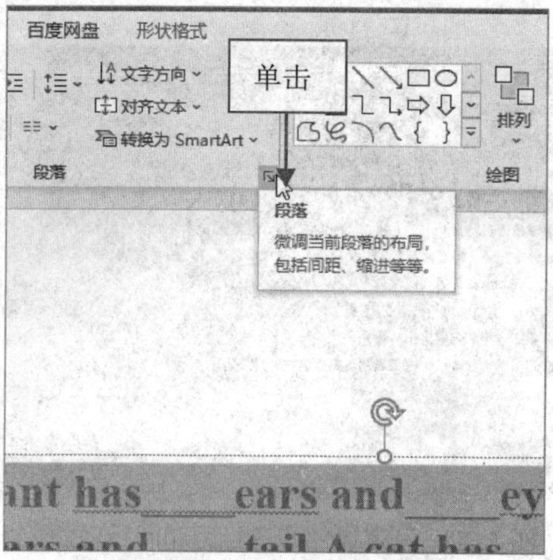

图 3-23 单击“段落”按钮

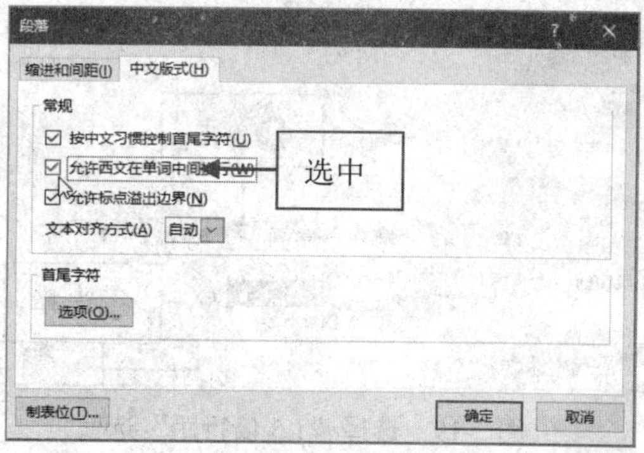

图 3-24 选中“允许西文在单词中间换行”复选框

Step 05 单击“确定”按钮，即可设置课件换行格式，对幻灯片中的文本进行相应调整，效果如图 3-25 所示。

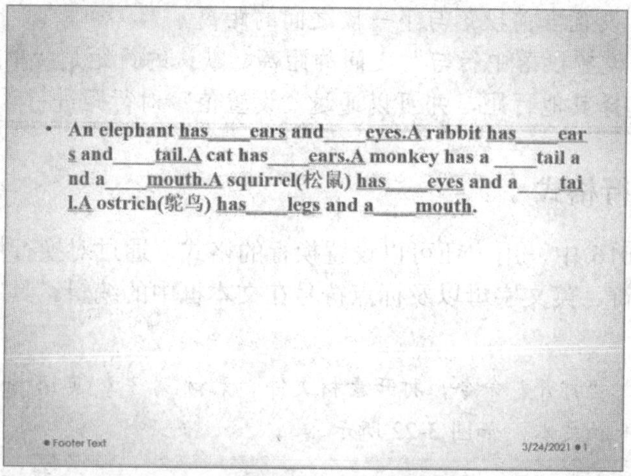

图 3-25 设置课件换行格式效果

▶ 专家指点

“常规”选项区中的三个复选框含义如下。

- **按中文习惯控制首尾字符：** 可以使段落中的首尾字符根据中文习惯显示。
- **允许西文在单词中间换行：** 可以使行尾的单词有可能被分为两部分显示。
- **允许标题溢出边界：** 可以使行尾的标点位置超过文本框边界，而不会被移动到下一行。

3.2.3　运用按钮设置对齐方式

段落对齐是指段落边缘的对齐方式，包括左对齐、右对齐、居中对齐、两端对齐和分散对齐。下面介绍运用按钮对齐方式的操作方法。

Step 01　单击“文件”|“打开”命令，打开素材文件“素材\第 3 章\私域流量.pptx”，如图 3-26 所示。

Step 02　在编辑区中选择需要设置对齐方式的段落，如图 3-27 所示。

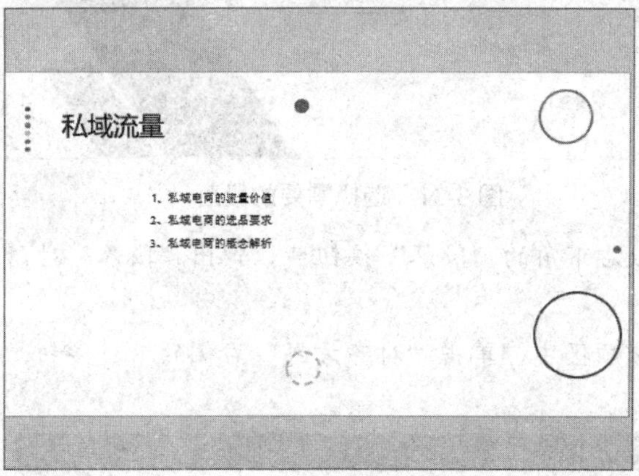

图 3-26　打开素材文件

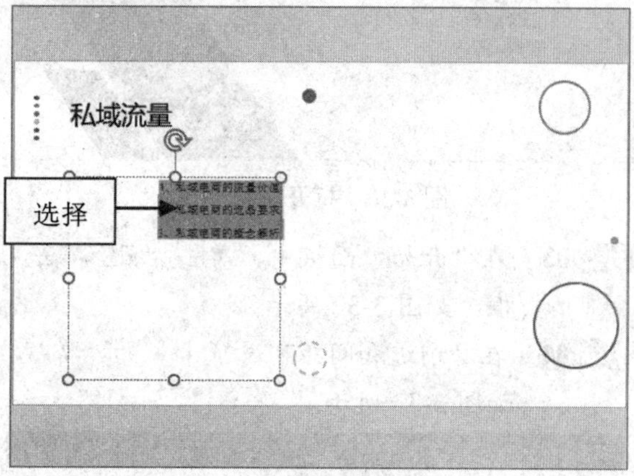

图 3-27　选择需要的段落

Step 03　在“开始”面板中的“段落”选项板中单击“左对齐”按钮，如图 3-28 所示。

Step 04　执行上述操作后，即可设置段落左对齐，如图 3-29 所示。

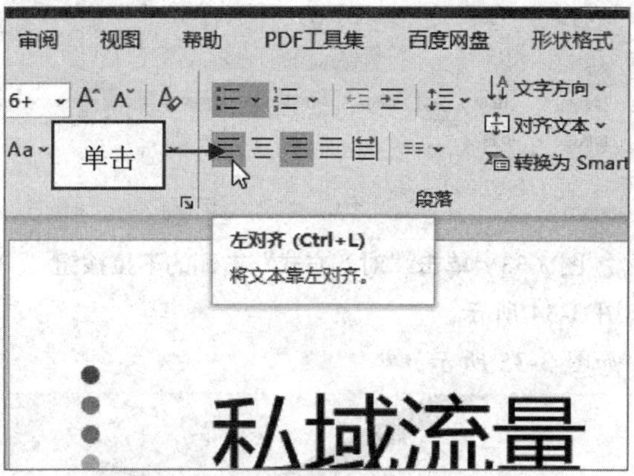

图 3-28　单击“左对齐”按钮

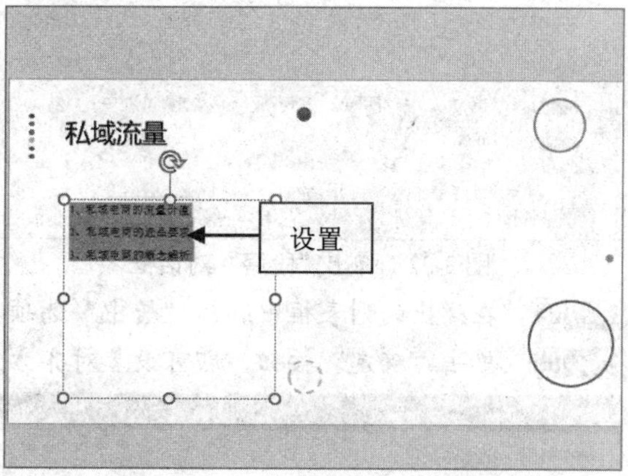

图 3-29　设置段落左对齐效果

3.2.4　对话框设置对齐方式

在 PowerPoint 2016 中，用户不但可以使用“段落”选项板中的按钮设置对齐方式，还可以使用“段落”对话框设置文本对齐方式。下面介绍具体的操作方法。

Step 01　单击“文件”|“打开”命令，打开素材文件“素材\第 3 章\活动运营.pptx”，如图 3-30 所示。

Step 02　在编辑区中选择需要设置对齐方式的段落，如图 3-31 所示。

图 3-30　打开素材文件

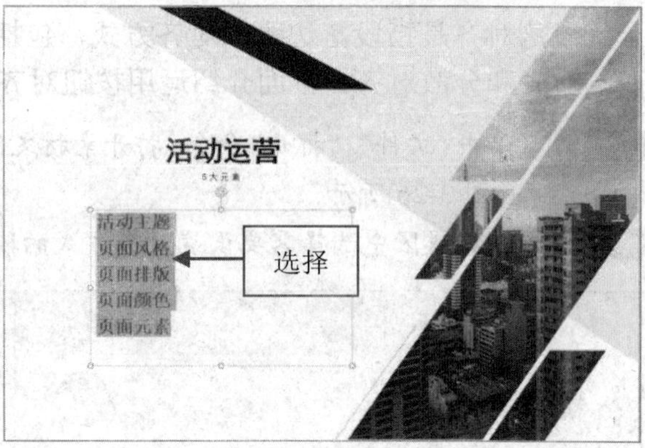

图 3-31　选择需要的段落

Step 03　在“开始”面板中，单击“段落”选项板右下角的“段落”按钮，弹出“段落”对话框，如图 3-32 所示。

Step 04　在“缩进和间距”选项卡中的“常规”选项区中，单击“对齐方式”右侧的下拉按钮，如图 3-33 所示。

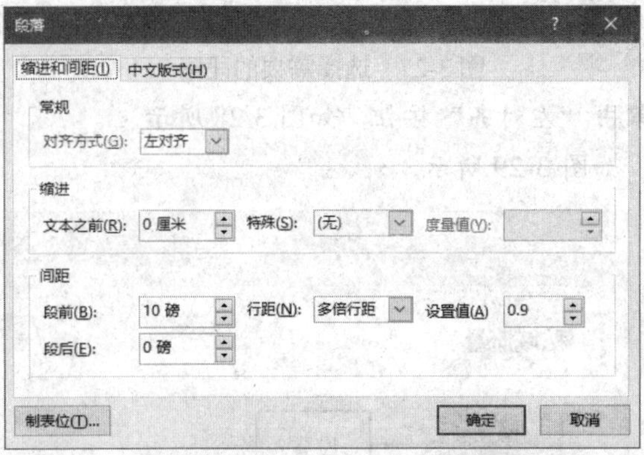

图 3-32　弹出“段落”对话框

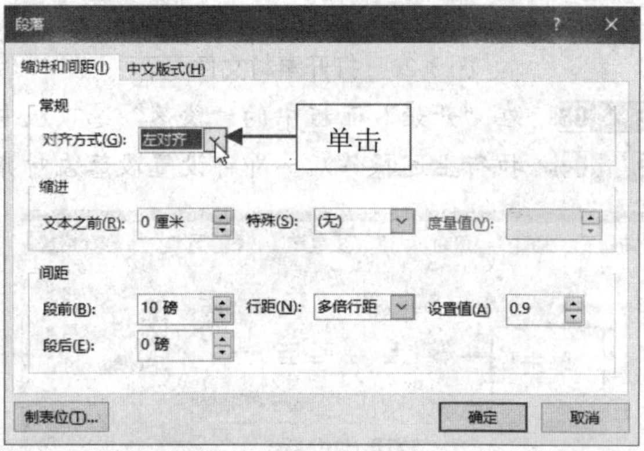

图 3-33　单击“对齐方式”右侧的下拉按钮

Step 05　在弹出的列表框中选择“居中”选项，如图 3-34 所示。

Step 06　单击“确定”按钮，即可设置对齐方式，如图 3-35 所示。

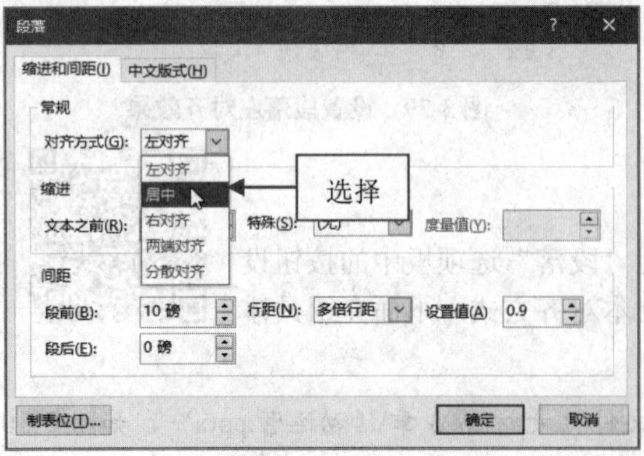

图 3-34　选择“居中”选项

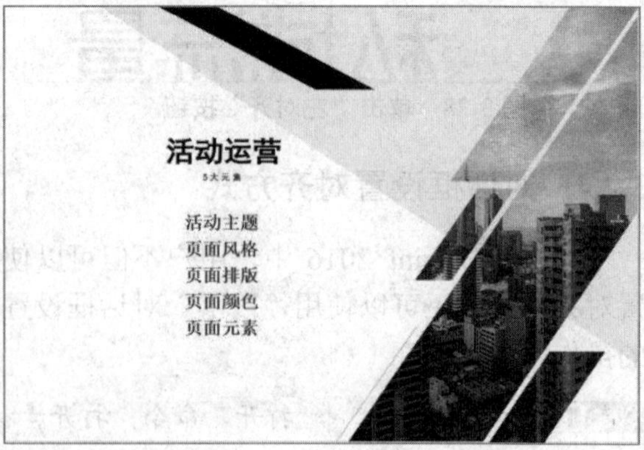

图 3-35　设置对齐方式后的效果

> ▶ 专家指点
>
> “对齐方式”下拉列表框中各选项的含义如下。
>
> - **左对齐：**段落左边对齐，右边可参差不齐。
> - **居中对齐：**段落居中排列。
> - **右对齐：**段落右边对齐，左边可参差不齐。
> - **两端对齐：**段落左右两端都对齐分布，但是段落最后不满一行文字时，右边是不对齐的。
> - **分散对齐：**段落左右两端都对齐，而且当每个段落的最后一行不满一行时，将自动拉开字符间距使该行均匀分布。

3.2.5　设置片头段落缩进

段落缩进有助于对齐幻灯片中的文本，对于编号和项目符号都有预设的缩进。段落缩进方式包括首行缩进和悬挂缩进两种。下面具体介绍设置片头段落缩进的方法。

Step 01 单击“文件”|“打开”命令，打开素材文件“素材\第 3 章\线下沙龙聚集人群.pptx”，如图 3-36 所示。

Step 02 在编辑区中选择需要设置段落缩进的文本，如图 3-37 所示。

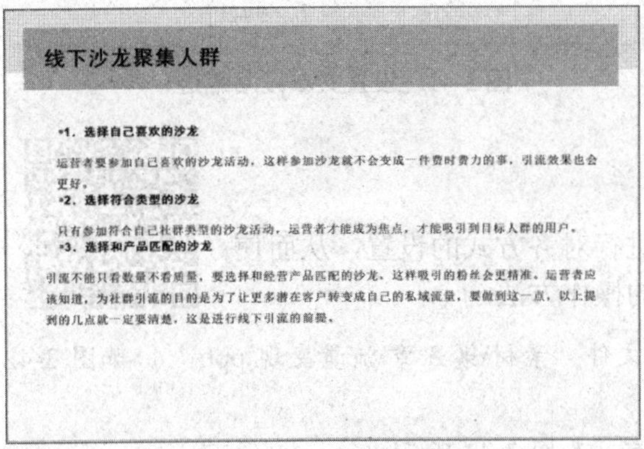

图 3-36　打开素材文件

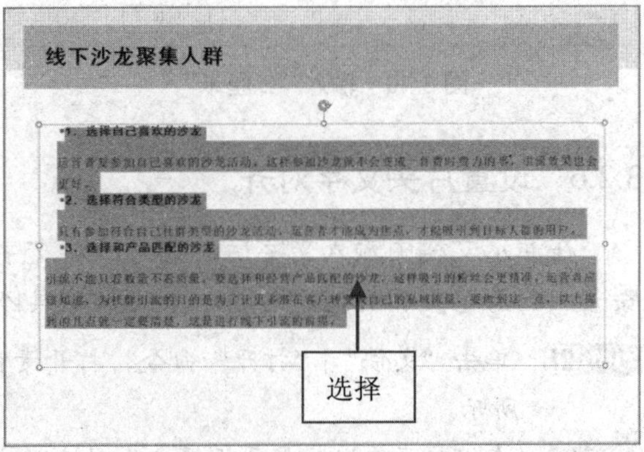

图 3-37　选择需要的文本

Step 03 单击鼠标右键，在弹出的快捷菜单中选择“段落”选项，如图 3-38 所示。

Step 04 弹出“段落”对话框，在“缩进和间距”选项卡中的“缩进”选项区中，❶单击“特殊”下拉按钮；❷在弹出的列表框中选择“首行”选项，如图 3-39 所示。

Step 05 在激活的“度量值”文本框中，输入 2 厘米，如图 3-40 所示。

Step 06 执行上述操作后，单击“确定”按钮，即可设置文本段落缩进，效果如图 3-41 所示。

> ▶ 专家指点
>
> 将鼠标移至首行第一个文字前，按【Tab】键，也可设置文本首行缩进效果。

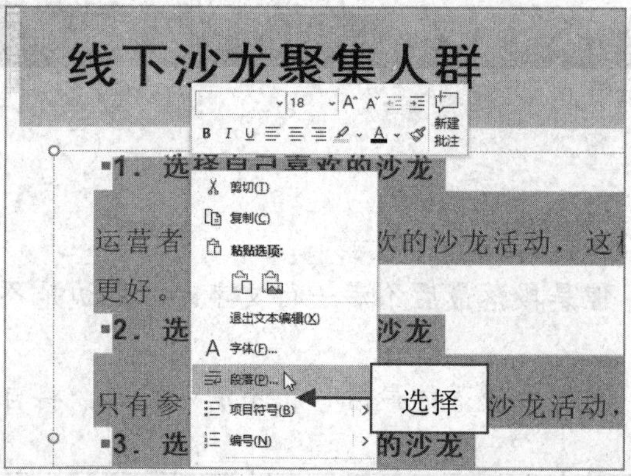

图 3-38　选择“段落”选项

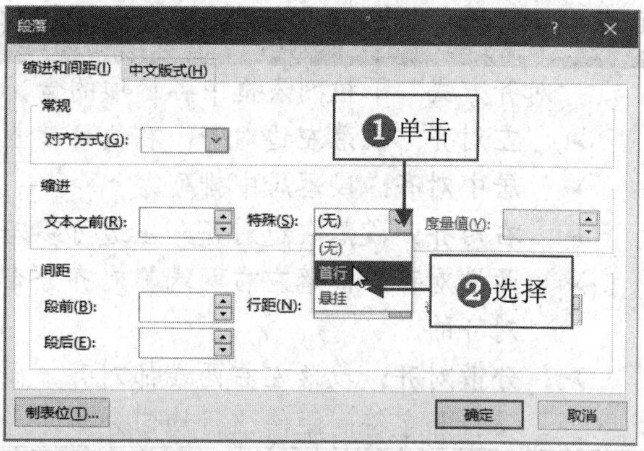

图 3-39　选择“首行”选项

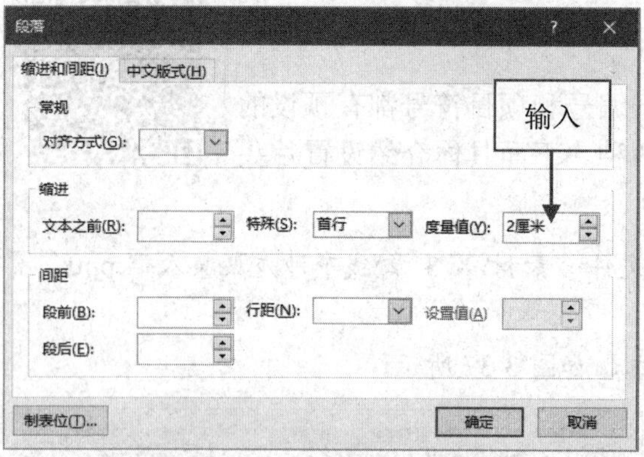

图 3-40　输入“2 厘米”

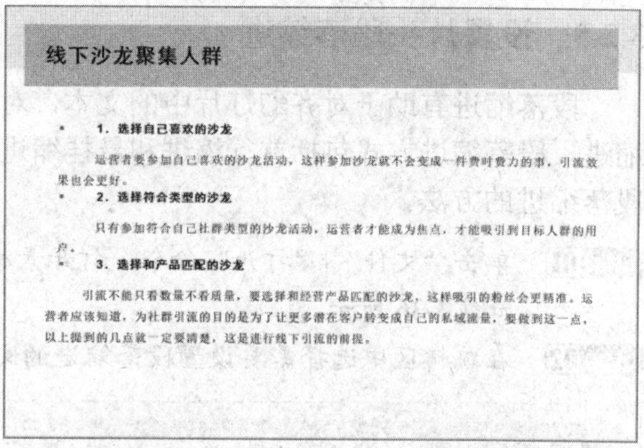

图 3-41　设置文本段落缩进

3.2.6　设置片头文字对齐

在演示文稿中输入文字后，就可以对文字进行对齐方式的设置，从而使要突出的文本更加醒目、有序。下面介绍具体的操作方法。

Step 01　单击“文件”|“打开”命令，打开素材文件“素材\第 3 章\流量变现.pptx”，如图 3-42 所示。

Step 02　在编辑区中选择需要设置文本对齐的文字，如图 3-43 所示。

图 3-42　打开素材文件

图 3-43　选择需要的文本

> ▶ 专家指点
>
> 在 PowerPoint 2016 中，设置文本对齐是指文本相对于文本框的对齐效果。

Step 03　在“段落”选项板中，单击“对齐文本”下拉按钮，如图 3-44 所示。

Step 04　在弹出的列表框中选择“中部对齐”选项，如图 3-45 所示。

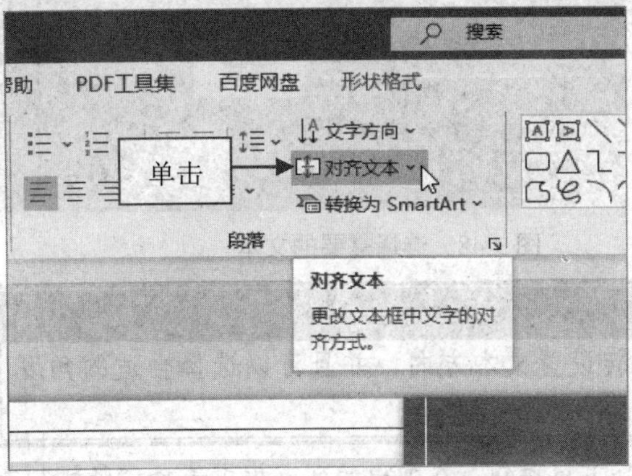

图 3-44　单击“对齐文本”下拉按钮

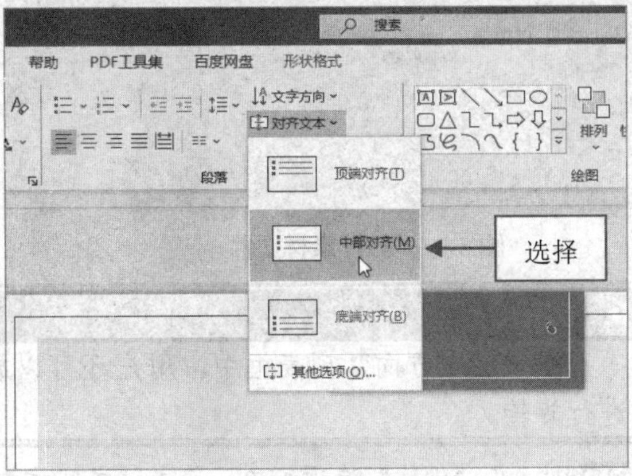

图 3-45　选择“中部对齐”选项

Step 05　执行上述操作后，即可设置文本中部对齐，效果如图 3-46 所示。

图 3-46　设置文本中部对齐效果

3.2.7　设置片头文字方向

在 PowerPoint 2016 中，设置文字方向是指将水平排列的文本变成垂直排列的文本，也可以使垂直排列的文本变成水平排列。下面介绍具体的操作方法。

Step 01　单击“文件”|“打开”命令，打开素材文件“素材\第 3 章\商业内容 6 个方面.pptx”，如图 3-47 所示。

Step 02　在编辑区中选择需要设置文字方向的文本，如图 3-48 所示。

图 3-47　打开素材文件

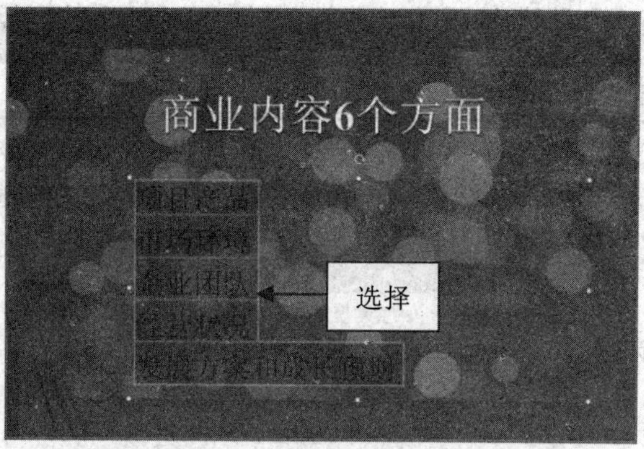

图 3-48　选择需要的文本

> **▶ 专家指点**
>
> 在“文字方向”列表框中，用户还可以旋转设置文本方向，并且可以选择合适的角度进行旋转。

Step 03　在“段落”选项板中，单击“文字方向”下拉按钮，在弹出的列表框中选择“竖排”选项，如图 3-49 所示。

Step 04　执行上述操作后，即可设置文字方向为竖排显示，如图 3-50 所示。

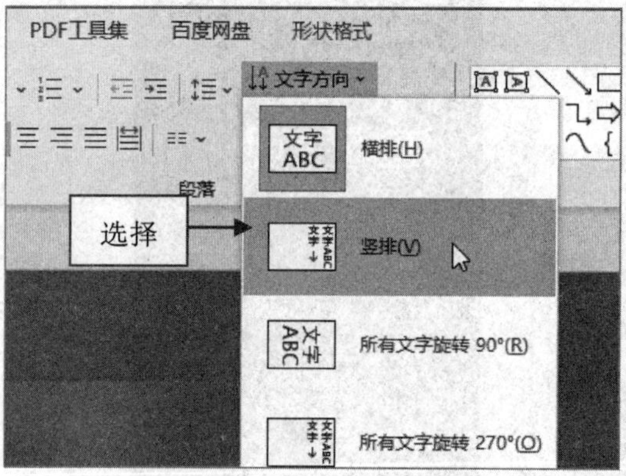

图 3-49　选择“竖排”选项

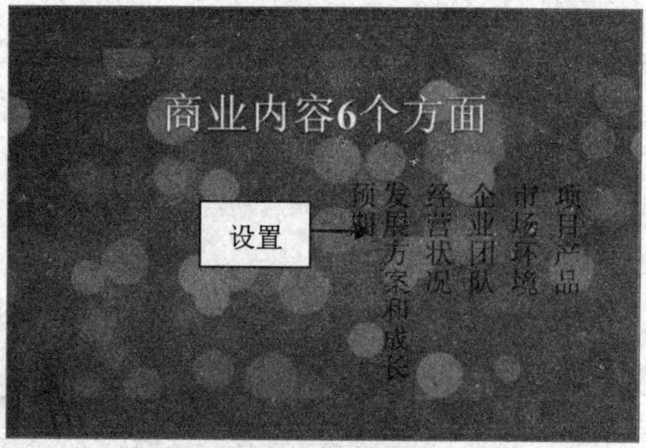

图 3-50　设置文字方向效果

3.3　制作文本框

文本框是一种可移动、可调整大小的文字容器，它与文本占位符非常相似。使用文本框可以在幻灯片中放置多个文字块，并且使文字按照不同的方向排列。也可以更改幻灯片版式的制约，实现在幻灯片任意位置添加文字信息的目的。

3.3.1　绘制文本框

在 PowerPoint 2016 中，有两种形式的文本框，即横排文本框和竖排文本框。它们分别用来放置水平方向的文字和垂直方向的文字。下面介绍绘制文本框的操作方法。

Step 01　单击“文件”|“打开”命令，打开素材文件“素材\第 3 章\生活乐趣.pptx”，如图 3-51 所示。

Step 02　切换至“插入”面板，在“文本”选项板中单击“文本框”下拉按钮，在弹出的列表框中选择“绘制横排文本框”选项，如图 3-52 所示。

图 3-51　打开素材文件

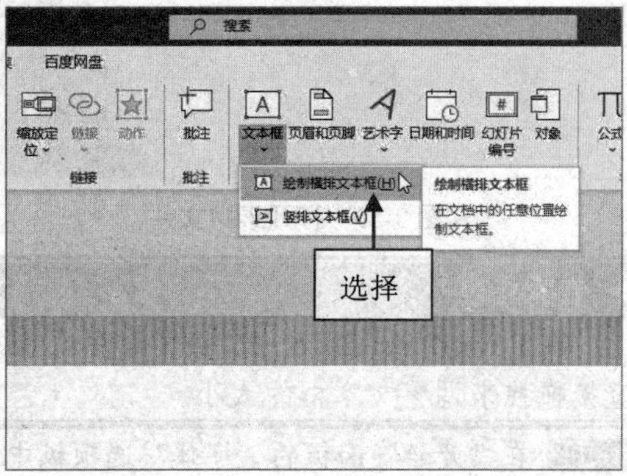

图 3-52　选择“绘制横排文本框”选项

Step 03　鼠标指针在幻灯片编辑窗口中呈向下箭头形状显示时，按住鼠标左键并向右拖拽，至合适位置后释放鼠标左键，绘制一个文本框，如图 3-53 所示。

Step 04　在绘制的文本框中输入文本“生活乐趣”，并设置“字体”为隶书、“字号”为 60、“字体颜色”为深红，效果如图 3-54 所示。

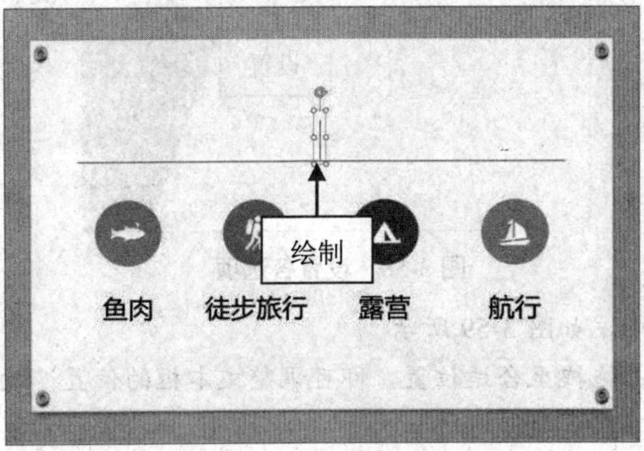

图 3-53　绘制文本框

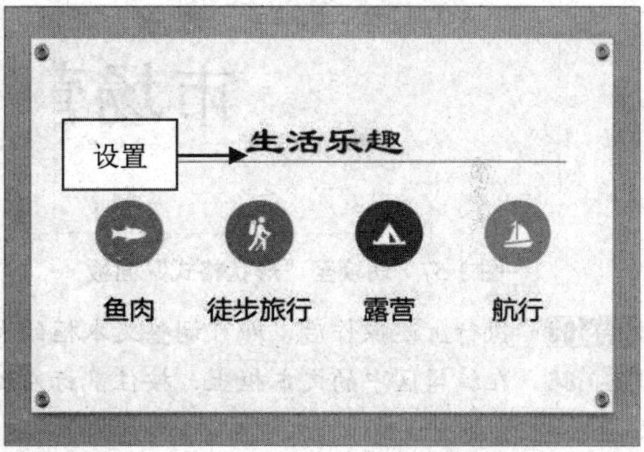

图 3-54　输入文本并设置字体属性

3.3.2　调整文本框格式

在 PowerPoint 2016 中，绘制完文本框后，用户可以根据需要在文本的四个对角上拖动鼠标调整文本框的大小。下面介绍调整文本框格式的操作方法。

Step 01　单击“文件”|“打开”命令，打开素材文件“素材\第 3 章\市场营销.pptx”，如图 3-55 所示。

Step 02　在编辑区中选择需要调整大小的文本框，如图 3-56 所示。

图 3-55　打开素材文件

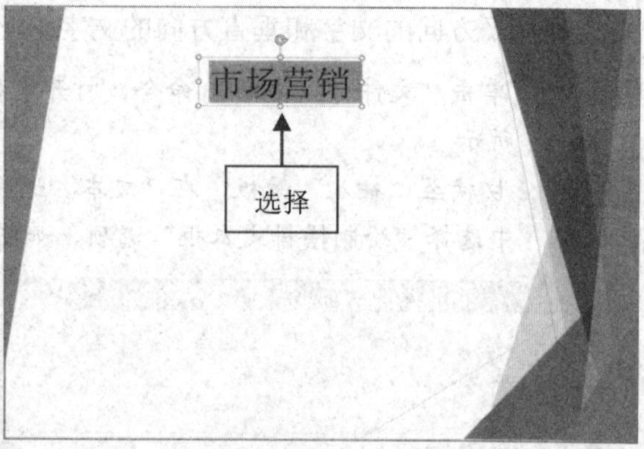

图 3-56　选择文本框

▶ 专家指点

在 PowerPoint 2016 中，除了运用以上方法调整文本框格式以外，用户还可以通过鼠标直接拖拽来调整文本框的大小。

Step 03 在“开始”面板的“字体”选项板中，单击“文字阴影”按钮 S，切换至“形状格式”面板，如图 3-57 所示。

Step 04 在右侧“大小”选项板中，设置“高度”为 6 厘米、“宽度”为 2 厘米，如图 3-58 所示。

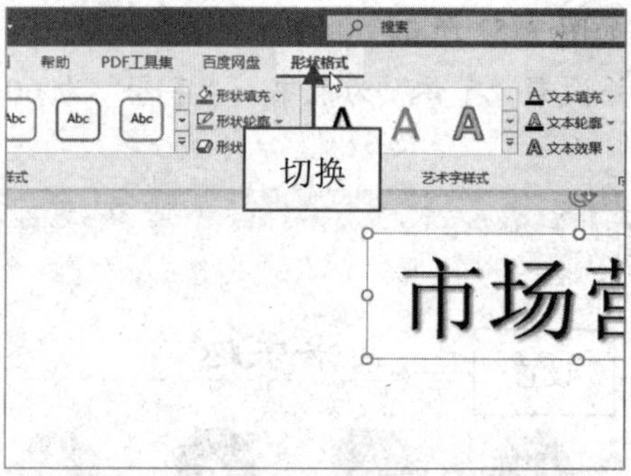

图 3-57　切换至“形状格式”面板

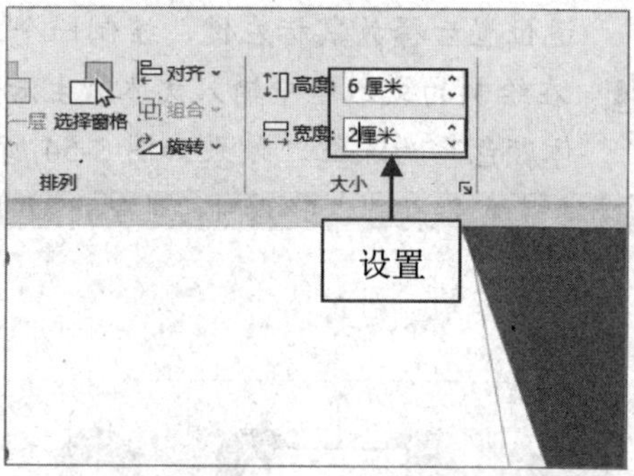

图 3-58　设置各选项

Step 05 执行上述操作后，即可调整文本框的大小，如图 3-59 所示。

Step 06 在编辑区中的文本框上，按住鼠标左键并拖拽至合适位置，即可调整文本框的位置，效果如图 3-60 所示。

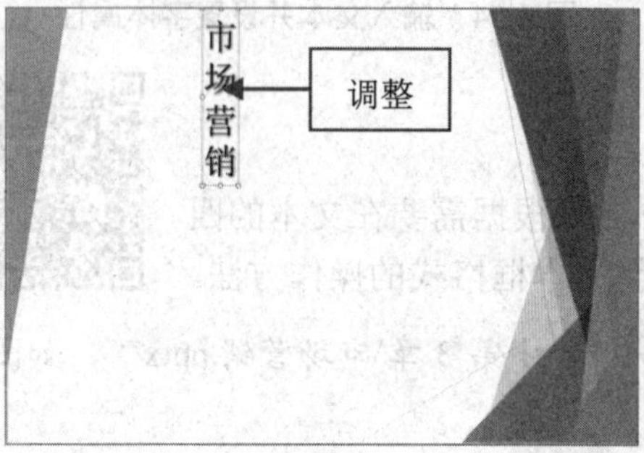

图 3-59　调整文本框大小

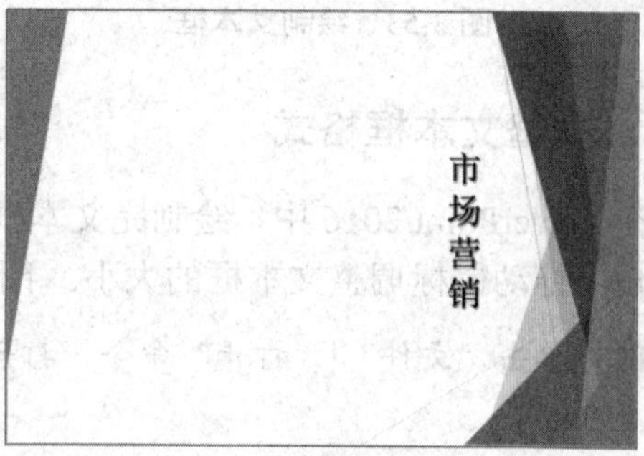

图 3-60　调整文本框效果

3.3.3　设置文本框格式

在 PowerPoint 2016 中，用户还可以设置文本框中的文字环绕方式、边框和底纹、大小和版式的设置等格式。下面介绍具体的操作方法。

Step 01　单击“文件”|“打开”命令，打开素材文件“素材\第 3 章\抖音引流.pptx”，如图 3-61 所示。

Step 02　在编辑区中选择需要设置的文本框，如图 3-62 所示。

图 3-61　打开素材文件

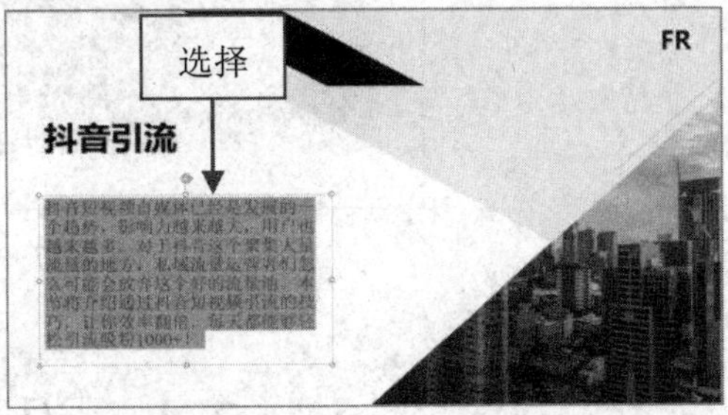

图 3-62　选择需要设置的文本框

Step 03　单击鼠标右键，在弹出的快捷菜单中选择“设置形状格式”选项，如图 3-63 所示。

Step 04　弹出“设置形状格式”对话框，如图 3-64 所示。

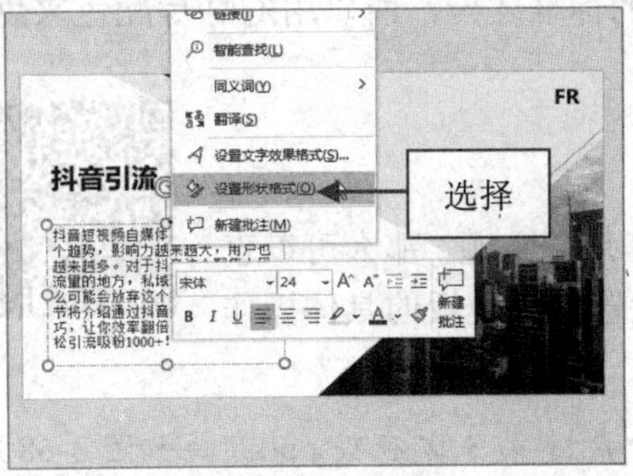

图 3-63　选择“设置形状格式”选项

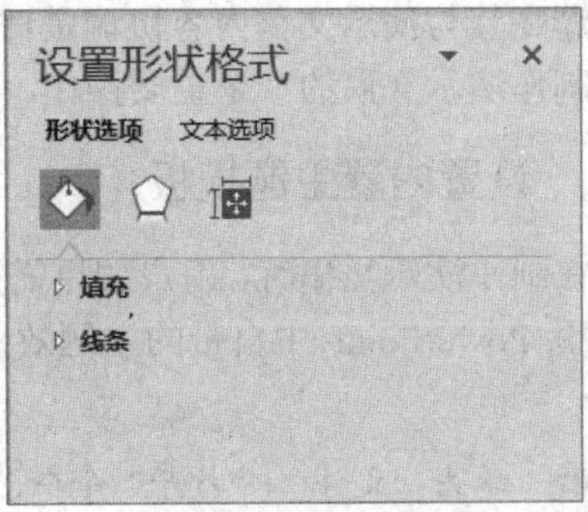

图 3-64　弹出“设置形状格式”对话框

Step 05　展开“填充”选项区，选中“图片或纹理填充”单选按钮，如图 3-65 所示。

Step 06　单击“纹理”右侧的下拉按钮，在弹出的列表框中选择“花束”选项，如图 3-66 所示。

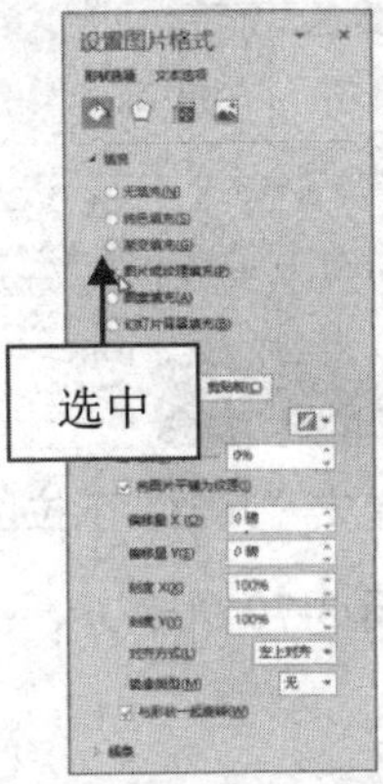

图 3-65　选中“图片或纹理填充”单选按钮

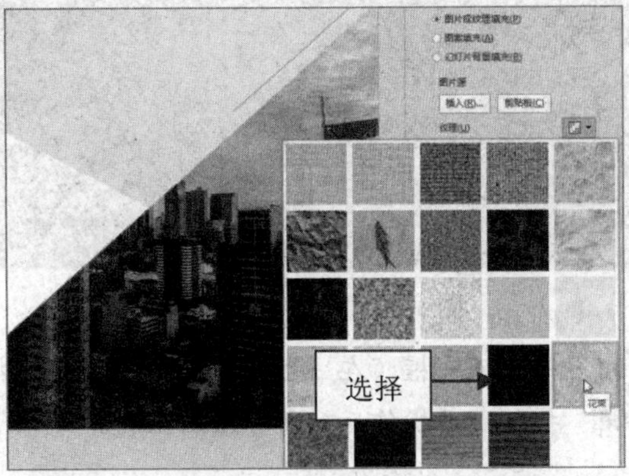

图 3-66　选择“花束”选项

Step 07 执行上述操作后，即可设置文本框格式，效果如图 3-67 所示。

图 3-67　设置文本框格式

3.4　设置课件主题

PowerPoint 2016 提供了很多种幻灯片主题，用户可以直接在演示文稿中制作课件片头。色彩漂亮且与演示文稿内容协调是评判幻灯片成功的标准之一，所以用幻灯片配色来烘托主题是制作演示文稿的一个重要操作。

3.4.1　设置内置主题模板

在制作演示文稿时，用户如果需要快速设置幻灯片的主题，那么可以直接使用 PowerPoint 中自带的主题效果。下面介绍设置主题模板的具体操作方法。

Step 01 单击“文件”|“打开”命令，打开素材文件“素材\第 3 章\夜兴.pptx”，如图 3-68 所示。

Step 02 切换至“设计”面板，单击“主题”选项面板中的“其他”下拉按钮，如图 3-69 所示。

图 3-68　打开素材文件

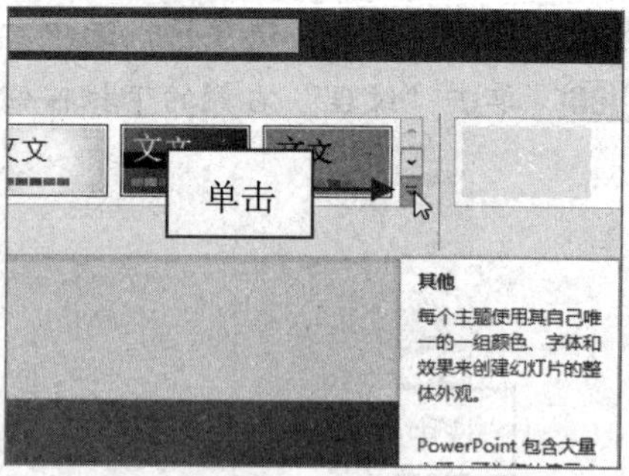

图 3-69　单击“其他”下拉按钮

Step 03 弹出列表框，在“主题”选项区中，选择“丝状”选项，如图 3-70 所示。

Step 04 执行上述操作后，即可应用主题，效果如图 3-71 所示。

图 3-70　选择“丝状”选项

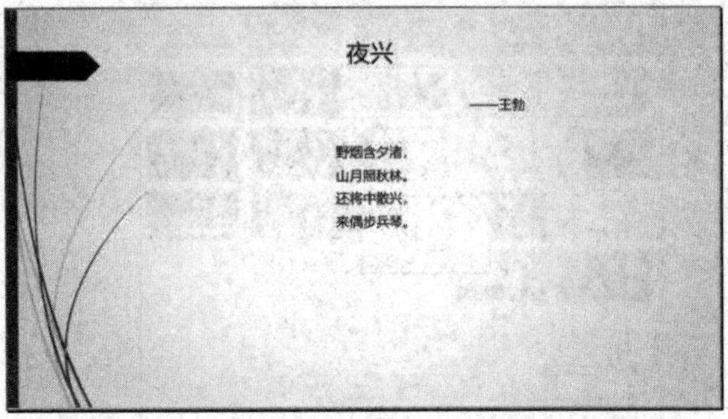

图 3-71　应用内置主题

> ▶ 专家指点
>
> 在“主题”下拉列表框中，包含了 35 种内置主题样式，用户可以根据制作课件的需求，选择相应的内置主题。

3.4.2　应用到选定幻灯片

一般情况下，用户选定主题后，演示文稿中所有的幻灯片都将应用该主题。如果只需要某一张幻灯片应用该主题，那么可以设置将主题应用到选定的幻灯片中。下面介绍具体的操作方法。

Step 01 单击“文件”|“打开”命令，打开素材文件“素材\第 3 章\知识特性.pptx”，如图 3-72 所示。

Step 02 切换至“设计”面板，单击“主题”选项面板中的“其他”下拉按钮，如图 3-73 所示。

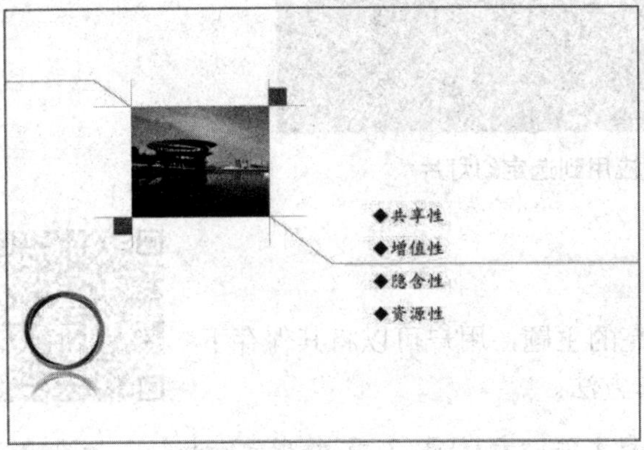

图 3-72　打开素材文件

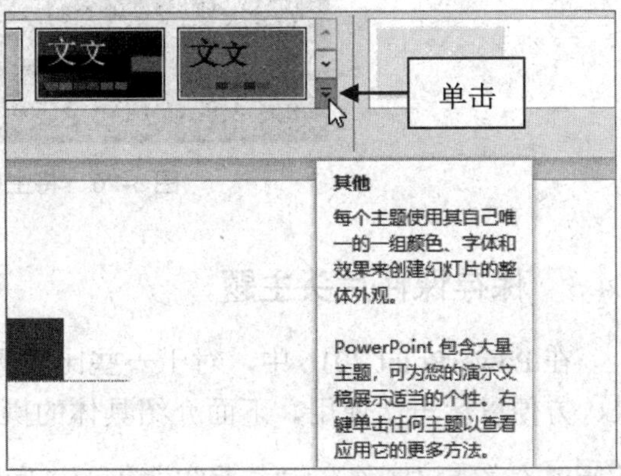

图 3-73　单击“其他”下拉按钮

Step 03 弹出列表框，在“主题”选项区中，选择“天体”选项，如图 3-74 所示。

Step 04 单击鼠标右键，在弹出的快捷菜单中，选择“应用于选定幻灯片”选项，如图 3-75 所示。

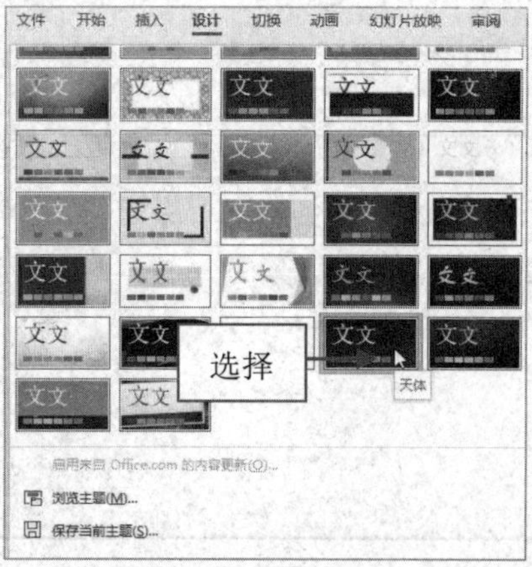

图 3-74　选择“天体”选项

图 3-75　选择“应用于选定幻灯片”选项

> ▶ 专家指点
>
> 用户在选定的内置主题上，单击鼠标右键，在弹出的快捷菜单中，含有三种应用模式，包括“应用于相应幻灯片”“应用于选定幻灯片”和“设置为默认主题”，将选中的主题应用于所有幻灯片。如果用户经常使用某一种主题，则可以选择“设置为默认主题”选项。

Step 05　执行上述操作后，即可将主题应用到选定幻灯片，效果如图 3-76 所示。

图 3-76　将主题应用到选定幻灯片

3.4.3　保存课件片头主题

在 PowerPoint 2016 中，对于一些比较漂亮的主题，用户可以将其保存下来，方便以后再次使用。下面介绍具体的操作方法。

Step 01　单击“文件”|“打开”命令，打开素材文件“素材\第 3 章\物理学.pptx”，如图 3-77 所示。

Step 02　切换至“设计”面板，单击“主题”选项板中的“其他”下拉按钮，在弹出的列表框中，选择“保存当前主题”选项，如图 3-78 所示。

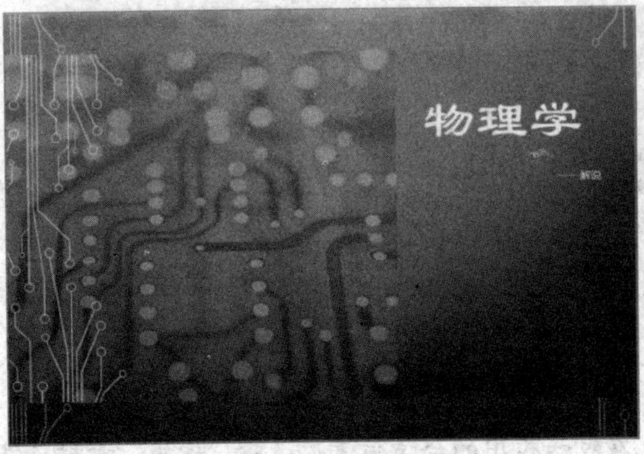

图 3-77　打开素材文件

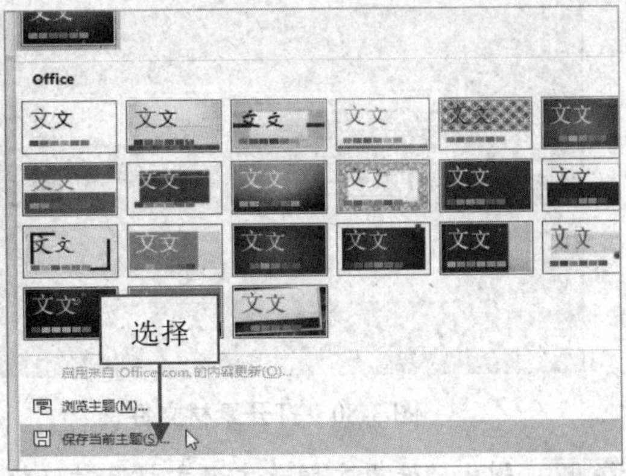

图 3-78　选择“保存当前主题”选项

Step 03　弹出“保存当前主题”对话框，选择文件的保存路径，并在“文件名”右侧的文本框中，输入保存的主题名称，如图 3-79 所示。

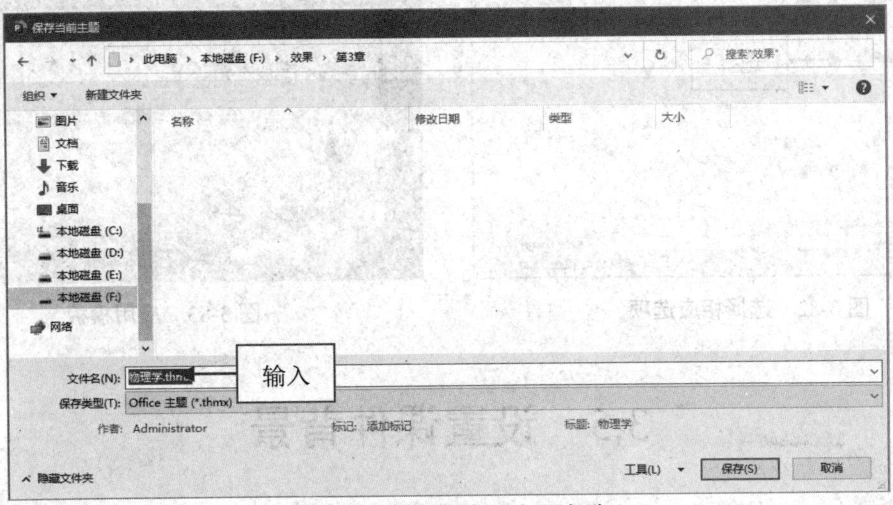

图 3-79　输入保存的主题名称

Step 04　单击“保存”按钮，即可将主题进行保存。

> ▶ 专家指点
>
> 如果用户需要查看保存的主题文件，那么只需再次打开“保存当前主题”对话框即可查看。

3.4.4　应用硬盘中的模板

在 PowerPoint 2016 中，用户在制作演示文稿时，不仅可以应用内置的主题，还可以选择应用存储在硬盘中的幻灯片模板。下面介绍具体的操作方法。

Step 01　单击“文件”|“打开”命令，打开素材文件“素材\第 3 章\前言.pptx”，如图 3-80 所示。

Step 02　切换至“设计”面板，在“主题”选项板中单击“其他”下拉按钮，在弹出的列表框中，选择“浏览主题”选项，如图 3-81 所示。

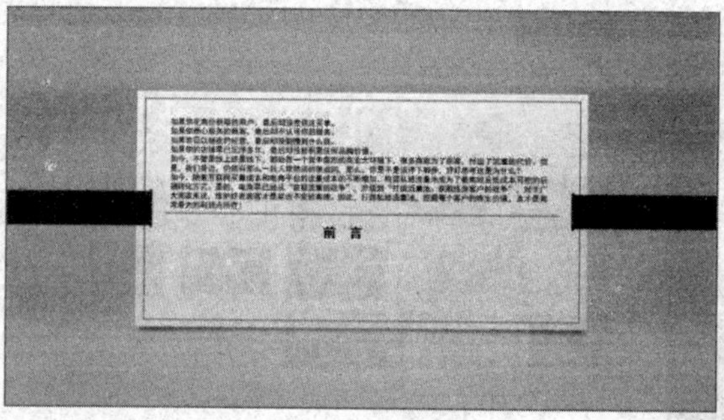

图 3-80　打开素材文件

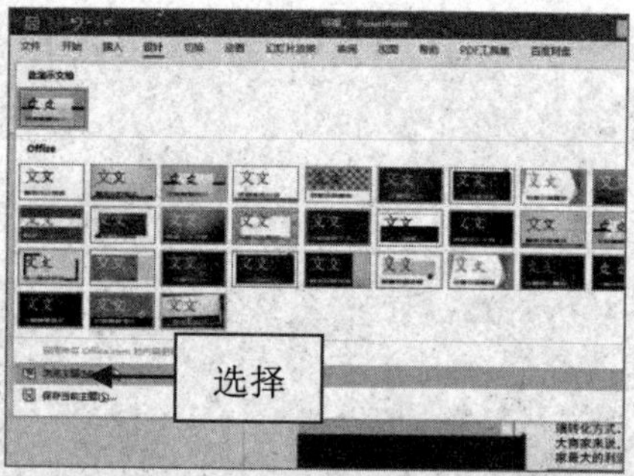

图 3-81　选择“浏览主题”选项

Step 03　弹出“选择主题或主题文档”对话框，在对话框中的合适位置，选择“模板”素材文件，如图 3-82 所示。

Step 04　单击“应用”按钮，即可应用硬盘中的模板，效果如图 3-83 所示。

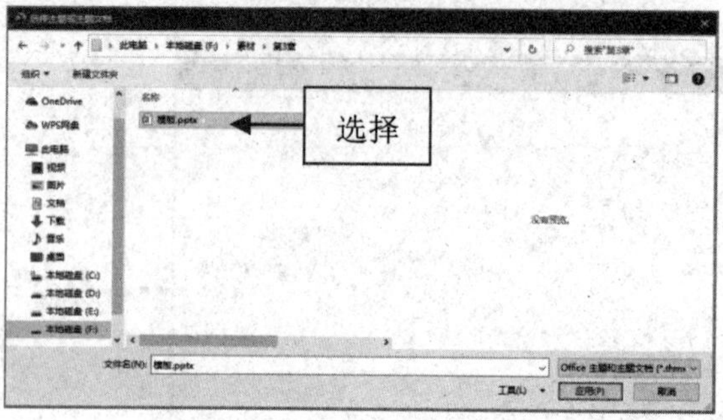

图 3-82　选择相应选项

图 3-83　应用模板

3.5　设置课件背景

在设计演示文稿时，除了通过使用主题来美化演示文稿以外，还可以通过设置演示文稿的背景来制作具有观赏性的演示文稿。

3.5.1　选择片头背景样式

在 PowerPoint 2016 中的“背景样式”列表框中，提供了多种背景颜色样式，用户可根据需要设置背景样式。下面介绍具体的操作方法。

Step 01　单击“文件”|“打开”命令，打开素材文件“素材\第 3 章\音乐时代风格.pptx”，如图 3-84 所示。

Step 02　切换至“设计”面板，在“变体”选项板中，单击“其他”下拉按钮，如图 3-85 所示。

▶ 专家指点

若对设计的模板背景效果不满意，用户可以通过快速访问工具栏中的“撤销”按钮或按【Ctrl + Z】组合键，撤销背景设置操作。

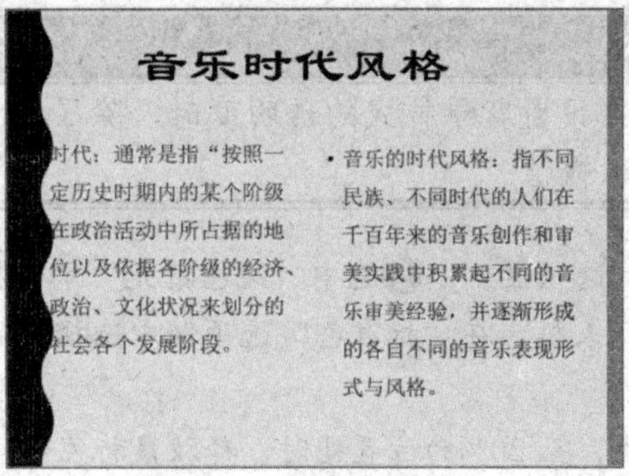

图 3-84　打开素材文件

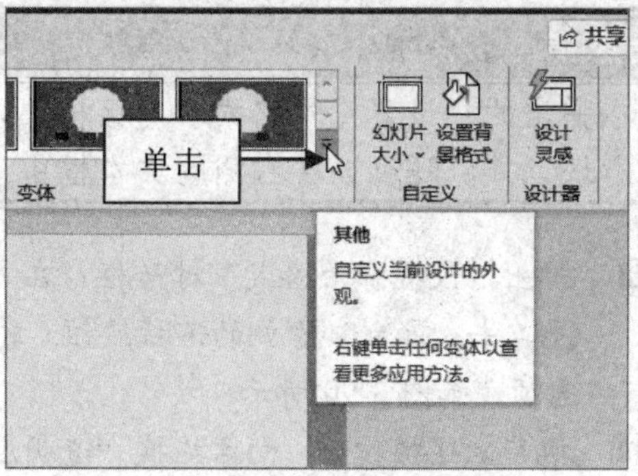

图 3-85　单击“其他”下拉按钮

Step 03　弹出下拉列表框，选择“背景样式”|“样式 11”选项，如图 3-86 所示。

Step 04　执行上述操作后，即可应用选择的背景样式，如图 3-87 所示。

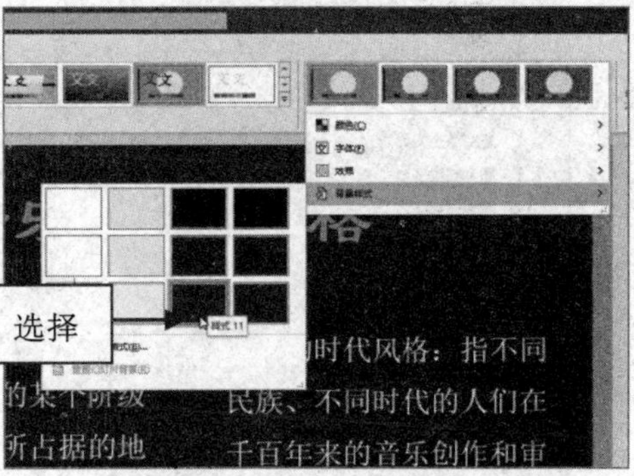

图 3-86　选择“样式 11”选项

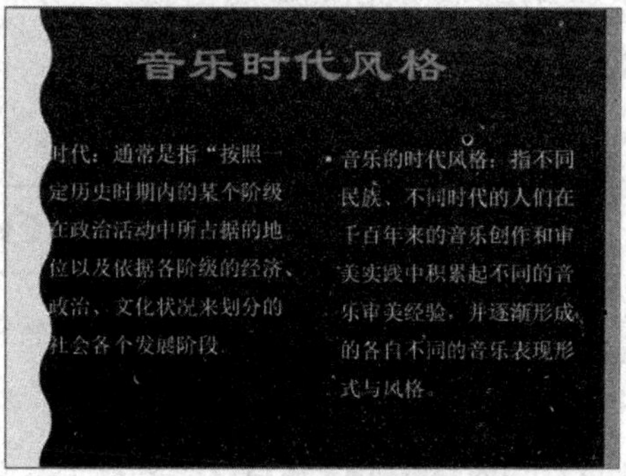

图 3-87　应用背景样式

3.5.2　自定义纯色背景样式

设置幻灯片的背景可以统一演示文稿中幻灯片的版式，应用主题后，用户还可以根据自己的喜好更改主题背景颜色。下面介绍具体的操作方法。

Step 01　单击“文件”|“打开”命令，打开素材文件“素材\第 3 章\微商产品营销效果.pptx”，如图 3-88 所示。

Step 02　切换至“设计”面板，单击“变体”选项板中的“其他”下拉按钮，在弹出的列表框中，选择“背景样式”选项，在弹出的列表框中选择“设置背景格式”选项，如图 3-89 所示。

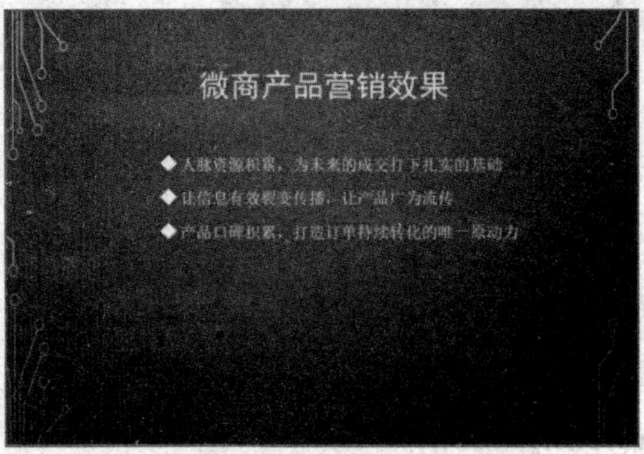

图 3-88　打开素材文件

图 3-89　选择“设置背景格式”选项

> **▶ 专家指点**
>
> 在弹出的“设置背景格式”对话框中，用户在设置背景样式的透明度时，除了拖拽透明度滑块以外，还可以在右侧的文本框中直接输入数值。

Step 03 弹出“设置背景格式”对话框，在“填充”选项区中，❶选中“纯色填充”单选按钮；❷单击“颜色”右侧的下拉按钮；❸弹出列表框，在“标准色”选项区中选择“浅绿”选项，如图 3-90 所示。

Step 04 执行上述操作后，向右拖拽“透明度”滑块，至 20%的位置处时，释放鼠标左键，设置背景透明度，如图 3-91 所示。

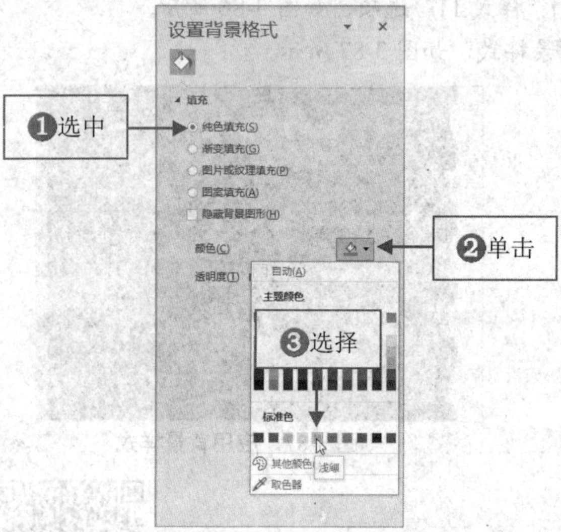

图 3-90　选择“浅绿”选项

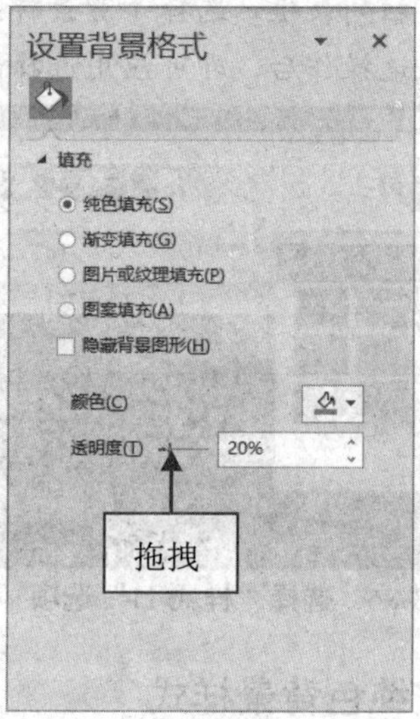

图 3-91　拖拽透明度滑块

Step 05 执行上述操作后，即可自定义纯色背景样式，效果如图 3-92 所示。

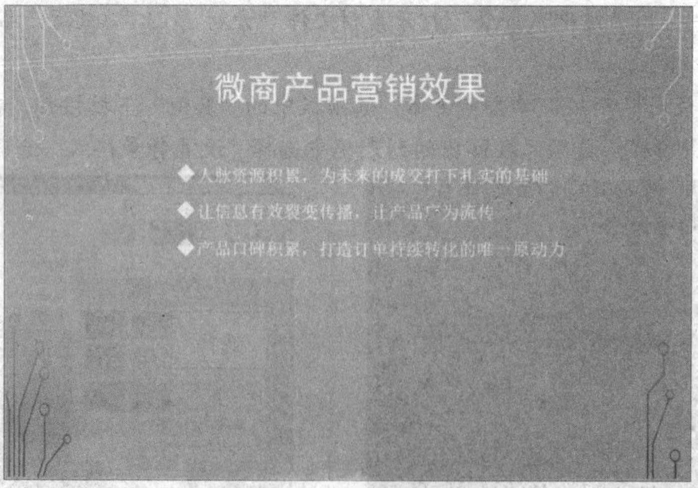

图 3-92　自定义纯色背景样式效果

3.5.3　应用渐变填充背景

在 PowerPoint 2016 中，不仅能运用纯色背景填充幻灯片，还可以运用渐变色对幻灯片进行填充，应用渐变填充可以丰富幻灯片的视觉效果。下面介绍具体的操作方法。

Step 01 单击“文件”|“打开”命令，打开素材文件“素材\第 3 章\快手引流.pptx”，如图 3-93 所示。

Step 02 切换至“设计”面板，单击“背景样式”下拉按钮，在弹出的列表框中，选择“设置背景格式”选项，如图 3-94 所示。

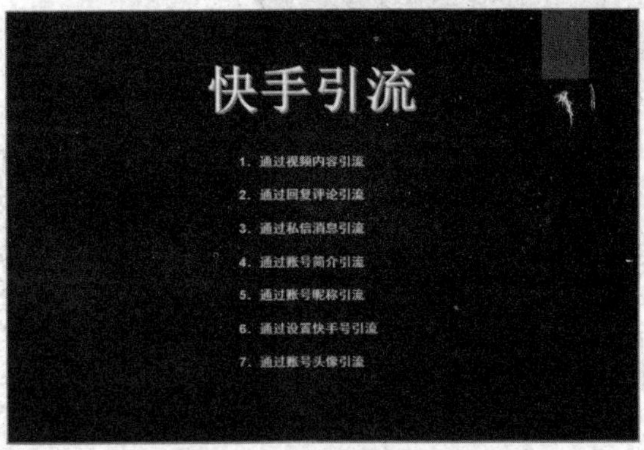

图 3-93　打开素材文件

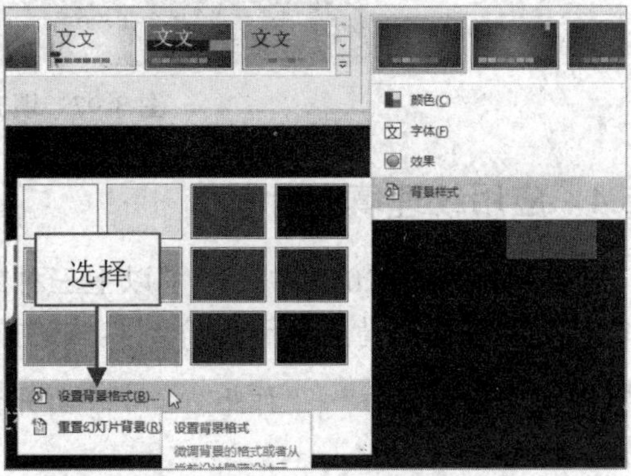

图 3-94　选择“设置背景格式”选项

Step 03 弹出“设置背景格式”对话框，在“填充”选项区中，选中“渐变填充”单选按钮，如图 3-95 所示。

Step 04 单击“预设渐变”右侧的下拉按钮，在弹出的列表框中，选择“底部聚光灯-个性 2”预设样式，如图 3-96 所示。

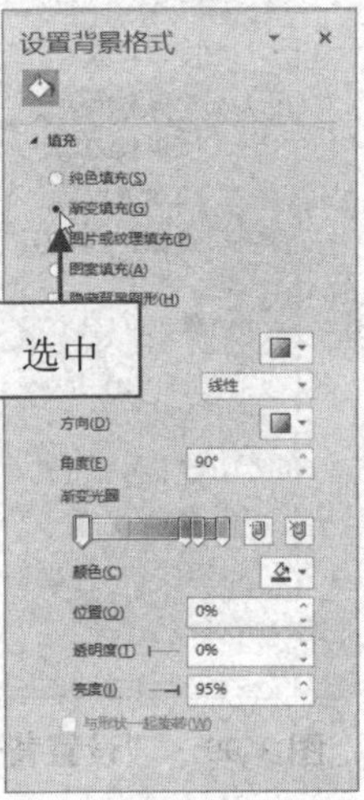

图 3-95　选中“渐变填充”单选按钮

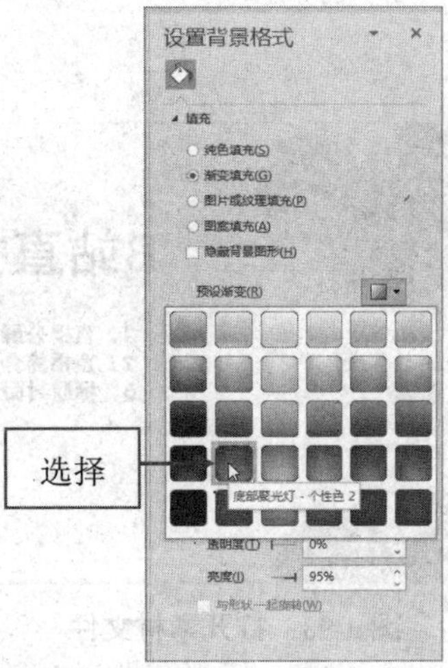

图 3-96　选择第四排第二个预设样式项

Step 05 执行上述操作后，即可填充渐变颜色背景，效果如图 3-97 所示。

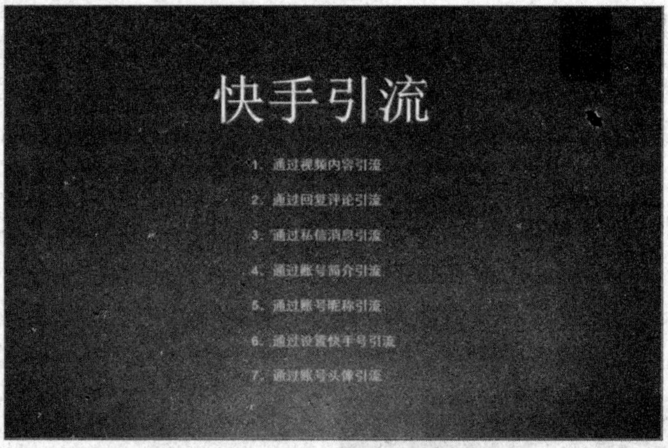

图 3-97　填充渐变颜色背景效果

3.5.4　应用纹理填充背景

在 PowerPoint 2016 中，除了以上三种方法来设置幻灯片的背景以外，还可以使用纹理作为背景。下面介绍具体的操作方法。

Step 01　单击“文件”|“打开”命令，打开素材文件“素材\第 3 章\B 站直播.pptx”，如图 3-98 所示。

Step 02　切换至“设计”面板，单击“背景样式”下拉按钮，在弹出的列表框中，选择“设置背景格式”选项，弹出“设置背景格式”对话框，如图 3-99 所示。

图 3-98　打开素材文件

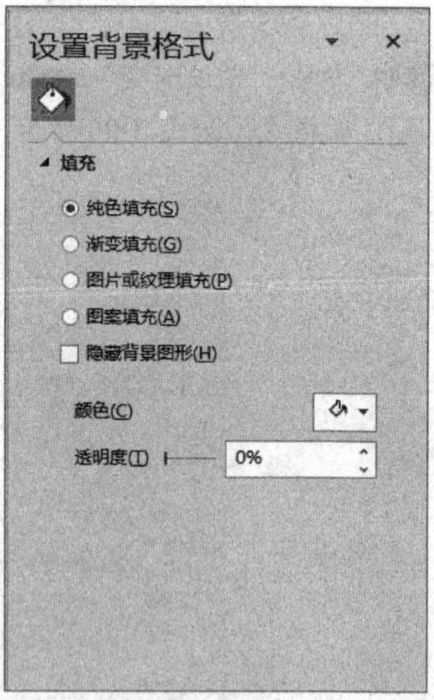

图 3-99　“设置背景格式”对话框

Step 03　在“填充”选项区中，❶选中“图片或纹理填充”单选按钮；❷单击“纹理”下拉按钮；❸在弹出的列表框中选择“蓝色面巾纸”选项，如图 3-100 所示。

Step 04　执行上述操作后，即可应用纹理填充，效果如图 3-101 所示。

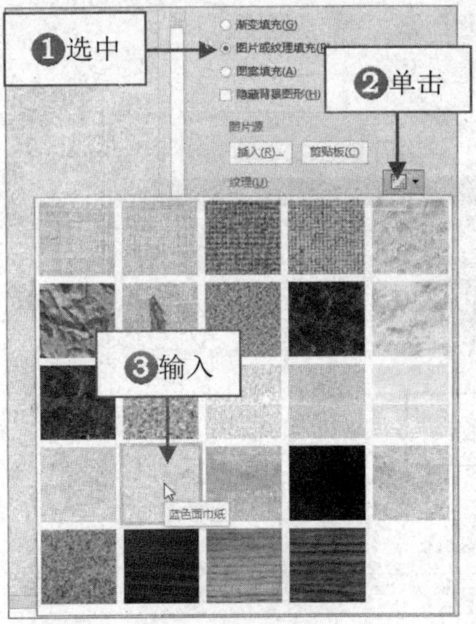

图 3-100　选择“蓝色面巾纸”选项

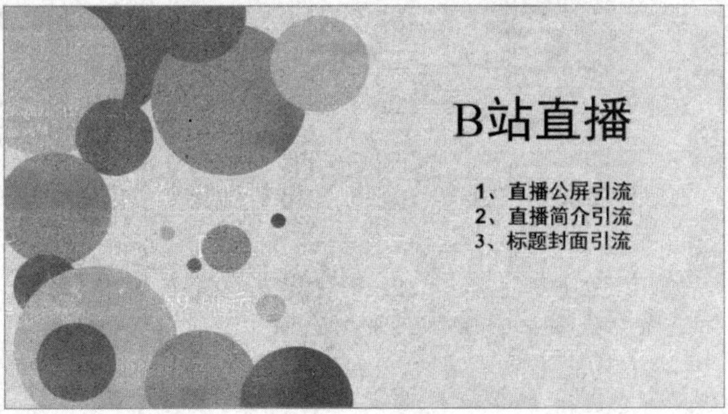

图 3-101　应用纹理填充

3.5.5　应用图片填充背景

除了运用颜色和纹理作为幻灯片的背景外，用户还可以运用图片对背景进行装饰，一个精美的设计模板少不了背景图片的修饰。下面介绍具体的操作方法。

Step 01　单击“文件”|“打开”命令，打开素材文件“素材\第 3 章\视觉图形.pptx”，如图 3-102 所示。

Step 02　在编辑区中单击鼠标右键，在弹出的快捷菜单中，选择“设置图片格式”选项，如图 3-103 所示。

图 3-102　打开素材文件

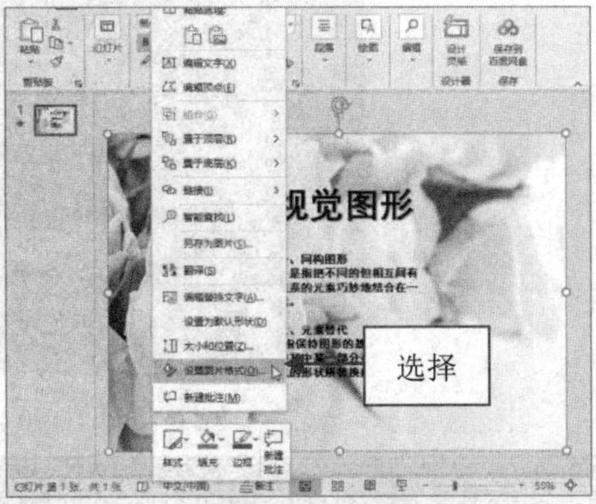

图 3-103　选择“设置背景格式”选项

Step 03　弹出“设置图片格式”对话框，在“填充”选项区中，❶选中“图片或纹理填充”单选按钮；❷单击“插入”按钮，如图 3-104 所示。

Step 04　弹出“插入图片”对话框，❶选择需要插入的图片；❷单击“插入”按钮，如图 3-105 所示。

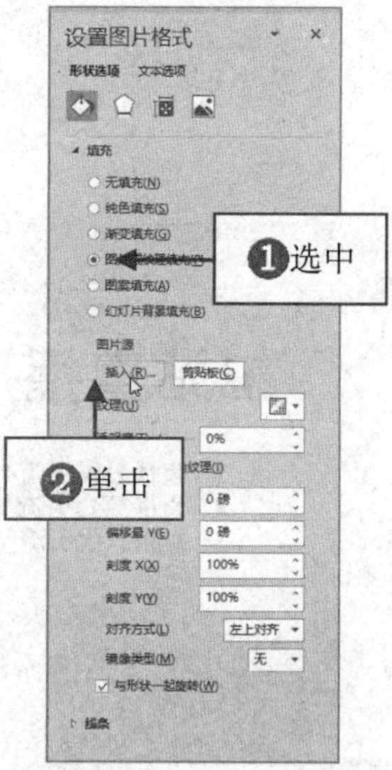

图 3-104　单击“插入”按钮

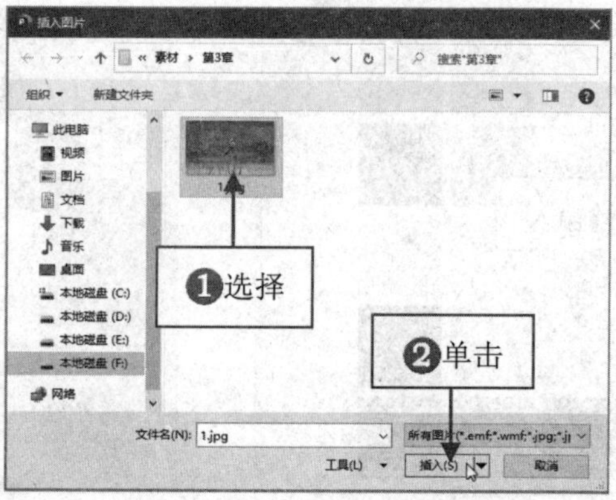

图 3-105　选择需要插入的图片

▶ 专家指点

在“设置图片格式”对话框中，选中“图片或纹理填充”单选按钮以后，在下方将出现相应选项。用户不仅可以单击“插入”按钮，插入来自文件中的图片，还可以单击“图像集”按钮，插入来自图像集中的图片。

Step 05　执行上述操作后，即可应用图片填充背景，效果如图 3-106 所示。

图 3-106　应用图片填充背景

▶ 专家指点

用户可以根据实际需要在幻灯片视图中添加、删除或移动背景图片，如果希望让艺术图形显示在每张幻灯片中，那么只需将图形置于幻灯片母版上。此时该对象将出现在每张幻灯片的相同位置上，而不必每张幻灯片中重复添加。

本章小结

本章主要对课件片头的制作进行了详细介绍。首先介绍了设置段落文本，其中包括了段落行距和间距、片头换行格式、按钮设置、对话框设置、段落缩进、文字对齐和文字方向的设置等；然后介绍了制作文本框、课件主题和课件背景等内容。学完本章后，相信大家可以制作出更加精美的课件片头。

本章习题

本章重点介绍了课件片头的制作。下面将通过上机练习题，对本章的知识点进行回顾。

打开“素材\第 3 章”文件夹下的“知识解读.pptx”课件素材，如图 3-107 所示，尝试设置知识解读课件的文本框格式，效果如图 3-108 所示。

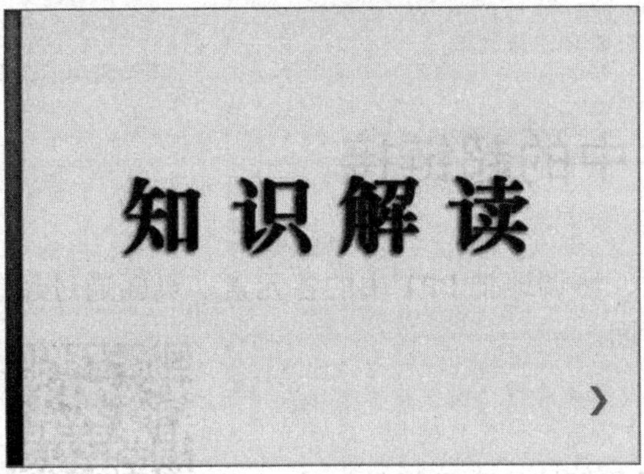

图 3-107　打开素材文件

图 3-108　设置文本框格式效果

第 4 章　课件超链接的制作

【本章概览】

放映幻灯片时，可以在添加了动作按钮或者超链接的文本上单击鼠标左键，程序就会自动跳至指定的幻灯片页面。本章主要介绍课件超链接的制作。

【本章重点】

- ➢ 创建课件中的超链接
- ➢ 编辑课件中的超链接
- ➢ 将课件链接到其他对象

4.1　创建课件中的超链接

超链接是指页面对象之间的链接关系，合理、协调地把 PPT 中的各元素、页面通过超链接构成一个有机整体，能让用户快速地访问到页面。

4.1.1　为课件插入超链接

在 PowerPoint 2016 中放映演示文稿时，为了方便切换到目标幻灯片，可以在演示文稿中插入超链接。下面介绍具体操作方法。

Step 01　单击“文件”|“打开”命令，打开素材文件“素材\第 4 章\四季如歌.pptx”，如图 4-1 所示。

Step 02　在编辑区中选择“教学目标”文本，如图 4-2 所示。

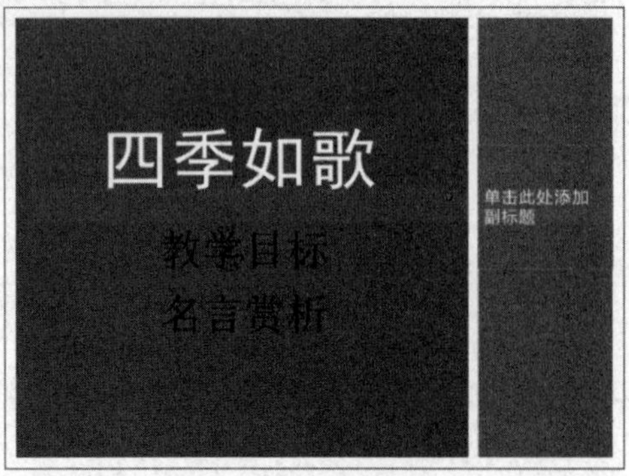

图 4-1　打开素材文件

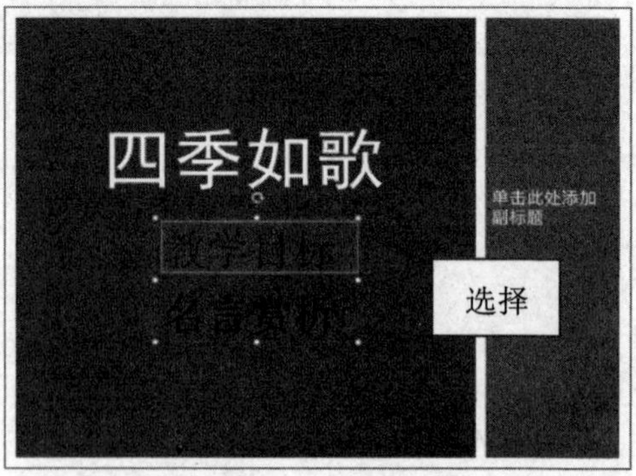

图 4-2　选择“教学目标”文本

Step 03　切换至“插入”面板，在“链接”选项板中，❶单击“链接”下拉按钮；❷选择“插入链接”选项，如图 4-3 所示。

Step 04　弹出“插入超链接”对话框，在“链接到”列表框中，单击“本文档中的位置”按钮，如图 4-4 所示。

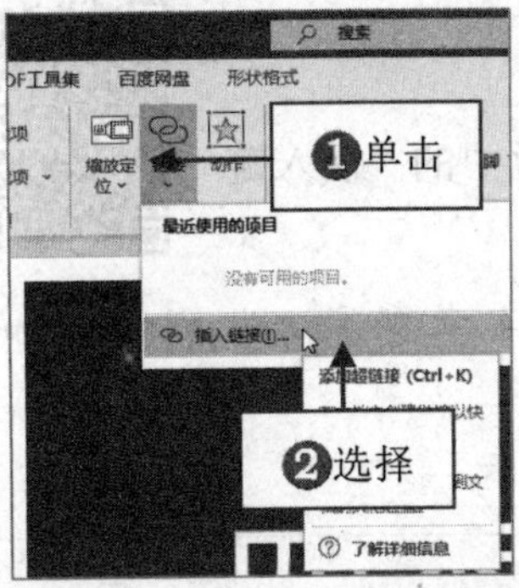

图 4-3　选择“插入链接”选项

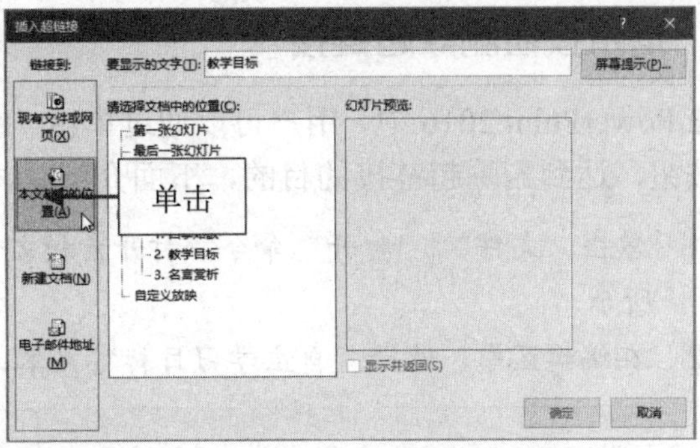

图 4-4　单击“本文档中的位置”按钮

Step 05　在“请选择文档中的位置”选项区中的“幻灯片标题”下方，选择“教学目标”选项，如图 4-5 所示。

Step 06　单击“确定”按钮，即可在幻灯片中插入超链接，如图 4-6 所示。

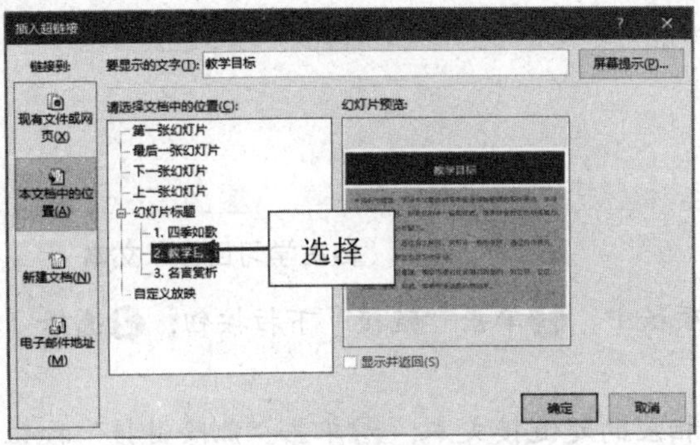

图 4-5　选择“教学目标”选项

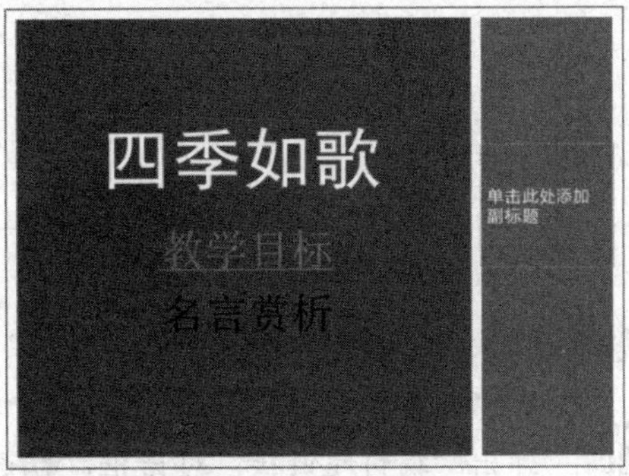

图 4-6　插入超链接

Step 07　用与上同样的方法，为幻灯片中的其他内容添加超链接，效果如图 4-7 所示。

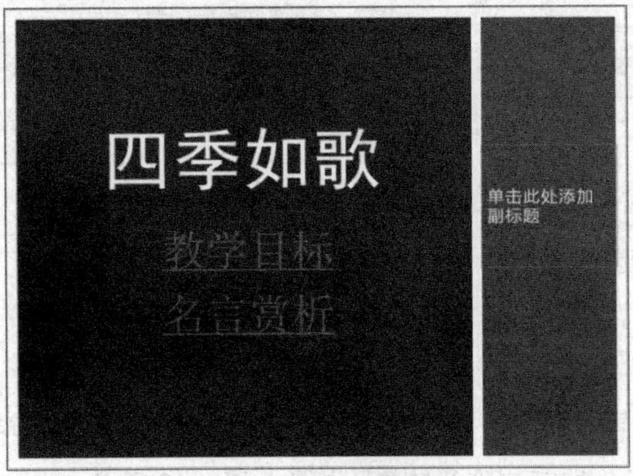

图 4-7　添加超链接

> ▶ 专家指点
>
> 除了运用以上方法弹出“插入超链接”对话框以外，用户还可以在选中的文本上单击鼠标右键，在弹出的快捷菜单中选择“超链接”选项，即可弹出“插入超链接”对话框。

4.1.2 运用按钮删除超链接

在 PowerPoint 2016 中，用户可以通过单击“链接”选项板中的“插入链接”按钮，达到删除超链接的目的，下面介绍具体操作方法。

Step 01 单击“文件”|“打开”命令，打开素材文件“素材\第 4 章\聚落精讲.pptx”，如图 4-8 所示。

Step 02 在编辑区中，选择“自主学习目标”文本，如图 4-9 所示。

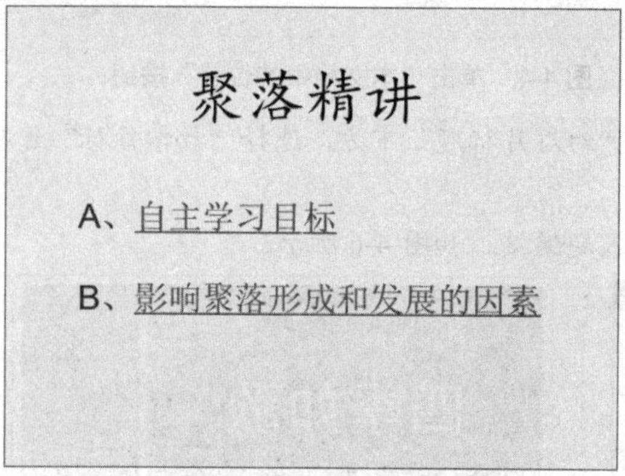

图 4-8 打开素材文件

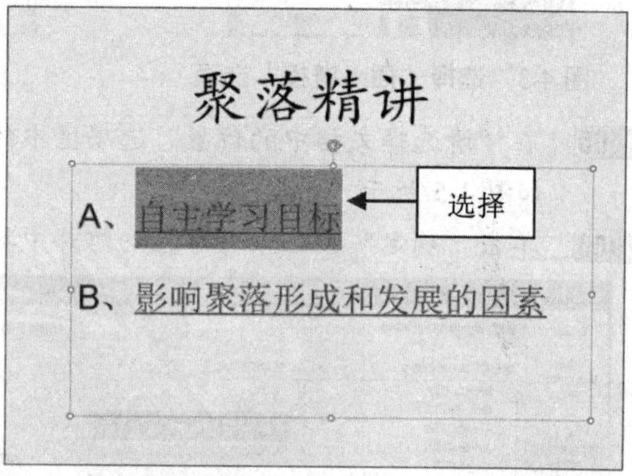

图 4-9 选择“自主学习目标”文本

Step 03 切换至“插入”面板，在“链接”选项板中，❶单击“链接”下拉按钮；❷选择“插入链接”选项，如图 4-10 所示。

Step 04 弹出“编辑超链接”对话框，❶选中相应的超链接文本；❷单击“删除链接”按钮，如图 4-11 所示。

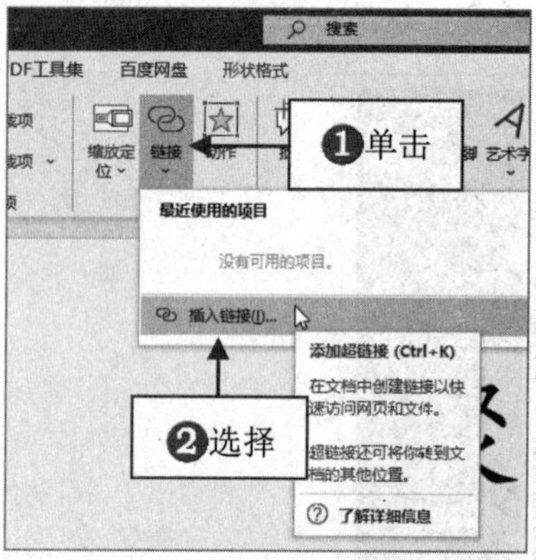

图 4-10 选择“插入链接”选项

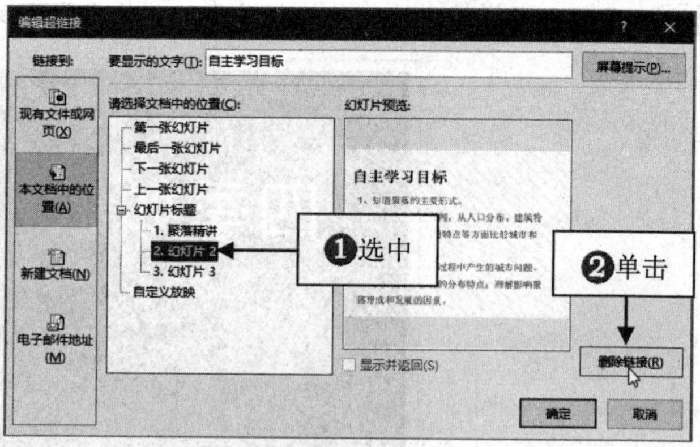

图 4-11 单击“删除链接”按钮

Step 05 执行上述操作后，即可删除超链接，效果如图 4-12 所示。

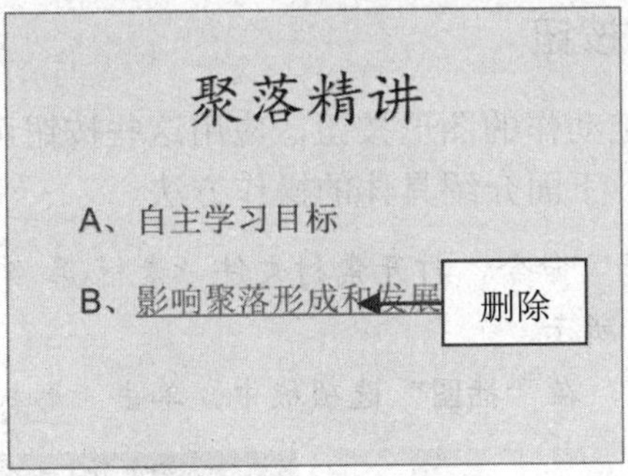

图 4-12　删除超链接

4.1.3　运用选项删除链接

在 PowerPoint 2016 中，除了运用按钮删除超链接以外，用户还可以通过选择“删除链接”选项，删除链接。下面介绍具体操作方法。

Step 01　单击“文件”|“打开”命令，打开素材文件“素材\第 4 章\内容付费.pptx”，如图 4-13 所示。

Step 02　在编辑区中，选择“适用人群”文本，如图 4-14 所示。

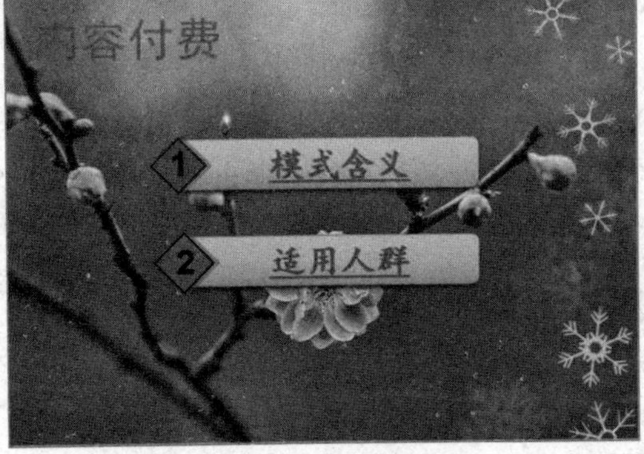

图 4-13　打开素材文件

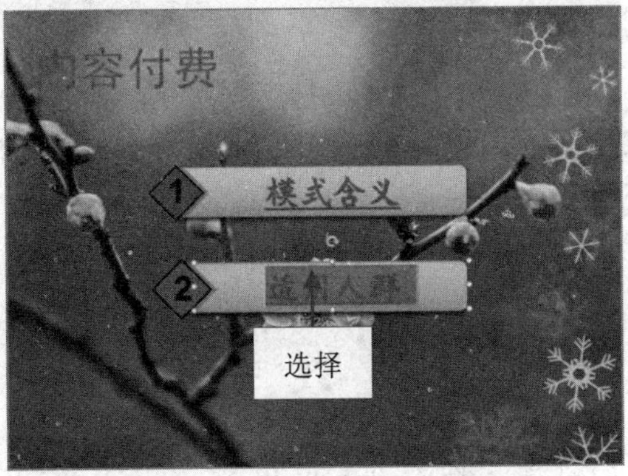

图 4-14　选择“适用人群”文本

Step 03　单击鼠标右键，在弹出的快捷菜单中，选择“删除链接”选项，如图 4-15 所示。

Step 04　执行上述操作后，即可删除文字中的超链接，如图 4-16 所示。

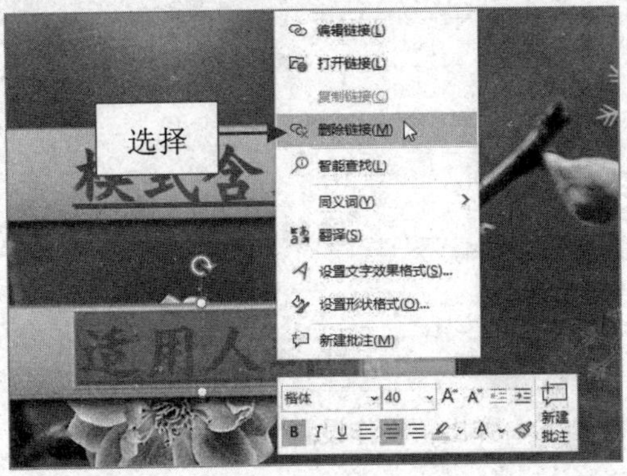

图 4-15　选择“删除链接”选项

图 4-16　删除超链接

4.1.4 运用形状添加动作按钮

动作按钮是一种带有特定动作的图形按钮，应用这些按钮可以快速实现在放映幻灯片时跳转的目的。下面介绍具体的操作方法。

Step 01 单击“文件”|“打开”命令，打开素材文件“素材\第 4 章\祖国山川颂.pptx”，如图 4-17 所示。

Step 02 切换至“插入”面板，在“插图”选项板中，单击“形状”下拉按钮，如图 4-18 所示。

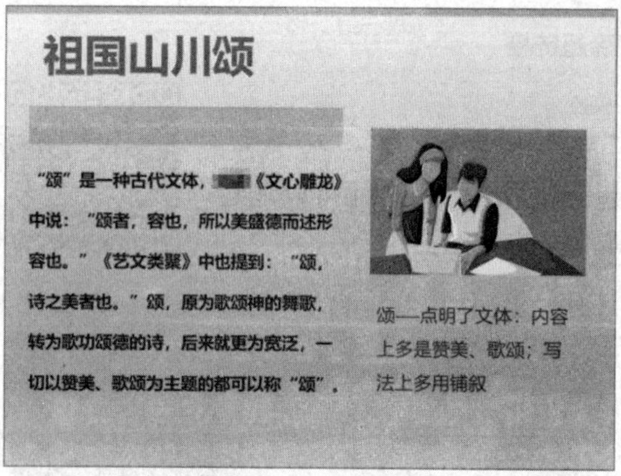

图 4-17 打开素材文件

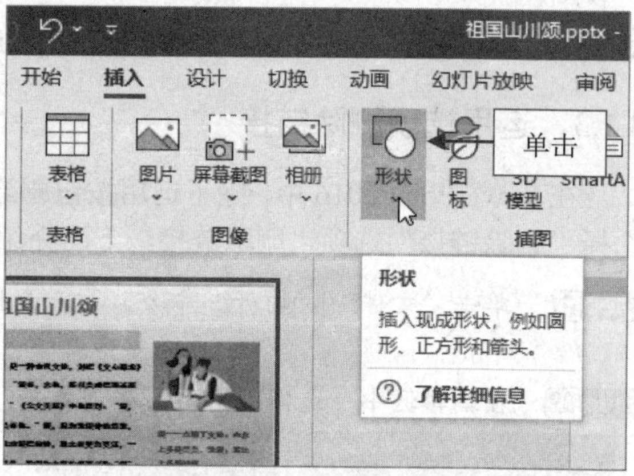

图 4-18 单击“形状”下拉按钮

Step 03 弹出列表框，在“动作按钮”选项区中，单击“前进或下一项”按钮，如图 4-19 所示。

Step 04 鼠标指针呈十字形，在幻灯片的右下角绘制图形，释放鼠标左键，弹出“操作设置”对话框，如图 4-20 所示。

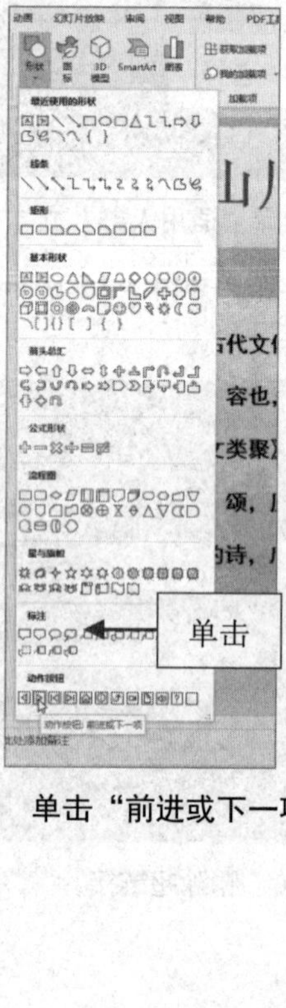

图 4-19 单击“前进或下一项”按钮

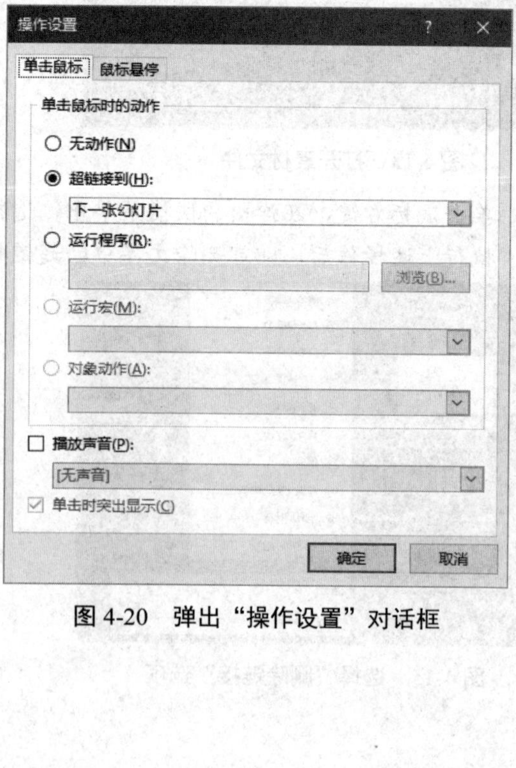

图 4-20 弹出“操作设置”对话框

> **▶ 专家指点**
>
> 插入动作与超链接的区别：超链接是将幻灯片中的某一部分与另一部分链接起来，它可以与本文档中的幻灯片链接，也可以链接到其他文件；插入动作只能与指定的幻灯片进行链接，它突出的是完成某一个动作。

Step 05 各选项为默认设置，单击“确定”按钮，插入形状，并调整形状的大小和位置，如图 4-21 所示。

Step 06 选中添加的动作按钮，切换至“形状格式”面板，如图 4-22 所示。

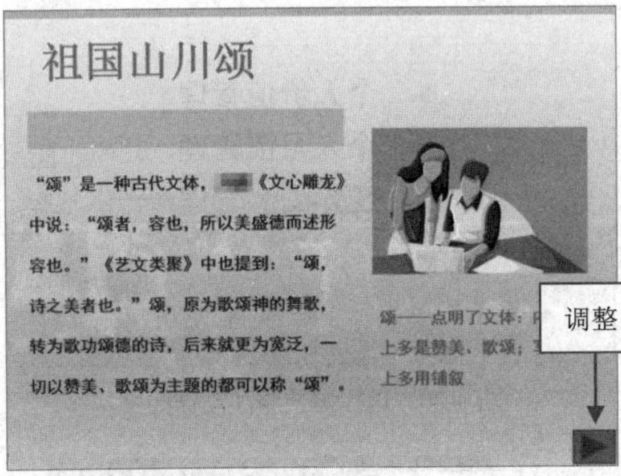

图 4-21　调整形状的大小和位置

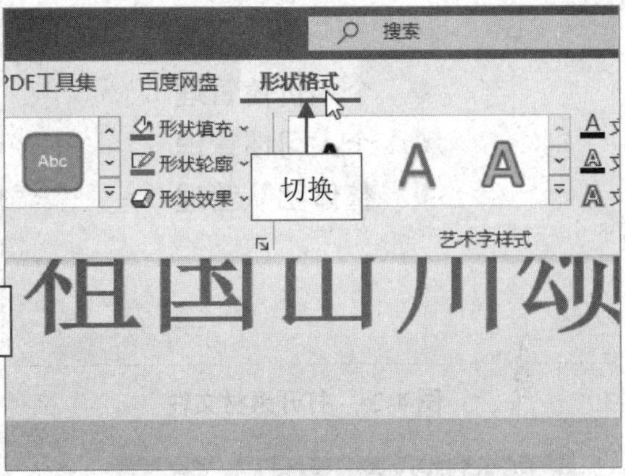

图 4-22　切换至“形状格式”面板

Step 07 在“形状样式”选项板中，单击“其他”下拉按钮，在弹出的列表框中，选择“色彩填充-水绿色，强调颜色 5”选项，如图 4-23 所示。

Step 08 执行上述操作后，即可设置动作按钮，效果如图 4-24 所示。

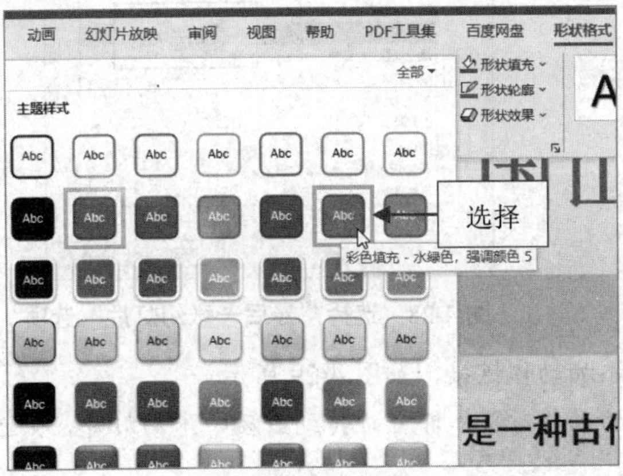

图 4-23　选择相应选项

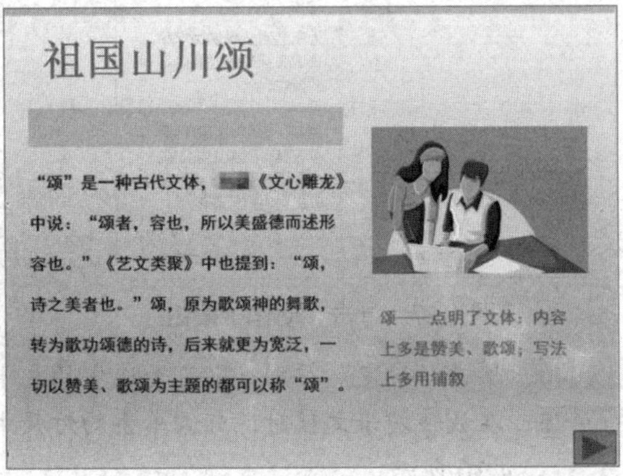

图 4-24　设置动作按钮

4.1.5　运用动作按钮添加动作

在 PowerPoint 2016 中，除了运用形状添加动作按钮以外，还可以选中对象，再插入“动作”按钮。下面介绍具体的操作方法。

Step 01 单击“文件”|“打开”命令，打开素材文件“素材\第 4 章\时间管理.pptx”，如图 4-25 所示。

Step 02 在编辑区中，选择需要添加动作的文本，如图 4-26 所示。

Step 03 切换至“插入”面板，在“链接”选项板中，单击“动作”按钮，如图 4-27 所示。

Step 04 弹出“操作设置”对话框，❶选中“超链接到”单选按钮；❷单击下方的下拉按钮；❸在弹出的列表框中选择“最后一张幻灯片”选项，如图 4-28 所示。

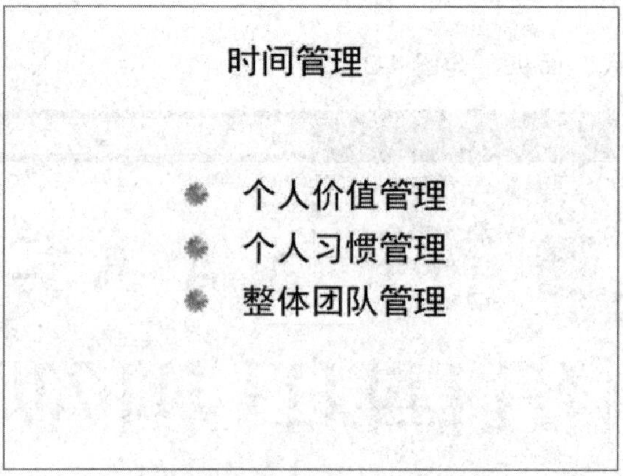

图 4-25 打开素材文件

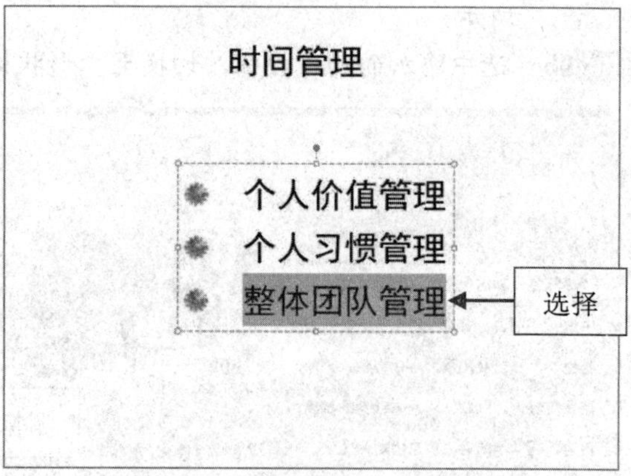

图 4-26 选择需要添加动作的文本

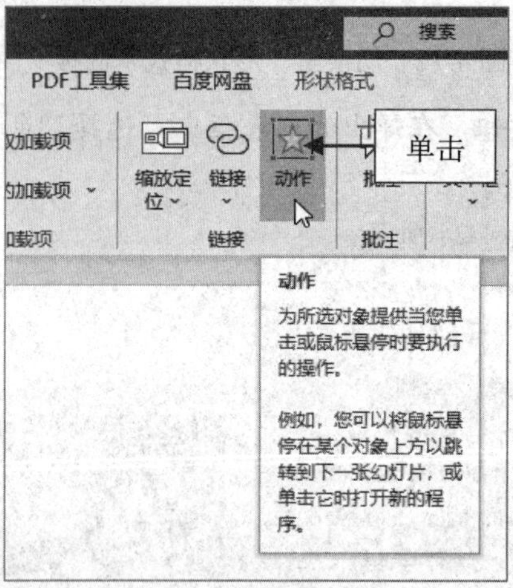

图 4-27 单击“动作”按钮

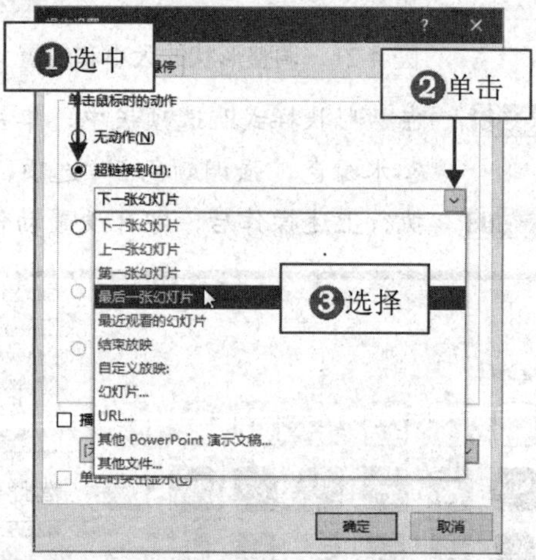

图 4-28 选择“最后一张幻灯片”选项

Step 05 单击“确定”按钮，即可为选中的文本添加动作链接，如图 4-29 所示。

Step 06 在放映演示文稿时，只需单击幻灯片中的动作对象，即可跳转到最后一张幻灯片，如图 4-30 所示。

▶ 专家指点

用户可以根据选择课件中文本的实际情况，在“超链接到”列表框中，选择相对应的幻灯片进行链接。

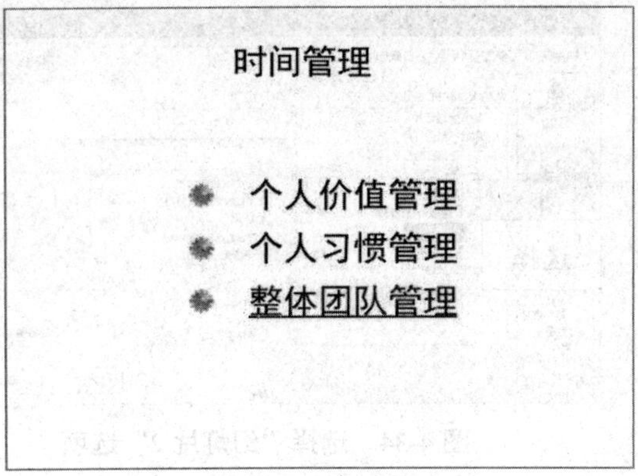

图 4-29　添加动作链接

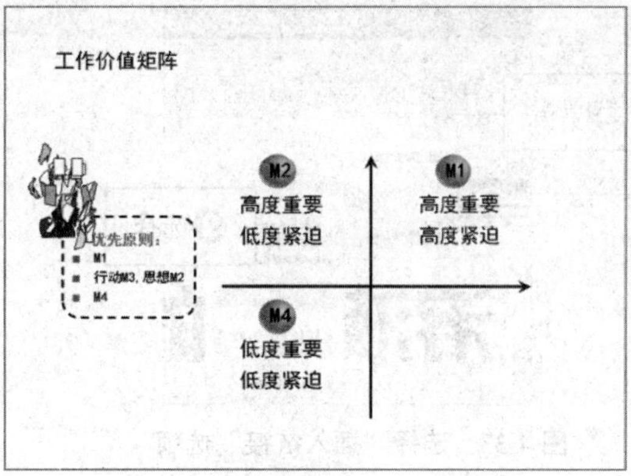

图 4-30　跳转到最后一张幻灯片

4.2　编辑课件中的超链接

在 PowerPoint 2016 中，设置完超链接后，若用户对设置的结果不满意，可以对超链接进行修改，让链接更完整。

4.2.1　更改超链接

“编辑超链接”对话框和“插入超链接”对话框是相同的，用户在选中已设置的超链接对象上单击鼠标右键，即可弹出“编辑超链接”对话框，在此对话框中进行修改与编辑操作。下面介绍具体的操作方法。

Step 01 单击“文件”|“打开”命令，打开素材文件“素材\第 4 章\溶液 PH 的计算.pptx”，如图 4-31 所示。

Step 02 在编辑区中，选择需要进行更改的超链接文本，如图 4-32 所示。

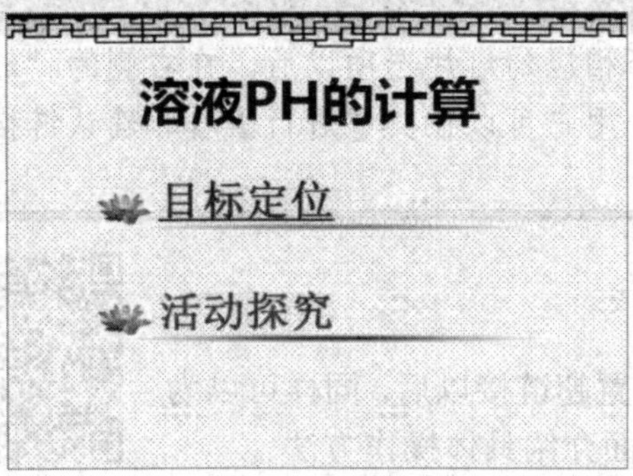

图 4-31　打开素材文件

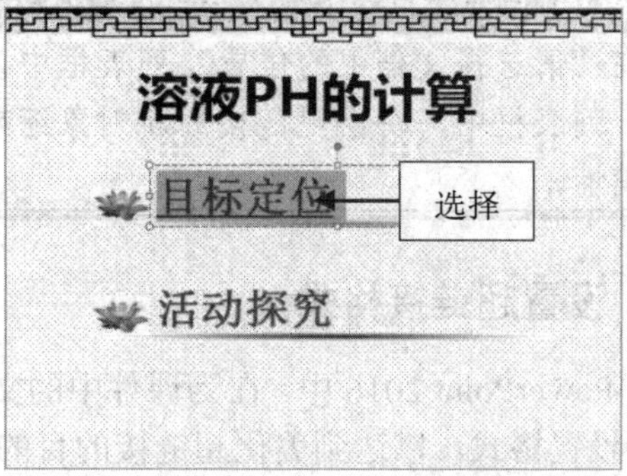

图 4-32　选择需要更改的超链接文本

Step 03 切换至“插入”面板，在“链接”选项面板中，❶单击“链接”下拉按钮；❷选择“插入链接”选项，如图 4-33 所示。

Step 04 弹出“编辑超链接”对话框，在“请选择文档中的位置”选项区中，选择“幻灯片 2”选项，如图 4-34 所示。

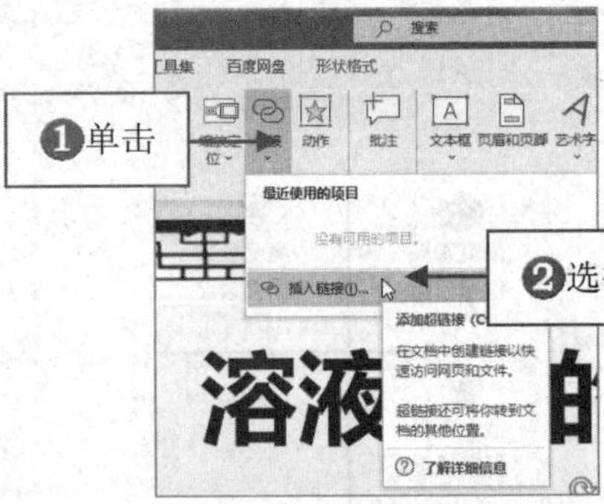

图 4-33　选择“插入链接”选项

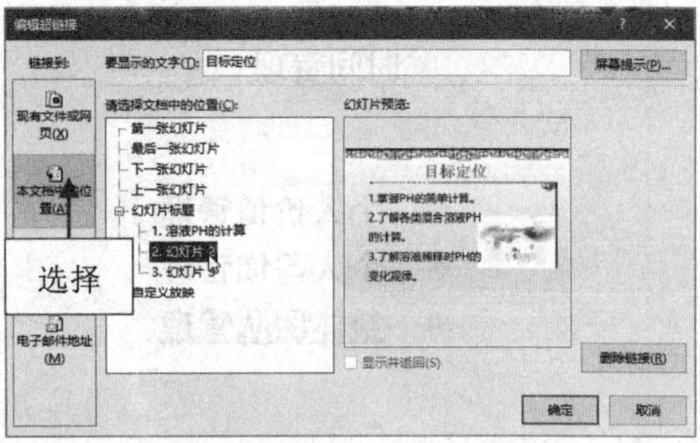

图 4-34　选择“幻灯片 2”选项

Step 05　单击“确定”按钮，即可更改链接目标，在放映演示文稿时，只需单击幻灯片中的动作对象，即可跳转到链接的新幻灯片位置，如图 4-35 所示。

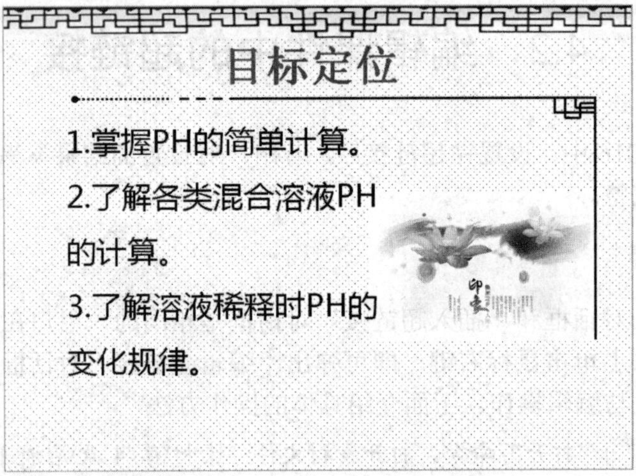

图 4-35　链接到新幻灯片位置

▶ 专家指点

在“请选择文档中的位置”列表框中，选择相应幻灯片选项以后，在右侧的“幻灯片预览”列表框中，将出现链接的新对象缩略图，用户可以在其中进行查看和确认链接对象的正确性。

4.2.2　设置超链接格式

在 PowerPoint 2016 中，在为课件中的文本设置超链接以后，同样可以为超链接设置格式，以达到美化超链接的目的。下面介绍具体操作方法。

Step 01　单击“文件”|“打开”命令，打开素材文件“素材\第 4 章\自我激励.pptx”，如图 4-36 所示。

Step 02　在编辑区中，选择需要设置超链接格式的文本，如图 4-37 所示。

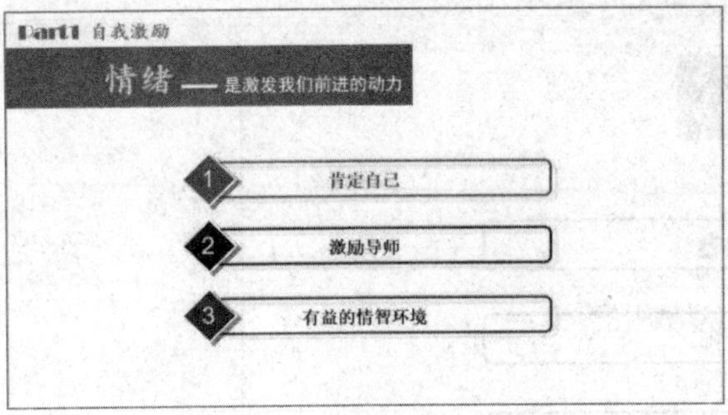

图 4-36　打开素材文件

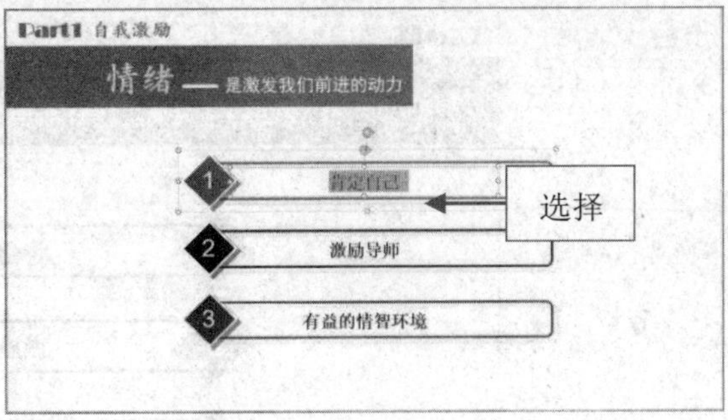

图 4-37　选择文本

Step03　切换至“形状格式”面板，在“艺术字样式”选项板中，单击“其他”下拉按钮，如图 4-38 所示。

Step04　在弹出的列表框中，选择“填充:蓝色，主题色 1；阴影”选项，如图 4-39 所示。

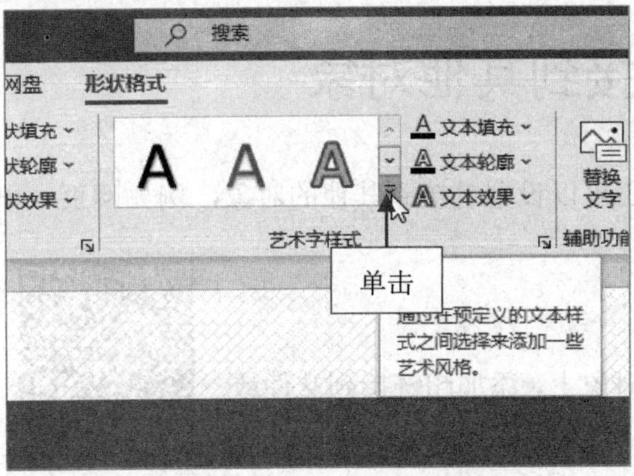

图 4-38　单击“其他”下拉按钮

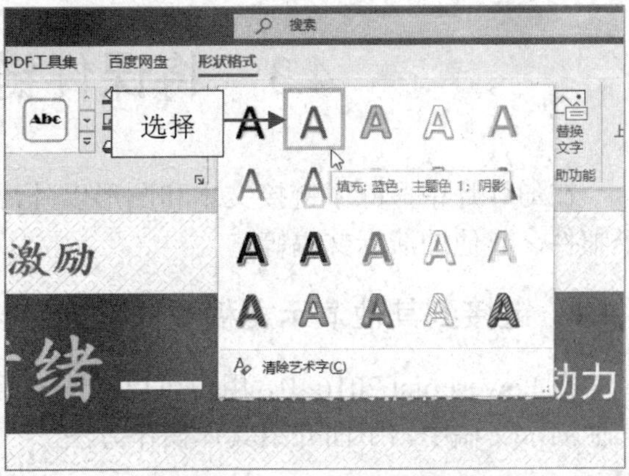

图 4-39　选择相应选项

Step05　在“艺术字样式”选项板中，单击“文本效果”下拉按钮，如图 4-40 所示。

Step06　弹出列表框，选择“发光”|“发光:5 磅；蓝色，主题色 1”选项，如图 4-41 所示。

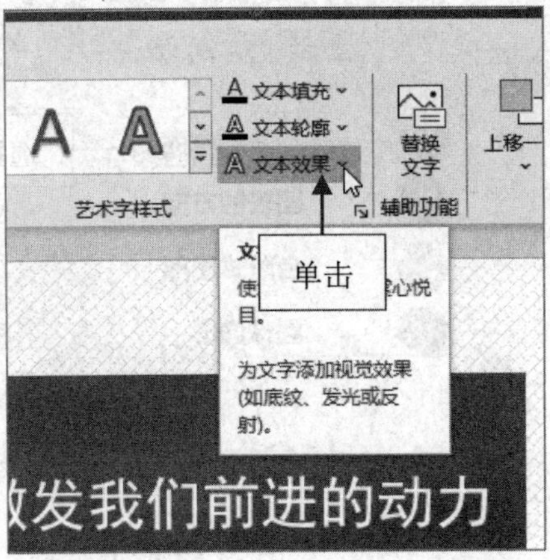

图 4-40　单击“文本效果”下拉按钮

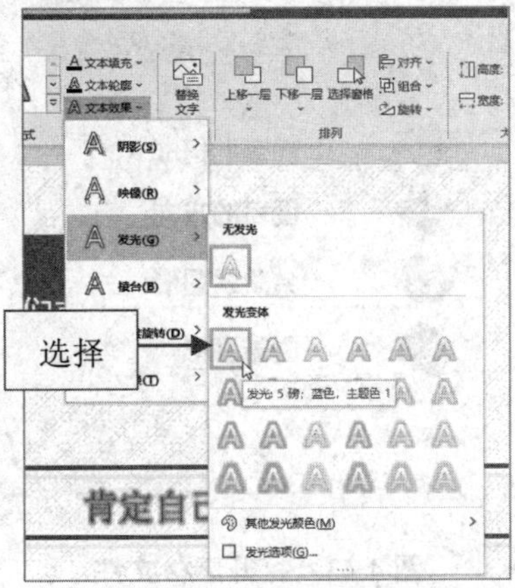

图 4-41　选择相应选项

Step06　执行上述操作后，即可设置超链接格式，效果如图 4-42 所示。

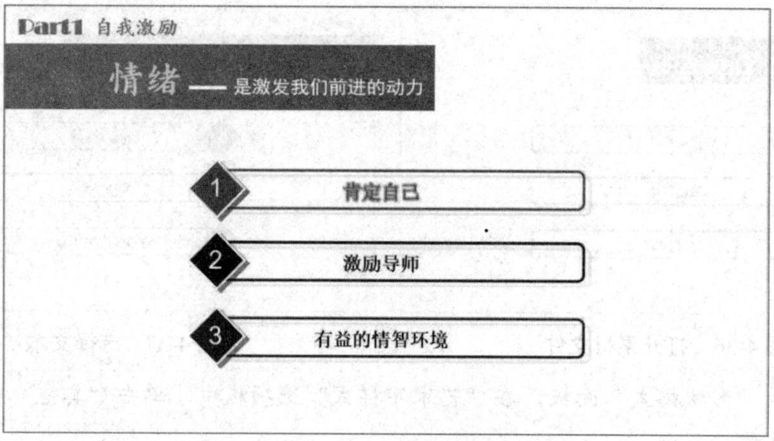

图 4-42　设置超链接格式

4.3　将课件链接到其他对象

在幻灯片中，除了链接文本和图形以外，还可以设置链接到其他的对象，例如网页、电子邮件、其他的演示文稿等。

4.3.1　链接到其他演示文稿

在 PowerPoint 2016 中，用户可以在选择的对象上，添加超链接到文件或其他演示文稿中。下面介绍具体操作方法。

Step 01　单击“文件”|“打开”命令，打开素材文件“素材\第 4 章\图表与图形的合成.pptx”，如图 4-43 所示。

Step 02　在编辑区中，选择需要进行超链接的对象文本，如图 4-44 所示。

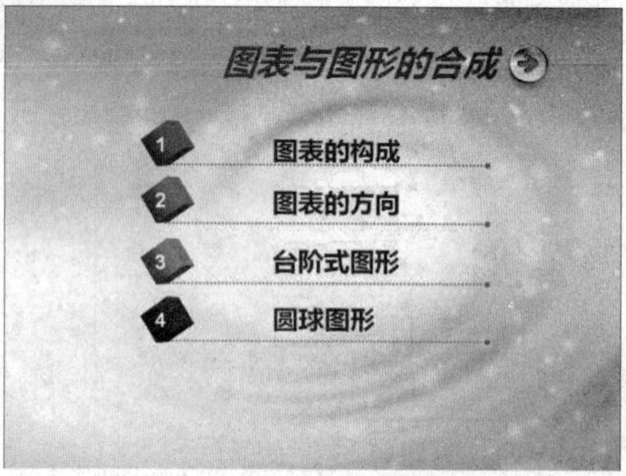

图 4-43　打开素材文件

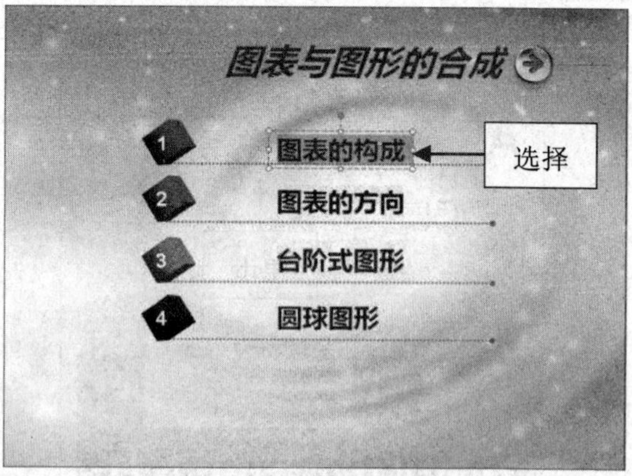

图 4-44　选择对象文本

Step 03　切换至“插入”面板，在“链接”选项板中，单击“插入链接”下拉按钮，弹出“编辑超链接”对话框，如图 4-45 所示。

Step 04　在“链接到”选项区中，❶单击“现有文件或网页”按钮；❷在“查找范围”下拉列表框中，选择需要链接演示文稿的位置；❸选择相应的演示文稿，如图 4-46 所示。

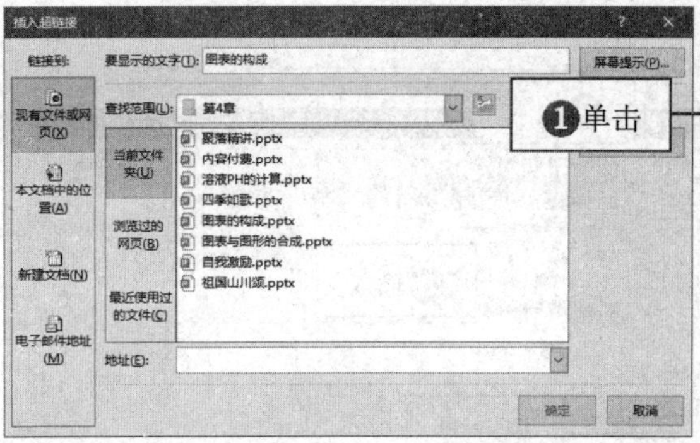

图 4-45　弹出“插入超链接”对话框

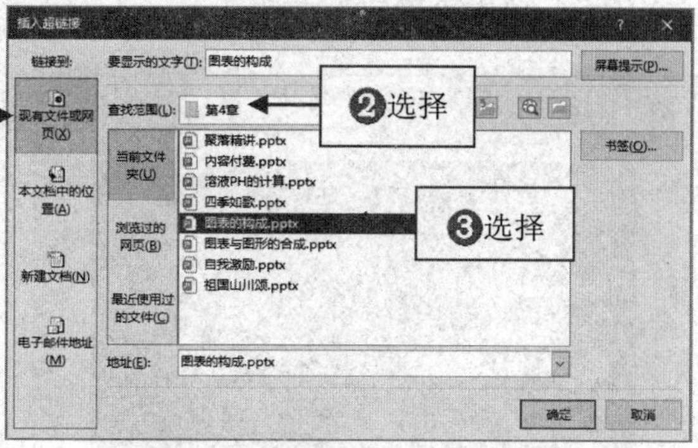

图 4-46　选择需要链接的演示文稿

Step 05　单击“确定”按钮，即可插入超链接，切换至“幻灯片放映”面板，在“开始放映幻灯片”选项板中，单击“从头开始”按钮，将鼠标移至文本对象上，如图 4-47 所示，鼠标呈 形状。

Step 06　在文本上单击鼠标左键，即可链接到相应演示文稿，如图 4-48 所示。

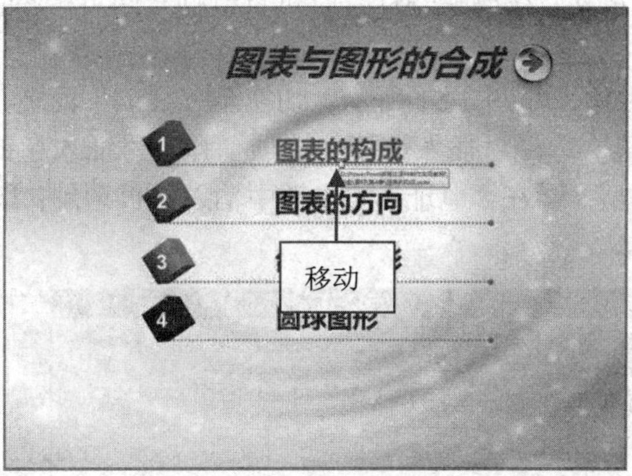

图 4-47　鼠标位置

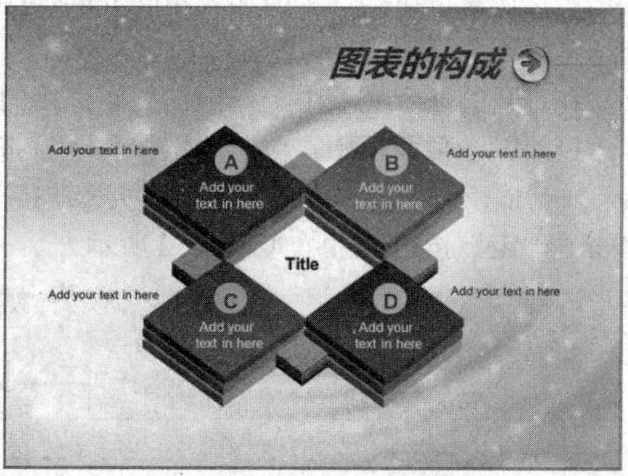

图 4-48　链接到相应演示文稿

> **▶ 专家指点**
>
> 只有在幻灯片中的对象才能添加超链接，讲义和备注等内容不能添加超链接。添加或修改超链接的操作只有在普通视图中的幻灯片中才能进行编辑。

4.3.2　链接到电子邮件

用户可以在幻灯片中加入电子邮件的链接，在放映幻灯片时，可以直接发送到对方的邮箱中。下面介绍链接到电子邮件的操作方法。

在打开的演示文稿中，选中需要设置超链接的对象，如图 4-49 所示。切换至“插入”面板，在“链接”选项面板中，单击“链接”下拉按钮，选择“插入链接”选项，弹出“插入超链接”对话框，在“插入超链接”对话框中，❶选择“电子邮件地址”选项；❷在“电子邮件地址”文本框中输入邮件地址；❸然后在“主题”文本框中输入演示文稿的主题，如图 4-50 所示，单击“确定”按钮即可。

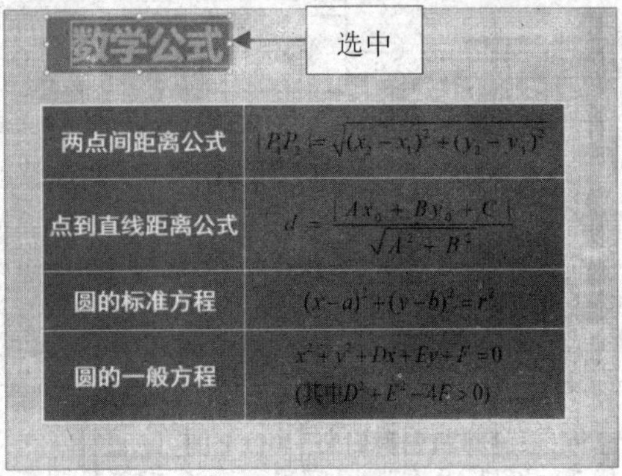

图 4-49　选中需要设置超链接的对象

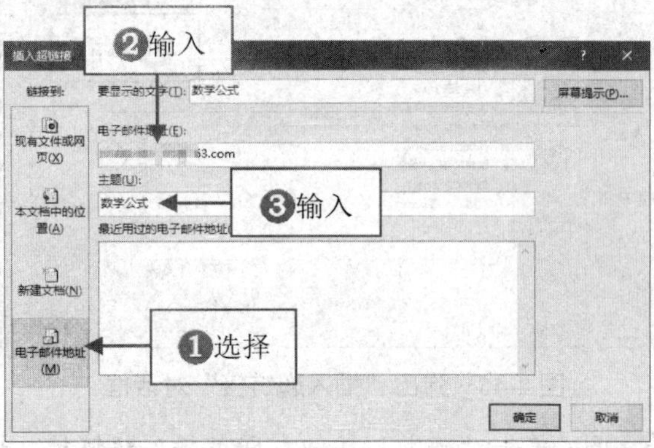

图 4-50　输入演示文稿的主题

4.3.3　链接到网页

用户还可以在幻灯片中加入指向 Internet 的链接，在放映幻灯片时可直接打开网页。下面介绍链接到网页的操作方法。

在打开的演示文稿中，选中需要超链接的对象，如图 4-51 所示。切换至“插入”面板，在“链接”选项面板中，单击“链接”下拉按钮，选择“插入链接”选项，弹出“插入超链接”对话框，❶选择“现有文件或网页”链接类型；❷在“地址”文本框中输入网页地址；❸单击“确定”按钮即可，如图 4-52 所示。

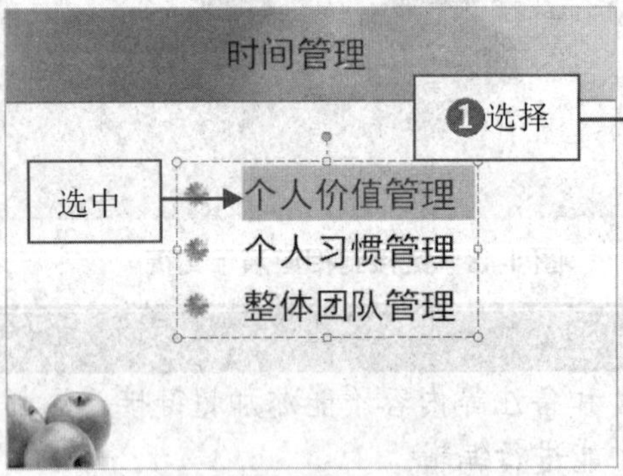

图 4-51　选中需要超链接的对象

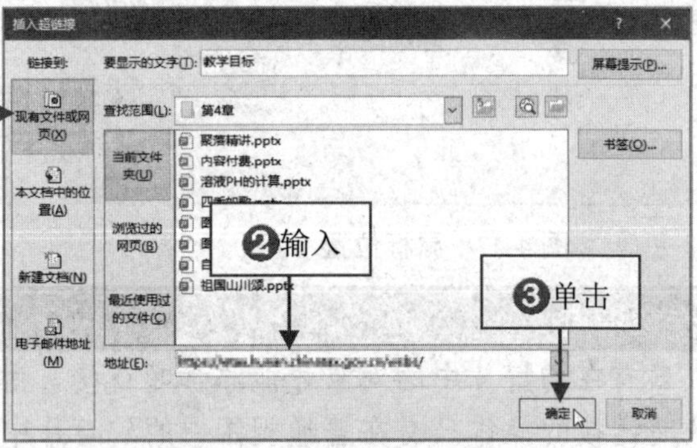

图 4-52　链接到网页的设置

4.3.4　链接到新建文档

用户还可以添加超链接到新建的文档，在跳出的“插入超链接”对话框中，选择“新建文档”选项，如图 4-53 所示。在“新建文档名称”文本框中输入名称，单击“更改”按钮，即可更改文件路径，单击“确定”按钮，即可链接到新建文档。

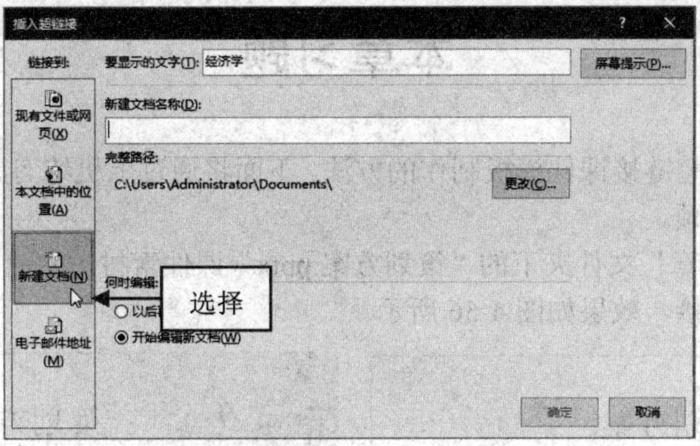

图 4-53　链接到“新建文档”

4.3.5　设置屏幕提示

在幻灯片中插入超链接后，还可以设置屏幕提示，以便在幻灯片放映时提供显示。

选中需要设置超链接的对象，切换至“插入”面板，在“链接”选项面板中，单击“链接”下拉按钮，选择“插入链接”选项，弹出“插入超链接”对话框，选择“屏幕提示”选项，弹出“设置超链接屏幕提示”对话框，在文本框中输入文字，如图 4-54 所示。单击“确定”按钮，返回到“插入超链接”对话框，选择插入超链接对象，即可插入屏幕提示文字。

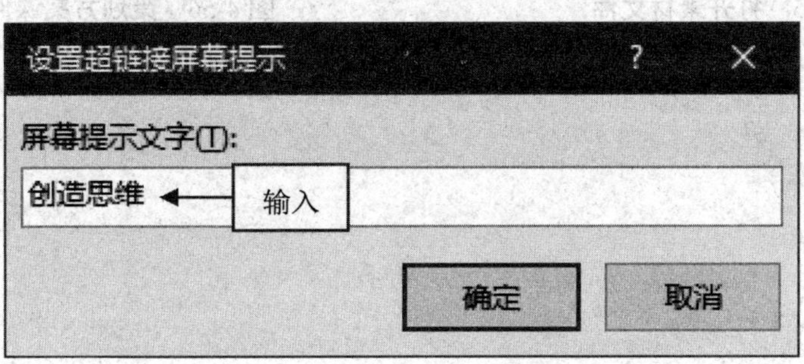

图 4-54　设置超链接屏幕提示

本章小结

本章首先介绍了如何创建课件中的超链接，包括插入超链接、按钮删除超链接、选项删除链接，以及形状添加动作按钮链接到其他对象内容等；然后介绍了如何编辑课件中的超链接；最后介绍了将课件链接到其他对象等内容。通过本章的学习，可以帮助读者灵活运用学到的技法，为自己的课件制作需要的超链接。

本章习题

本章重点介绍了超链接课件模板制作的方法。下面将通过上机练习题，对本章的知识点进行回顾。

打开“素材\第 4 章”文件夹下的“策划方案.pptx”课件素材，如图 4-55 所示。尝试为策划方案课件插入超链接，效果如图 4-56 所示。

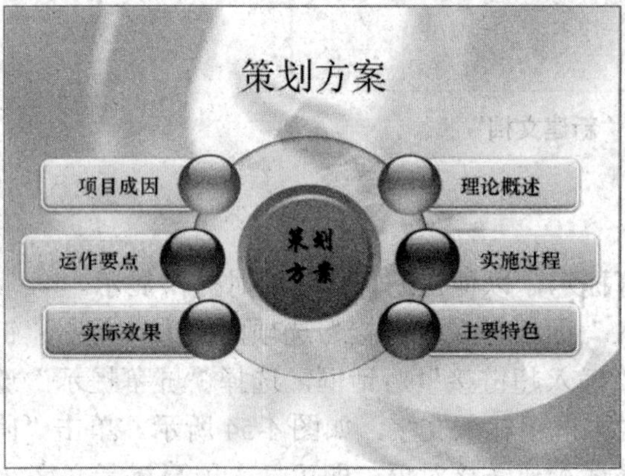

图 4-55　打开素材文件

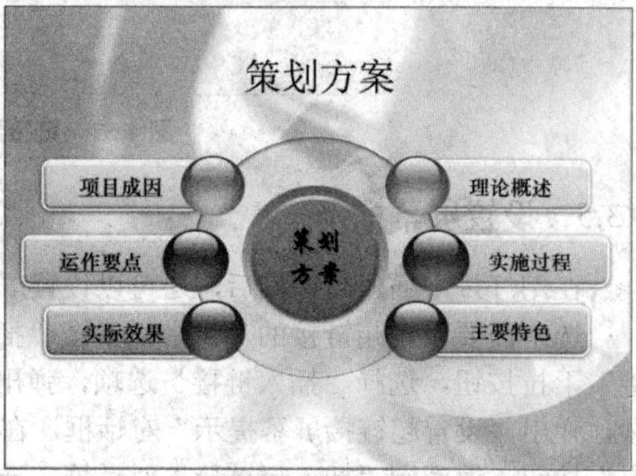

图 4-56　策划方案课件效果

第 5 章　课件内容的制作

【本章概览】

在幻灯片中添加图片，可以更生动形象地阐述主题和表达思想，在插入图片时，应注意图片与幻灯片之间的联系，使图片与主题统一。本章主要介绍课件内容的制作。

【本章重点】

- 插入与管理图片
- 文字的输入与编排
- 插入和编辑艺术字
- 编辑文本内容
- 制作项目符号和编号
- 插入和编辑课件声音
- 插入和剪辑视频

5.1　插入与管理图片

在 PowerPoint 2016 中，如果软件自带的图片不能满足用户制作课件的需求，则可以将外部图片插入到演示文稿中。

5.1.1　插入图片

在制作演示文稿时，插入图片是为了让背景更吸引他人的眼球，显得不枯燥。在 PowerPoint 2016 中，用户可以在文件中插入图片制作效果，下面介绍具体操作方法。

Step 01　单击“文件”|“打开”命令，打开素材文件“素材\第 5 章\化学反应.pptx”，如图 5-1 所示。

Step 02　切换至“插入”面板，在“图像”选项板中单击“图片”按钮，如图 5-2 所示。

Step 03　弹出“插入图片”对话框，选择需要插入的图片，如图 5-3 所示。

Step 04　单击“插入”按钮，即可在幻灯片中插入图片，调整图片位置和大小，如图 5-4 所示。

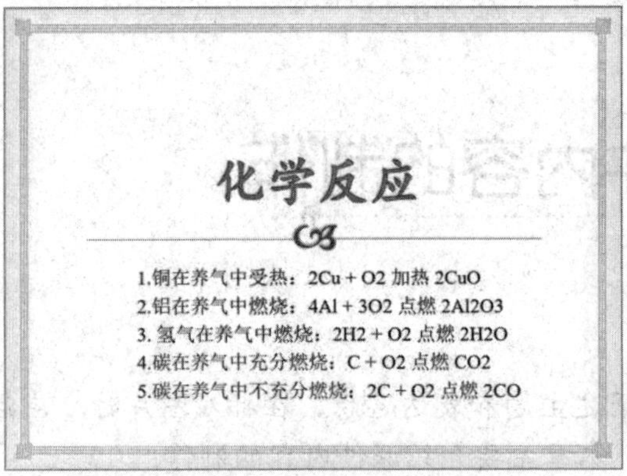

图 5-1　打开素材文件

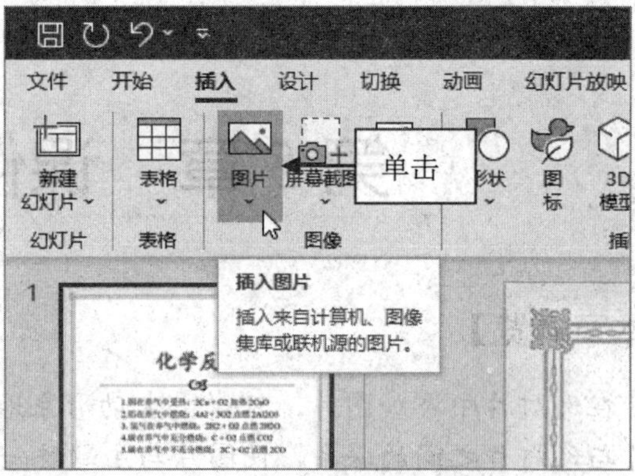

图 5-2　单击“图片”按钮

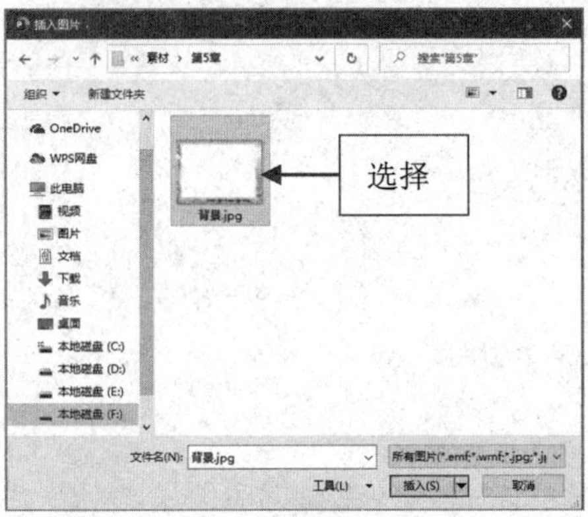

图 5-3　选择需要插入的图片

图 5-4　插入图片后的效果

Step 05　选择新插入的图片，单击鼠标右键，弹出快捷菜单，选择“置于底层”选项，如图 5-5 所示。

Step 06　执行上述操作后，即可将图片放置在最底层，效果如图 5-6 所示。

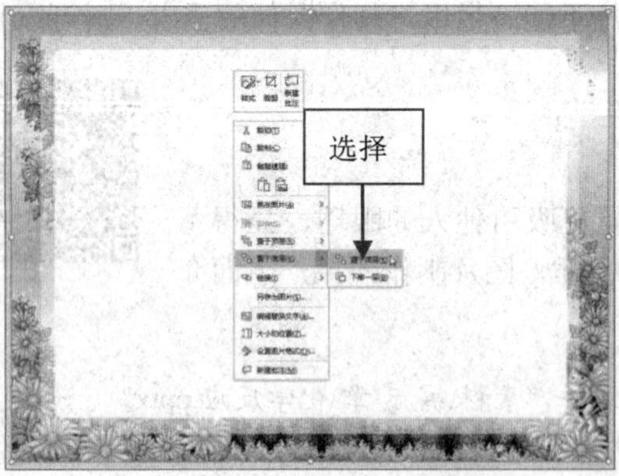

图 5-5　选择“置于底层”选项

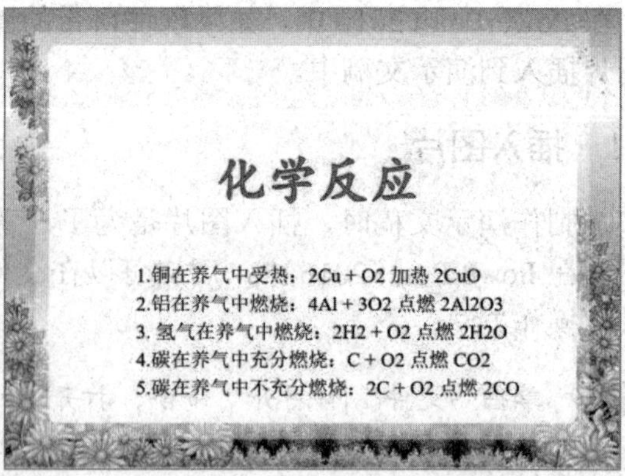

图 5-6　将图片放置在最底层

▶ 专家指点

在弹出的“插入图片”对话框中，按住【Ctrl】键的同时单击鼠标左键，即可选择多张图片。

5.1.2　设置图片的大小

在 PowerPoint 2016 中，用户在插入外部图片后，可以对插入的图片进行相应的调整。下面介绍具体的操作方法。

Step 01　单击“文件”|“打开”命令，打开素材文件“素材\第 5 章\建筑标记.pptx”，如图 5-7 所示。

Step 02　在编辑区中选择需要设置大小的图片，单击鼠标右键在弹出的快捷菜单中，选择“大小和位置”选项，如图 5-8 所示。

图 5-7　打开素材文件

图 5-8　选择“大小和位置”选项

Step 03　弹出“设置图片格式”对话框，在“大小”选项卡中，设置“高度”为 12 厘米，“宽度”自动设置为 18.07 厘米，如图 5-9 所示。

Step 04　执行上述操作后，即可设置图片大小，如图 5-10 所示。

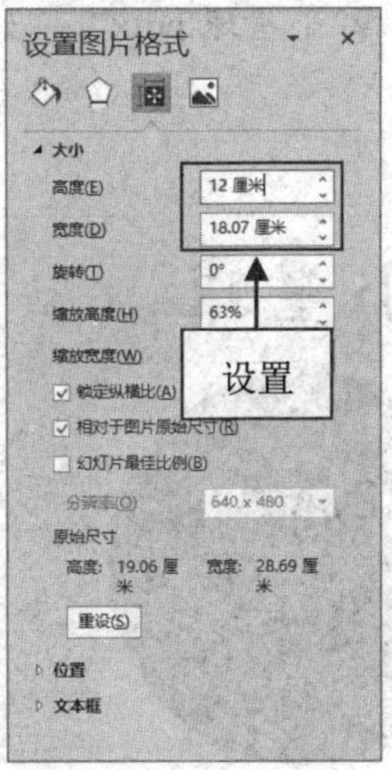

图 5-9　设置相应参数

图 5-10　设置图片大小

Step 05　选择图片，调整至合适位置，如图 5-11 所示。

图 5-11　调整至合适位置

> ▶ 专家指点
>
> 除了运用以上方法设置图片大小以外，还有以下两种方法。
>
> - **拖拽：**打开演示文稿，选择图片，在图片上按住鼠标左键并拖拽控制点即可。
> - **选项：**打开演示文稿，选择图片，切换至“图片工具”中的“格式”面板，在“大小”选项板中设置“高度”和“宽度”的值，即可设置图片的大小。

5.1.3　设置图片效果

在 PowerPoint 2016 中，用户可以为图片设置预设、阴影、映像、发光、柔化边缘、棱台和三维旋转等效果。下面介绍具体的操作方法。

Step 01　单击“文件”|“打开”命令，打开素材文件“素材\第 5 章\小星球.pptx”，如图 5-12 所示。

Step 02　在编辑区中，选择需要设置效果的图片，如图 5-13 所示。

图 5-12　打开素材文件

图 5-13　选择需要的图片

Step 03　切换至“开始”面板中的“绘图”选项板，单击“形状效果”的下拉按钮，如图 5-14 所示。

Step04 在弹出的列表框中，选择“预设”|“预设 10”选项，如图 5-15 所示。

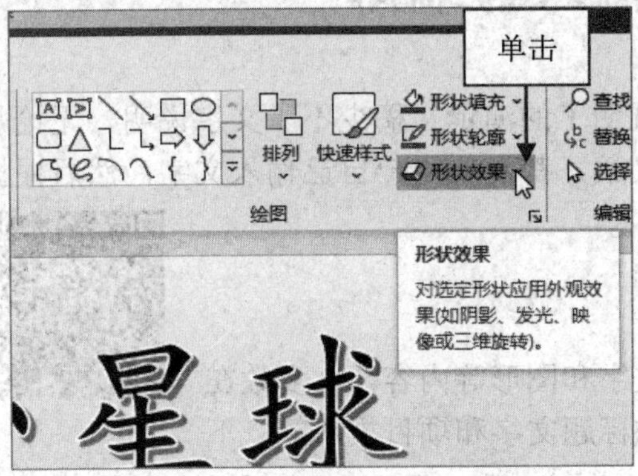

图 5-14　单击“形状效果”按钮

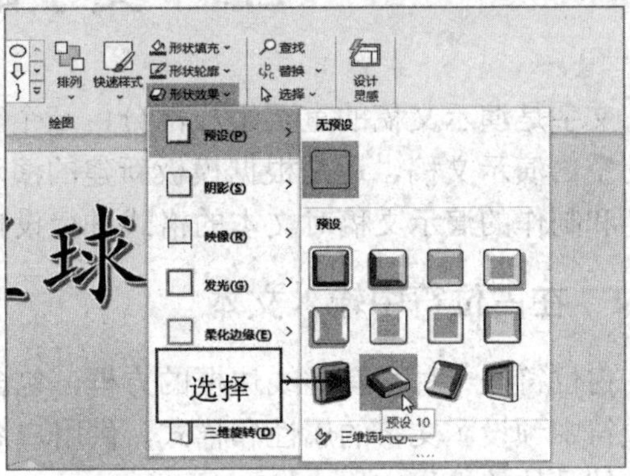

图 5-15　选择“预设 10”选项

Step05 执行上述操作后，即可设置图片预设效果，如图 5-16 所示。

Step06 单击“形状效果”按钮，在弹出的列表框中，选择“发光”|“发光:11 磅；水绿色，主题色 5”选项，如图 5-17 所示。

图 5-16　设置图片预设效果

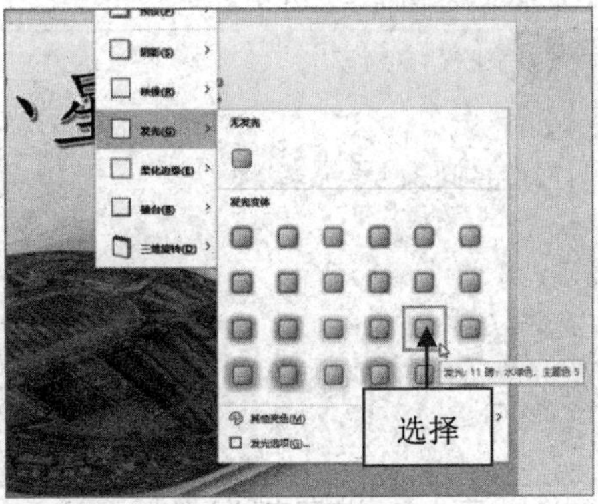

图 5-17　选择相应选项

Step07 执行上述操作后，即可设置图片发光效果，如图 5-18 所示。

Step08 选择编辑区中的图片，调整至合适位置，效果如图 5-19 所示。

图 5-18　设置图片发光效果

图 5-19　调整图片位置

5.2　文字的输入与编排

文字是演示文稿的重要组成部分，一个直观明了的演示文稿少不了文字说明，无论是新建的空白演示文稿，还是根据模板新建的演示文稿，都需要用户自己输入文字，然后根据所设计和制作的演示文稿对文本的格式进行设置。

5.2.1　在占位符中输入文本

占位符是一种带有虚线边框的方框，包含文字和图形等内容，大多数在占位符中预设了文字的属性和样式，供用户添加标题文字和项目文字等。下面介绍具体的操作方法。

Step 01 单击“文件”|“打开”命令，打开素材文件“素材\第 5 章\语文课件.pptx”，如图 5-20 所示。

Step 02 在占位符中的“单击此处添加标题”文本框中单击鼠标左键，鼠标呈闪烁的光标状态形状，如图 5-21 所示。

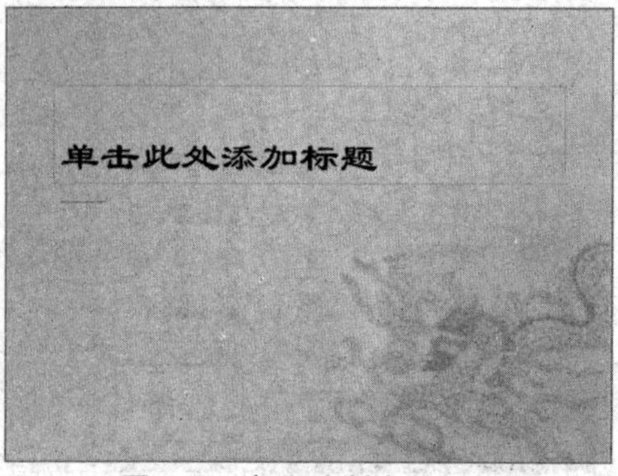

图 5-20　打开素材文件

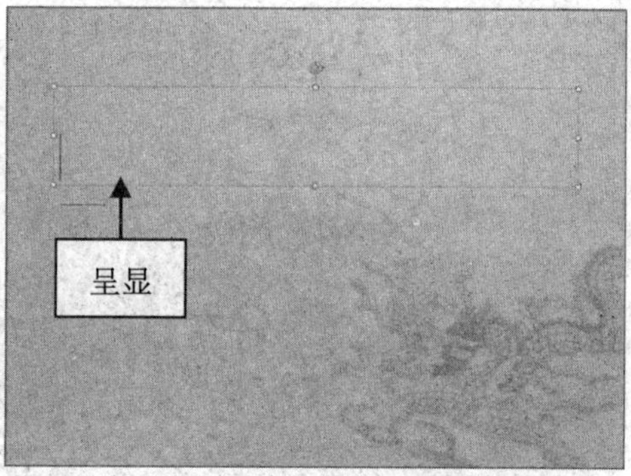

图 5-21　鼠标呈闪烁的光标状态形状

Step 03 在占位符中输入文本为“语文课件”，设置“字体”为隶书，如图 5-22 所示。

Step 04 在占位符中输入副标题文本为“第 3 讲”，设置“字体”为宋体，“字体大小”为 28，“段落方式”为右对齐，效果如图 5-23 所示。

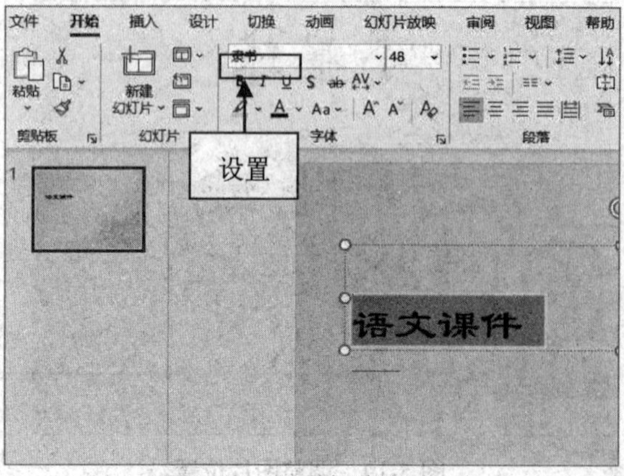

图 5-22　设置相应字体

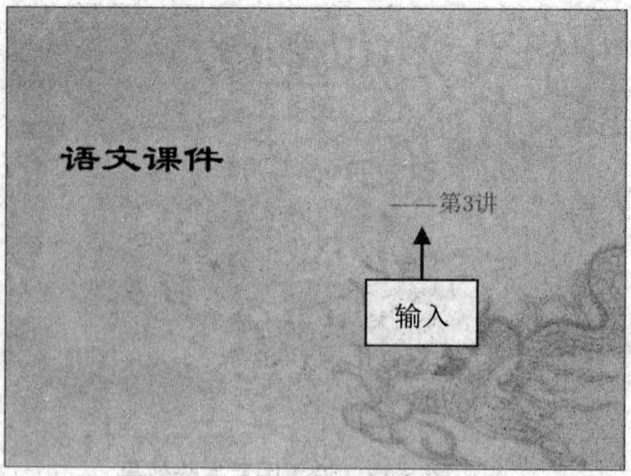

图 5-23　输入副标题文本

▶ 专家指点

默认情况下，在占位符中输入文字，课件会随着输入的文本自动调整文本大小以适应占位符，如果输入的文本超出了占位符的大小，课件将减小字号和行距直到容下所有文本为止。

5.2.2　在文本框中添加文本

使用文本框，可以使文字按不同的方向进行排列，从而灵活地将文字放置到幻灯片的任何位置。下面介绍具体的操作方法。

Step 01　单击"文件"|"打开"命令，打开素材文件"素材\第 5 章\社交直播.pptx"，如图 5-24 所示。

Step 02　切换至"插入"面板，❶在"文本"选项板中单击"文本框"下拉按钮，在弹出的列表框中；❷选择"绘制横排文本框"选项，如图 5-25 所示。

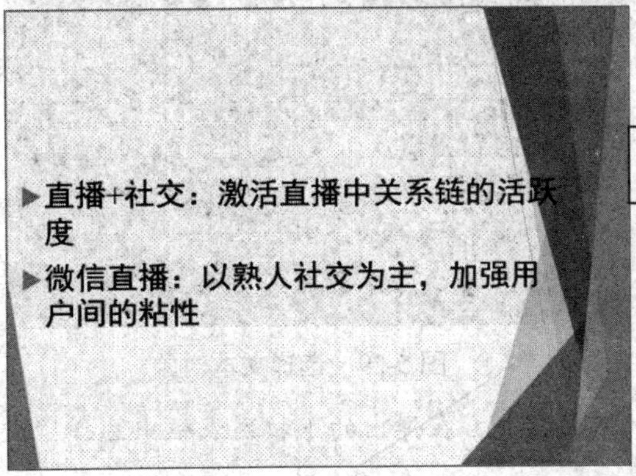

图 5-24　打开素材文件

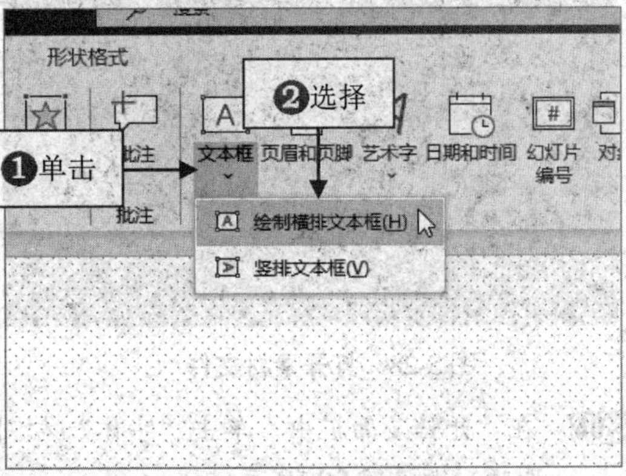

图 5-25　选择"绘制横排文本框"选项

Step 03　将光标移至编辑区内，在空白处按住鼠标左键并拖拽，至合适位置后释放鼠标左键，绘制一个横排文本框，如图 5-26 所示。

Step 04　在文本框中输入文本为"社交直播"，设置"字体"为楷体，"字体大小"为 80，执行上述操作后，并调整大小至合适位置，即可设置标题文本的效果，如图 5-27 所示。

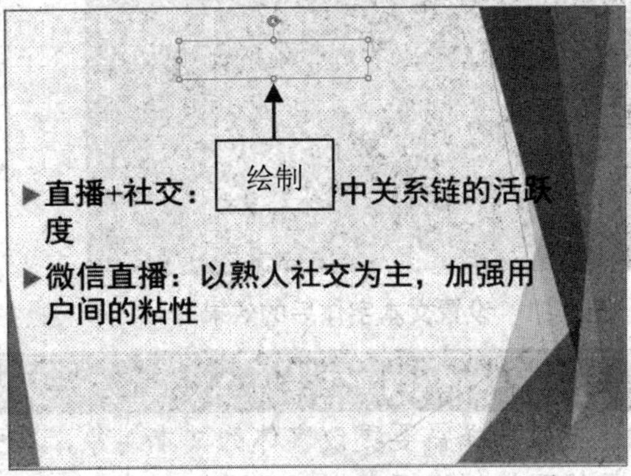

图 5-26　绘制横排文本框

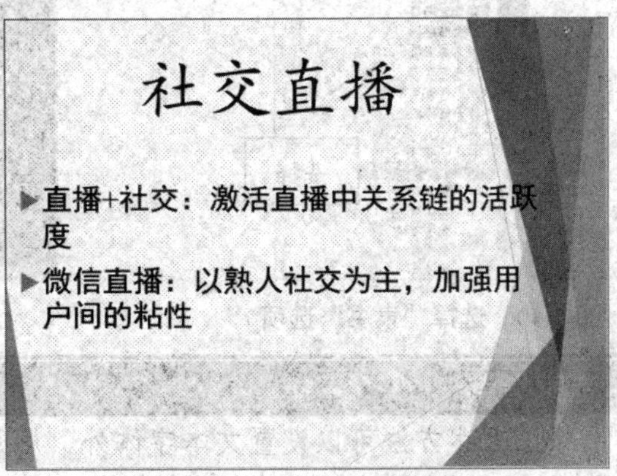

图 5-27　输入文本效果

> **▶ 专家指点**
>
> 在“文本框”列表框中，如果选择“垂直文本框”选项，那么输入的文本内容将按照竖排排列。

5.2.3 设置文本字体

设置演示文稿文本的字体是最基本的操作，不同的字体可以展现出不同的文本效果。下面将介绍设置文本字体的操作方法。

Step 01 单击“文件”|“打开”命令，打开素材文件“素材\第 5 章\名人论.pptx”，如图 5-28 所示。

Step 02 在编辑区中，选择需要修改字体的文本对象，如图 5-29 所示。

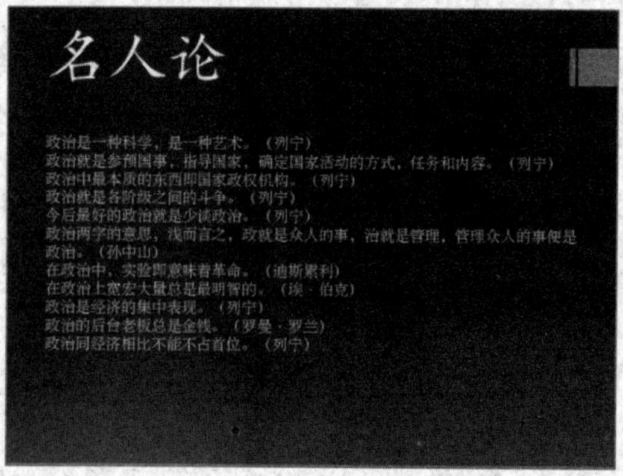

图 5-28 打开素材文件

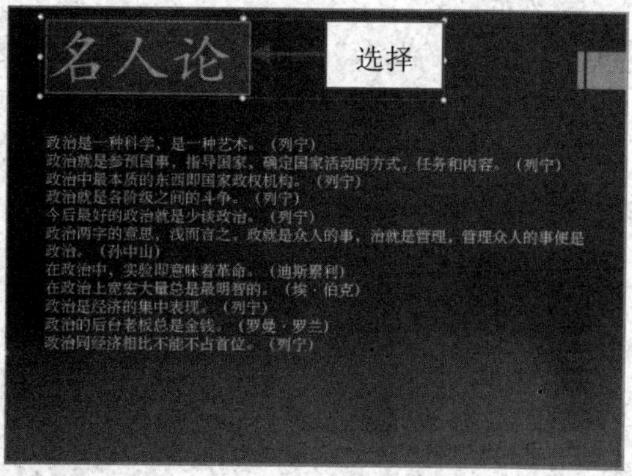

图 5-29 选择文本对象

Step 03 在“开始”面板中，单击“字体”右侧的下拉按钮，在弹出的下拉列表框中选择“隶书”选项，如图 5-30 所示。

Step 04 执行上述操作后，即可设置文本的字体，效果如图 5-31 所示。

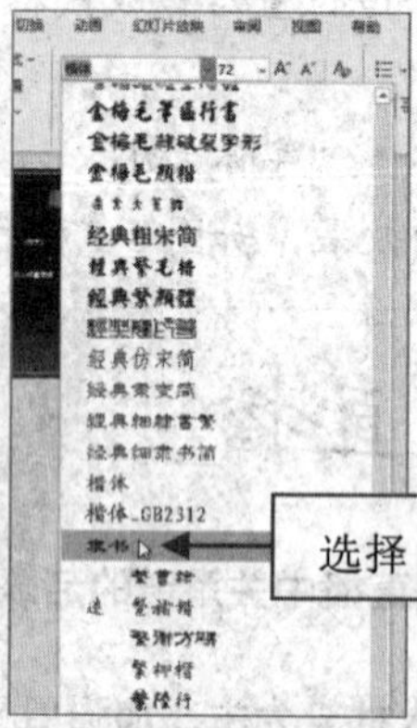

图 5-30 选择“隶书”选项

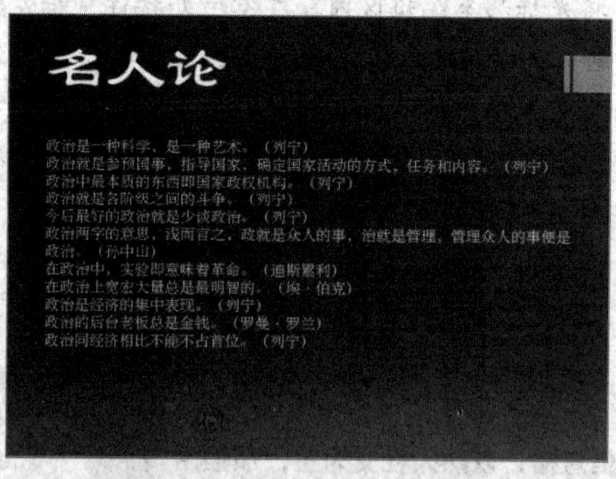

图 5-31 设置文本字体后的效果

> **▶ 专家指点**
>
> 除了上述方法可以设置文本字体外，用户还可以选择需要更改字体的文本对象，在弹出的浮动面板中单击“字体”下拉按钮，在弹出的下拉列表框中也可设置文本的字体。

5.2.4　设置文本颜色

在 PowerPoint 2016 中，默认的字体颜色为黑色，用户也可以根据需要设置字体的颜色，以得到更好的文本效果。下面介绍具体的操作方法。

Step 01 单击“文件”|“打开”命令，打开素材文件“素材\第 5 章\封面选取.pptx”，如图 5-32 所示。

Step 02 在编辑区中选择需要设置颜色的文本，如图 5-33 所示。

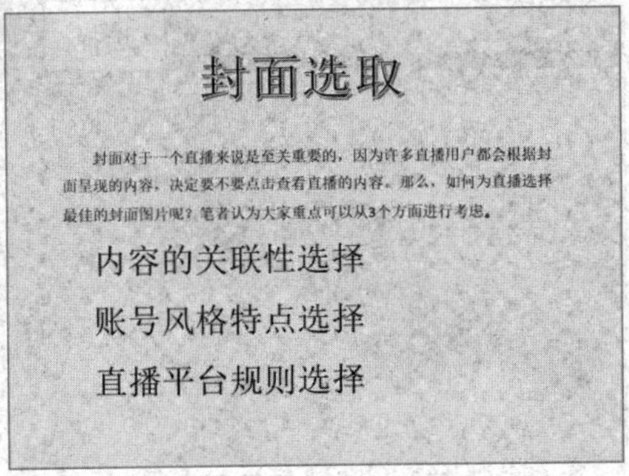

图 5-32　打开素材文件

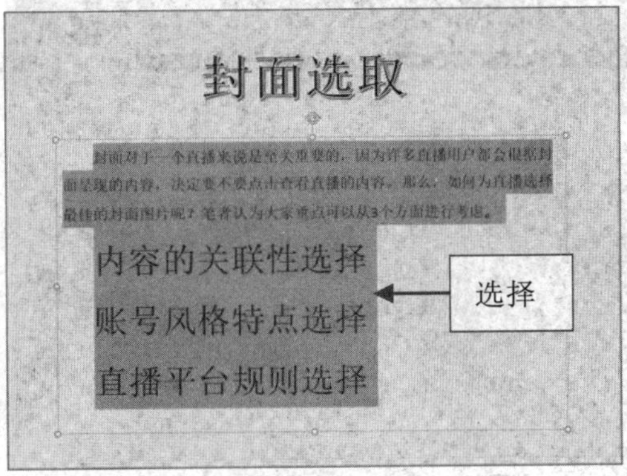

图 5-33　选择需要的文本

Step 03 在“开始”面板的“字体”选项板中，单击“字体颜色”右侧的下拉按钮，在弹出的列表框中的“主题颜色”选项区中，选择“白色，背景 2，深色 75%”选项，如图 5-34 所示。

Step 04 执行上述操作后，即可设置文本的颜色，效果如图 5-35 所示，

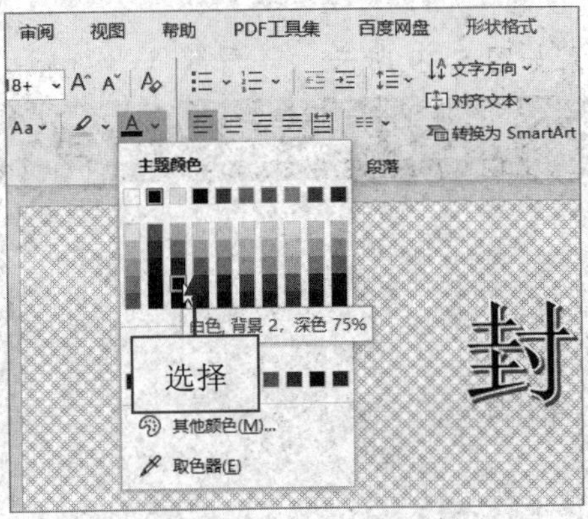

图 5-34　选择相应选项

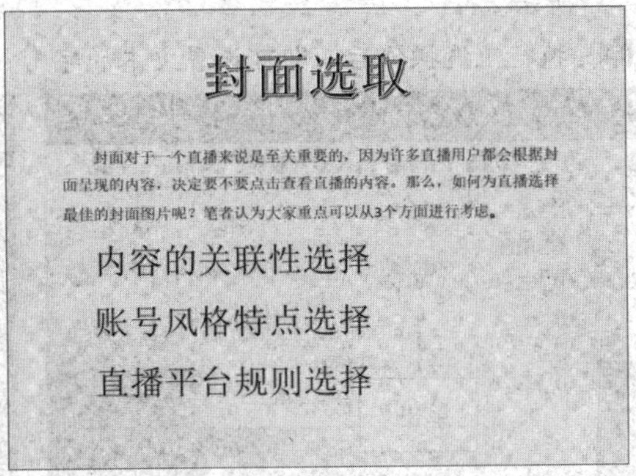

图 5-35　设置文本的颜色

▶ 专家指点

可以选择需要更改颜色的文本对象，在弹出的浮动面板中单击“字体颜色”按钮，然后在弹出的列表框中也可设置文本的颜色。

5.2.5 设置文本字形

在 PowerPoint 2016 中，用户也可以根据需要设置字形，以美化演示文稿。下面介绍具体的操作方法。

Step 01 单击“文件”|“打开”命令，打开素材文件“素材\第 5 章\矩形.pptx”，如图 5-36 所示。

Step 02 在编辑区中选择需要设置字形的文本，如图 5-37 所示。

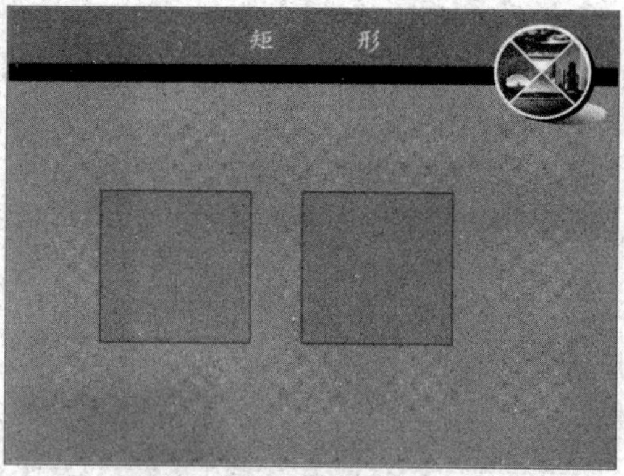

图 5-36 打开素材文件

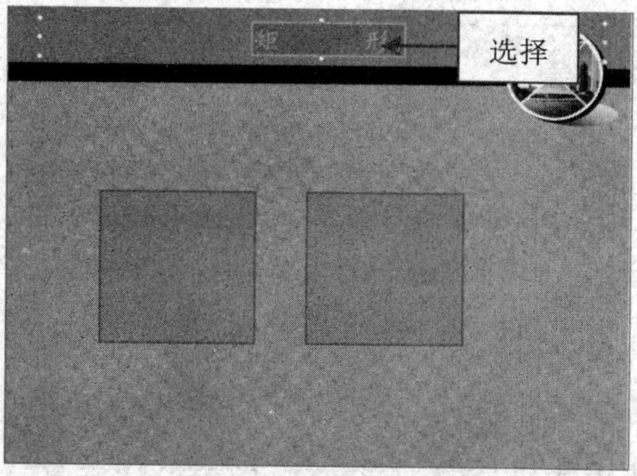

图 5-37 选择需要的文本

> **▶ 专家指点**
>
> 除了上述方法可以设置文本字形外，用户还可以在“字体”选项板中单击“字体”按钮，在弹出的“字体”对话框中，设置文本字形。

Step 03 在“开始”面板的“字体”选项板中，单击“加粗”B和“倾斜”按钮I，如图 5-38 所示。

Step 04 执行上述操作后，即可设置文本的字形，效果如图 5-39 所示。

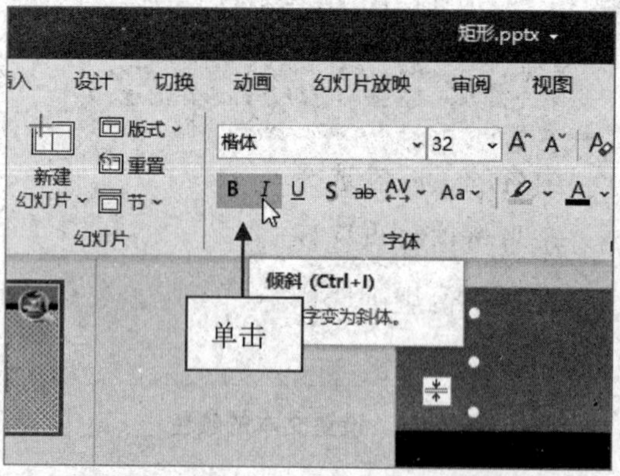

图 5-38 单击“加粗”和“倾斜”按钮

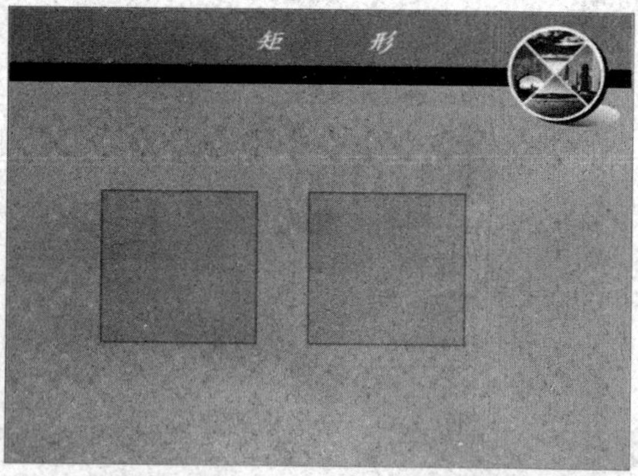

图 5-39 设置文本的字形

5.2.6 设置文本删除线

在 PowerPoint 2016 中，对插入到文稿中的重复内容或是对主体内容没有较多辅助作用的文本，用户可以采取添加删除线的方式进行编辑。下面介绍具体的操作方法。

Step 01　单击“文件”|“打开”命令，打开素材文件“素材\第 5 章\英语语法.pptx”，如图 5-40 所示。

Step 02　在编辑区中选择需要设置删除线的文本，如图 5-41 所示。

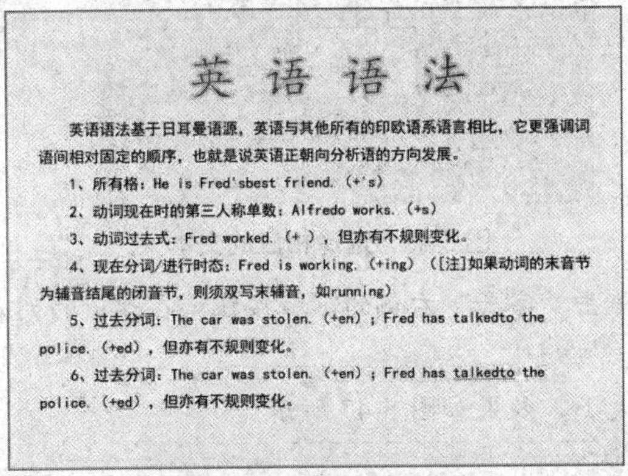

图 5-40　打开素材文件

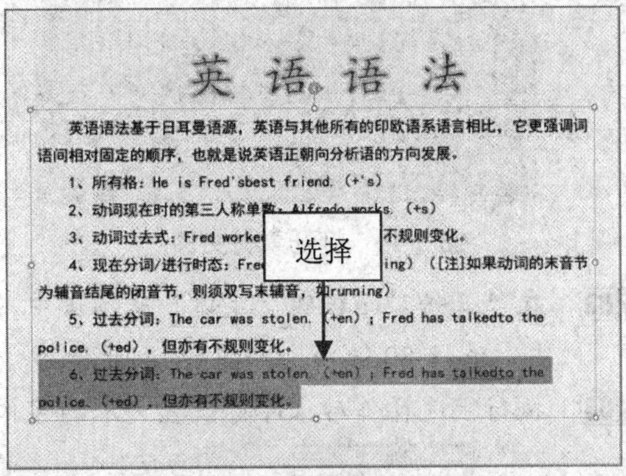

图 5-41　选择相应文本

▶ 专家指点

可以设置文本字形外，用户还可以在“字体”选项板中单击“删除线”按钮，也可设置文本删除线。

Step 03　在“开始”面板的“字体”选项板中，单击右下角的“字体”按钮，弹出“字体”对话框，在“字体”选项卡中的“效果”选项区中，❶选中“删除线”复选框；❷单击“确定”按钮，如图 5-42 所示。

Step 04　执行上述操作后，即可设置文本删除线，效果如图 5-43 所示。

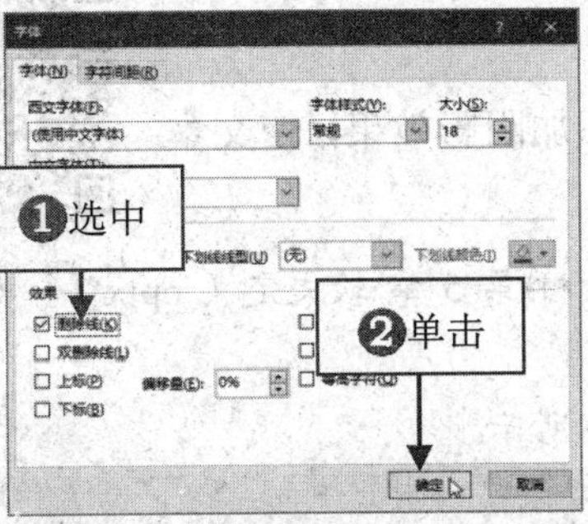

图 5-42　单击“确定”按钮

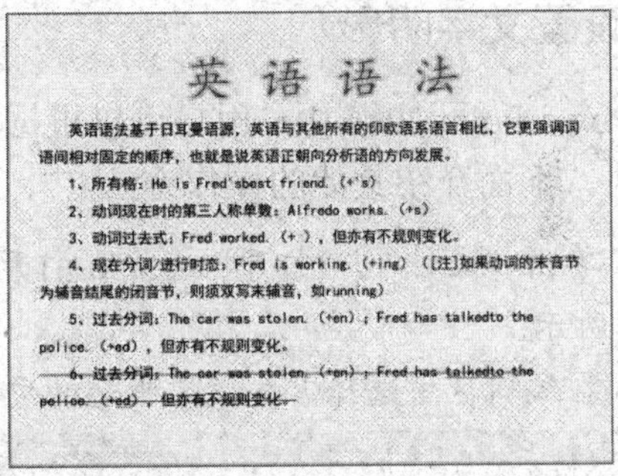

图 5-43　设置文本删除线

5.2.7　设置文本大小

在 PowerPoint 2016 中，用户可以根据需要设置文本字体大小。如果课件中的文本太小，那么可以将字号调大；如果字号太大，那么可以将字号调小。下面介绍具体的操作方法。

Step 01　单击“文件”|“打开”命令，打开素材文件“素材\第 5 章\月球的概念.pptx”，如图 5-44 所示。

Step 02　在编辑区中选择需要设置字体大小的文本，如图 5-45 所示。

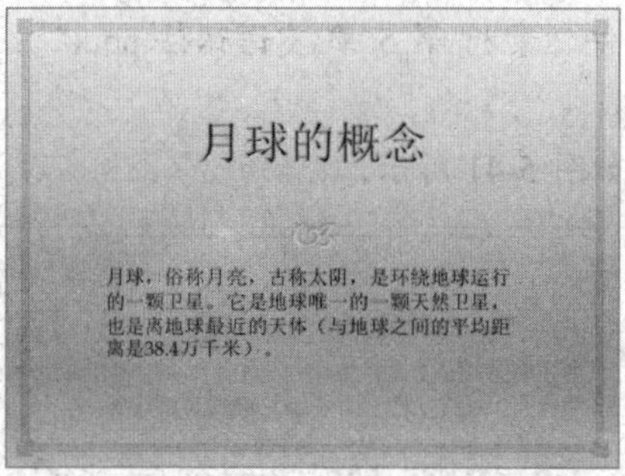

图 5-44　打开素材文件

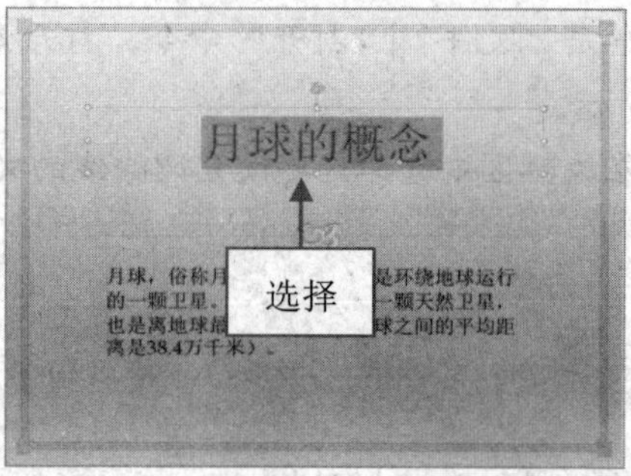

图 5-45　选择相应的文本

Step 03　在“开始”面板的“字体”选项板中，单击“字号”右侧的下拉按钮，在弹出的列表框中，选择 80 选项，如图 5-46 所示。

Step 04　执行上述操作后，即可设置文本的字体大小，效果如图 5-47 所示。

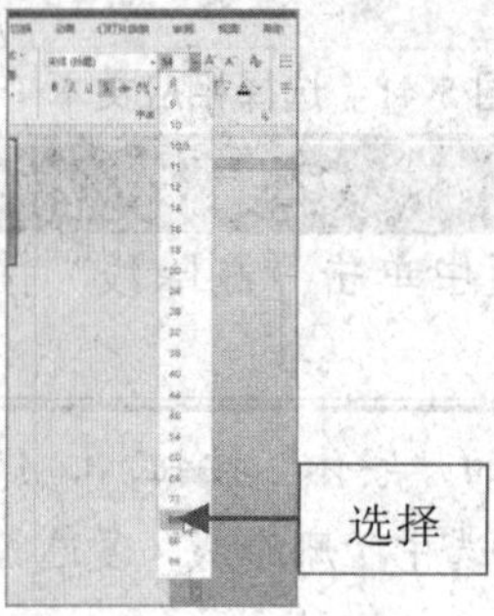

图 5-46　选择相应选项

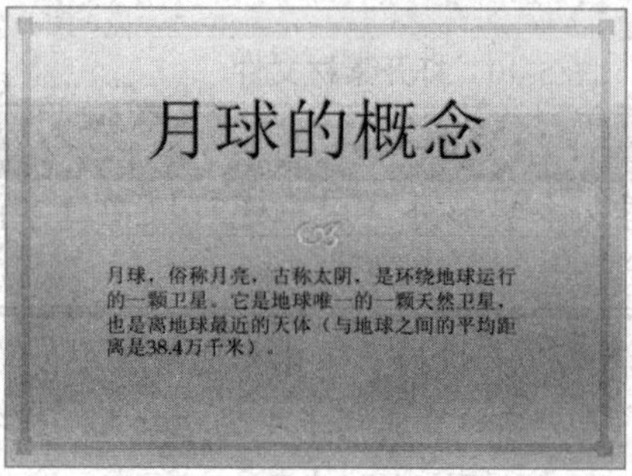

图 5-47　设置文本大小后的效果

5.2.8　设置文字阴影

在 PowerPoint 2016 中，用户可以根据需要为文字添加阴影效果，使文本更加美观。下面介绍具体的操作方法。

Step 01　单击“文件”|“打开”命令，打开素材文件“素材\第 5 章\软文定义.pptx”，如图 5-48 所示。

Step 02　在编辑区中选择需要设置阴影的文本，如图 5-49 所示。

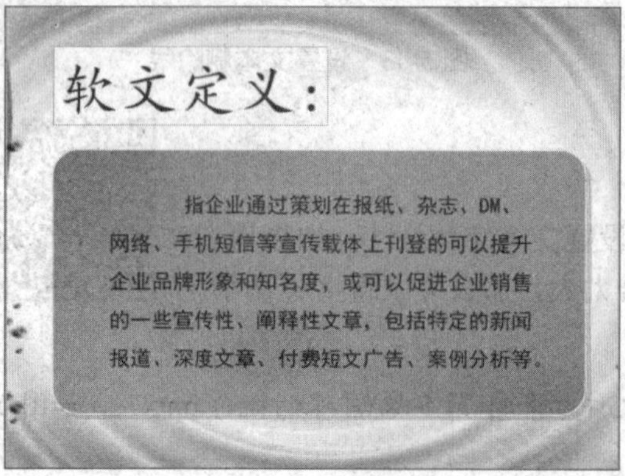

图 5-48　打开素材文件

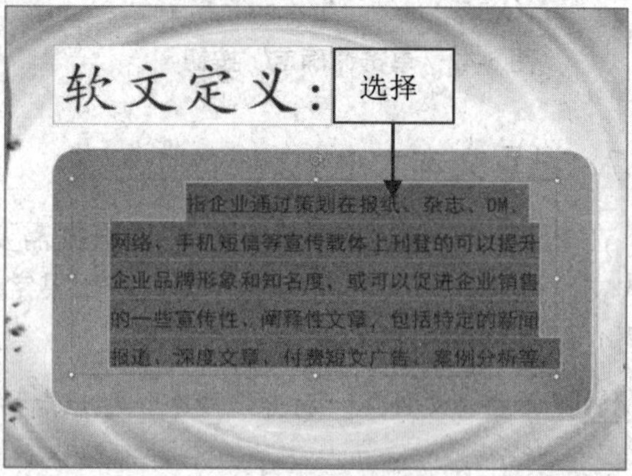

图 5-49　选择相应文本

Step 03　在“开始”面板的“字体”选项板中，单击“文字阴影”按钮 S，如图 5-50 所示。

Step 04　执行上述操作后，即可设置文字阴影，效果如图 5-51 所示。

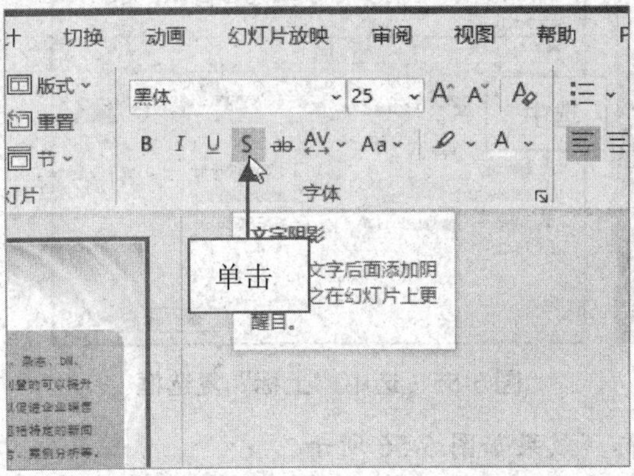

图 5-50　单击“文字阴影”按钮

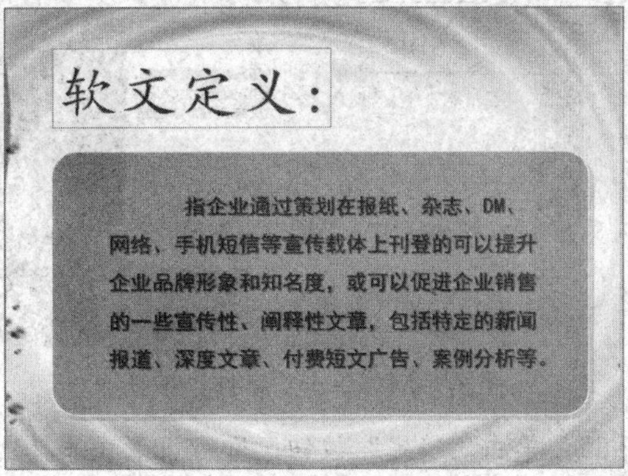

图 5-51　设置文字阴影

5.2.9　设置课件的上标

在 PowerPoint 2016 中，用户可以为文本设置上标和下标效果，使制作出来的演示文稿课件更加具体、形象。下面介绍具体的操作方法。

Step 01　单击“文件”|“打开”命令，打开素材文件“素材\第 5 章\浪漫之路.pptx”，如图 5-52 所示。

Step 02　在编辑区中选择需要设置上标的文本，如图 5-53 所示。

图 5-52　打开素材文件

图 5-53　选择相应的文本

Step 03　在“开始”面板中的“字体”选项板中的右下角，单击“字体”按钮 ，如图 5-54 所示。

Step 04　弹出“字体”对话框，在“字体”选项卡中的“效果”选项区中选中“上标”复选框，如图 5-55 所示。

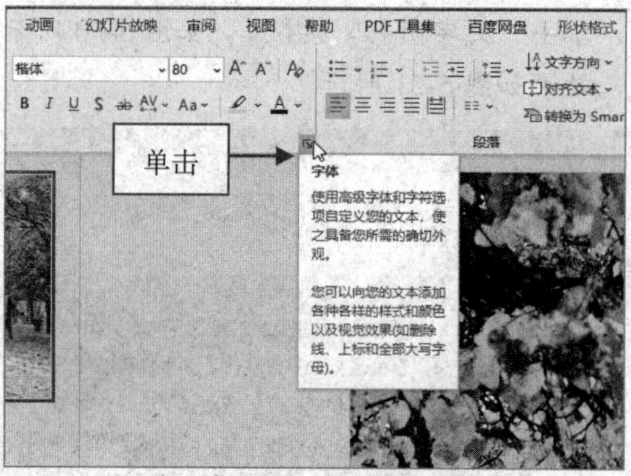

图 5-54　单击“字体”按钮

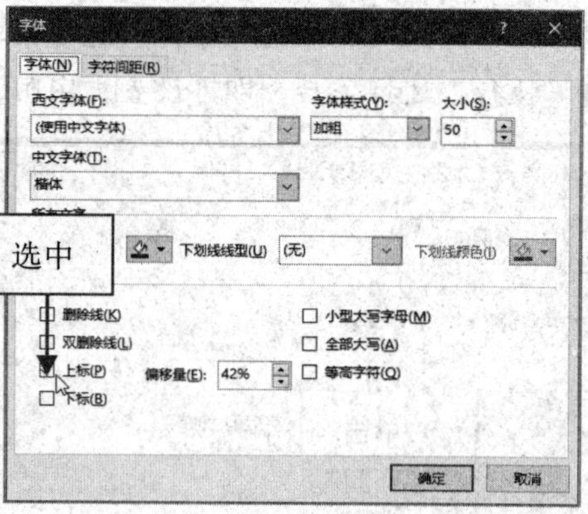

图 5-55　选中“上标”复选框

Step 05　单击“确定”按钮，即可设置文本为上标，效果如图 5-56 所示。

图 5-56　设置文本为上标后的效果

5.3　插入和编辑艺术字

艺术字是一种特殊的图形文字，常用来表现幻灯片的标题文字，用户可以对艺术字进行大小调整、旋转和添加三维效果等操作，增加艺术字的视觉效果。

5.3.1　为课件插入艺术字

为了使演示文稿的标题或某个文字能够更加突出，用户可以运用艺术字来达到自己想要的效果。下面介绍具体的操作方法。

Step 01　单击“文件”|“打开”命令，打开素材文件“素材\第 5 章\打造属于你自己的个人品牌.pptx”，如图 5-57 所示。

Step 02　切换至“插入”面板，在“文本”选项板中，单击“艺术字”下拉按钮，如图 5-58 所示。

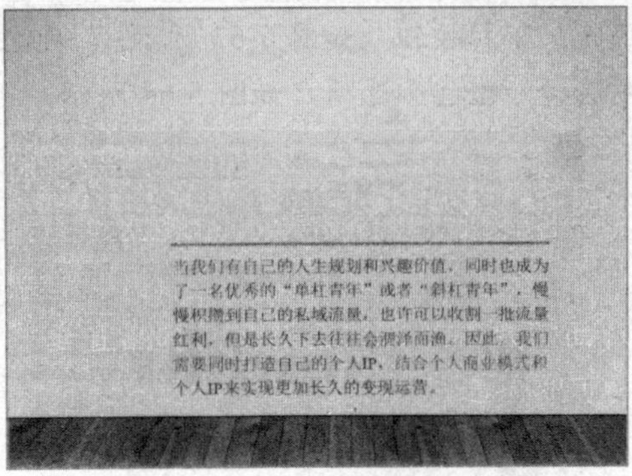

图 5-57　打开素材文件

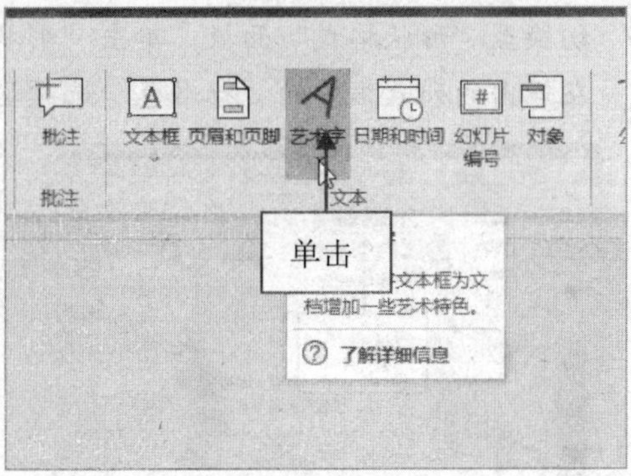

图 5-58　单击“艺术字”下拉按钮

Step 03　在弹出的列表框中选择相应选项，如图 5-59 所示。

Step 04　执行上述操作后，在编辑区中插入艺术字文本框，在文本框中输入文本“打造属于你自己的个人品牌”，并调整至合适位置，效果如图 5-60 所示。

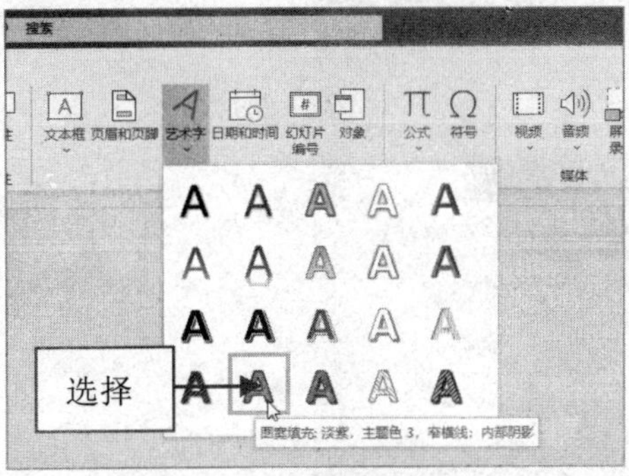

图 5-59　选择相应选项

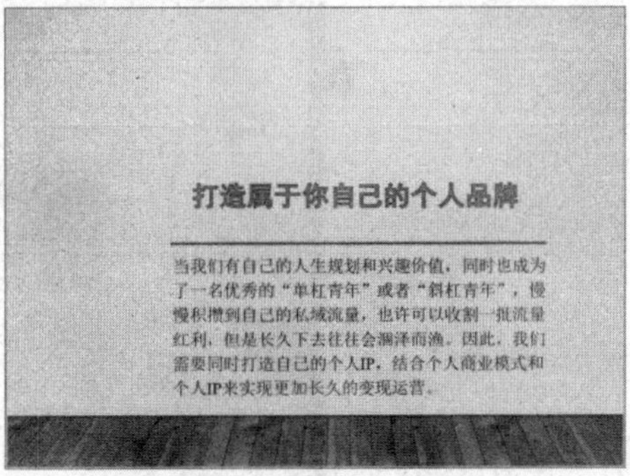

图 5-60　调整至合适位置

5.3.2　设置艺术字形状填充

为艺术字添加形状填充，是指在一个封闭的对象中加入填充效果，这种效果可以是单色、过渡色、纹理，还可以是图片。下面介绍具体的操作方法。

Step 01　单击“文件”|“打开”命令，打开素材文件“素材\第 5 章\培养人格化的 IP 气质.pptx”，如图 5-61 所示。

Step 02　在编辑区中选择需要设置形状填充的文本框，如图 5-62 所示。

图 5-61　打开素材文件

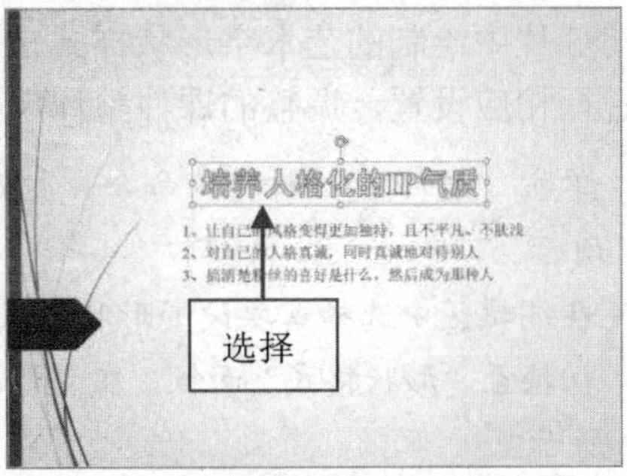

图 5-62　选择文本框

Step 03 切换至“形状格式”面板，单击“形状填充”下拉按钮，如图 5-63 所示。

Step 04 在弹出的列表框中的“标准色”选项区中选择“橙色”选项，如图 5-64 所示。

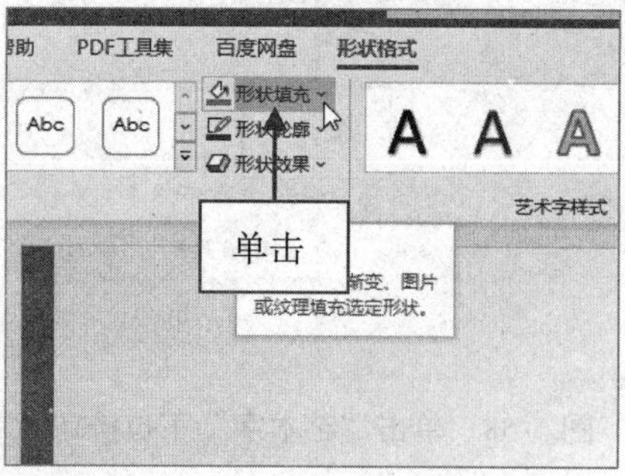

图 5-63 单击“形状填充”下拉按钮

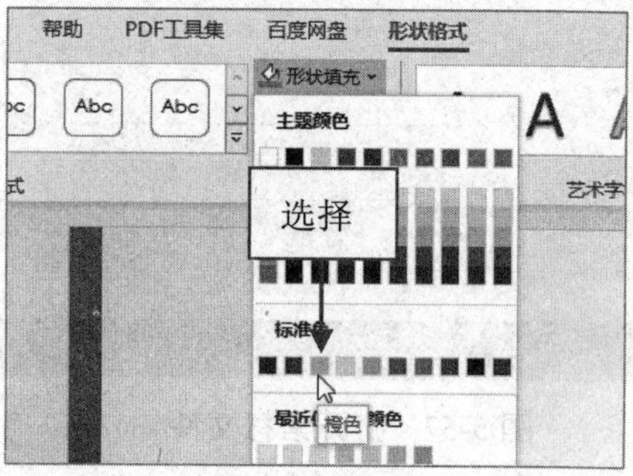

图 5-64 选择“橙色”选项

Step 05 执行上述操作后，即可设置字体形状填充，效果如图 5-65 所示。

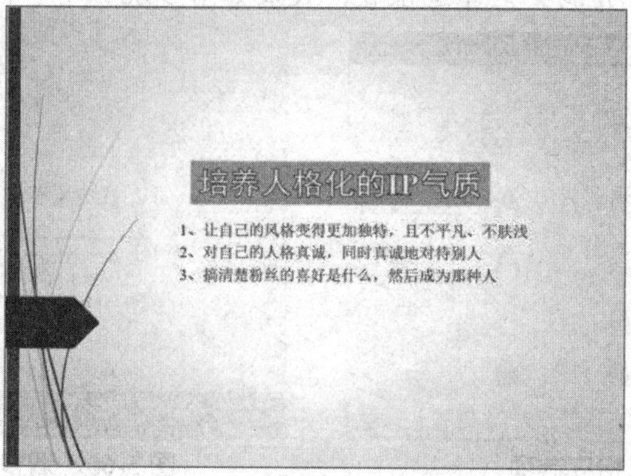

图 5-65 设置字体形状填充效果

▶ 专家指点

在弹出的“形状填充”列表框中，用户不仅可以直接选择颜色进行填充，还可以图片、渐变色和纹理进行填充。

5.3.3 设置艺术字形状样式

在幻灯片中绘制的艺术字形状样式是默认的颜色，用户可以对艺术字形状样式进行相应设置，调整的课件整体风格。下面介绍具体的操作方法。

Step 01 单击“文件”|“打开”命令，打开素材文件“素材\第 5 章\蓝玫瑰.pptx”，如图 5-66 所示。

Step 02 在编辑区中选择需要设置形状样式的艺术字，如图 5-67 所示。

Step 03 切换至“形状格式”面板，在“形状样式”选项板中，单击“其他”下拉按钮，如图 5-68 所示。

Step 04 在弹出的列表框中选择“细微效果-橄榄色，强调颜色 3”选项，如图 5-69 所示。

图 5-66　打开素材文件

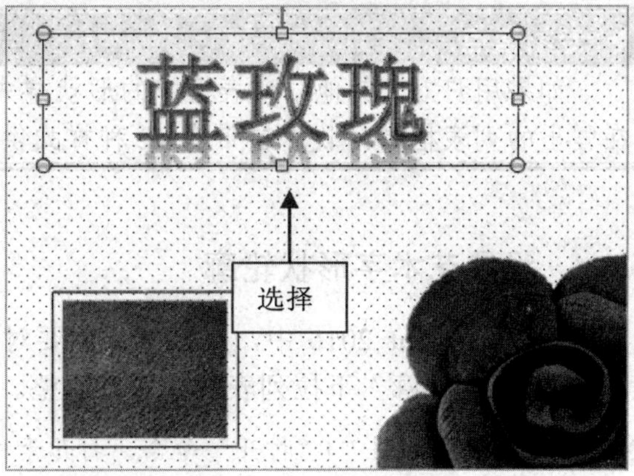

图 5-67　选择艺术字

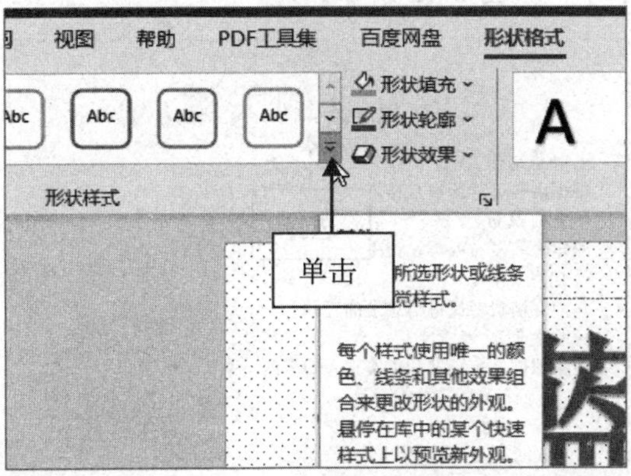

图 5-68　单击“其他”按钮

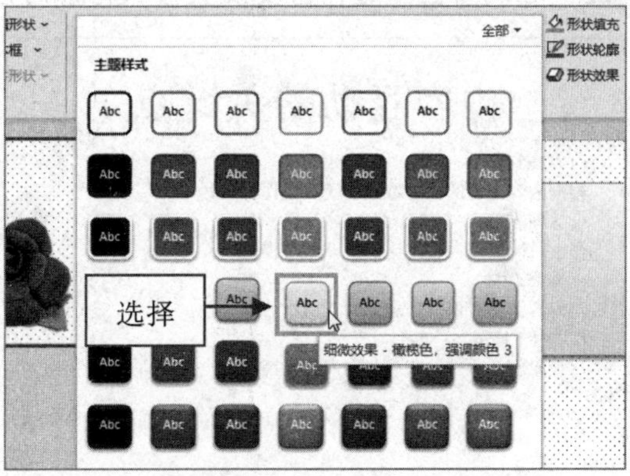

图 5-69　选择相应选项

Step 05　执行上述操作后，即可设置艺术字形状样式，效果如图 5-70 所示。

图 5-70　设置艺术字形状样式效果

▶ 专家指点

如果用户对“其他”列表框中的形状样式不满意，还可以选择“其他主题填充”选项。在弹出的列表框中，软件自带有42种样式供用户选择。

5.3.4　设置艺术字形状轮廓

在 PowerPoint 2016 中，用户如果需要对艺术字的形状轮廓进行设置，可以在“形状轮廓”下拉列表框中进行调整。下面介绍具体的操作方法。

Step 01　单击“文件”|“打开”命令，打开素材文件“素材\第 5 章\内容互动的关键点.pptx”，如图 5-71 所示。

Step 02　在编辑区中选择需要设置形状轮廓的艺术字，如图 5-72 所示。

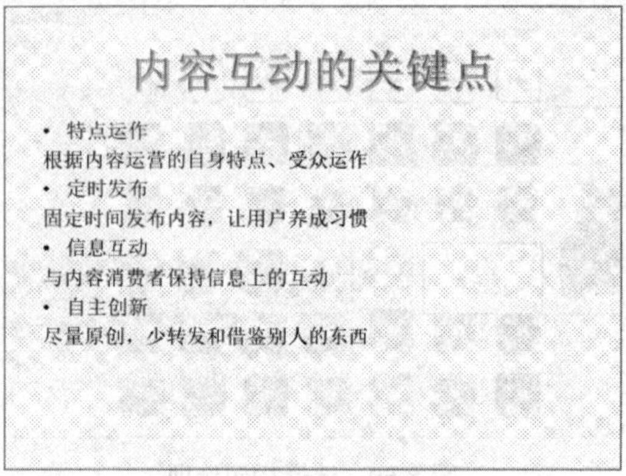

图 5-71　打开素材文件

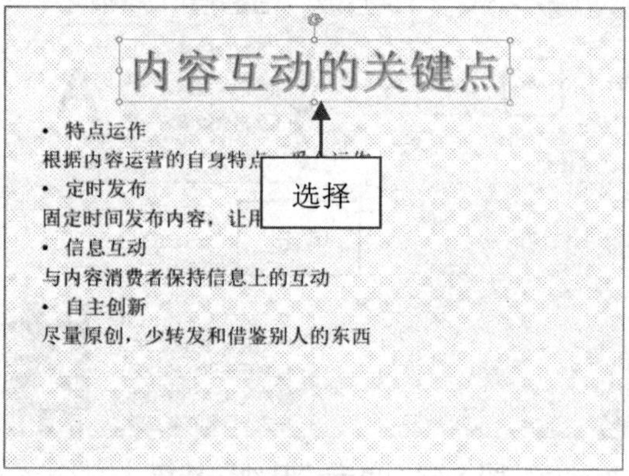

图 5-72　选择艺术字

Step 03　切换至“形状格式”面板，在“形状样式”选项板中，单击“形状轮廓”下拉按钮，如图 5-73 所示。

Step 04　在弹出的列表框中的“标准色”选项区中，选择“红色”选项，如图 5-74 所示。

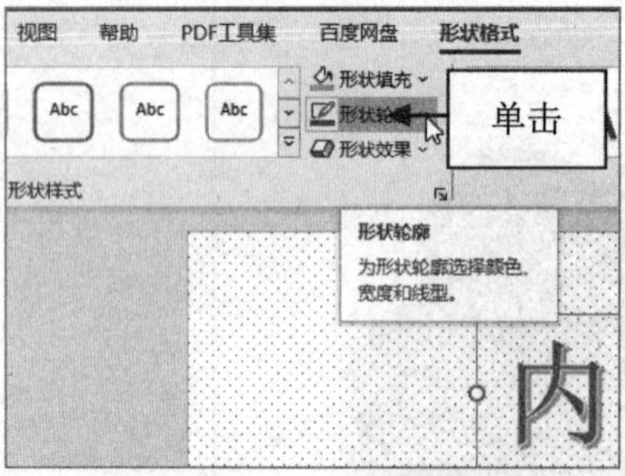

图 5-73　单击“形状轮廓”按钮

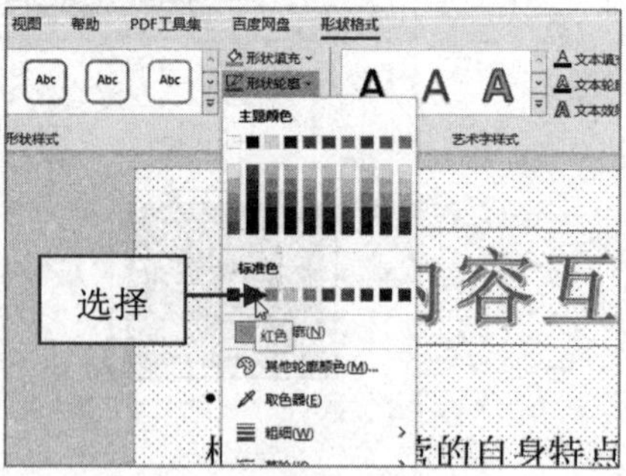

图 5-74　选择“红色”选项

Step 05　❶再次单击“形状轮廓”下拉按钮，在弹出的列表框中；❷选择“粗细”|“3 磅”选项，如图 5-75 所示。

Step 06　执行上述操作后，即可设置艺术字形状轮廓，效果如图 5-76 所示。

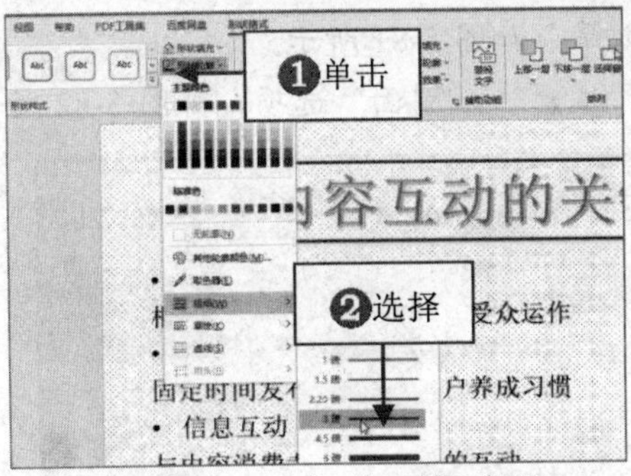

图 5-75　选择“3 磅”选项

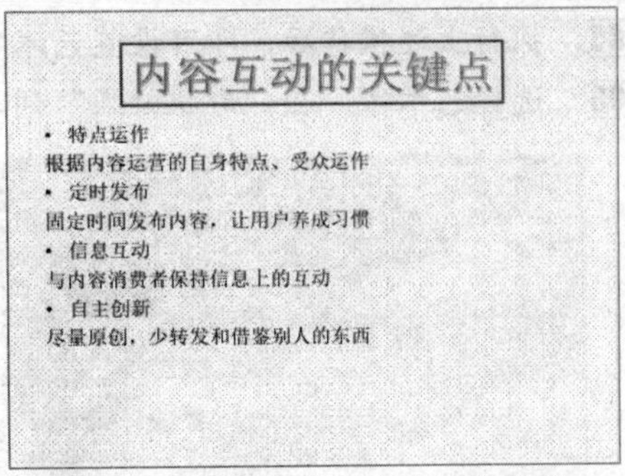

图 5-76　设置艺术字形状轮廓效果

5.3.5　设置艺术字形状效果

在 PowerPoint 2016 中，为艺术字设置形状填充和形状轮廓以后，接下来可以为艺术字设置形状效果，使添加的艺术字更加美观。下面介绍具体的操作方法。

Step 01　单击“文件”|“打开”命令，打开素材文件“素材\第 5 章\美丽花束.pptx”，如图 5-77 所示。

Step 02　在编辑区中选择需要设置形状效果的艺术字，如图 5-78 所示。

图 5-77　打开素材文件

图 5-78　选择艺术字

Step 03　切换至“形状格式”面板，在“形状样式”选项板中，单击“形状效果”下拉按钮，如图 5-79 所示。

Step 04　在弹出的列表框中选择“预设”|“预设 9”选项，如图 5-80 所示。

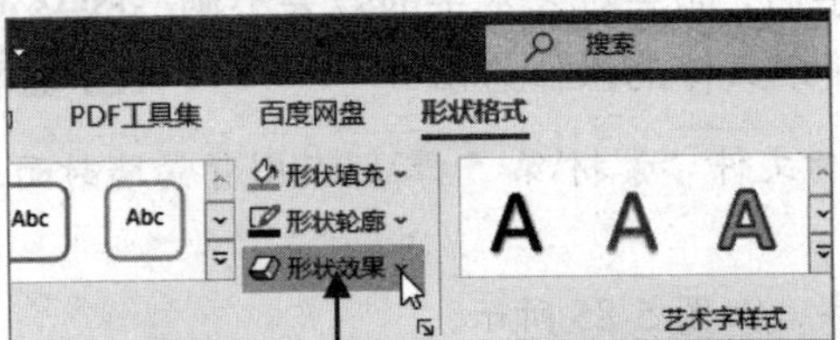

图 5-79　单击“形状效果”下拉按钮

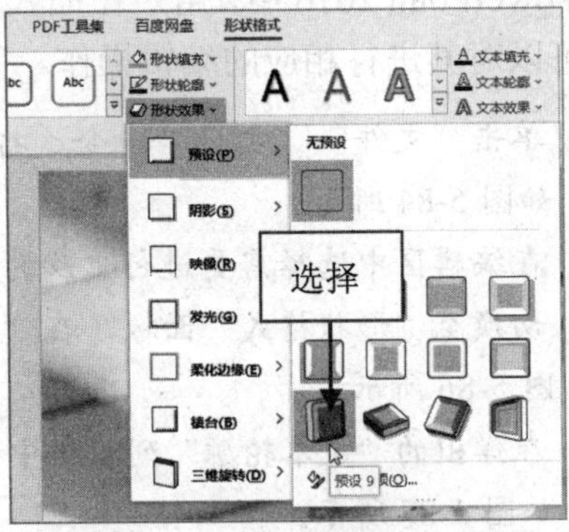

图 5-80　选择“预设 9”选项

Step 05 执行上述操作后，即可设置艺术字形状预设效果，如图 5-81 所示。

Step 06 选择艺术字，在“形状效果”列表框中选择“棱台”|“斜面”选项，如图 5-82 所示。

图 5-81　设置预设效果

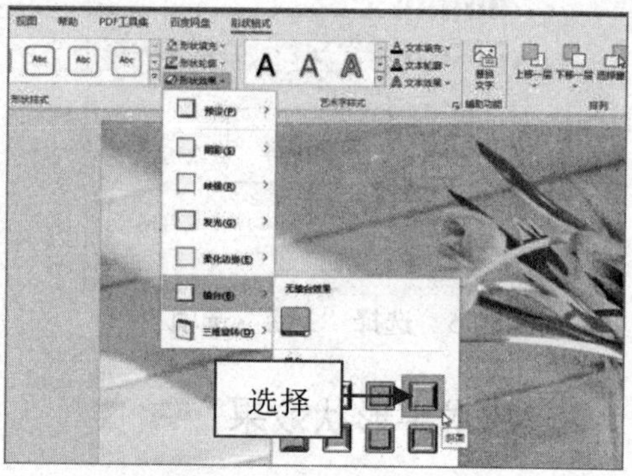

图 5-82　选择“斜面”选项

Step 07 执行上述操作后，即可设置艺术字形状效果，如图 5-83 所示。

图 5-83　设置艺术字形状效果

5.3.6　更改艺术字效果

在 PowerPoint 2016 中，用户在插入艺术字后，如果对艺术字的效果不满意，还可以对其进行相应的编辑操作。下面介绍具体的操作方法。

Step 01 单击“文件”|“打开”命令，打开素材文件“素材\第 5 章\朋友圈背景墙封面.pptx”，如图 5-84 所示。

Step 02 在编辑区中选择需要进行更改的艺术字，如图 5-85 所示。

Step 03 切换至“形状格式”面板，在“艺术字样式”选项板中单击“文本轮廓”下拉按钮，如图 5-86 所示。

Step 04 在弹出的“文本轮廓”列表框中的“主题颜色”选项区中，选择“黑色，文字 1”选项，如图 5-87 所示。

图 5-84　打开素材文件

图 5-85　选择需要的艺术字

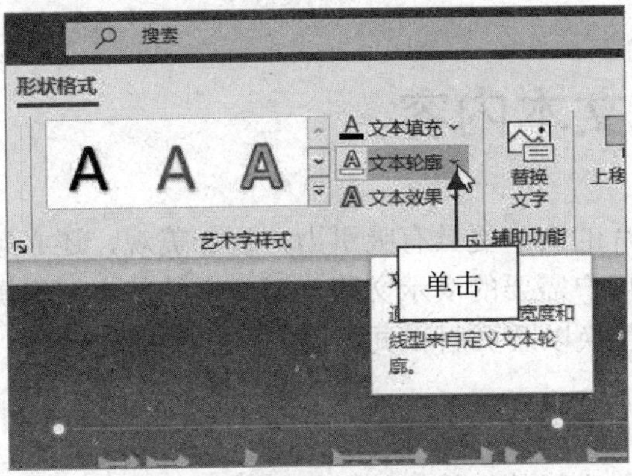

图 5-86　单击“文本轮廓”按钮

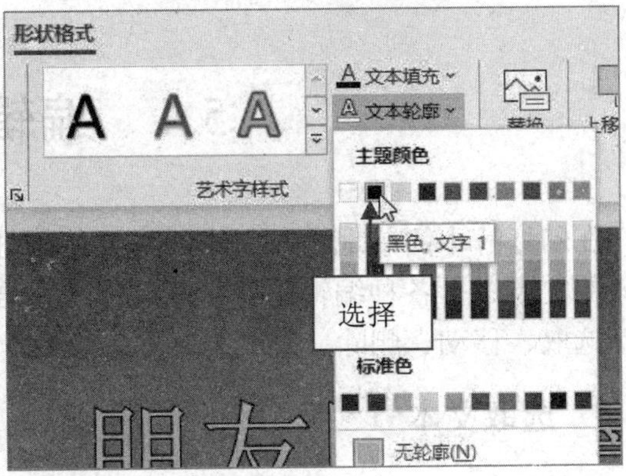

图 5-87　选择“黑色，文字 1”选项

Step05　在“文本轮廓”列表框中选择“粗细”|“1 磅”选项，如图 5-88 所示。

Step06　执行上述操作后，即可设置艺术字轮廓大小，效果如图 5-89 所示。

Step07　在“艺术字样式”选项板中，❶单击“文本效果”下拉按钮，在弹出的列表框中；❷选择“映像”|“紧密映像，接触”选项，如图 5-90 所示。

Step08　执行上述操作后，即可更改艺术字效果，效果如图 5-91 所示。

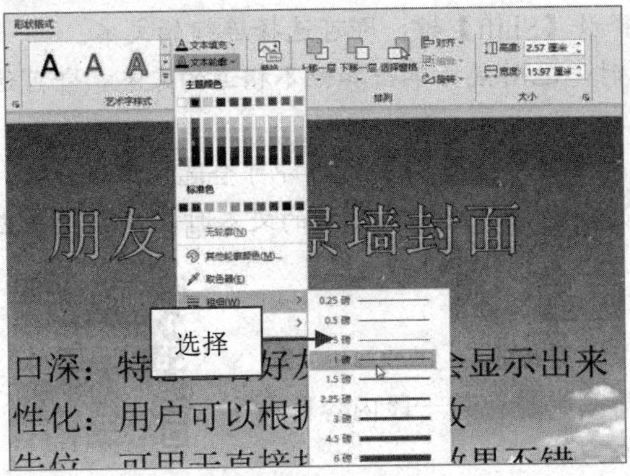

图 5-88　选择“1 磅”选项

图 5-89　设置艺术字轮廓大小

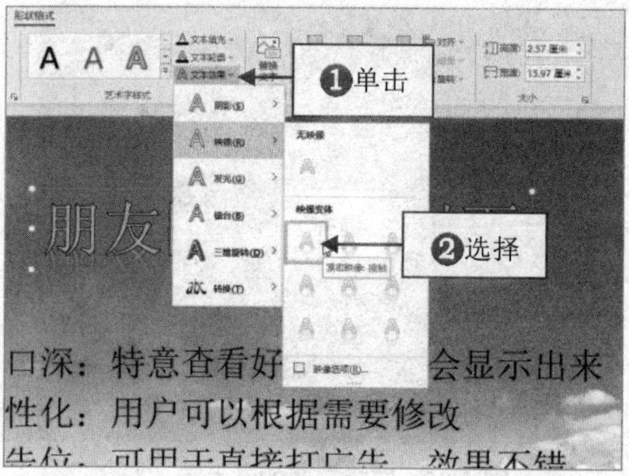

图 5-90　选择“紧密映像，接触”选项

图 5-91　更改艺术字效果

5.4　编辑文本内容

在幻灯片中简单地输入文本后，要使幻灯片的文字更具有吸引力，更加美观，还必须对输入的文本进行各种编辑操作，以制作出符合用户需要的演示文稿。对文本的基本编辑操作包括选取、移动、删除、复制与粘贴、查找、替换以及页眉和页脚等内容。

5.4.1　选取文本

在编辑文本之前，先要选取文本，之后才能进行其他的相关操作。选取文本有以下六种方法。

➢　**选择任意数量的文本**：当鼠标指针在文本处变为编辑状态时，在要选择的文本位置处，按住鼠标左键的同时并拖拽至文本结束后释放鼠标左键，选择后的文本将以高亮度显示。

➢　**选择所有文本**：在文本编辑状态下，切换至“开始”面板，在“编辑”选项板中单击“选择”按钮，在弹出的下拉列表框中选择“全选”选项，即可选择所有文本。

➢　**选择连续文本**：在文本编辑状态下，将鼠标定位在文本的起始位置，按住【Shift】键，然后选择文本的结束位置单击鼠标左键，释放【Shift】键，即可选择连续的文本。

➢　**选择不连续文本**：按住【Ctrl】键的同时，运用鼠标单击其他不相连的文本，即可选择不连续的文本。

➢　**运用快捷键选择**：按【Ctrl + A】组合键或按两次【F2】键，即可全选文本。

➢　**选择占位符或文本框中的文本**：当要选择占位符或文本框中的文本时，只需单击占位符或文本框中的边框即可选中。

5.4.2　移动课件文本

在 PowerPoint 2016 中，使用移动操作可以帮助用户将某一段内容移动到另外一个需要放置的位置。下面介绍具体的操作方法。

Step01　单击"文件"|"打开"命令，打开素材文件"素材\第 5 章\故事类写作要求.pptx"，如图 5-92 所示。

Step02　在编辑区中选择需要移动的文本，如图 5-93 所示。

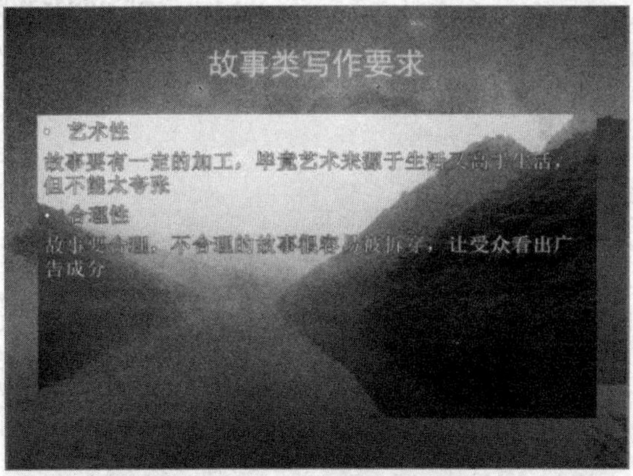

图 5-92　打开素材文件

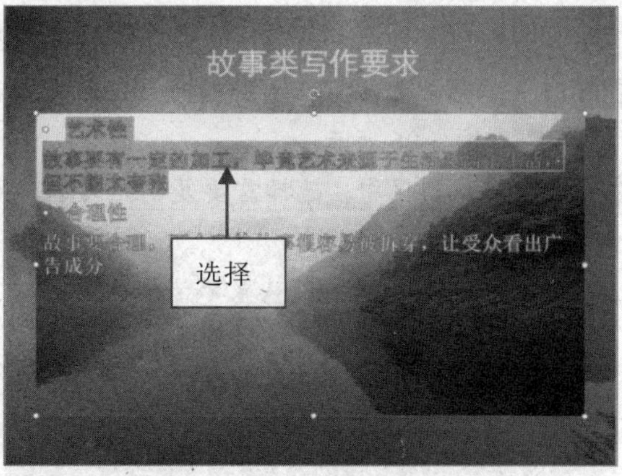

图 5-93　选择需要移动的文本

Step03　在选择的文本上按住鼠标左键并拖拽至合适位置，释放鼠标左键，如图 5-94 所示。

Step04　执行上述操作后，即可移动文本，效果如图 5-95 所示。

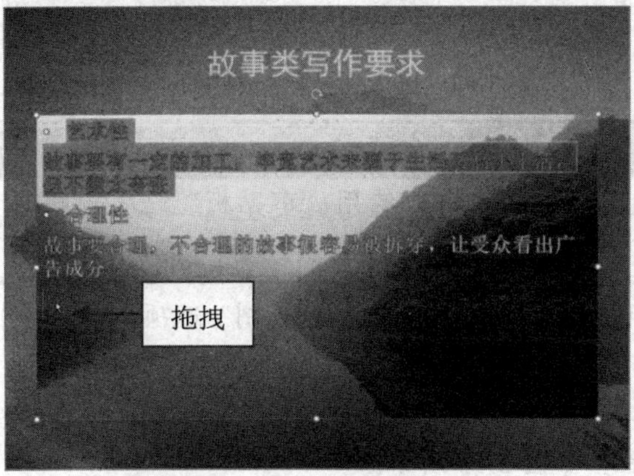

图 5-94　拖拽合适位置

图 5-95　移动文本后的效果

5.4.3　删除文本

在 PowerPoint 2016 中，删除文本指的是删除占位符中的文字和文本框中的文字，用户可以直接选择文本框或占位符，执行删除操作。

在 PowerPoint 2016 中，可以通过以下两种方法删除文本。

➢ **按钮：**选择需要删除的文本，在"开始"面板的"剪贴板"选项板中，单击"剪切"按钮，即可删除文本。

➢ **快捷键：**选择需要删除的文本，按【Delete】键即可将其删除。

▶ 专家指点

选择运用"剪切"按钮删除的文本，再按【Ctrl + V】组合键即可将其恢复。

5.4.4 复制与粘贴课件文本

在 PowerPoint 2016 的同一个演示文稿中，有一些文本内容需要重复使用或者改变所在位置，重新输入会降低制作演示文稿的效率，利用复制功能，并将复制的内容粘贴至合适位置，可以提高工作效率。下面介绍具体的操作方法。

Step 01 单击“文件”|“打开”命令，打开素材文件“素材\第 5 章\内容提前注意事项.pptx”，如图 5-96 所示。

Step 02 在编辑区中，选择需要复制的文本，如图 5-97 所示。

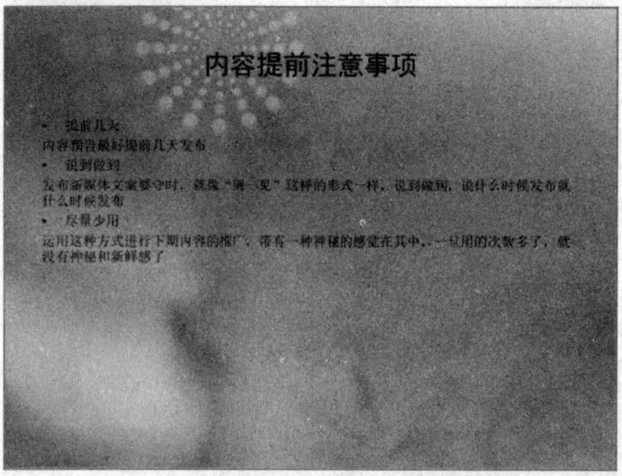

图 5-96　打开素材文件

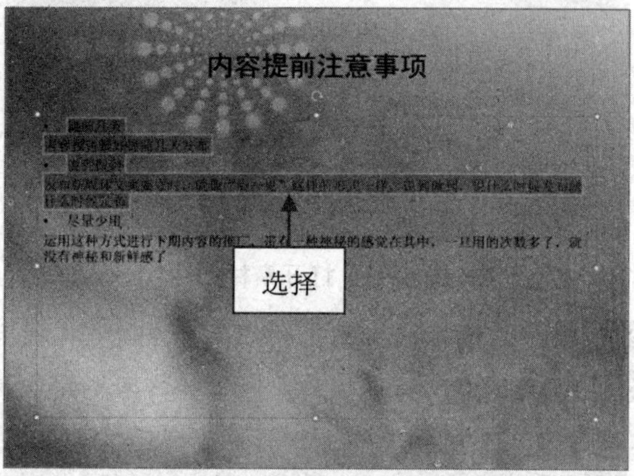

图 5-97　选择需要复制的文本

> **▶ 专家指点**
>
> 剪切或复制的文本都被保存至剪贴板中。因此，用户可以使用“剪贴板”任务窗格进行类似的复制和移动操作。

Step 03 在选择的文本上，单击鼠标右键，在弹出的快捷菜单中，选择“复制”选项，如图 5-98 所示。

Step 04 复制文本，将鼠标移至合适位置，再次单击鼠标右键，在弹出的快捷菜单中，单击“粘贴选项”选项区中的“保留源格式”按钮，如图 5-99 所示。

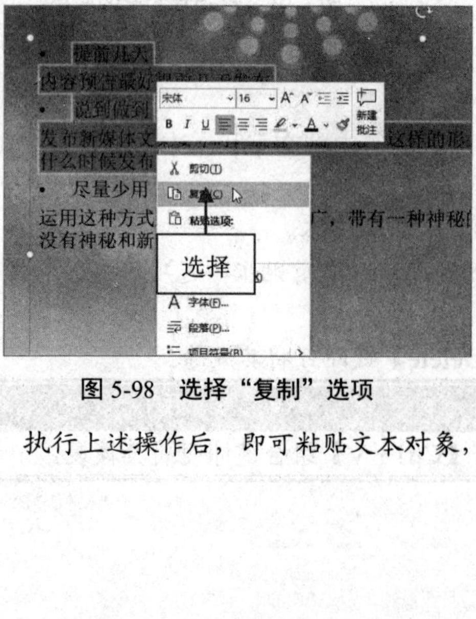

图 5-98　选择“复制”选项

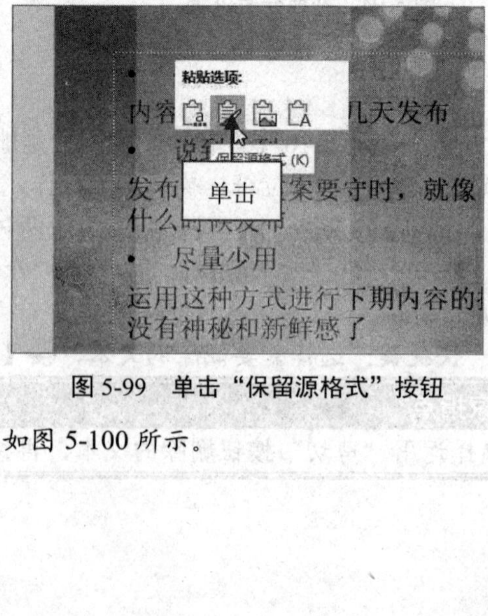

图 5-99　单击“保留源格式”按钮

Step 05 执行上述操作后，即可粘贴文本对象，如图 5-100 所示。

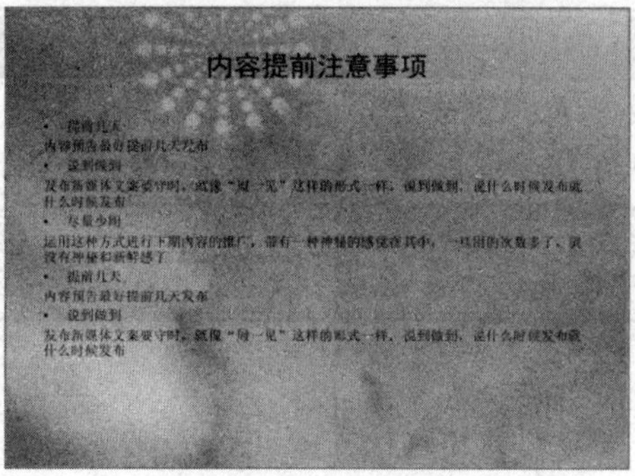

图 5-100　粘贴文本

5.4.5　查找文本

当需要在较长的演示文稿中查找某一特定的内容时，用户可以通过“查找”命令来找出某些特定的内容。下面介绍具体的操作方法。

Step 01　单击“文件”|“打开”命令，打开素材文件“素材\第 5 章\图片基本特征.pptx”，如图 5-101 所示。

Step 02　在“开始”面板中的“编辑”选项板中单击“查找”按钮，如图 5-102 所示。

图 5-101　打开素材文件

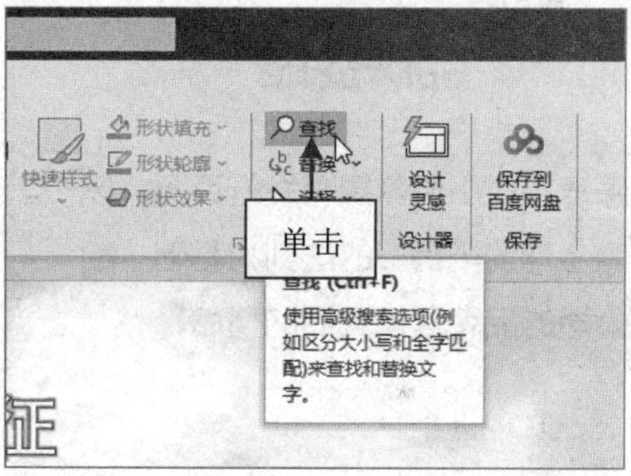

图 5-102　单击“查找”按钮

Step 03　弹出“查找”对话框，在“查找内容”文本框中输入需要查找的内容“图片”，单击“查找下一个”按钮，如图 5-103 所示。

Step 04　单击“关闭”按钮，即可依次查找出文本中需要的内容，如图 5-104 所示。

图 5-103　单击“查找下一个”按钮

图 5-104　查找内容

▶ 专家指点

“查找”对话框中各复选框的含义如下。

- **区分大小写：** 选中该复选框，在查找时需要完全匹配由大小写字母组合成的单词。
- **全字匹配：** 选中该复选框，只查找用户输入的完整单词和字母。
- **区分全/半角：** 选中该复选框，在查找时区分全角字符和半角字符。

5.4.6 替换文本

在文本中输入大量的文字后，如果出现相同错误的文字很多，可以使用“替换”按钮对文字进行批量更改，以提高工作效率。下面介绍具体的操作方法。

Step 01 单击“文件”|“打开”命令，打开素材文件“素材\第 5 章\品牌战略.pptx”，如图 5-105 所示。

Step 02 在“开始”面板中的“编辑”选项板中单击“替换”下拉按钮，在弹出的列表框中选择“替换”选项，如图 5-106 所示。

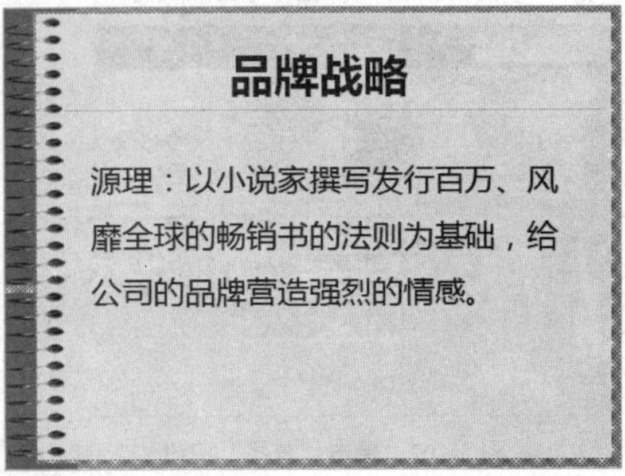

图 5-105 打开素材文件

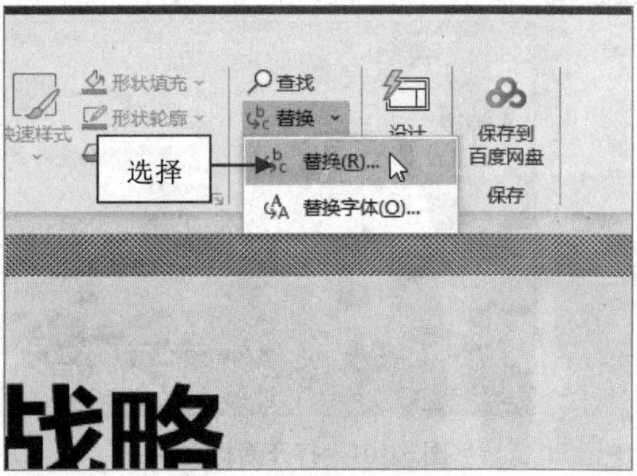

图 5-106 选择“替换”选项

Step 03 弹出“替换”对话框，在“查找内容”文本框和“替换为”文本框中分别输入相应内容，如图 5-107 所示。

Step 04 单击“全部替换”按钮，弹出信息提示框，单击“确定”按钮，如图 5-108 所示。

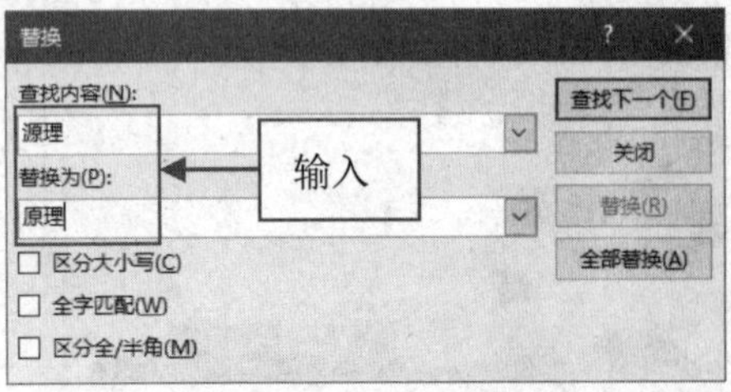

图 5-107 输入相应内容

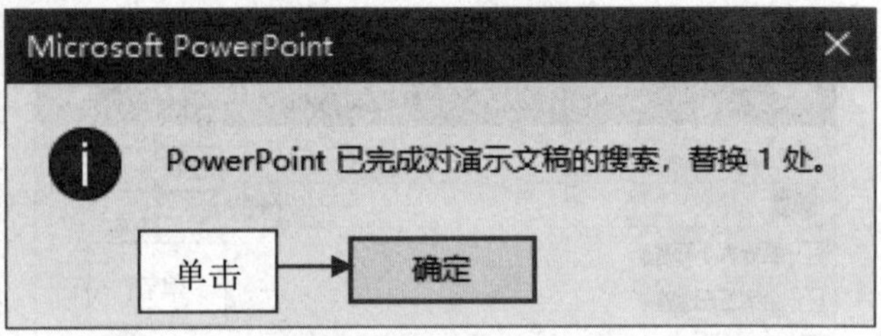

图 5-108 单击“确定”按钮

Step 05 返回到“替换”对话框，单击“关闭”按钮，如图 5-109 所示。

Step 06 执行上述操作后，即可替换文本，如图 5-110 所示。

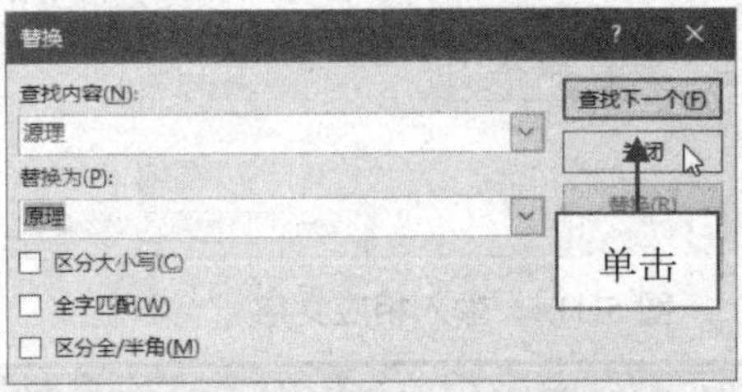

图 5-109　单击“关闭”按钮

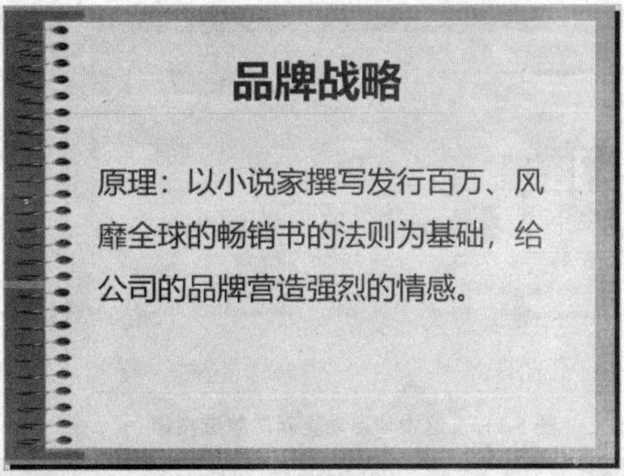

图 5-110　替换文本

▶ 专家指点

在 PowerPoint 2016 中，用户还可以在“编辑”选项板中单击“替换”下拉按钮，在弹出的列表框中选择“替换字体”选项，替换文本中的字体。

5.4.7　插入页眉和页脚

对备注和讲义来说，当用户插入页眉和页脚时，会应用于所有备注和讲义。为讲义创建的页眉页脚也可以应用于打印的大纲。默认情况下，备注和讲义包含页码，但可将其隐藏。下面介绍在课件中插入页眉和页脚的操作方法。

Step 01 单击“文件”|“打开”命令，打开素材文件“素材\第 5 章\发散构图法.pptx”，如图 5-111 所示。

Step 02 切换至“插入”面板，在“文本”选项板中单击“页眉和页脚”按钮，如图 5-112 所示。

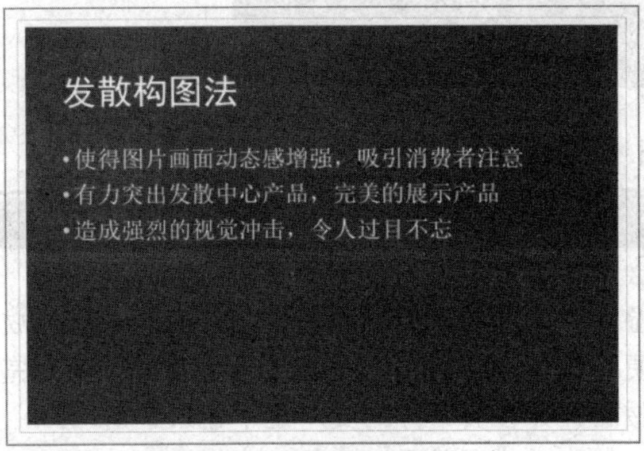

图 5-111　打开素材文件

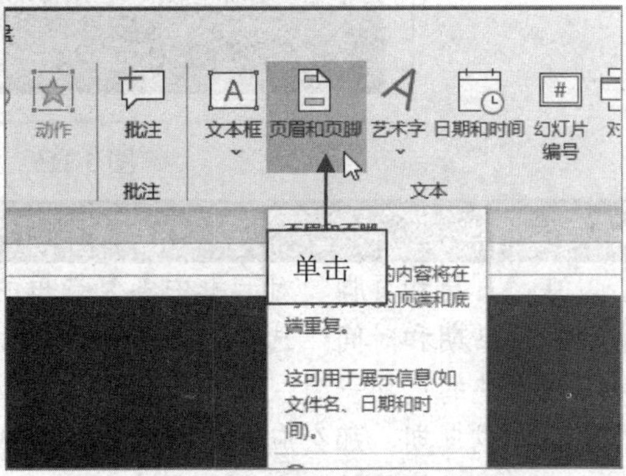

图 5-112　单击“页眉和页脚”按钮

Step 03 弹出“页眉和页脚”对话框，在“幻灯片”选项卡中的“幻灯片包含内容”选项区中选中“日期和时间”复选框，选中“自动更新”单选按钮，如图 5-113 所示。

Step 04 选中“页脚”复选框，在下方的文本框中输入“发散构图法”，如图 5-114 所示。

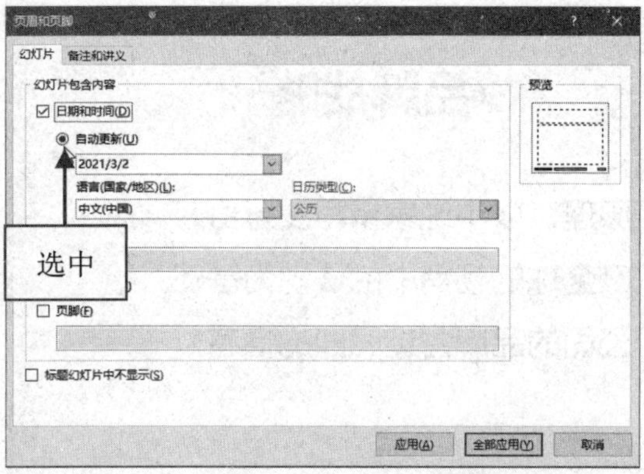

图 5-113　选中“自动更新”单选按钮

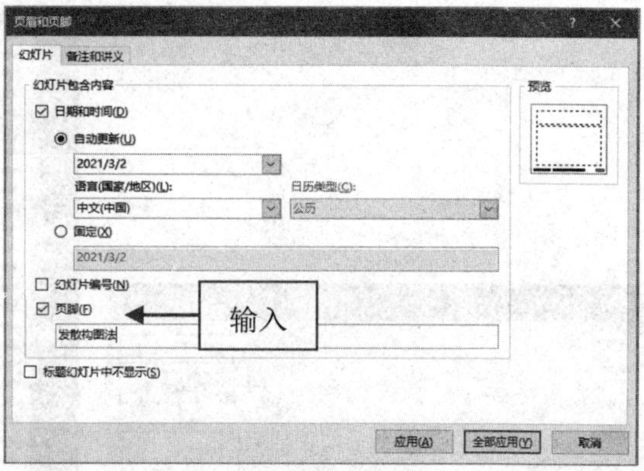

图 5-114　输入相应文字

> **▶ 专家指点**
>
> 在“页眉和页脚”对话框中，单击“应用”按钮，则将设置应用到当前幻灯片。

Step 05 单击“全部应用”按钮，即可在所有幻灯片中插入页眉和页脚，如图 5-115 所示。

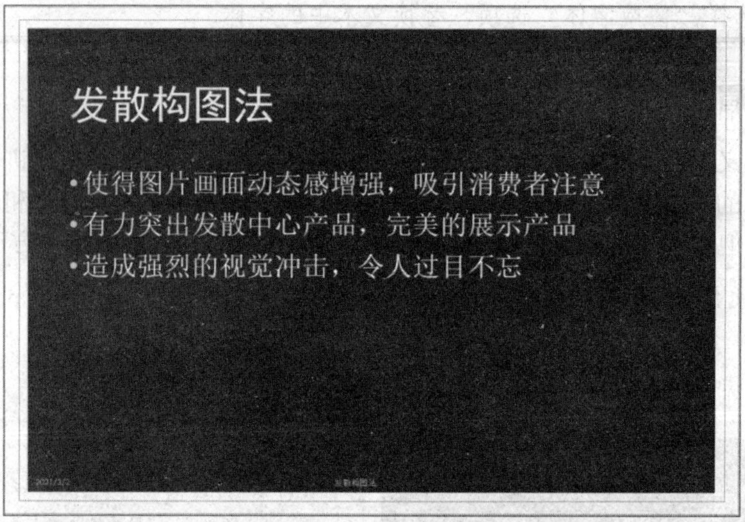

图 5-115　插入页眉和页脚

> **▶ 专家指点**
>
> 在“页眉和页脚”对话框中各复选框的含义如下。
>
> - **日期和时间**：选中该复选框，可以显示日期和时间。如果需要使日期和幻灯片放映的日期一致，那么应选中“自动更新”单选按钮；如果需要显示演示文稿的完成日期，那么应选中“固定”单选按钮，并在其下方的文本框中输入日期。
> - **幻灯片编号**：选中该复选框，可以对幻灯片进行编号。当删除或增加幻灯片时，编号会自动更新。
> - **页脚**：选中该复选框，可以添加在一张幻灯片的页眉中显示的文本信息。

5.5　制作项目符号和编号

在编辑文本时，为了表明文本的结构层次，用户可以为文本添加适当的项目符号和编号来表明文本的顺序，项目符号是以段落为单位的。

5.5.1　添加常用项目符号

项目符号用于强调一些特别重要的观点或条目，它可以使主题更加美观、突出、有条理。项目编号能使主题层次更加分明、有条理。下面介绍具体的操作方法。

Step 01　单击“文件”|“打开”命令，打开素材文件“素材\第 5 章\渐进构图法.pptx”，如图 5-116 所示。

Step 02　在编辑区中选择需要设置项目符号的文本，如图 5-117 所示。

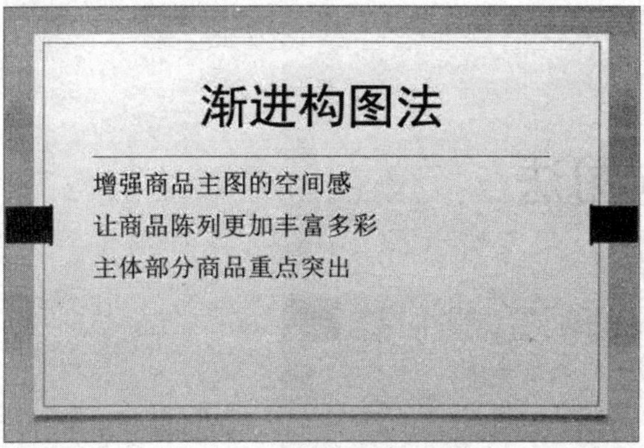

图 5-116　打开素材文件

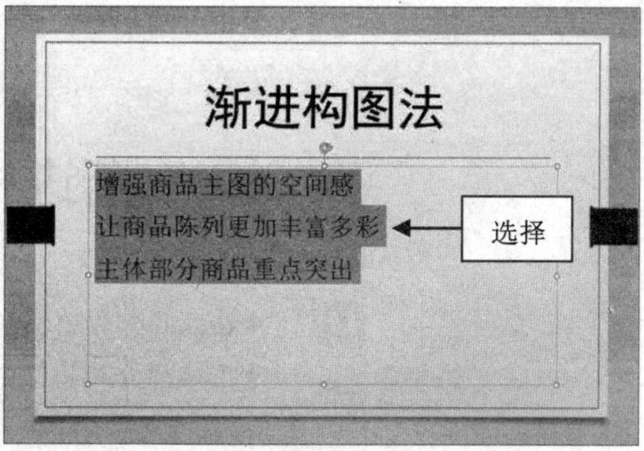

图 5-117　选择需要设置项目符号的文本

Step 03　在“开始”面板中的“段落”选项板中，单击“项目符号”下拉按钮，如图 5-118 所示。

Step 04　在弹出的列表框中选择“项目符号和编号”选项，如图 5-119 所示。

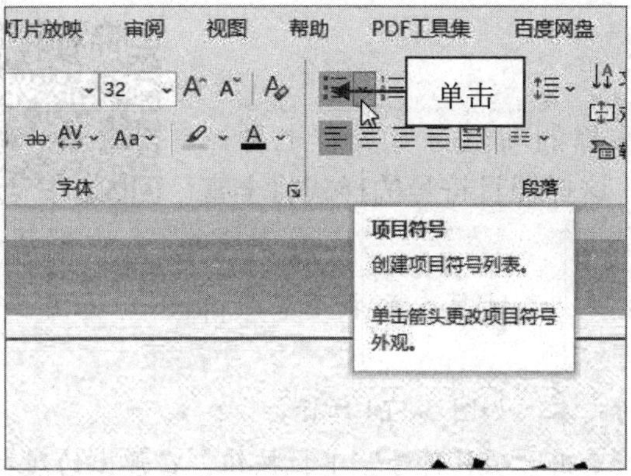

图 5-118　单击“项目符号”下拉按钮

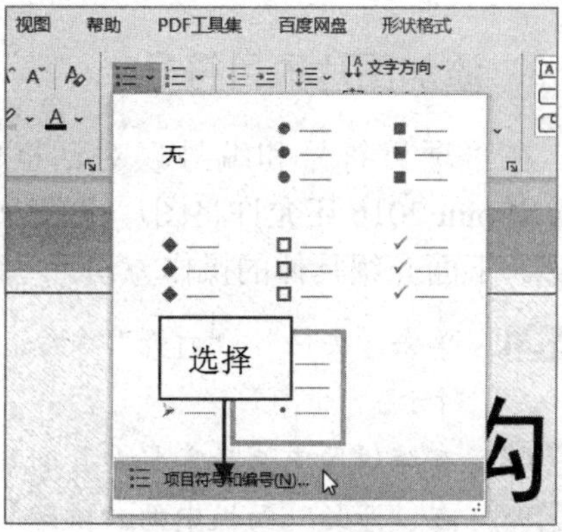

图 5-119　选择“项目符号和编号”选项

Step 05　弹出“项目符号和编号”对话框，在“项目符号”选项卡中选择“带填充效果的大圆形项目符号”选项，如图 5-120 所示。

Step06 单击“颜色”右侧的下拉按钮，在弹出的列表框中的“标准色”选项区中选择“绿色”选项，如图 5-121 所示。

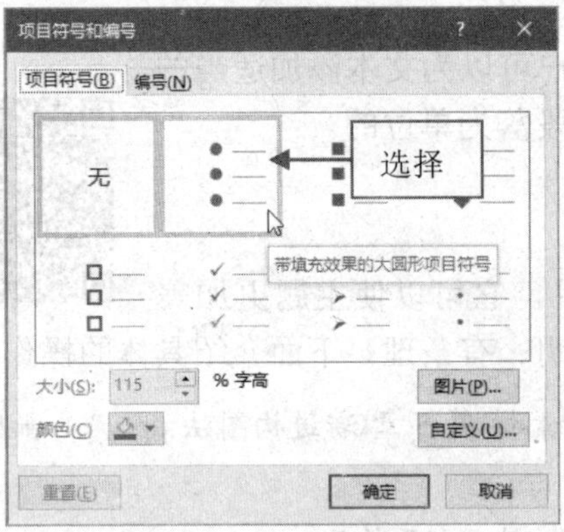

图 5-120 选择相应选项

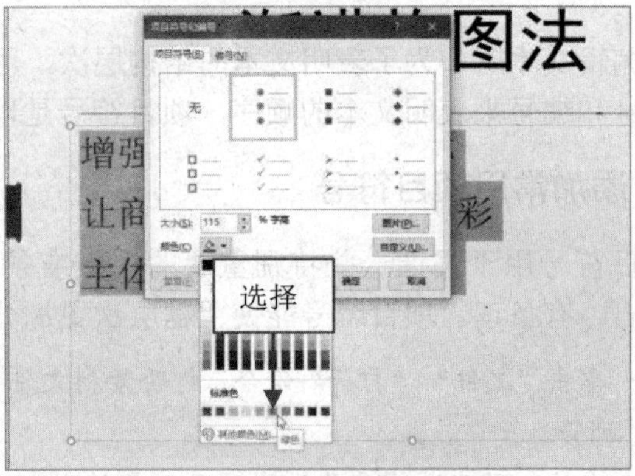

图 5-121 选择“黄色”选项

Step07 执行上述操作后，单击“确定”按钮，即可添加项目符号，如图 5-122 所示。

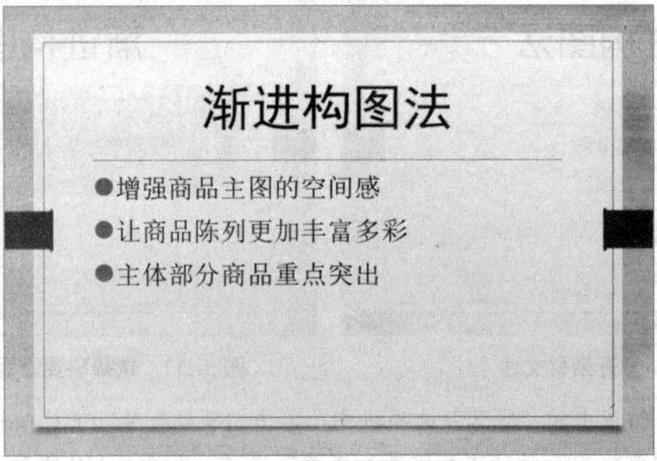

图 5-122 添加项目符号效果

5.5.2 添加图片项目符号

在“项目符号和编号”对话框中，可供选择的项目符号类有七种。PowerPoint 2016 还允许将图片设置为项目符号，这样项目符号的样式将丰富多彩。下面介绍具体的操作方法。

Step01 单击“文件”|“打开”命令，打开素材文件“素材\第 5 章\物质基础.pptx”，如图 5-123 所示。

Step02 在编辑区中选择需要设置图片项目符号的文本，如图 5-124 所示。

Step03 在“开始”面板中的“段落”选项板中，单击“项目符号”下拉按钮，在弹出的列表框中选择“项目符号和编号”选项，如图 5-125 所示。

Step04 弹出“项目符号和编号”对话框，在“项目符号”选项卡中单击“图片”按钮，如图 5-126 所示。

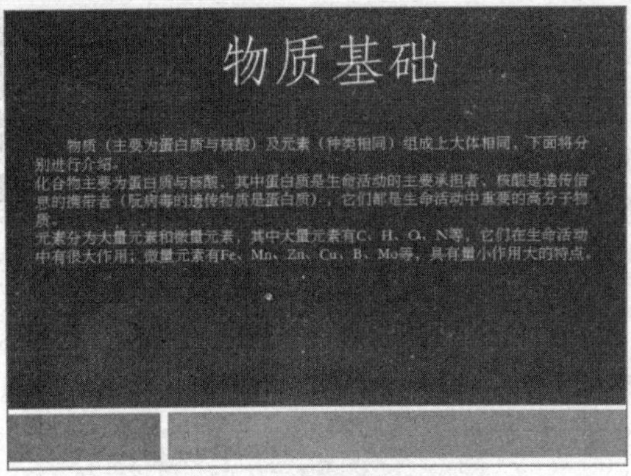

图 5-123　打开素材文件

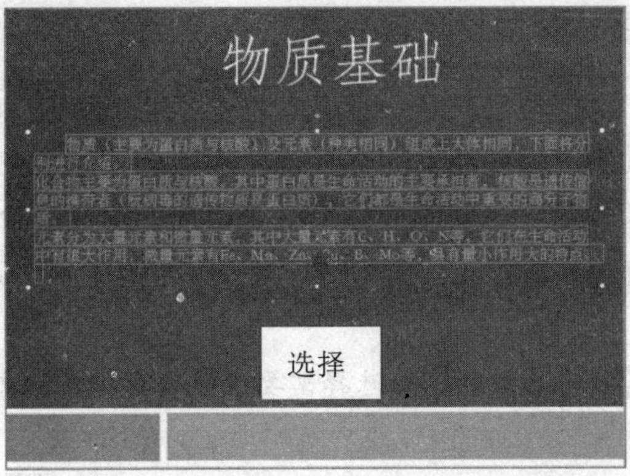

图 5-124　选择需要设置图片项目符号的文本

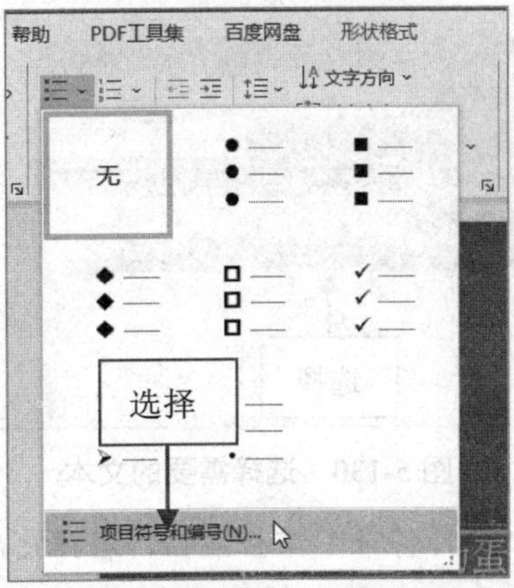

图 5-125　选择“项目符号和编号”选项

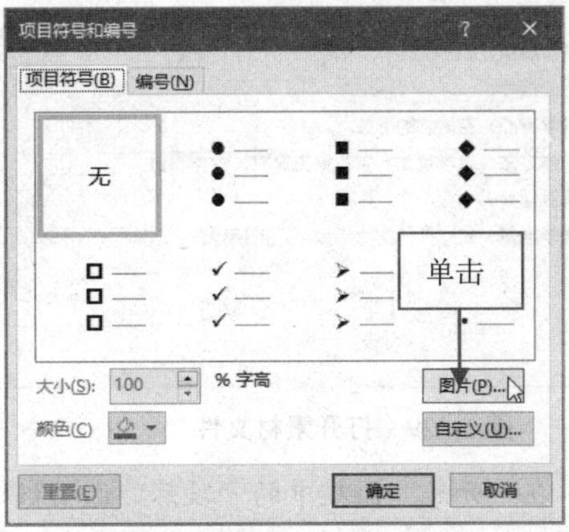

图 5-126　单击“图片”按钮

▶ 专家指点

在“图片项目符号”对话框的“搜索文字”文本框中输入要搜索的关键词，单击“搜索”按钮，符合条件的结果将显示出来。

Step 05 弹出“插入图片”对话框，选择“图像集”选项，在弹出的“图标”对话框中搜索“艺术”关键字，❶选择第 2 排第 5 个选项；❷单击“插入”按钮，如图 5-127 所示。

Step 06 执行上述操作后，即可添加图片项目符号，效果如图 5-128 所示。

图 5-127　单击“插入”按钮

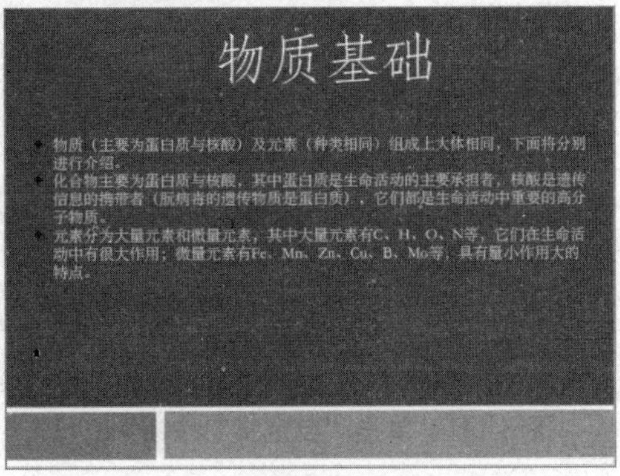

图 5-128　添加图片项目符号

5.5.3 自定义项目符号

自定项目符号对话框中包含了 Office 所有可插入的字符，用户可以在符号列表中选择需要的符号，而“近期使用过的符号”列表中会列出最近在演示文稿中插入过的字符，以方便用户查找。下面介绍具体的操作方法。

Step 01 单击“文件”|“打开”命令，打开素材文件“素材\第 5 章\教学思路.pptx”，如图 5-129 所示。

Step 02 在编辑区中选择需要设置项目符号的文本，如图 5-130 所示。

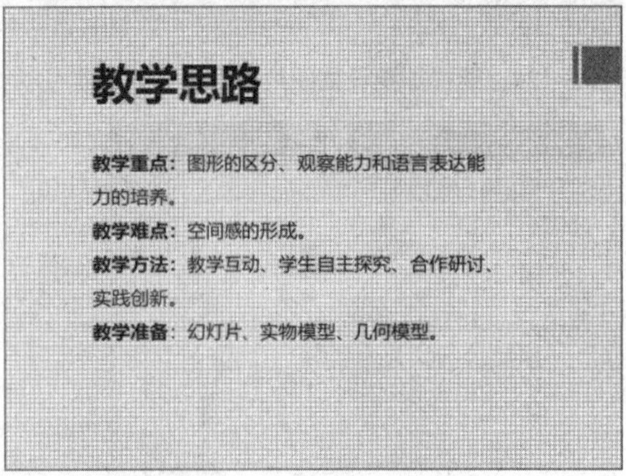

图 5-129 打开素材文件

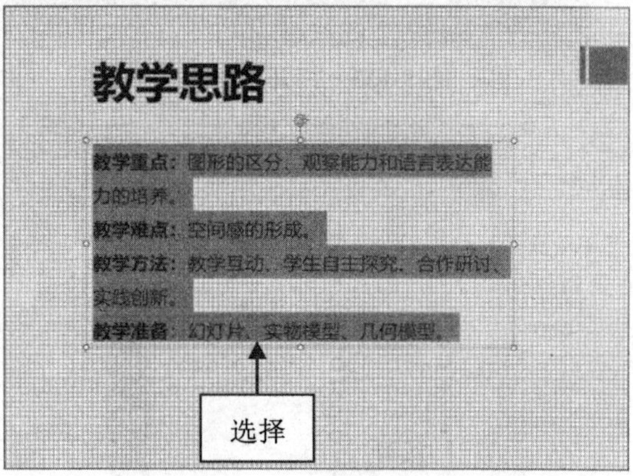

图 5-130 选择需要的文本

Step 03 在“开始”面板中的“段落”选项板中，单击“项目符号”下拉按钮，在弹出的列表框中选择“项目符号和编号”选项，弹出“项目符号和编号”对话框，单击“自定义”按钮，如图 5-131 所示。

Step 04 弹出“符号”对话框，❶单击“子集”下拉按钮，在弹出的列表框中；❷选择“其他符号”选项，如图 5-132 所示。

Step 05 在中间的下拉列表框中选择第 3 排第 1 个符号，如图 5-133 所示。

Step 06 依次单击“确定”按钮，即可为“教学思路”课件添加自定义项目符号，如图 5-134 所示。

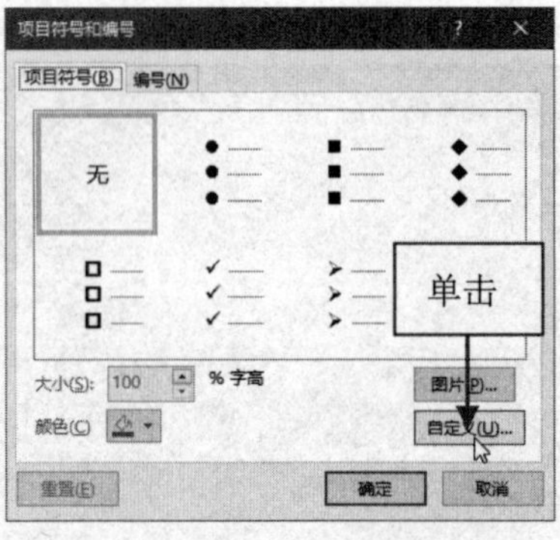

图 5-131 单击“自定义”按钮

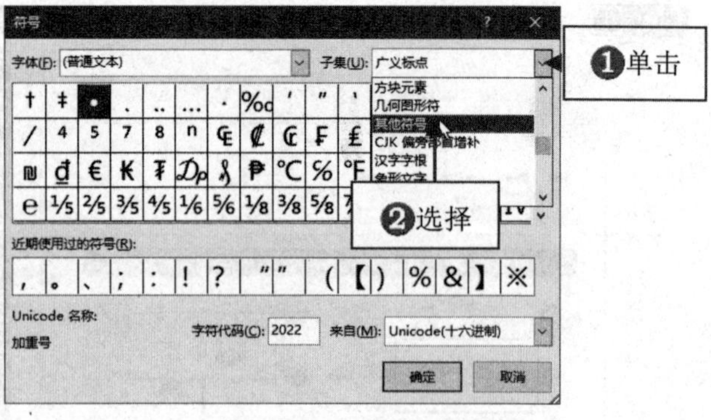

图 5-132 选择“其他符号”选项

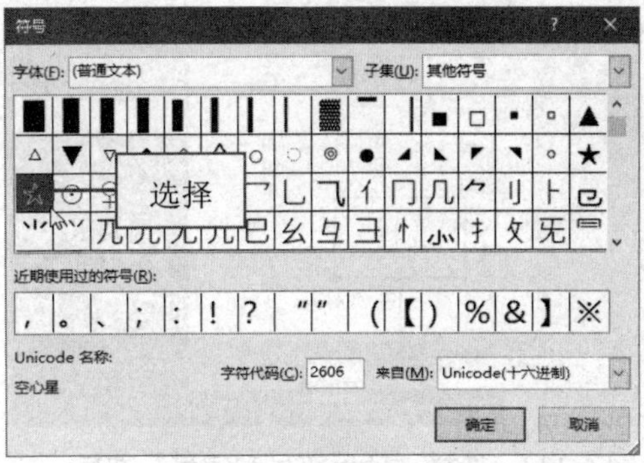

图 5-133　选择相应符号

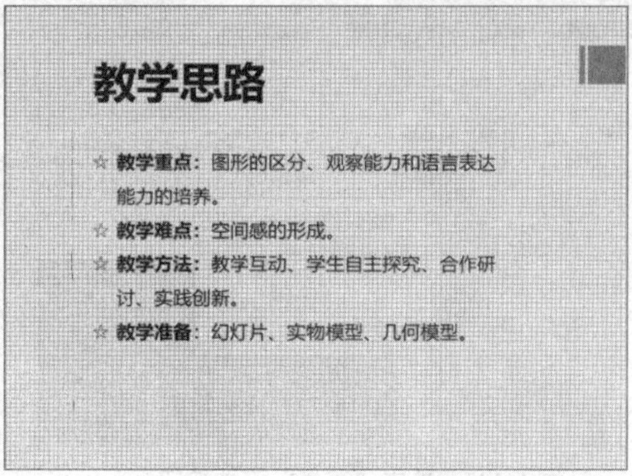

图 5-134　添加自定义项目符号

5.5.4　添加项目编号

在 PowerPoint 2016 中，可以为不同级别的段落设置编号。在默认情况下，项目编号是由阿拉伯数字 1、2、3…构成。另外，PowerPoint 2016 还允许用户自定义项目编号样式。下面介绍具体的操作方法。

Step 01　单击“文件”|“打开”命令，打开素材文件“素材\第 5 章\法律的历史类型.pptx”，如图 5-135 所示。

Step 02　在编辑区中选择需要设置项目编号的文本，如图 5-136 所示。

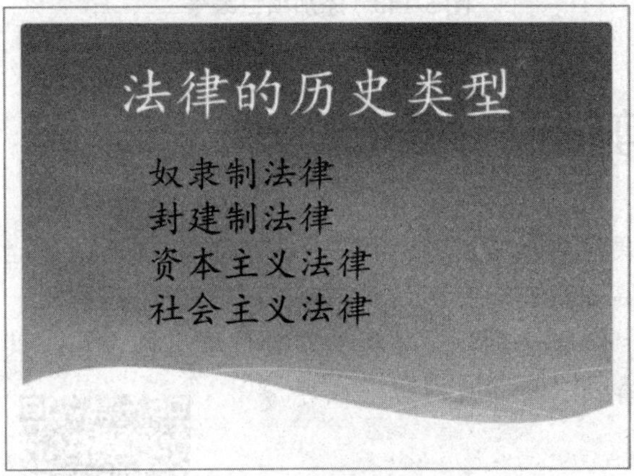

图 5-135　打开素材文件

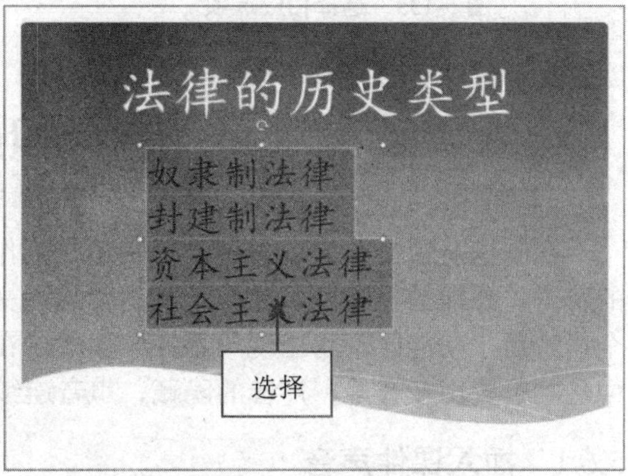

图 5-136　选择需要设置项目编号的文本

Step 03　在“开始”面板中，选择“段落”选项板中，单击“编号”下拉按钮，如图 5-137 所示。

Step 04　弹出列表框，选择“项目符号和编号”选项，如图 5-138 所示。

Step 05　弹出“项目符号和编号”对话框，在“编号”选项卡中，❶选择第 2 排第 1 个选项；❷设置“颜色”为红色，如图 5-139 所示。

Step 06　单击“确定”按钮，即可为文本添加项目编号，如图 5-140 所示。

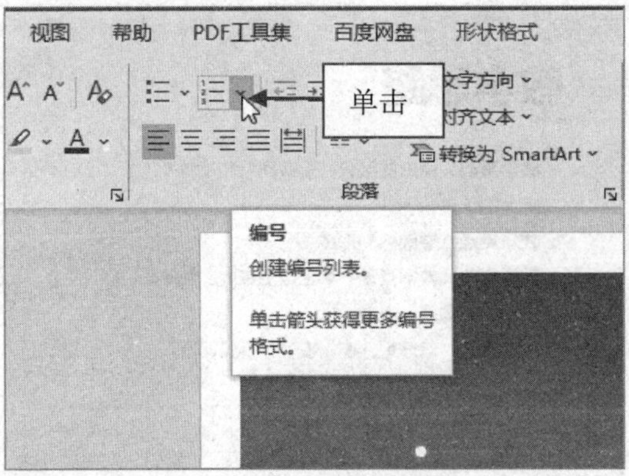

图 5-137　单击“编号”下拉按钮

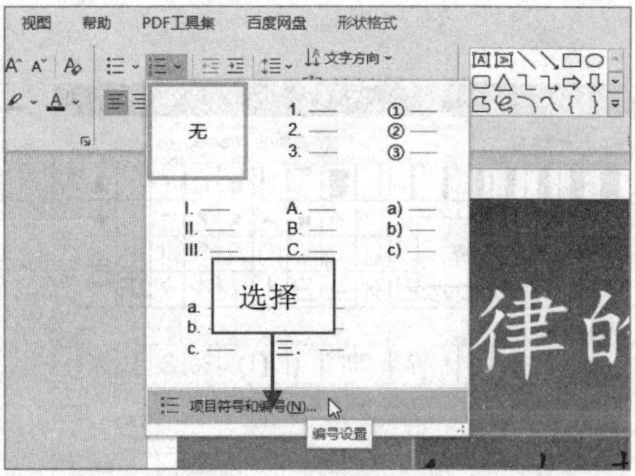

图 5-138　选择“项目符号和编号”选项

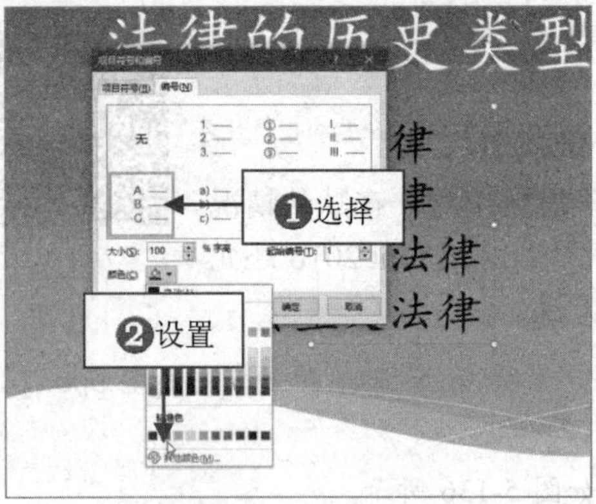

图 5-139　选择相应选项

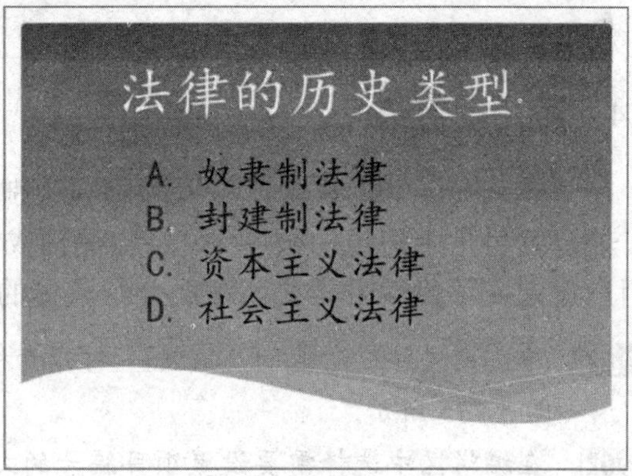

图 5-140　添加项目编号

5.6　插入和剪辑课件声音

在制作演示文稿的过程中，特别是在制作课件演示文稿时，可以为幻灯片添加一些适当的声音，添加的声音可以配合图文，使演示文稿变得有声有色，更具感染力。当用户插入一个声音后，功能区中将出现“播放”面板，在“音频选项”选项板中对各选项进行设置，其中包括设置声音音量、声音的隐藏、声音连续播放以及播放声音模式等。

5.6.1　插入课件声音

添加文件中的声音就是将电脑中已存在的声音插入到演示文稿中，也可以从其他的声音文件中添加用户需要的声音。下面介绍具体的操作方法。

Step 01　单击“文件”|“打开”命令，打开素材文件“素材\第 5 章\制造悬念 3 种方法.pptx”，如图 5-141 所示。

Step 02　切换至“插入”面板，在“媒体”选项板中，单击“音频”下拉按钮，在弹出的列表框中选择“PC 上的音频”选项，如图 5-142 所示。

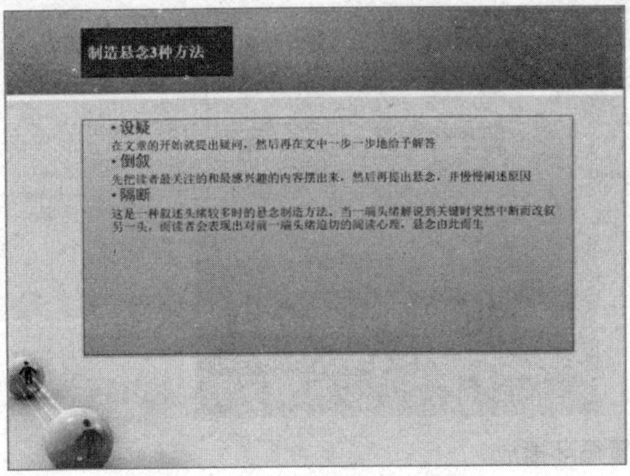

图 5-141　打开素材文件

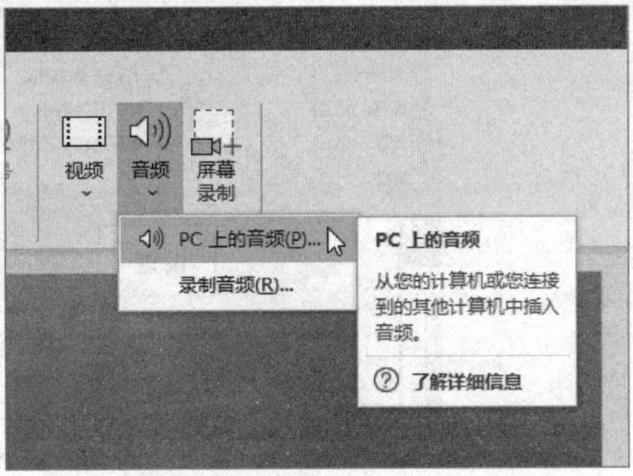

图 5-142　选择“PC 上的音频”选项

Step03　弹出“插入音频”对话框中，选择需要插入的“轻音乐.mp3”文件，如图 5-143 所示。

Step04　单击“插入”按钮，即可插入声音，调整声音图标至合适位置，如图 5-144 所示。在播放幻灯片时即可听到插入的声音。

图 5-143　选择声音文件

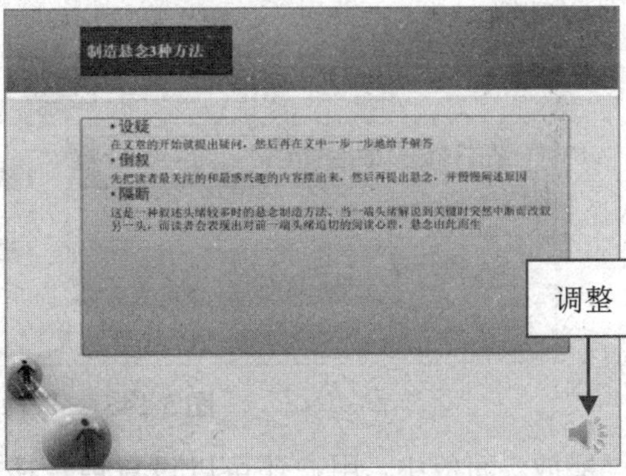

图 5-144　调整声音至合适位置

▶ 专家指点

演示文稿中可支持的多媒体格式有以下三类。

- 音乐和声音。
- 影片和 GIF 动画。
- 语音旁白。

5.6.2　设置声音连续播放

在幻灯片中选中声音图标，切换至“播放”面板，选中“音频选项”选项板中的“循环播放，直到停止”复选框，如图 5-145 所示。在放映幻灯片的过程中会自动循环播放，直到放映下一张幻灯片或停止放映为止。

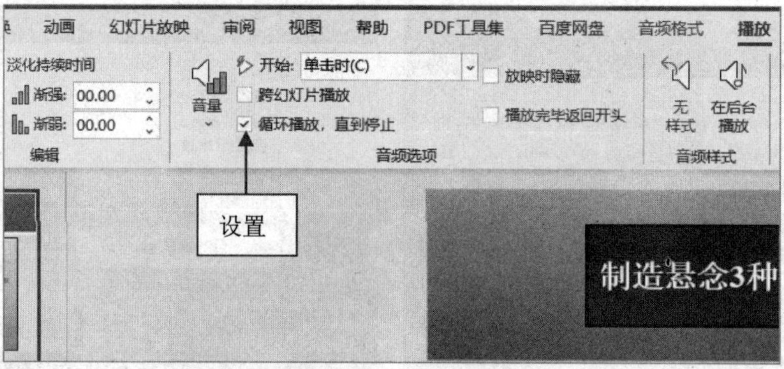

图 5-145　设置循环播放

5.6.3　设置播放声音模式

单击“开始”下拉按钮，在弹出的列表框中包括“按照单击顺序”“自动”以及“单击时”3 个选项，如图 5-146 所示。该声音文件不仅在插入的幻灯片中有效，在演示文稿的所有幻灯片中均有效。

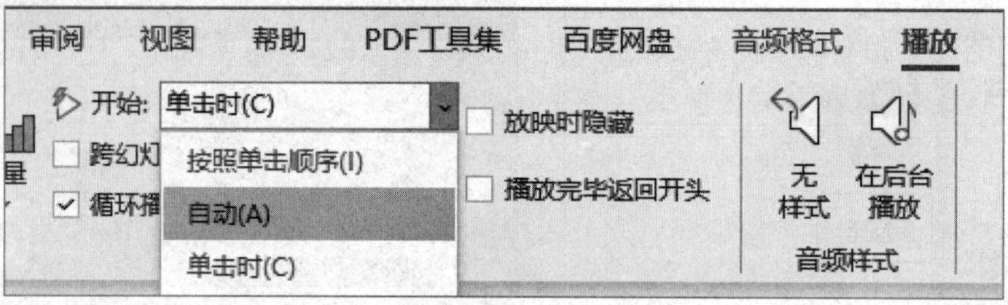

图 5-146　“开始”下拉列表

在“播放”面板中，用户还可以设置声音播放时的音量，只需要选中声音图标，单击“音频选项”选项板中的“音量”按钮，在弹出的列表框中，设置音量的大小，如图 5-147 所示。在幻灯片中选中声音图标，切换至“播放”面板，选中“音频选项”选项板中的“放映时隐藏”复选框，如图 5-148 所示，在放映幻灯片的过程中会自动隐藏声音图标。

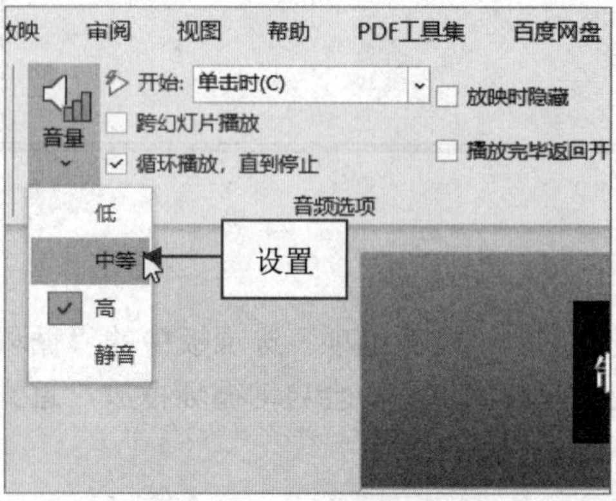

图 5-147　设置音量的大小

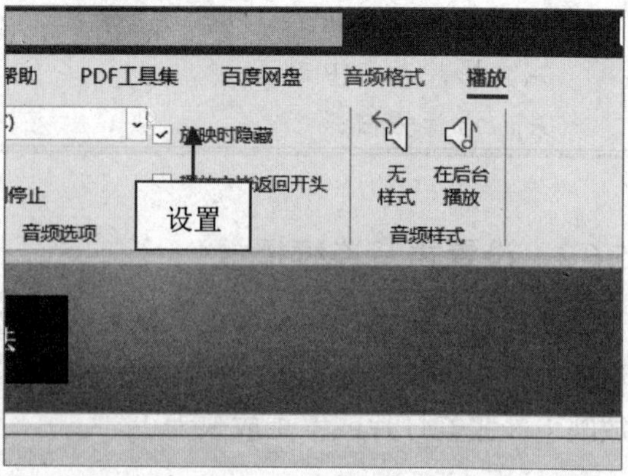

图 5-148　将声音设置为隐藏

5.7　插入和剪辑视频

PowerPoint 中的视频包括视频和动画。PowerPoint 支持的视频格式会随着媒体播放器的不同而不同，用户可根据剪辑管理器或是从外部文件夹中添加视频。

5.7.1　插入幻灯片视频

大多数情况下，PowerPoint 剪辑管理器中的视频不能满足用户的需求，此时可以通过选项插入来自文件中的视频。下面介绍具体的操作方法。

Step 01 单击“文件”|“打开”命令，打开素材文件“素材\第 5 章\炫彩石头.pptx”，如图 5-149 所示。

Step 02 切换至“插入”面板，在“媒体”选项板中单击“视频”下拉按钮，在弹出的列表框中，选择“此设备”选项，如图 5-150 所示。

图 5-149　打开素材文件

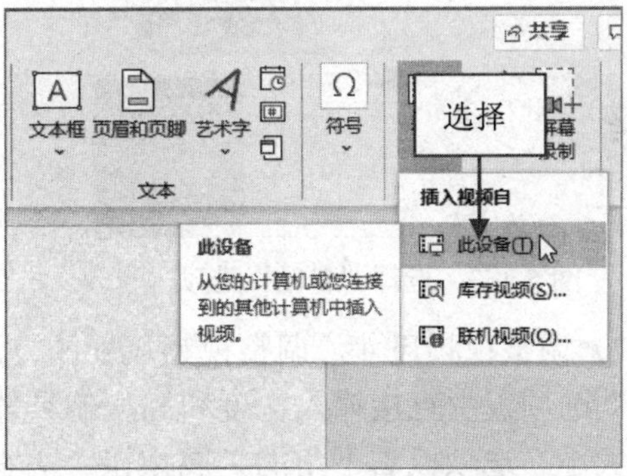

图 5-150　选择“PC 上的视频”选项

Step 03 弹出“插入视频文件”对话框，在该对话框中选择需要插入的视频文件，如图 5-151 所示。

Step 04 单击“插入”按钮，即可插入视频文件，调整视频的大小和位置，效果如图 5-152 所示。

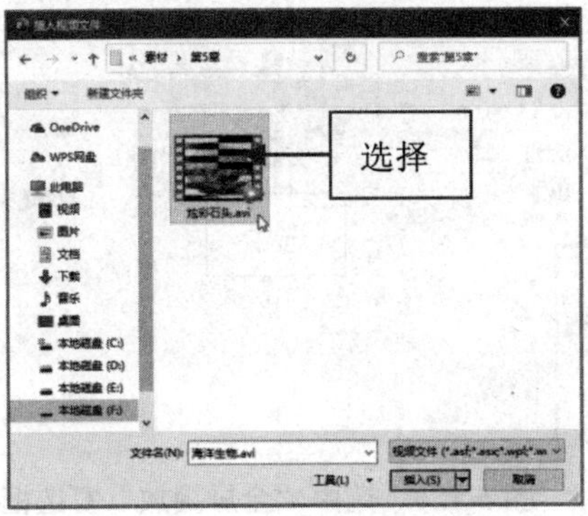

图 5-151　选择视频文件

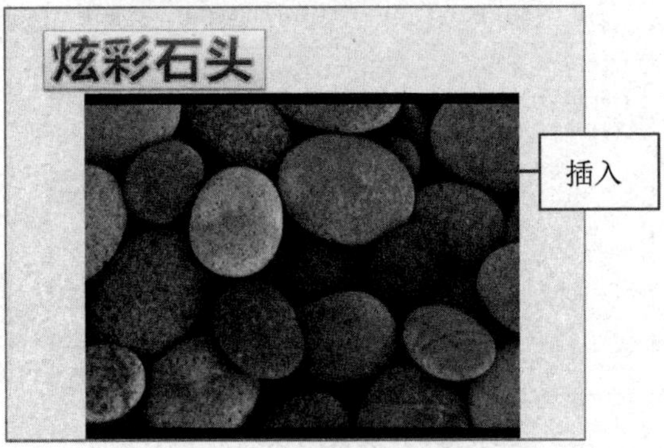

图 5-152　插入视频

5.7.2　设置视频选项

选中视频，切换至“播放”面板，在“视频选项”选项板中，用户可以根据自己的需要对插入的视频进行相关的设置操作。

（1）设置播放和暂停效果用于自动或单击时。设置播放和暂停效果为自动播放，只需要单击“视频选项”选项板中的“开始”下拉按钮，在弹出的列表框中选择“自动”选项，如图 5-153 所示，即可设置自动播放视频。

设置播放和暂停效果为单击时播放，只需要单击“视频选项”选项板中的“开始”下拉按钮，在弹出的列表框中选择“单击时”选项即可，如图 5-154 所示。

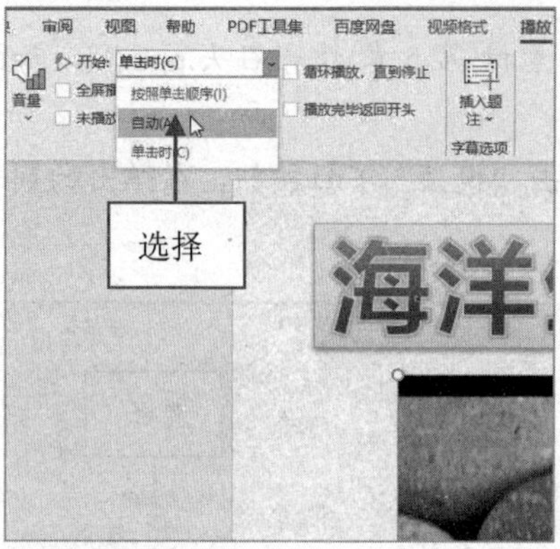

图 5-153　选择“自动”选项

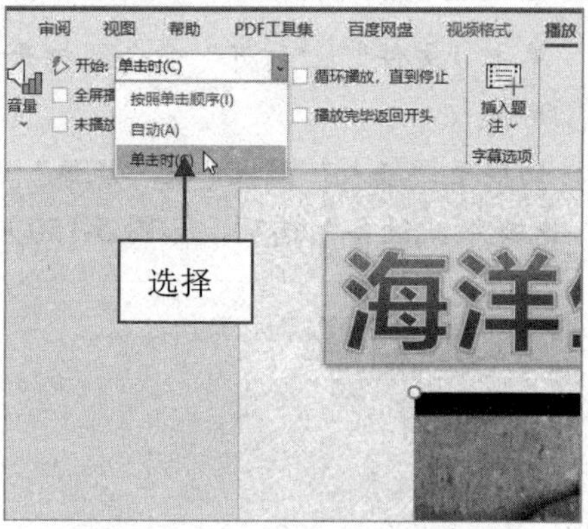

图 5-154　选择“单击时”选项

（2）调整视频尺寸。调整视频尺寸的方法有两种：选中视频，切换至“格式”面板，在“大小”选项板中直接输入宽度和高度的具体数值，即可设置视频的大小，如图 5-155 所示；单击“大小”选项板右下角的扩展按钮，弹出“设置视频格式”对话框，在“大小”选项区中，输入宽度和高度的具体数值，即可设置视频的大小。

（3）设置全屏播放视频。在“视频选项”选项板中，选中“全屏播放”复选框，如图 5-156 所示，在播放时 PowerPoint 会自动将视频显示为全屏模式。

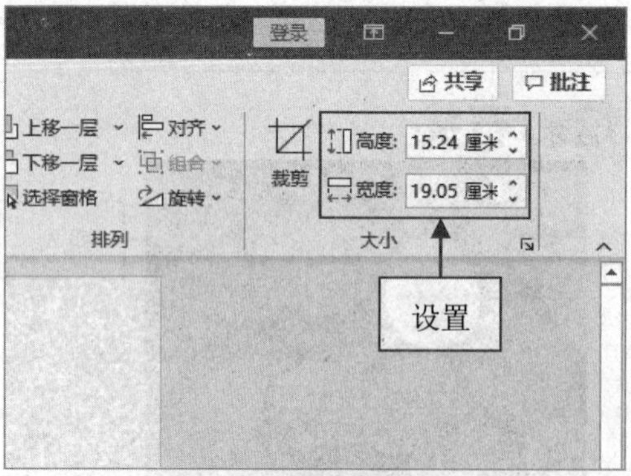

图 5-155　设置视频大小

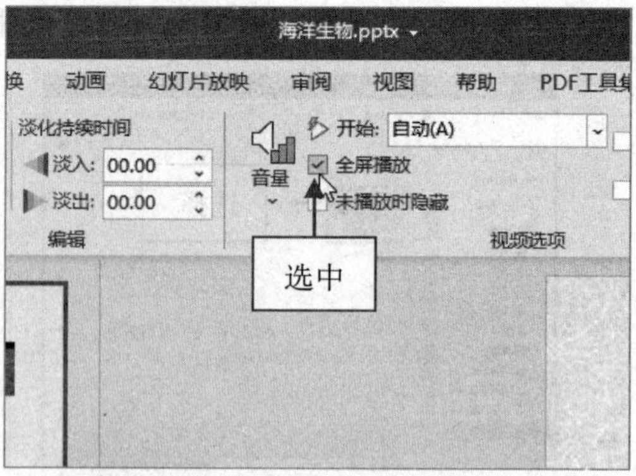

图 5-156　选中“全屏播放”复选框

（4）设置视频音量。在“音量”列表框中，用户可以根据需要选择“低”“中等”“高”和“静音”四个选项，对音量进行设置，如图 5-157 所示。

（5）设置视频倒带。将视频设置为播放后倒带，视频将自动返回到第一张幻灯片，并在播放一次后停止，只需要选中“视频选项”选项板中的“播放完毕返回开头”复选框即可，如图 5-158 所示。

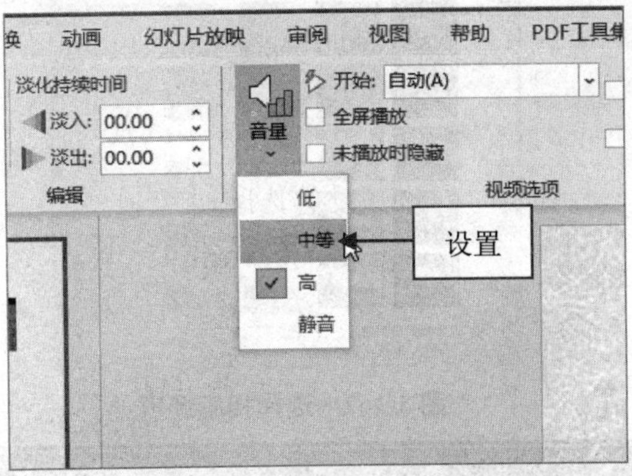

图 5-157　“音量”列表框

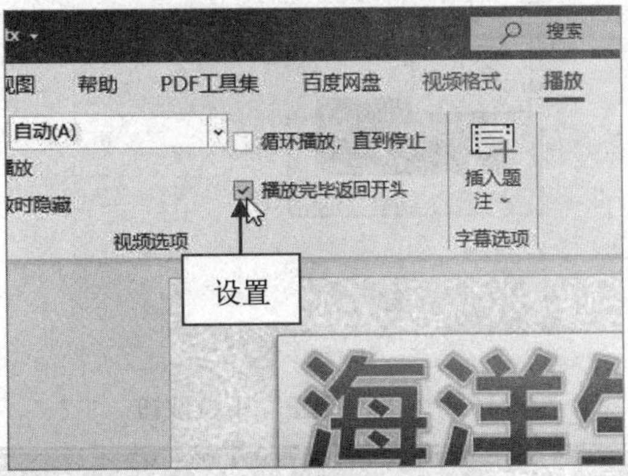

图 5-158　设置视频倒带

（6）快速设置视频循环播放。在“视频选项”选项板中，选中“循环播放，直到停止”复选框。在放映幻灯片时，视频会自动循环播放，直切换为一张幻灯片才停止放映。

5.7.3　调整亮度和对比度

当导入的视频在拍摄过程中太暗或太亮时，用户可以运用“调整”选项板中的相关操作对视频进行修复处理。下面介绍具体的操作方法。

Step 01　单击“文件”|“打开”命令，打开素材文件“素材\第 5 章\摩天轮.pptx”，如图 5-159 所示。

Step 02　在编辑区中选择需要调整亮度和对比度的视频，如图 5-160 所示。

图 5-159　打开素材文件

图 5-160　选择视频

Step 03　切换至“视频格式”面板，单击“调整”选项板中的“更正”下拉按钮，如图 5-161 所示。

Step 04　在弹出的列表框中，选择“亮度:0%（正常）对比度:+40%”选项，如图 5-162 所示。

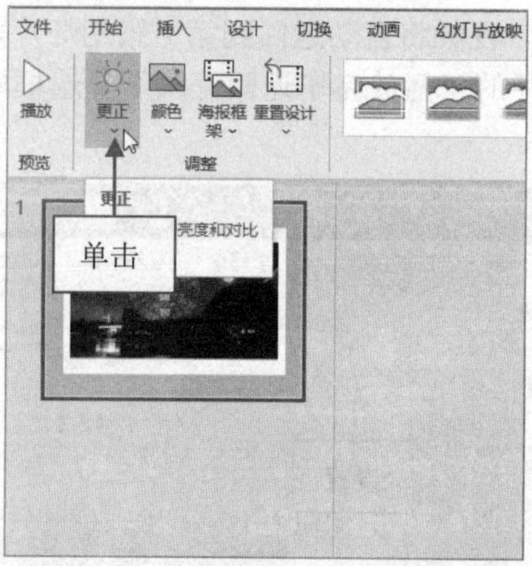

图 5-161　单击“更正”下拉按钮

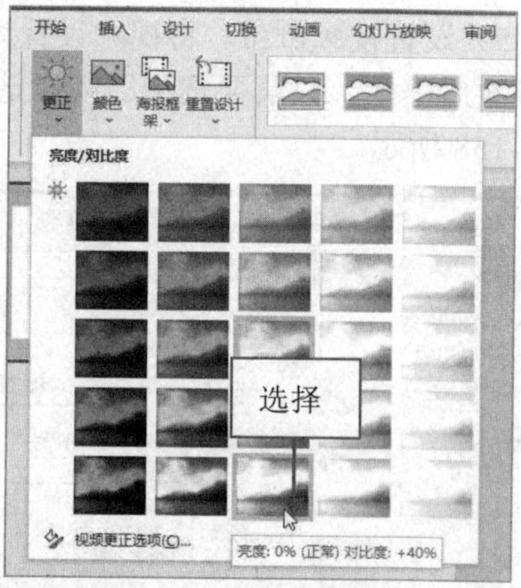

图 5-162　选择相应选项

▶ 专家指点

在弹出的“更正”列表框中包括 25 种亮度和对比度模式，用户可以根据添加的视频效果，选择合适的模式，对视频进行调整。

Step 05　执行上述操作后，即可调整视频的亮度和对比度，如图 5-163 所示。

Step 06　在视频的下方，单击悬浮面板中的“播放/暂停”按钮，播放视频，效果如图 5-164 所示。

图 5-163　调整视频的亮度和对比度

图 5-164　播放视频

5.7.4　设置视频颜色

在 PowerPoint 2016 中，若用户需要改变视频颜色，可通过“重新着色”列表框中的各选项进行设置。下面介绍具体操作方法。

Step 01　单击“文件”|“打开”命令，打开素材文件“素材\第 5 章\梅溪湖景.pptx”，如图 5-165 所示。

Step 02　在编辑区中选择需要设置颜色的视频，如图 5-166 所示。

图 5-165　打开素材文件

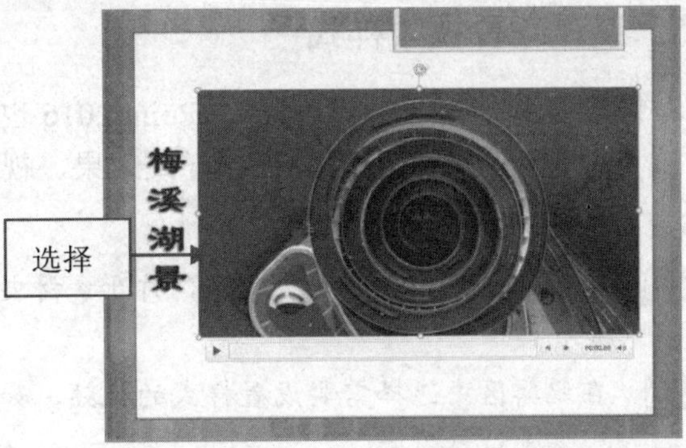

图 5-166　选择视频

Step 03　切换至“视频格式”面板，单击“调整”选项板中的“颜色”下拉按钮，如图 5-167 所示。

Step 04　在弹出的列表框中，选择“深红，个性色 5 浅色”选项，如图 5-168 所示。

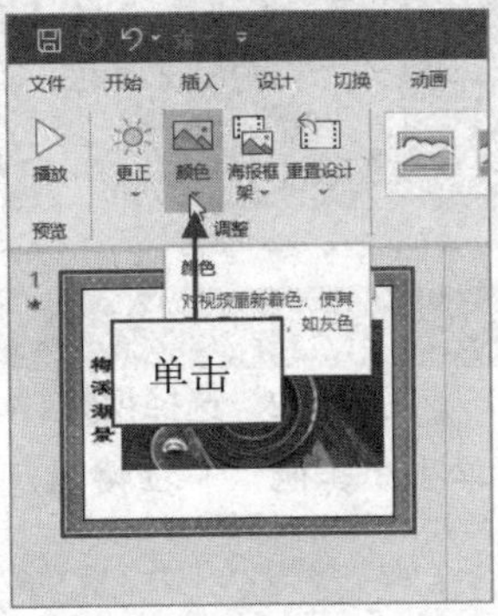

图 5-167　单击“颜色”下拉按钮

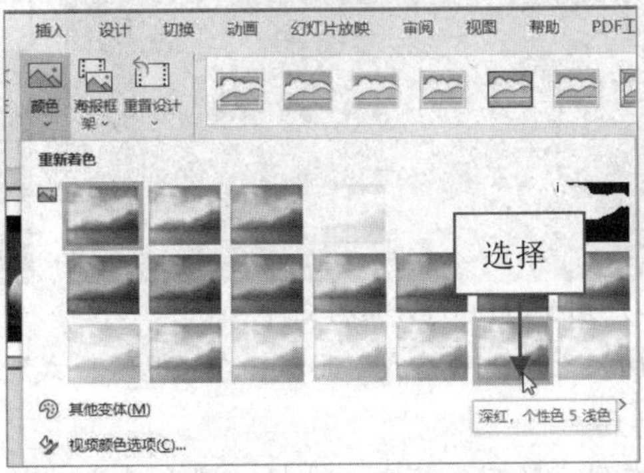

图 5-168　选择“深红，个性色 5 浅色”选项

Step 05　执行上述操作后，即可设置视频的颜色，如图 5-169 所示。

Step 06　在视频的下方，单击悬浮面板中的“播放/暂停”按钮，播放视频，效果如图 5-170 所示。

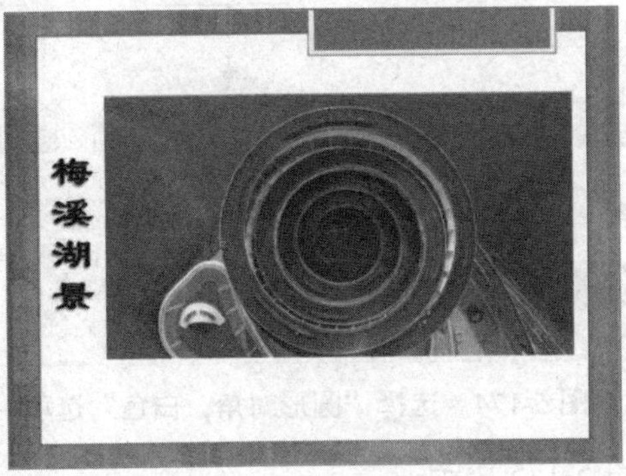

图 5-169　设置视频的颜色

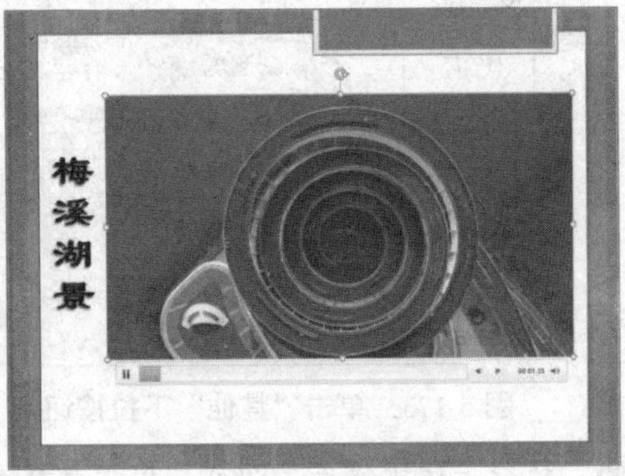

图 5-170　播放视频

▶ 专家指点

在弹出的“颜色”列表框中，用户还可以选择“视频颜色选项”选项，在弹出的“设置视频格式”对话框中对视频的属性进行设置。

5.7.5 设置花香视频样式

与图表及其他对象一样，PowerPoint 2016 也为视频提供了视频样式。视频样式可以使视频应用不同的视频样式效果、视频形状和视频边框等。下面介绍具体的操作方法。

Step 01 单击“文件”|“打开”命令，打开素材文件“素材\第 5 章\鲜花盛开.pptx”，如图 5-171 所示。

Step 02 在编辑区中选择需要设置样式的视频，如图 5-172 所示。

图 5-171 打开素材文件

图 5-172 选择视频

Step 03 切换至“视频格式”面板，在“视频样式”选项板中，单击“其他”下拉按钮，如图 5-173 所示。

Step 04 在弹出的列表框中，选择“圆形对角，白色”选项，如图 5-174 所示。

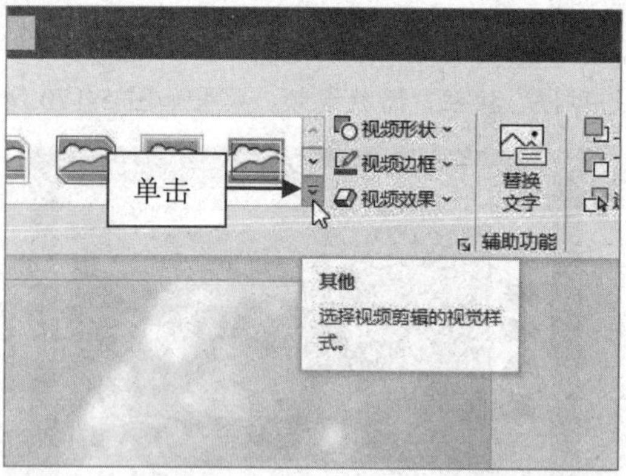

图 5-173 单击“其他”下拉按钮

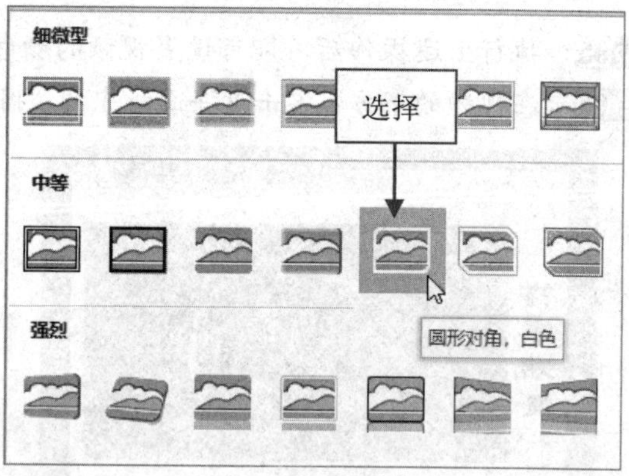

图 5-174 选择“圆形对角，白色”选项

Step 05 执行上述操作后，即可应用视频样式，如图 5-175 所示。

Step 06 在“视频样式”选项板中，单击“视频形状”下拉按钮，如图 5-176 所示。

Step 07 弹出列表框，在“流程图”选项区中，选择“流程图：可选过程”选项，如图 5-177 所示。

Step 08 执行上述操作后，即可设置视频的形状，如图 5-178 所示。

图 5-175　应用视频样式

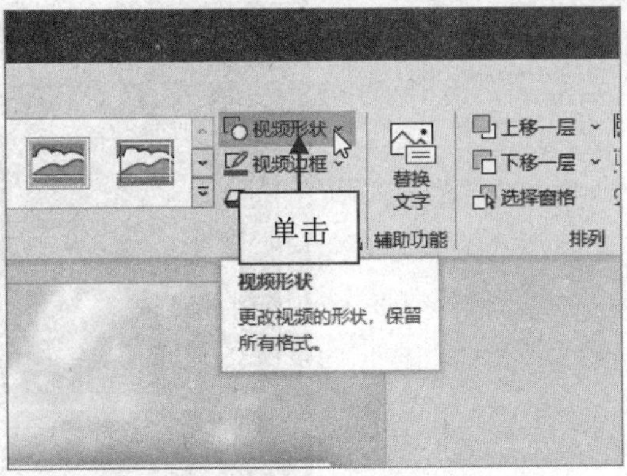

图 5-176　单击“视频形状”下拉按钮

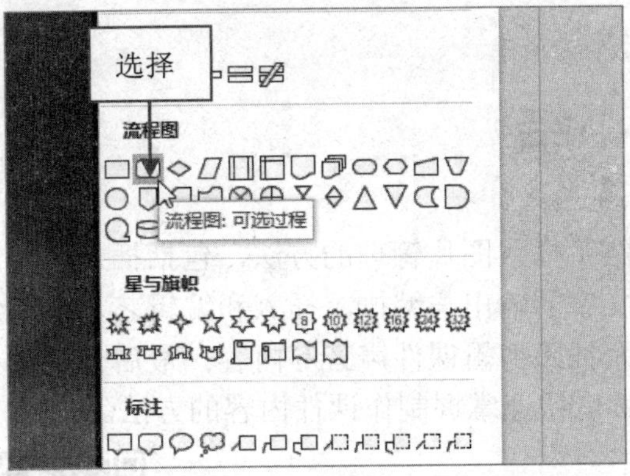

图 5-177　选择“流程图：可选过程”选项

图 5-178　设置视频形状

Step 09　单击“视频样式”选项板中的“视频边框”下拉按钮，如图 5-179 所示。

Step 10　弹出列表框，在“标准色”选项区中，选择“浅绿”选项，如图 5-180 所示。

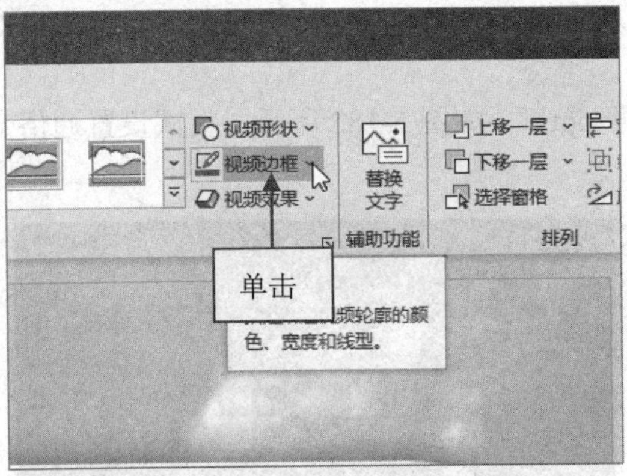

图 5-179　单击“视频边框”下拉按钮

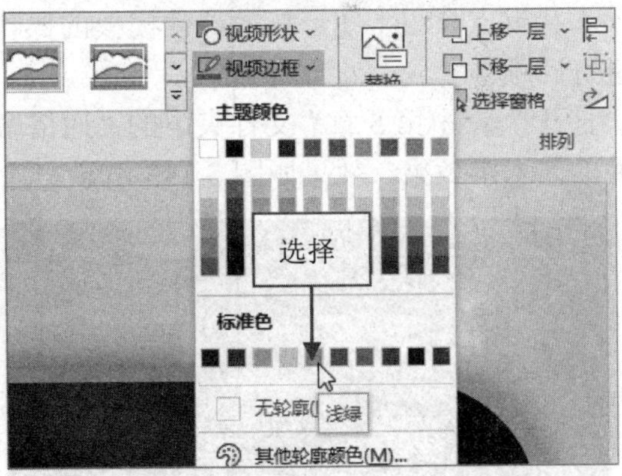

图 5-180　选择“浅绿”选项

Step 11　设置完成后，视频将以设置的样式显示，效果如图 5-181 所示。

> ▶ 专家指点
>
> 影片都是以链接的方式插入的，如果要在另一台计算机上播放，那么需要在复制演示文稿的同时复制它所链接的影片文件。

图 5-181　设置视频样式

本章小结

本章主要介绍了课件内容的制作。首先介绍了插入图片管理的方法，包括插入图片、设置图片的大小和设置图片效果等；然后介绍了文字的输出与编排、插入和编辑艺术字和编辑文本内容；接着介绍了制作项目符号和编号以及插入剪辑课件声音等内容；最后介绍了如何插入和剪辑视频。通过本章的学习，可以帮助读者快速掌握制作课件内容的方法。

本章习题

本章重点介绍了图形特效课件模板的操作方法。下面将通过上机练习题，对本章的知识点进行回顾。

打开“素材\第 5 章”文件夹下的“通俗音乐.pptx”，如图 5-182 所示。尝试设置通俗音乐课件的艺术字效果，效果如图 5-183 所示。

图 5-182　打开素材文件

图 5-183 通俗音乐课件效果

第 6 章　控件及母版的应用

【本章概览】

在 PowerPoint 2016 中，可以在幻灯片中添加控件，从而提供一种完善的方法在幻灯片放映时与用户交互信息。如在为展台设计的幻灯片中使用控件，是观众版本能选择选项，然后给予观众的选项运行自定义放映。在观看幻灯片的时候首先吸引眼球的就是那“华丽”的背景，最主要的是每张幻灯片的背景都一样，其实这种“华丽”的幻灯片只需设计一个母版即可。本章主要介绍控件及母版的应用。

【本章重点】

- 图形模板制作
- 表格模板制作
- 图表模板制作
- 动画模板制作
- 切换效果模板制作
- 应用幻灯片母版
- 制作 SmartArt 图形课件

6.1　图形模板制作

在 PowerPoint 2016 中，具有齐全的绘画和图形功能，可以利用三维和阴影效果、纹理、图片或透明填充，以及自选图形来修饰用户的文本和图形。幻灯片配有图形，不但能使文本更容易理解，而且是十分有效的修饰方法。

6.1.1　制作图形课件

在幻灯片中的各图形对象之间绘制直线，可以方便地将多个不相干的图形组合在一起，形成一个整体。

Step 01　单击“文件”|“打开”命令，打开素材文件“素材\第 6 章\健康美食.pptx”，如图 6-1 所示。

Step 02　切换至“插入”面板，在“插图”选项板中，单击“形状”按钮，如图 6-2 所示。

Step 03　弹出列表框，选择“线条|直线”选项，如图 6-3 所示。

Step 04　在编辑区中需要绘制直线的位置，按住鼠标左键并拖拽，至合适位置后，释放鼠标左键，即可绘制一条直线，如图 6-4 所示。

图 6-1　打开素材文件

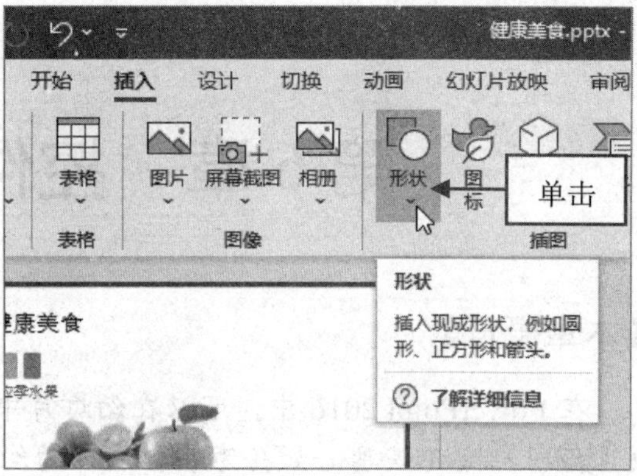

图 6-2　单击“形状”按钮

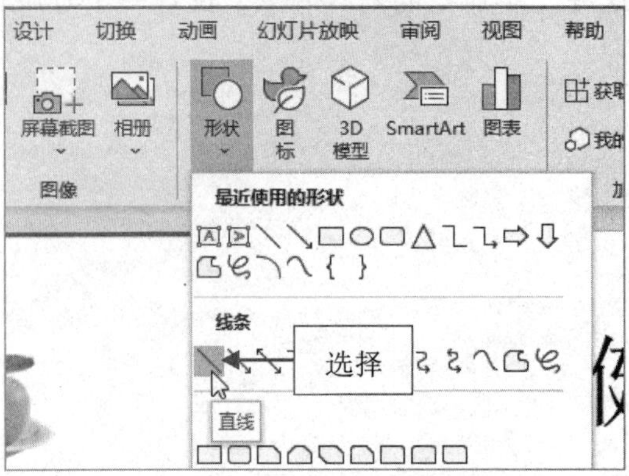

图 6-3　选择“直线”选项

图 6-4　绘制直线

> ▶ 专家指点
>
> 组合对象将作为单个对象对待，可以同时对组合后的所有对象进行翻转、旋转，以及调整大小或比例等操作。

6.1.2　旋转图形对象

在 PowerPoint 2016 中，用户还可以根据需要对图形进行任意角度的自由旋转操作。

旋转图形对象的方法很简单，只需选择在幻灯片中选择要进行旋转的图形，然后根据需要进行下列操作即可。

➢ **向左旋转 90°**：切换至“形状格式”面板，在“排列”选项板中，单击“旋转”按钮，在弹出的列表中选择“向左旋转 90°”选项即可。

➢ **向右旋转 90°**：切换至“形状格式”面板，在“排列”选项板中，单击“旋转”按钮，在弹出的列表中选择“向右旋转 90° ”选项即可。

> ▶ 专家指点
>
> 单击“旋转”按钮，在弹出的列表框中选择“其他旋转选项”选项，在弹出的相应对话框中也可以旋转图形。

6.1.3　翻转图形对象

在 PowerPoint 2016 中，用户还可以根据需要对图形进行翻转操作，翻转图形不会改变图形的整体形状。

翻转图形对象的方法很简单，选择在幻灯片中选择要进行翻转的图形，然后根据需要进行下列操作即可。

➢ **垂直翻转**：切换至“形状格式”面板，在“排列”选项板中，单击“旋转”按钮，在弹出的列表中选择“垂直翻转”选项即可。

➢ **水平翻转**：切换至“形状格式”面板，在“排列”选项板中，单击“旋转”按钮，在弹出的列表中选择“水平翻转”选项即可。

6.1.4　调整叠放次序

在同一区域绘制多个图形时，最后绘制图形的部分或全部将自动覆盖前面图形的部分或全部，即重叠的部分会被遮掩。

> ▶ 专家指点
>
> 选择需要调整叠放次序的图形，单击鼠标右键，在弹出的快捷菜单中也可以选择相应选项，调整图形叠放次序。

调整叠放次序的方法是，选择需要调整叠放次序的图形，切换至“形状格式”面板，在“排列”选项板中选择叠放次序即可，如图 6-5 所示。

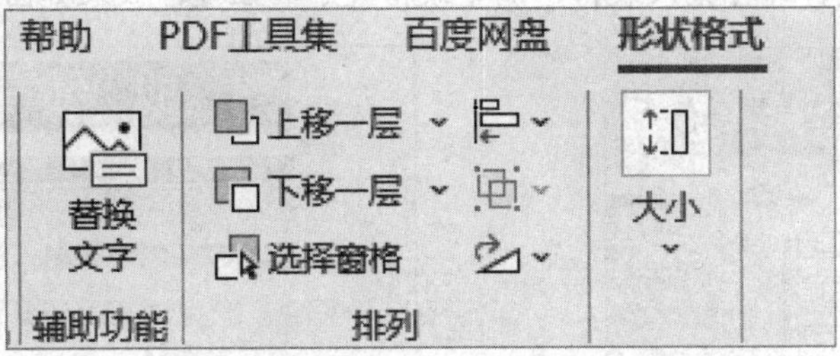

图 6-5　选择叠放次序

在 PowerPoint 2016 中，有两种叠放次序，其含义如下。

➢ **上移一层**：将选择的图形对象在整个叠放对象中的位置向上移动一层。

➢ **下移一层**：将选择的图形对象在整个叠放对象中的位置向下移动一层。

6.2　表格模板制作

表格是由行列交错的单元格组成的，在每一个单元格中，用户可以输入文字或数据，并对表格进行编辑。PowerPoint 2016 支持多种插入表格的方式，可以在幻灯片中直接插入，也可以利用占位符插入。

6.2.1 创建课件中的表格

自动插入表格功能，能够方便用户完成表格的创建，提高在幻灯片中添加表格的效率。下面将详细介绍自动插入表格的操作方法。

Step 01 单击“文件”|“打开”命令，打开素材文件“素材\第 6 章\成绩表.pptx”，如图 6-6 所示。

Step 02 切换至“插入”面板，在“表格”选项板中，单击“表格”下拉按钮，如图 6-7 所示。

图 6-6 打开素材文件

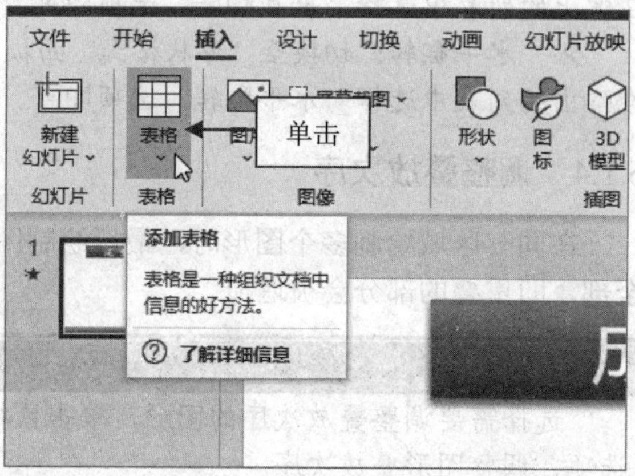

图 6-7 单击“表格”下拉按钮

Step 03 在弹出的网格区域中拖拽鼠标，选择“8×7 表格”数据，如图 6-8 所示。

Step 04 按住鼠标左键，即可插入表格，调整表格大小和位置，效果如图 6-9 所示。

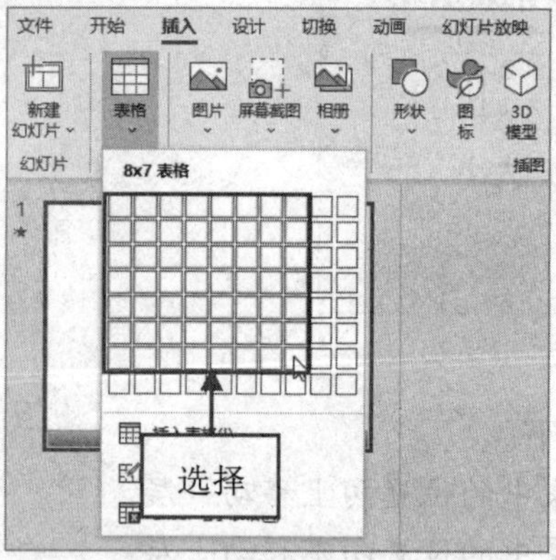

图 6-8 选择需要创建的行、列数据

图 6-9 自动插入表格后的效果

6.2.2 导入 Word 表格

PowerPoint 2016 不仅可以创建表格、插入表格、手绘表格，还可以从外部导入表格。在 PowerPoint 2016 中，用户可以将 Word 中的表格直接导入至幻灯片中，还可以对其进行细微的调整。下面介绍具体的操作方法。

Step 01 单击“文件”|“打开”命令，打开素材文件“素材\第 6 章\数据统计.pptx”，如图 6-10 所示。

Step 02　切换至“插入”面板，在“文本”选项板中，单击“对象”按钮，如图 6-11 所示。

图 6-10　打开素材文件

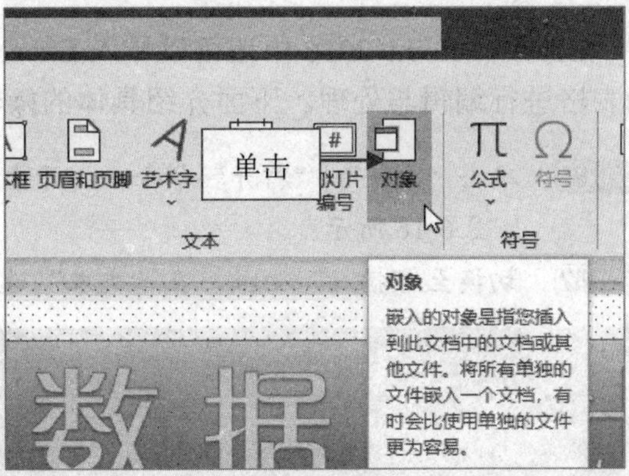

图 6-11　单击“对象”按钮

▶ 专家指点

在 PowerPoint 2016 中导入外部表格后，为了表格的美观，用户可以对单元格进行细微调整，另外也可以对其进行分布操作。

Step 03　弹出“插入对象”对话框，选中“由文件创建”单选按钮，如图 6-12 所示。

Step 04　单击“浏览”按钮，弹出“浏览”对话框，选择需要的文件，如图 6-13 所示。

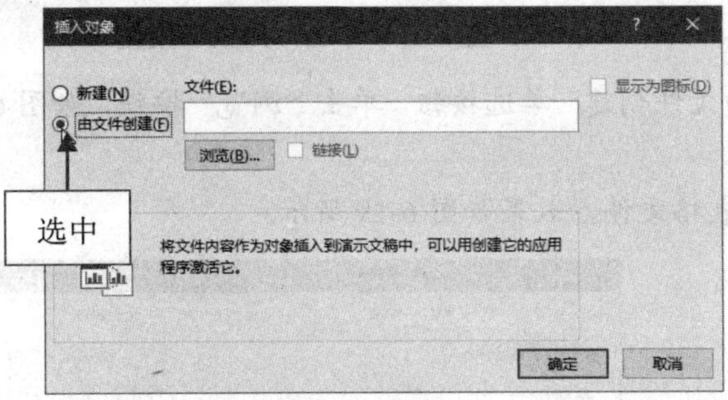

图 6-12　选中“由文件创建”单选按钮

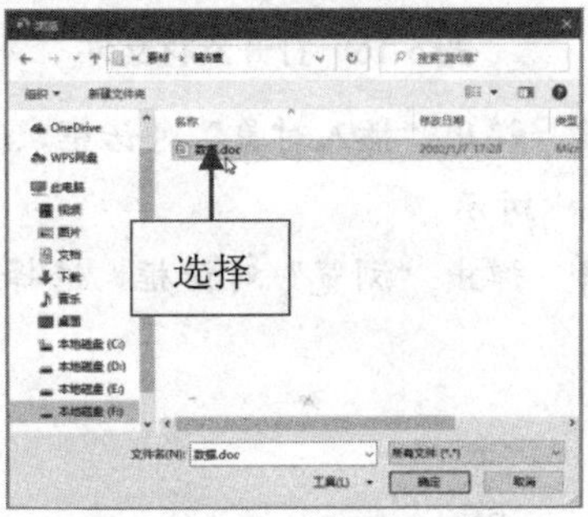

图 6-13　选择需要的文件

Step 05　依次单击“确定”按钮，即可导入 Word 表格，效果如图 6-14 所示。

Step 06　按住鼠标左键并拖拽表格边框，调整表格的大小与位置，效果如图 6-15 所示。

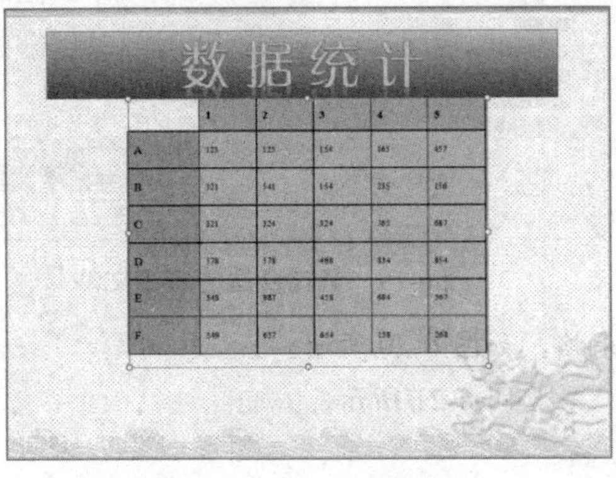

图 6-14　导入 Word 表格

图 6-15　调整表格大小与位置

6.2.3　导入 Excel 表格

在 PowerPoint 2016 中还可以导入 Excel 表格，用户可以根据需要对导入的表格进行编辑与处理。下面介绍具体的操作方法。

Step 01　单击“文件”|“打开”命令，打开素材文件“素材\第 6 章\成绩.pptx”，如图 6-16 所示。

Step 02　切换至“插入”面板，在“文本”选项板中，单击“对象”按钮，如图 6-17 所示。

图 6-16　打开素材文件

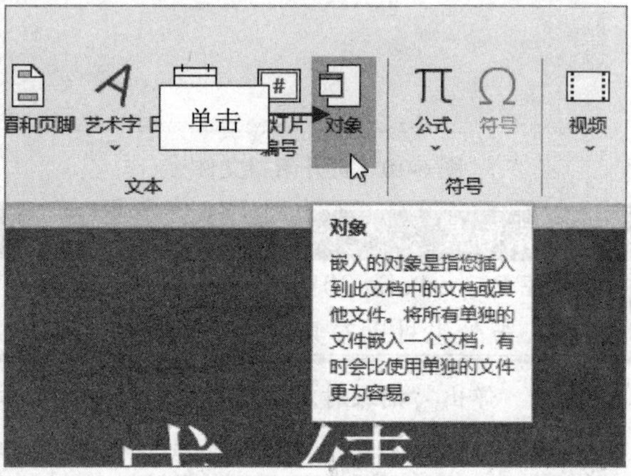

图 6-17　单击“对象”按钮

Step 03　弹出“插入对象”对话框，选中“由文件创建”单选按钮，单击“浏览”按钮，如图 6-18 所示。

Step 04　弹出“浏览”对话框，选择合适的表格文件，效果如图 6-19 所示。

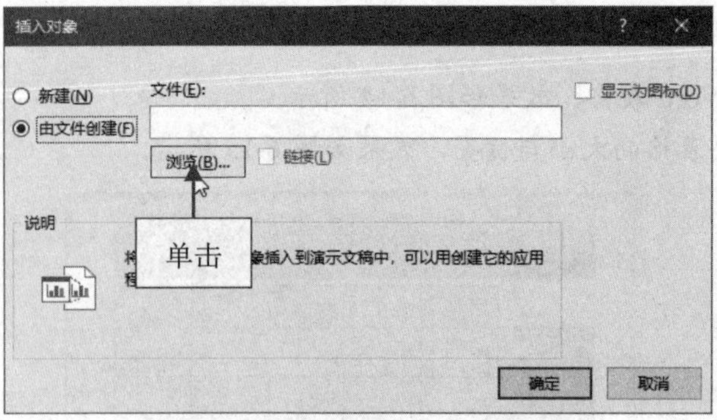

图 6-18　单击“浏览”按钮

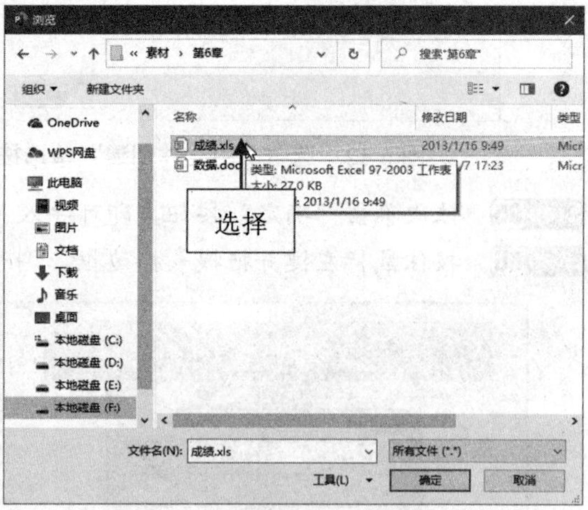

图 6-19　选择合适的表格文件

Step 05　依次单击“确定”按钮，在幻灯片中插入表格，如图 6-20 所示。

Step 06　拖拽表格边框，调整表格的大小和位置，效果如图 6-21 所示。

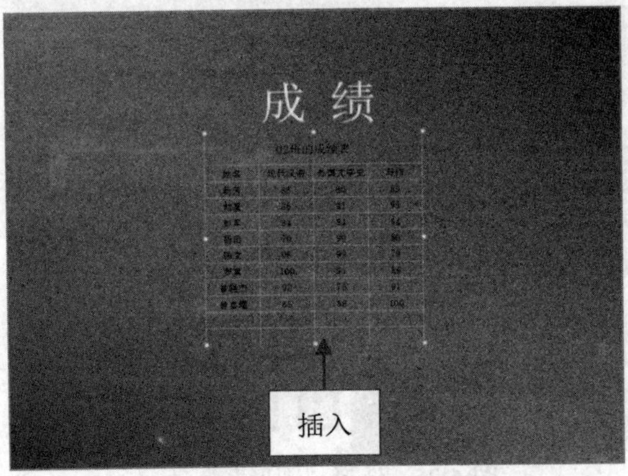

图 6-20　插入表格

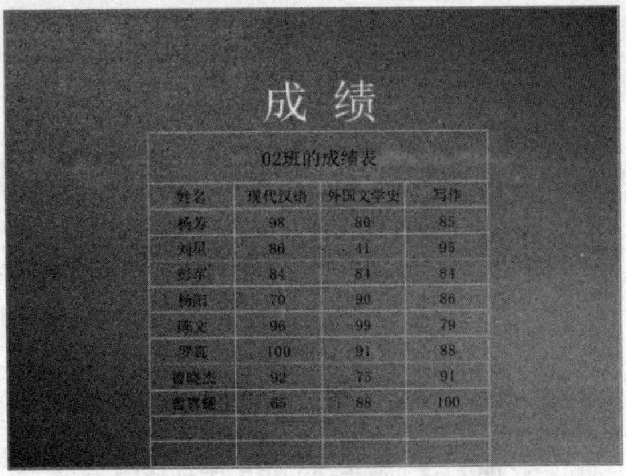

图 6-21　调整表格

6.2.4　设置表格效果

插入到幻灯片中的表格，不仅可以像文本框和占位符一样被选中、移动、调整大小，还可以为其添加底纹、边框样式、边框颜色以及表格特效等。

在 PowerPoint 2016 中，在幻灯片中插入表格以后，用户可以像设置艺术字图形一样，对表格进行特效的设置。下面介绍具体的操作方法。

Step 01　单击“文件”|“打开”命令，打开素材文件“素材\第 6 章\人口普查.pptx”，如图 6-22 所示。

Step 02　在编辑区中选择需要设置特效的表格，如图 6-23 所示。

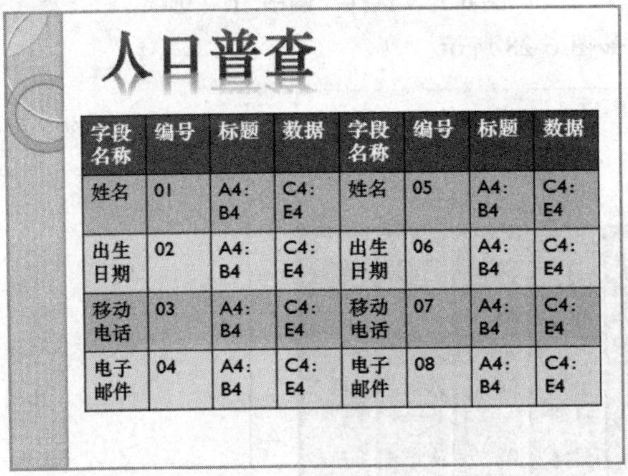

图 6-22　打开素材文件

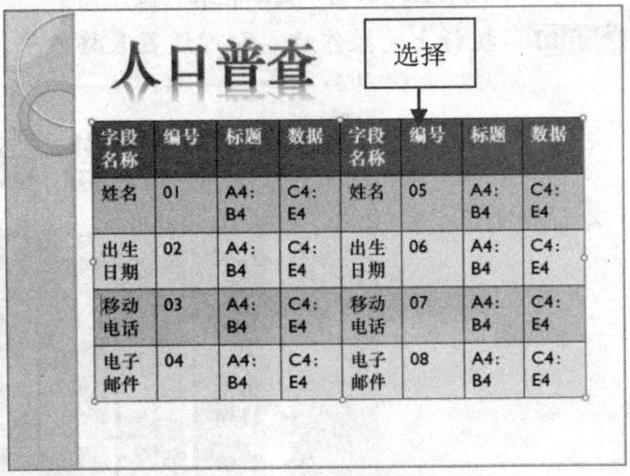

图 6-23　选择表格

Step 03　切换至“表设计”面板，在“表格样式”选项板中，单击“效果”下拉按钮，如图 6-24 所示。

Step 04　在弹出的列表框中，选择“单元格凹凸效果”|“圆形”选项，如图 6-25 所示。

Step 05　执行上述操作后，即可设置表格凹凸效果，如图 6-26 所示。

Step 06　再次单击“效果”下拉按钮，在弹出的列表框中，选择“阴影”|“偏移:上”选项，如图 6-27 所示。

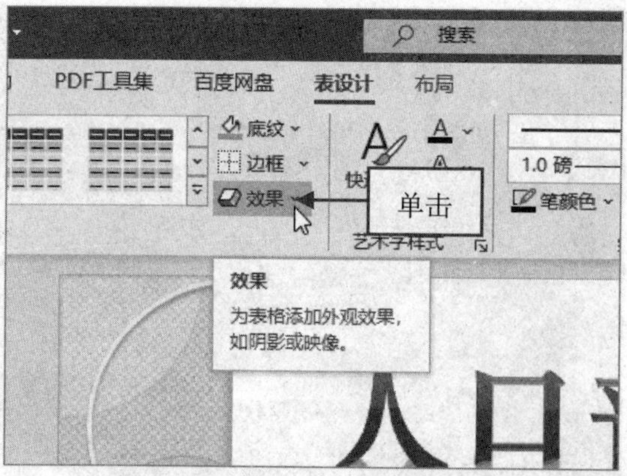

图 6-24　单击“效果”下拉按钮

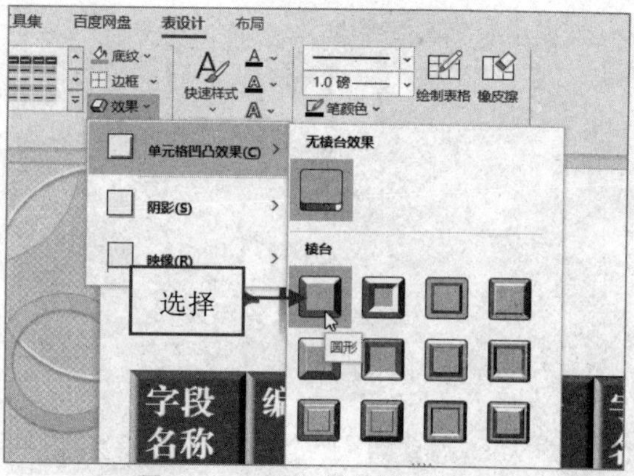

图 6-25　选择“圆形”选项

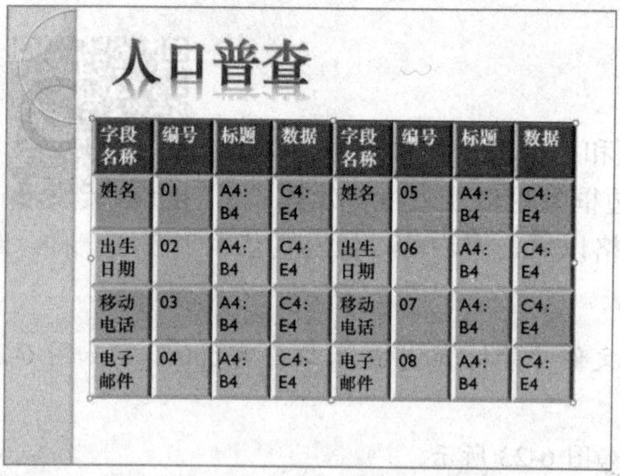

图 6-26　单击“文本轮廓”按钮

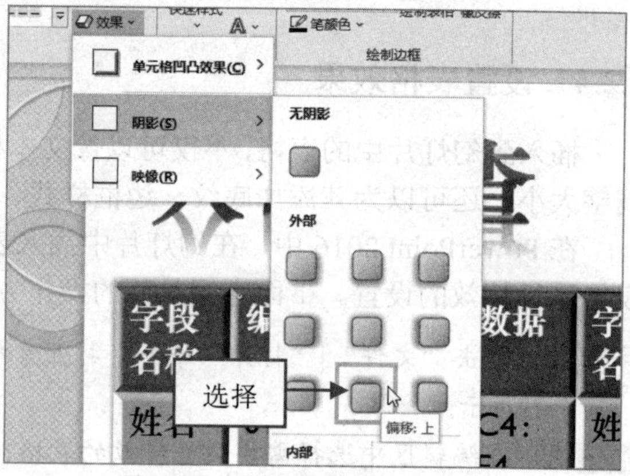

图 6-27　选择“偏移:上”选项

Step 07　执行上述操作后，即可设置表格效果，如图 6-28 所示。

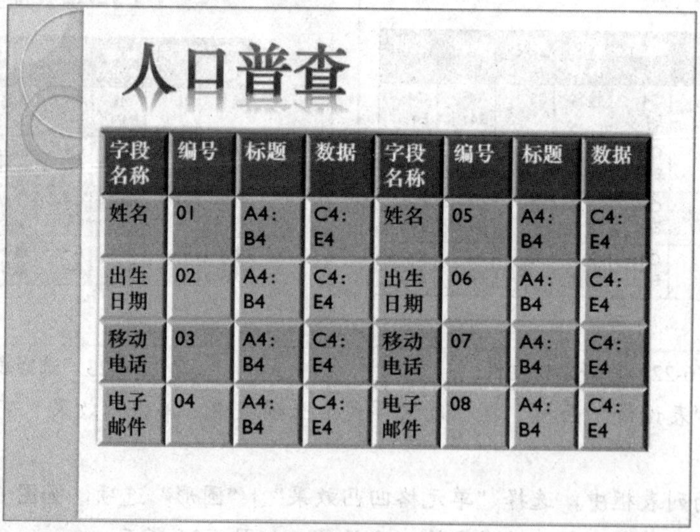

图 6-28　设置表格效果

6.2.5　设置表格样式

在 PowerPoint 2016 中，可以为表格中的文字设置艺术样式，包括设置快速样式、文本填充、文本轮廓和文本效果等。“快速样式”用来设置表格中的文本填充、颜色、轮廓和投影等样式。下面介绍具体的操作方法。

Step 01 单击“文件”|“打开”命令，打开素材文件“素材\第 6 章\餐饮行业市场调查.pptx”，如图 6-29 所示。

Step 02 在编辑区中选择需要设置样式的表格文本，如图 6-30 所示。

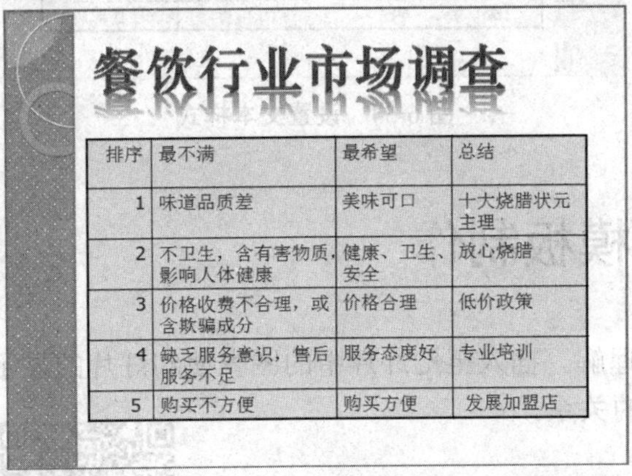

图 6-29　打开素材文件

图 6-30　选择文本

Step 03 切换至“表设计”面板，单击“艺术字样式”选项板中的“快速样式”下拉按钮，如图 6-31 所示。

Step 04 在弹出的列表框中选择相应选项，如图 6-32 所示。

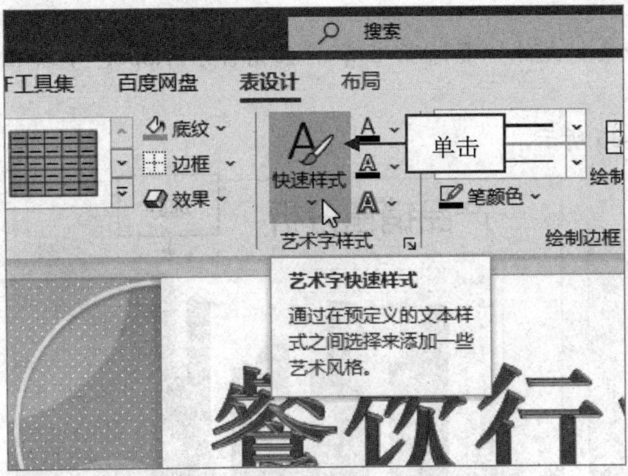

图 6-31　单击“快速样式”下拉按钮

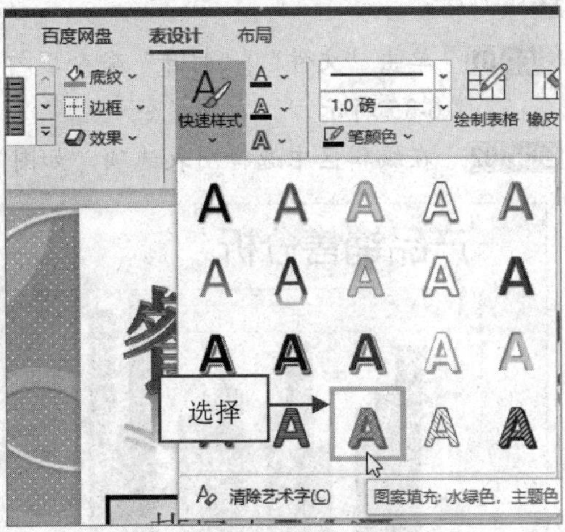

图 6-32　选择相应选项

Step 05 执行上述操作后，即可设置文本样式，如图 6-33 所示。

Step 06 用与上同样的方法，设置其他文本的样式，效果如图 6-34 所示。

图 6-33　设置文本样式

图 6-34　设置文本样式

6.3　图表模板制作

与文字相比，形象直观的图表更容易让人理解。插入至幻灯片中的图表使幻灯片的显示效果更加清晰，以简单易懂的方式反映数据间的关系。

6.3.1　编辑课件中的图表对象

当样本数据表及其对应的图表出现后，用户可在系统提供的样本数据表中完全按自己的需要重新输入图表数据。数字是图表中最重要的元素之一，用户可以在 PowerPoint 中直接设置数字格式，也可以在 Excel 中进行设置。下面介绍具体的操作方法。

Step 01　单击“文件”|“打开”命令，打开素材文件“素材\第 6 章\产品销售分析.pptx”，如图 6-35 所示。

Step 02　在编辑区中选择图表选项，如图 6-36 所示。

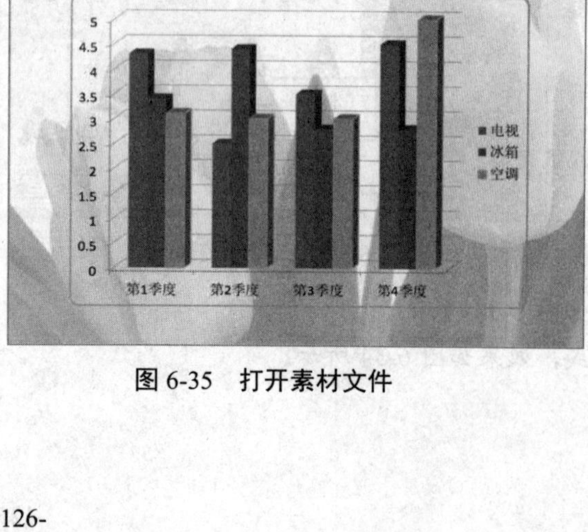

图 6-35　打开素材文件

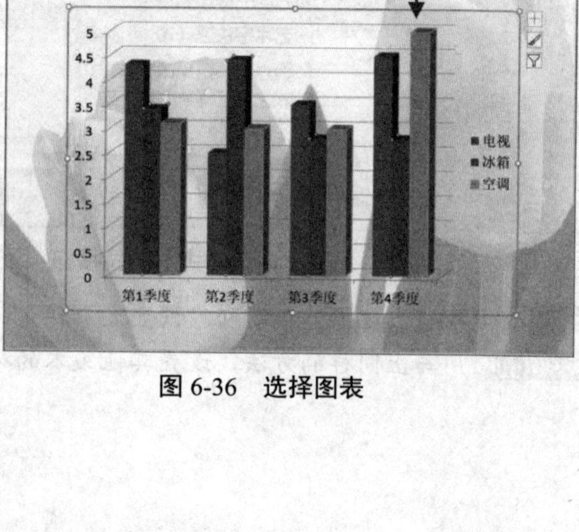

图 6-36　选择图表

Step 03　切换至“图表设计”选项区，在“图表布局”面板中，选择“添加图表元素”选项下三角按钮，如图 6-37 所示。

Step 04　在弹出的列表框中，选择“数据标签|其他数据标签选项”选项，如图 6-38 所示。

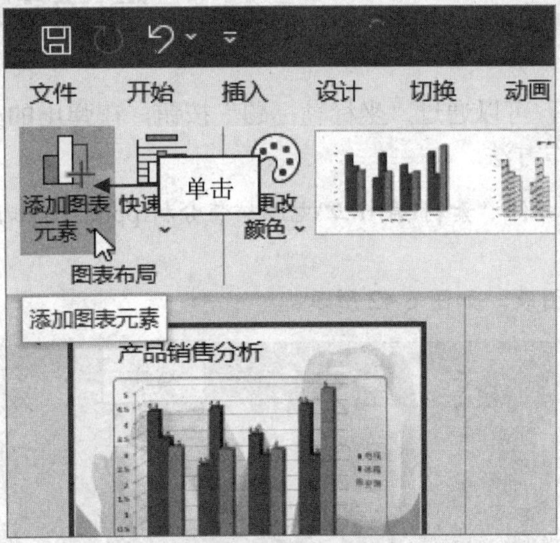

图 6-37　选择“添加图表元素”选项

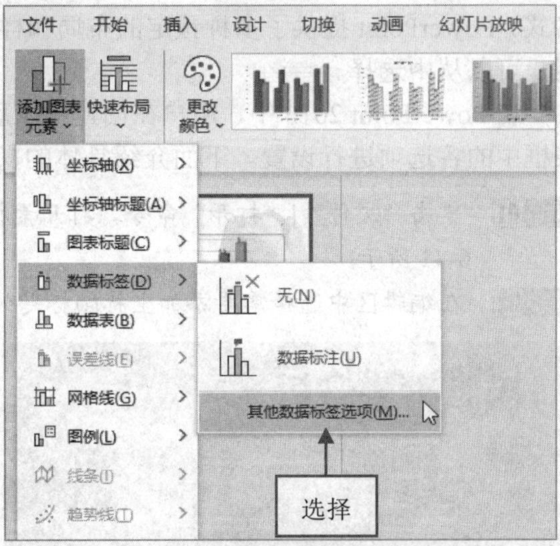

图 6-38　选择“其他数据标签选项”选项

> **▶ 专家指点**
>
> 在“设置数据标签格式”对话框中，切换至“数字”选项卡，在“数字”选项区中的“类别”列表框中，还可以设置“货币”“会计专用”“日期”“时间”和“分数”等标签的格式。

Step 05　弹出“设置数据标签格式”对话框，切换至“标签选项”选项卡，选中“值”复选框，如图 6-39 所示。

Step 06　设置完成后，即可显示数据标签，如图 6-40 所示。

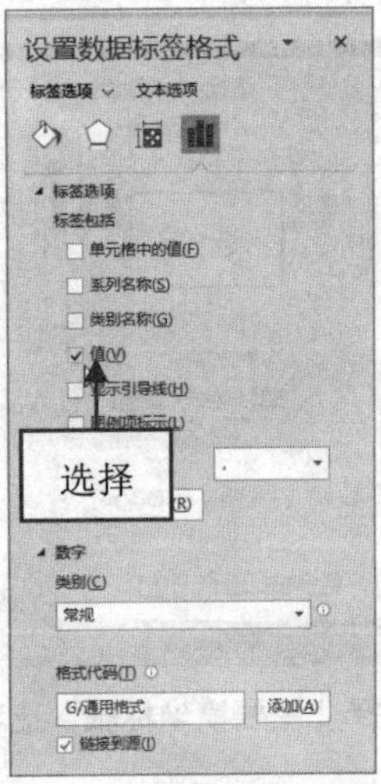

图 6-39　选择“值”选项

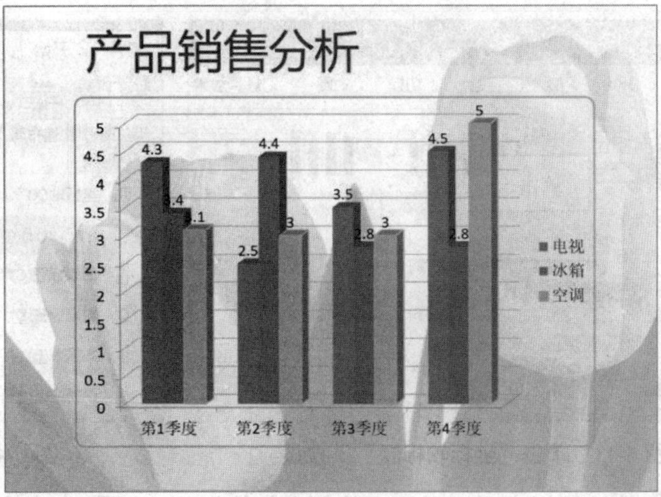

图 6-40　显示数据标签

6.3.2 添加坐标轴标题

创建图表后，用户可以更改图表的外观，可以快速将一个预定义布局和图表样式应用到现有的图表中，而无需手动添加或更改图表元素或设置图表格式。PowerPoint 提供了多种预定的布局和样式（或快速布局、快速样式），用户可以从中选择。

在 PowerPoint 2016 中，用户在创建图表后，可以通过“坐标轴标题”按钮，在弹出的列表框中的各选项进行设置。下面介绍具体的操作方法。

Step 01 单击“文件”|“打开”命令，打开素材文件“素材\第 6 章\电脑销售分析.pptx”，如图 6-41 所示。

Step 02 在编辑区中选择需要添加坐标轴标题的图表，如图 6-42 所示。

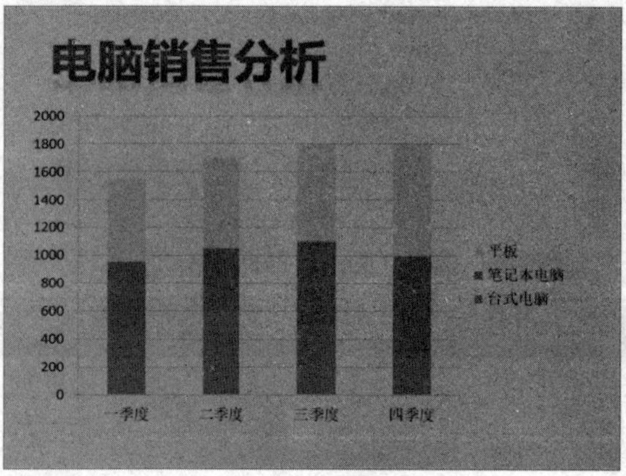

图 6-41 打开素材文件

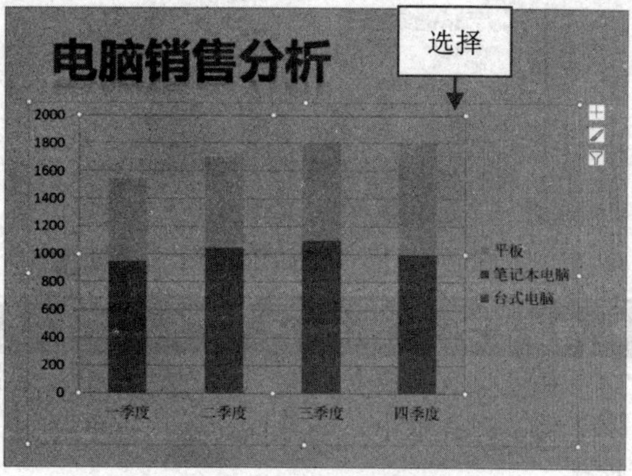

图 6-42 选择图表

Step 03 切换至“图表设计”中的“图表布局”面板，单击“添加图表元素”下拉按钮，如图 6-43 所示。

Step 04 在弹出的列表框中，选择“坐标轴标题”|“主要横坐标轴”选项，如图 6-44 所示。

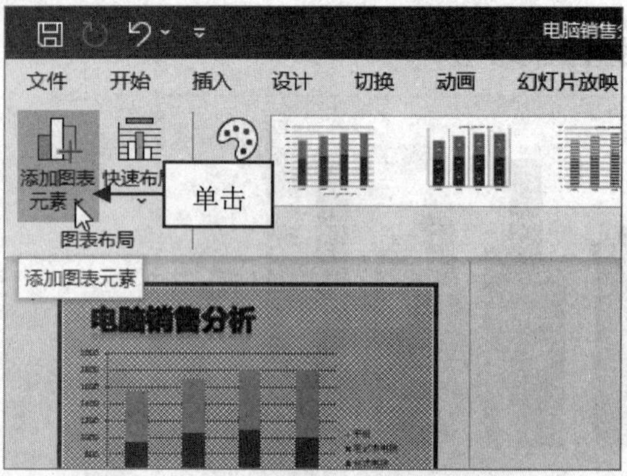

图 6-43 单击“坐标轴标题”下拉按

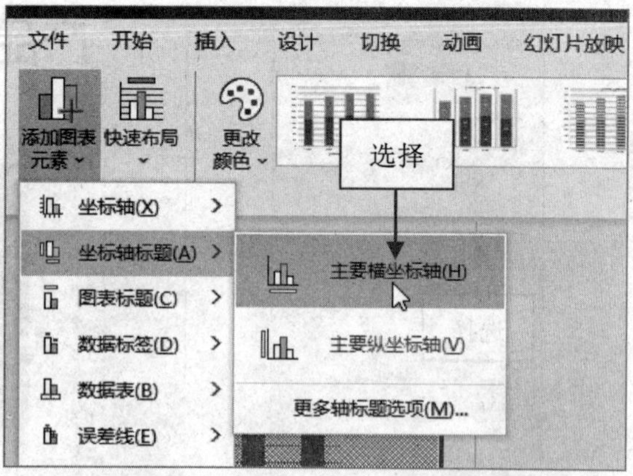

图 6-44 选择“主要横坐标轴”选项

Step 05 执行上述操作后，即可添加坐标轴标题，如图 6-45 所示。

Step 06　在坐标轴文本框中输入文字为“销售量”，效果如图 6-46 所示。

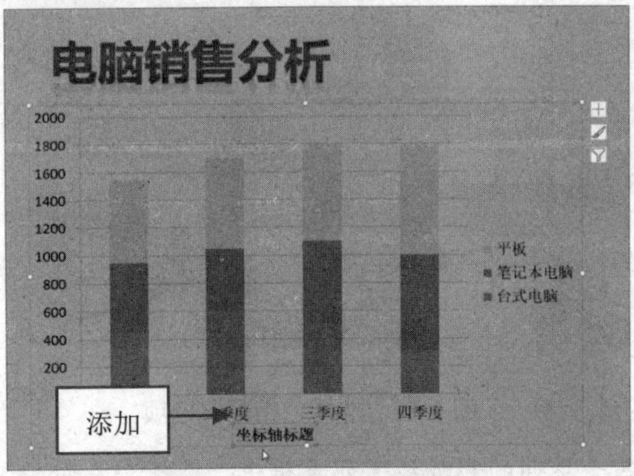

图 6-45　添加坐标轴标题

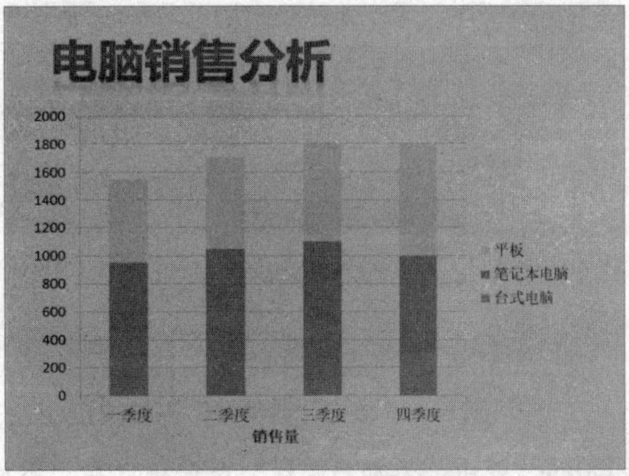

图 6-46　输入并设置文本

▶ 专家指点

图表数据表中允许用户导入其他软件生成的数据或电子表格，生成统计图表。用户可以根据自己的需要选择导入文件的类型，以制作符合需求的图表。

6.3.3　添加图表趋势线

在二维面积图、条形图、柱形图、折线图，以及 XY 散点图中，可以增加趋势线，用以描述数据系列中数据值的总趋势，并与已存在的数据和将来的数据情况进行对比。趋势线是数据趋势的图形表示形式，可用于分析、预测数据变化趋势。下面介绍具体的操作方法。

Step 01　单击“文件”|“打开”命令，打开素材文件“素材\第 6 章\人均收入情况.pptx”，如图 6-47 所示。

Step 02　在编辑区中选择需要添加趋势线的图表，如图 6-48 所示。

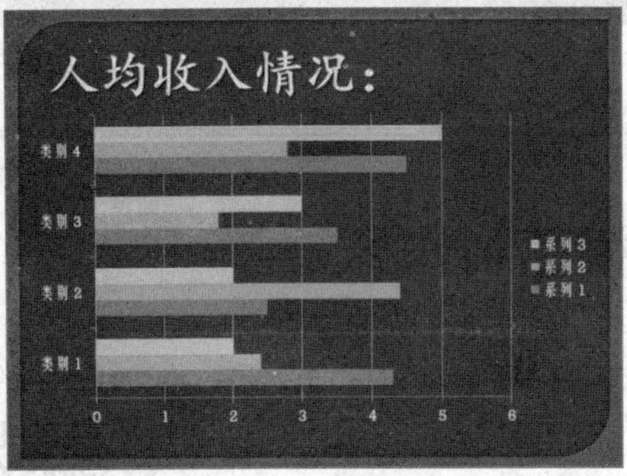

图 6-47　打开素材文件

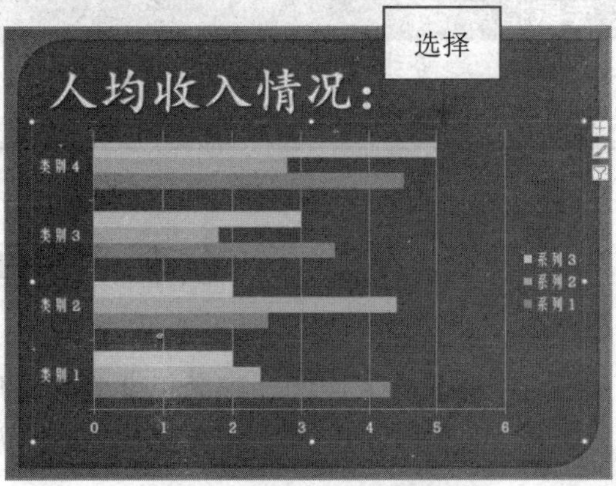

图 6-48　选择图表

Step 03　切换至“图表设计”中的“图表布局”面板，单击“添加图表元素”下拉按钮，如图 6-49 所示。

Step 04　在弹出的列表框中，选择“趋势线”中的“指数”选项，如图 6-50 所示。

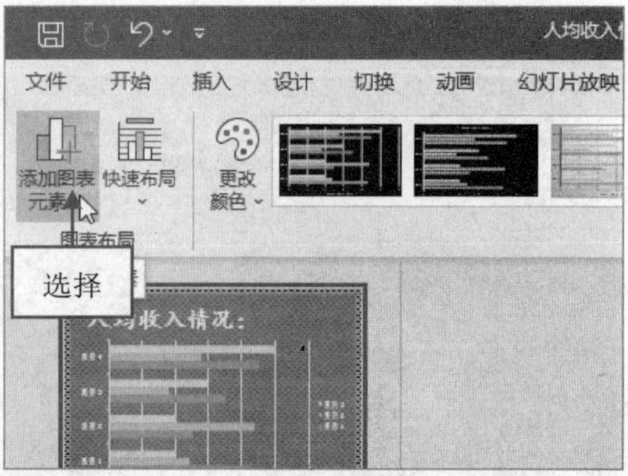

图 6-49　单击“趋势线”下拉按钮

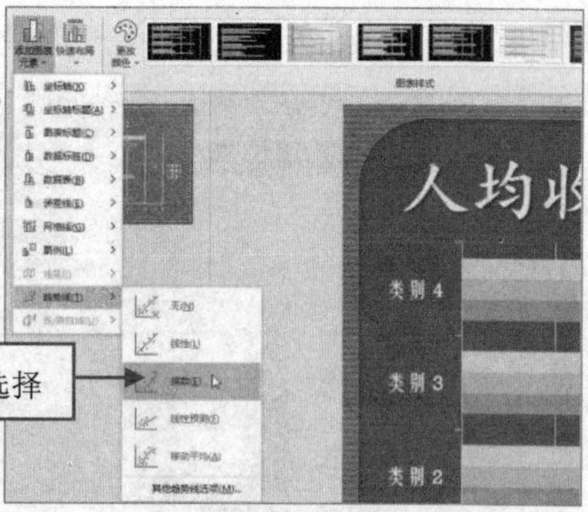

图 6-50　选择“指数”选项

Step 05　弹出“添加趋势线”对话框，在“添加基于系列的趋势线”列表框中，选择“系列 2”选项，如图 6-51 所示。

Step 06　单击“确定”按钮，即可在图表中添加趋势线，效果如图 6-52 所示。

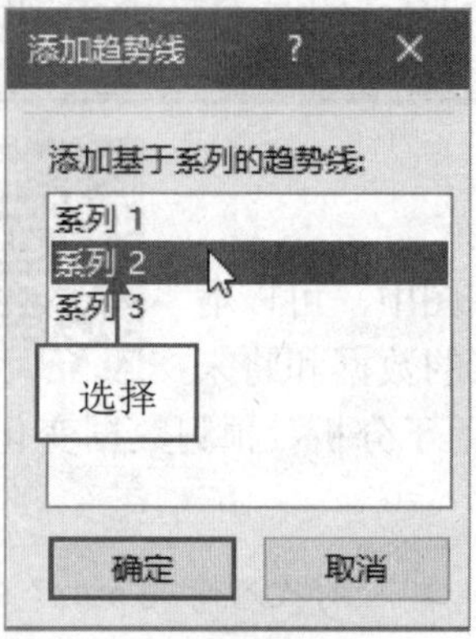

图 6-51　选择“系列 2”选项

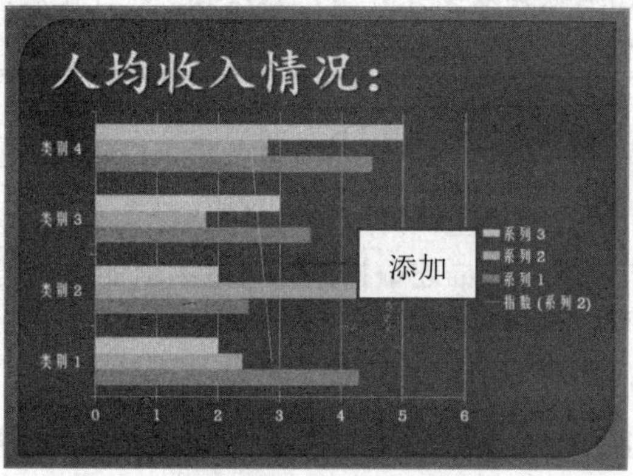

图 6-52　添加趋势线

▶ 专家指点

要删除趋势线，可以先选中该趋势线，再按【Delete】键或单击鼠标右键，在弹出的快捷菜单中选择“清除”选项。

6.4　动画模板制作

PowerPoint 2016 中的动画效果非常多，用户可以运用提供的动画效果，将幻灯片中的标题、文本、图表或图片等对象设置以动态的方式进行播放。

6.4.1　添加课件动画效果

在 PowerPoint 2016 中的“动作路径”动画中，用户可以将幻灯片中的文本或图形对象，设置为心形动画效果。下面介绍具体的操作方法。

Step 01 单击“文件”|“打开”命令，打开素材文件“素材\第 6 章\苏州弹词.pptx”，如图 6-53 所示。

Step 02 在编辑区中，选择需要添加心形动画效果的文本，如图 6-54 所示。

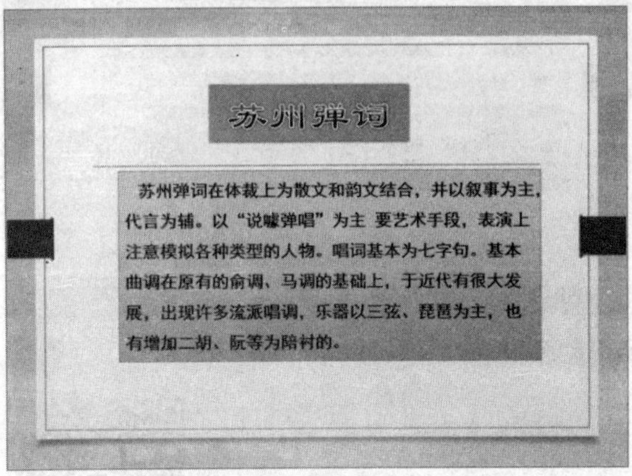

图 6-53　打开素材文件

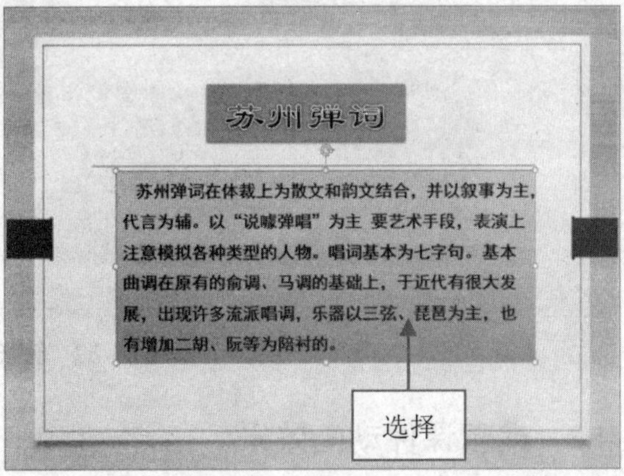

图 6-54　选择文本

> **▶ 专家指点**
>
> 在“更改动作路径”对话框中，包含有三种动作路径选项区，分别是“基本”选项区、“直线和曲线”选项区和“特殊”选项区。用户可以在这些选项区中，选择自身中意的动作路径动画效果。

Step 03 切换至“动画”面板，在“动画”选项板中，单击“其他”下拉按钮，在弹出的列表框中，选择“其他动作路径”选项，如图 6-55 所示。

Step 04 弹出“更改动作路径”对话框，在“基本”选项区中，选择“心形”选项，如图 6-56 所示。

Step 05 单击“确定”按钮，即可添加心形动画效果，单击“预览”选项板中的“预览”按钮，即可预览心形动画效果，如图 6-57 所示。

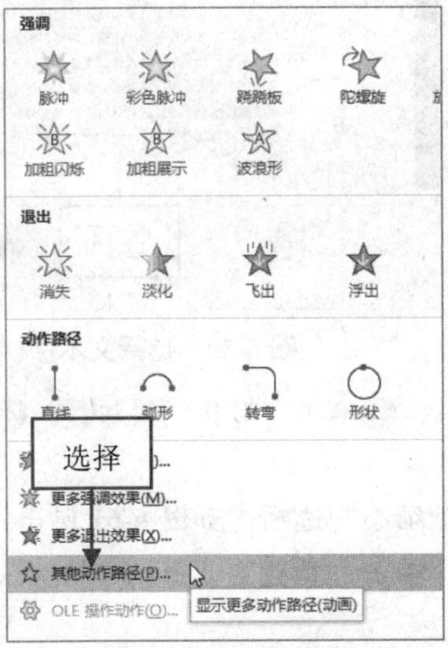

图 6-55　选择“其他动作路径”选项

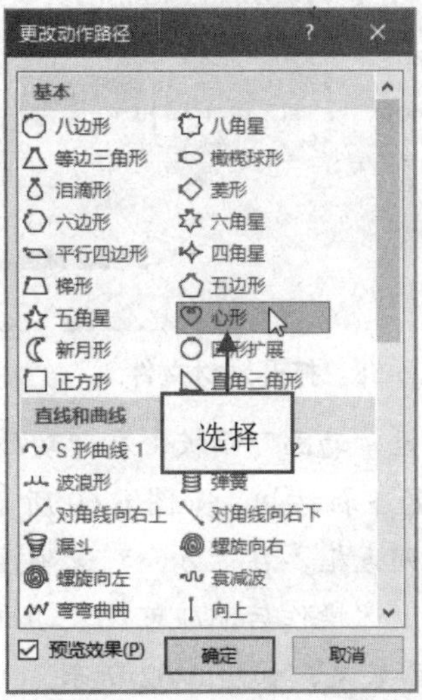

图 6-56　选择“心形”选项

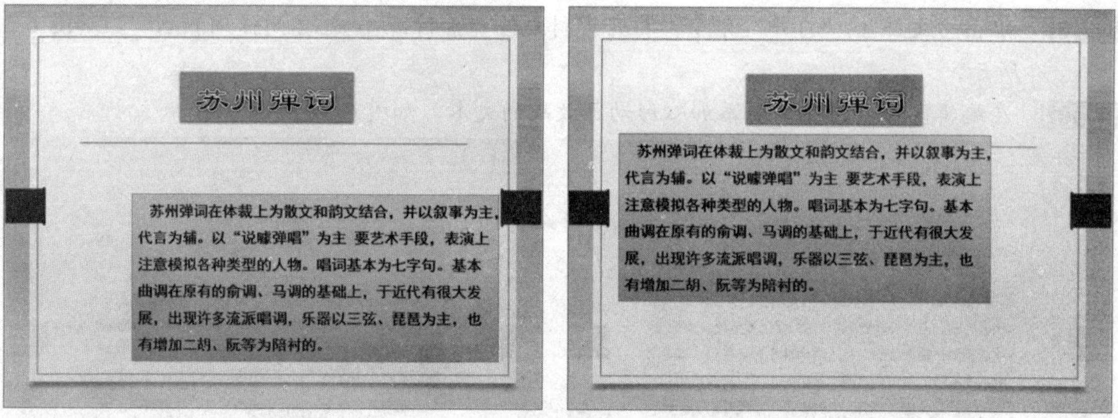

图 6-57　预览心形动画效果

6.4.2　编辑课件动画效果

当为对象添加动画效果之后，该对象就应用了默认的动画格式。这些动画格式主要包括动画开始运行的方式、变化方向、运行速度、延时方案及重复次数等属性。

在 PowerPoint 2016 中，动画效果可以按系列、类别或元素放映，用户可以对幻灯片中的内容进行设置。下面介绍具体的操作方法。

Step 01 单击“文件”|“打开”命令，打开素材文件“素材\第 6 章\短视频电商.pptx”，如图 6-58 所示。

Step 02 在编辑区中，选择相应的文本，如图 6-59 所示。

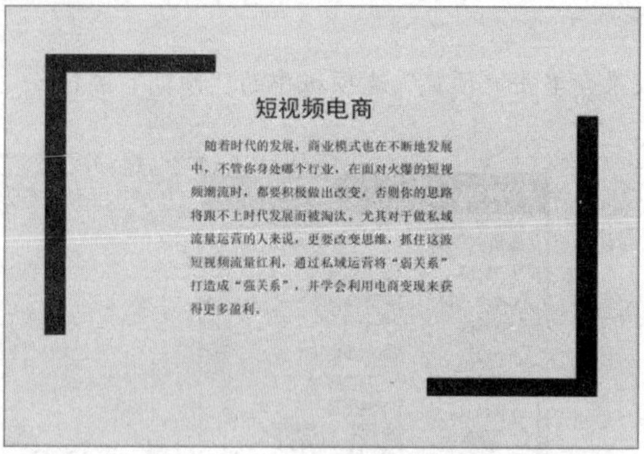

图 6-58　打开素材文件

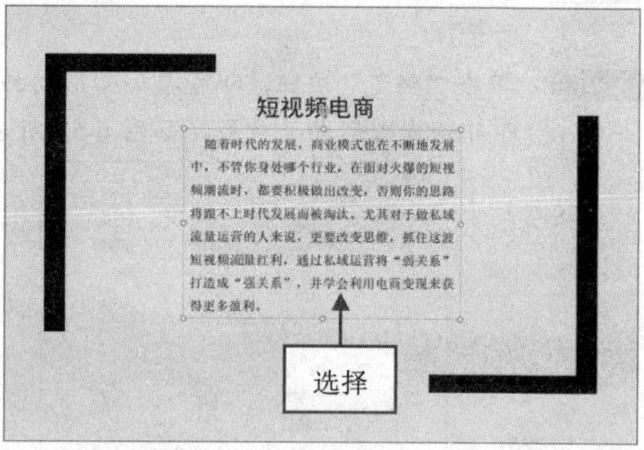

图 6-59　选择文本

Step 03 切换至“动画”面板，在“动画”选项板中，❶单击“形状”按钮☆；❷单击“效果选项”的下拉按钮，如图 6-60 所示。

Step 04 弹出列表框，在“方向”选项区中，选择“缩小”选项，如图 6-61 所示。

Step 05 执行上述操作后，即可设置动画效果选项，单击“预览”选项板中的“预览”按钮，预览动画效果，如图 6-62 所示。

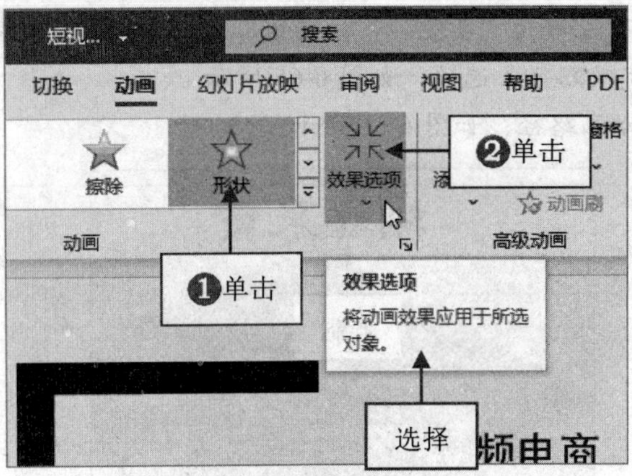

图 6-60　单击“效果选项”下拉按钮

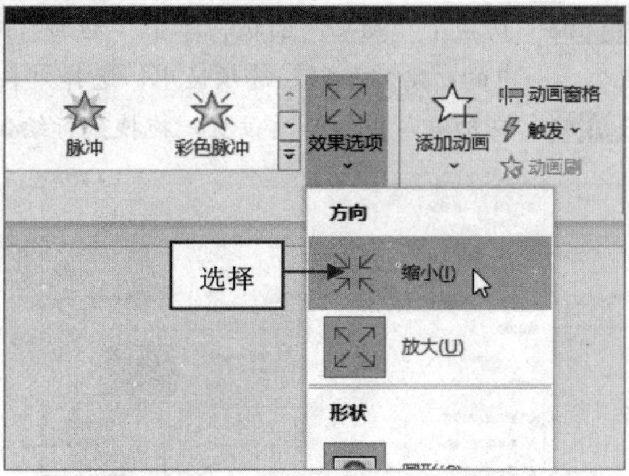

图 6-61　选择“缩小”选项

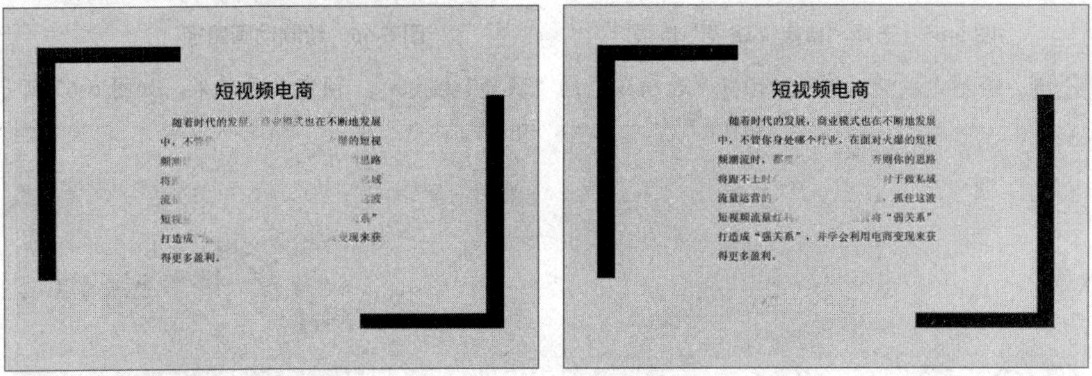

图 6-62　预览动画效果

6.4.3　绘制动作路径动画

在 PowerPoint 2016 中的动作路径动画，不仅提供了大量预设路径效果，用户还可以自定义动画路径。下面介绍具体的操作方法。

Step 01　单击“文件”|“打开”命令，打开素材文件“素材\第 6 章\蝴蝶采蜜.pptx”，如图 6-63 所示。

Step 02　在编辑区中，选择需要绘制动画的对象，如图 6-64 所示。

图 6-63　打开素材文件

图 6-64　选择对象

Step 03 切换至“动画”面板，单击“动画”选项板中的“其他”下拉按钮，在弹出的列表框中的“动作路径”选项区中，选择“自定义路径”选项，如图 6-65 所示。

Step 04 在幻灯片中的合适位置，拖拽鼠标绘制动画路径，如图 6-66 所示。

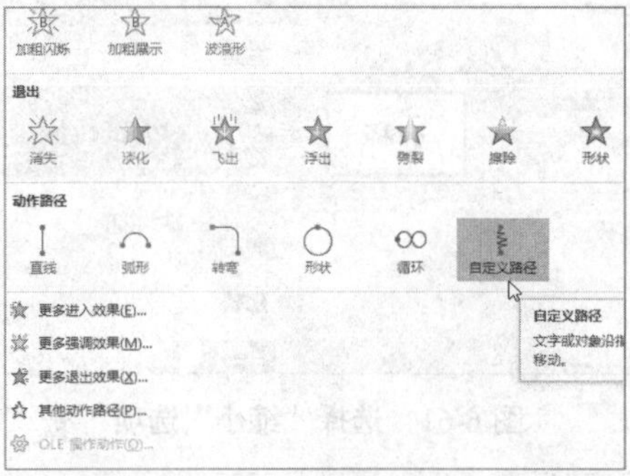

图 6-65 选择“自定义路径”选项

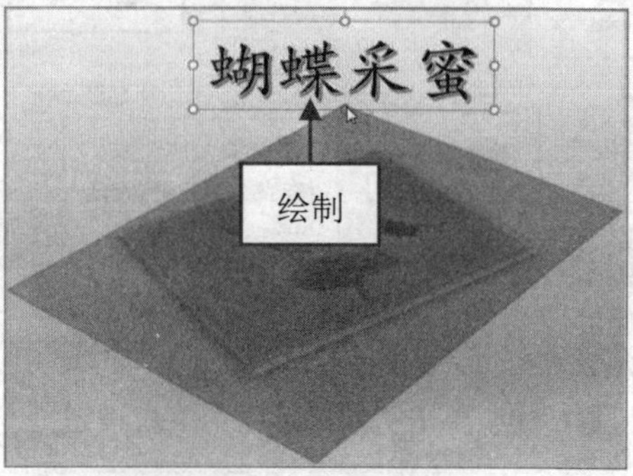

图 6-66 绘制动画路径

Step 05 绘制完成后，单击“预览”选项板中的“预览”按钮，预览动画效果，如图 6-67 所示。

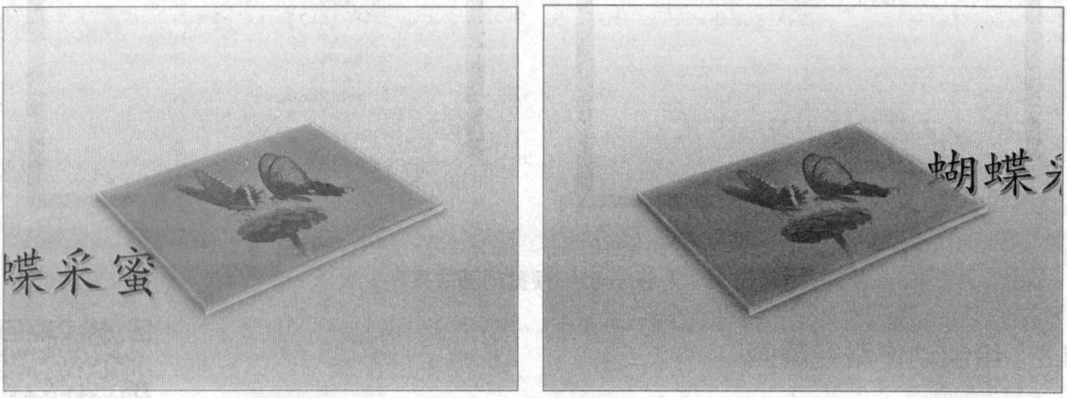

图 6-67 预览动画效果

> ▶ 专家指点
>
> 当绘制完一段开放路径时，动作路径起始端将显示一个绿色标志，结束端将显示一个红色标志，两个标志以一条虚线链接。

6.4.4 添加动画声音

在 PowerPoint 2016 中的每张幻灯片的动画效果中，用户还可以添加相应的声音。下面介绍具体的操作方法。

Step 01 单击“文件”|“打开”命令，打开素材文件“素材\第 6 章\花卉鉴赏.pptx”，如图 6-68 所示。

Step 02 在编辑区中，选择需要添加动画声音的对象，如图 6-69 所示。

图 6-68 打开素材文件

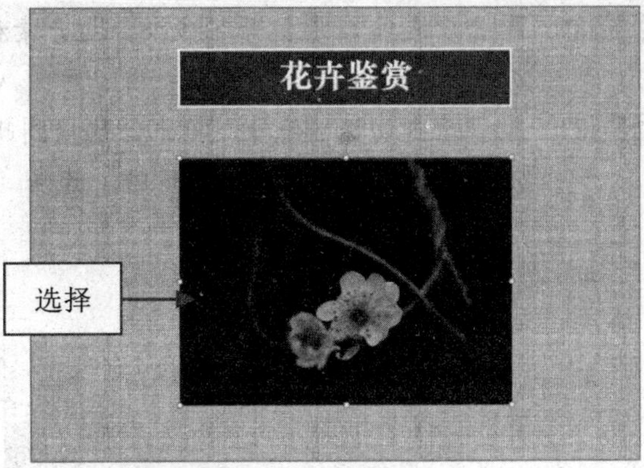

图 6-69 选择对象

Step 03 切换至“动画”面板，单击“动画”选项板右下角的“显示其他效果选项”按钮，如图 6-70 所示。

Step 04 弹出“轮子”对话框，在“效果”选项卡中的“增强”选项区中，❶单击“声音”右侧的下拉按钮；❷在弹出的列表框中选择“风铃”选项，如图 6-71 所示。

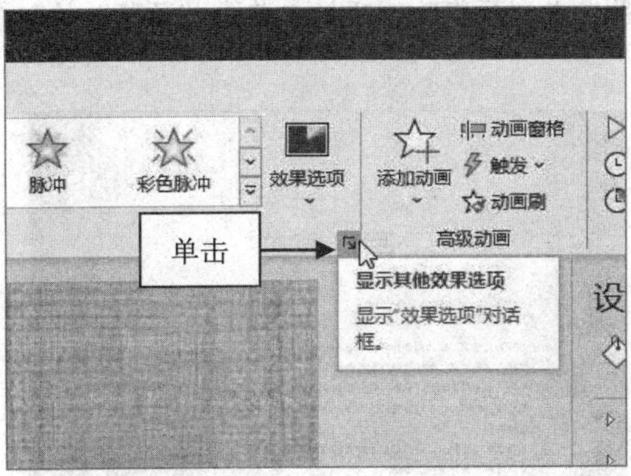

图 6-70 单击“显示其他效果选项”按钮

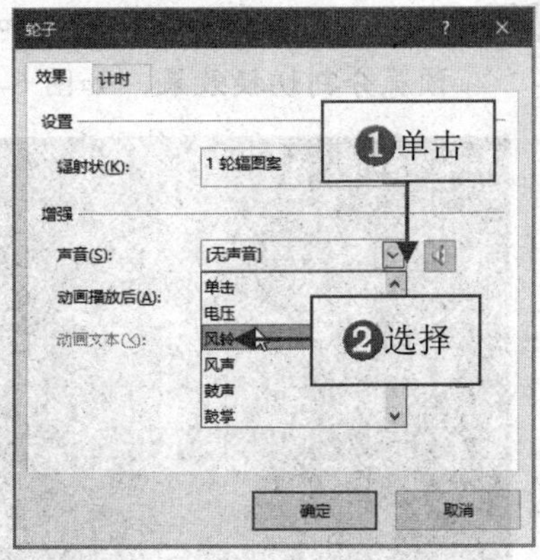

图 6-71 选择“风铃”选项

Step 05 单击“确定”按钮，即可为相应对象添加声音动画。

6.5 切换效果模板制作

在 PowerPoint 2016 中，用户可以为多张幻灯片设置动画切换效果，其中细微型切换效果中包括“切出”“淡出”“推进”“擦除”和“分割”等 11 种切换样式。下面介绍应用切换效果的操作方法。

6.5.1 制作细微课件切换效果

幻灯片中的分割切换效果，是将某张幻灯片以一个特定的分界线向特定的两个方向进行切割的动画效果。下面介绍具体的操作方法。

Step 01 单击“文件”|“打开”命令，打开素材文件“素材\第 6 章\写作模式.pptx”，如图 6-72 所示。

Step 02 切换至“切换”面板，单击“切换到此幻灯片”选项板中的“其他”下拉按钮，弹出列表框，在“细微”选项区中，选择“分割”选项，如图 6-73 所示。

图 6-72　打开素材文件

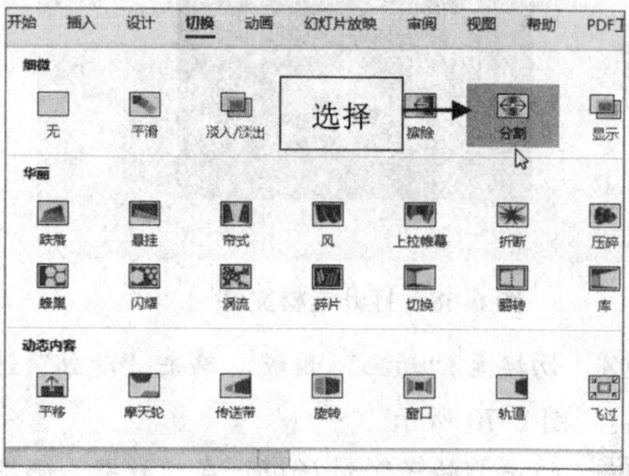

图 6-73　选择“分割”选项

Step 03 执行上述操作后，即可添加分割切换效果，在“预览”选项板中单击“预览”按钮，预览分割切换效果，如图 6-74 所示。

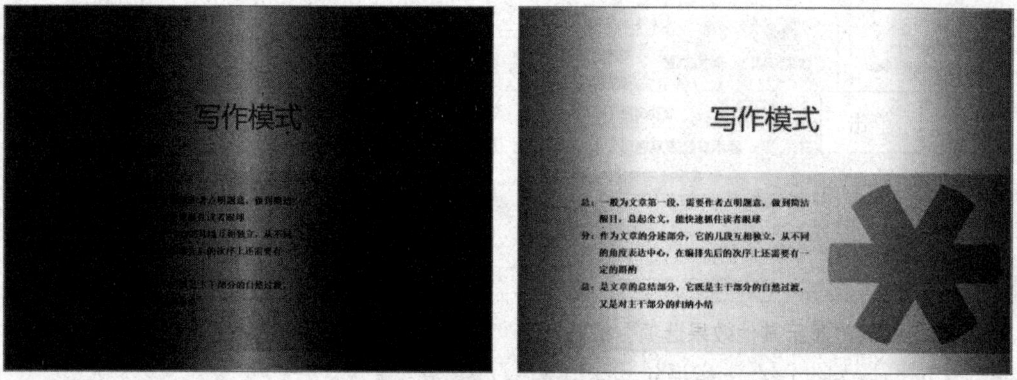

图 6-74　预览分割切换效果

▶ 专家指点

在“细微”选项区中，用户还可以将幻灯片的切换效果设置为“闪光”“形状”“揭开”以及“覆盖”等。每一种切换方式都有其独特的特征，用户可以根据制作课件的实际需要，选择合适的细微型切换效果。

6.5.2　制作华丽课件切换效果

在 PowerPoint 2016 中的切换特效中，“华丽”选项区中的切换样式是比较常用的，包含有“溶解”“棋盘”“百叶窗”“时钟”“涟漪”以及“闪耀”等在内的 29 种切换样式。在 PowerPoint 2016 中，为某一张幻灯片设置溶解切换效果以后，该幻灯片在放映时将会以许多小正方形的形式逐渐显现出来。下面介绍具体的操作方法。

Step 01　单击“文件”|“打开”命令，打开素材文件“素材\第 6 章\提问的四种方式.pptx”，如图 6-75 所示。

Step 02　切换至“切换”面板，单击“切换到此幻灯片”选项板中的“其他”下拉按钮，弹出列表框，在“华丽”选项区中，选择“溶解”选项，如图 6-76 所示。

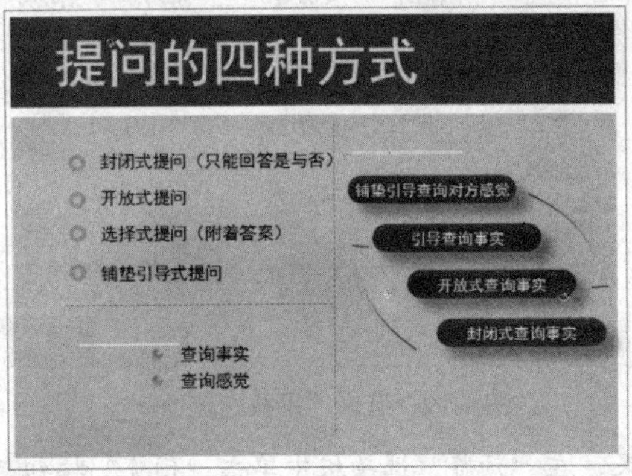

图 6-75　打开素材文件

图 6-76　选择“溶解”选项

Step 03　执行上述操作后，即可添加溶解切换效果，在“预览”选项板中单击“预览”按钮，预览溶解切换效果，如图 6-77 所示。

图 6-77　预览溶解切换效果

6.5.3　制作动态内容课件切换效果

在 PowerPoint 2016 中的切换效果列表框中，包括“细微”“华丽”和“动态内容”三种选项区。在前面已经分别对“细微”与“华丽”选项区中的部分切换效果进行了介绍，下面将介绍“动态内容”选项区中的切换效果。

平移切换效果是指应用该切换效果的幻灯片，在进行放映时，整张幻灯片在淡出的同时，其他内容则以向上迅速移动的形式，显示整张幻灯片。

Step 01　单击“文件”|“打开”命令，打开素材文件“素材\第 6 章\私域流量的特点.pptx”，如图 6-78 所示。

Step 02 切换至“切换”面板，单击“切换到此幻灯片”选项板中的“其他”下拉按钮，弹出列表框，在“动态内容”选项区中，选择“平移”选项，如图 6-79 所示。

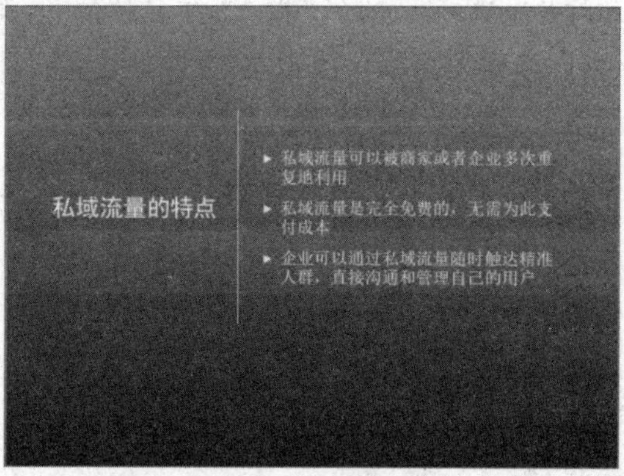

图 6-78　打开素材文件

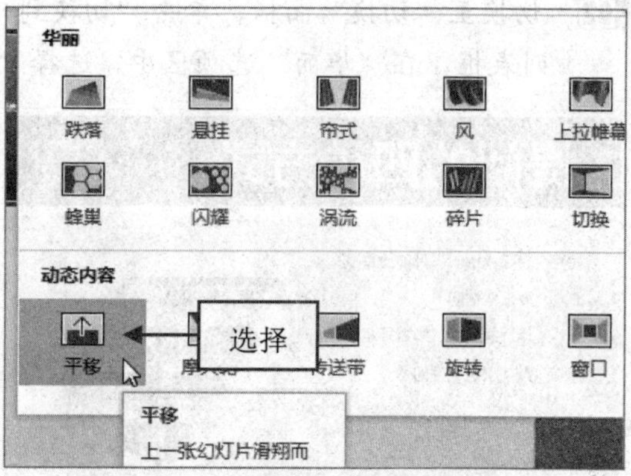

图 6-79　选择“平移”选项

Step 03 执行上述操作后，即可添加平移切换效果，在“预览”选项板中单击“预览”按钮，预览平移切换效果，如图 6-80 所示。

图 6-80　预览平移切换效果

6.5.4　课件切换效果选项设置

PowerPoint 2016 为用户提供了多种切换声音，用户可以从“声音”下拉列表框中选择一种声音作为动画播放时的伴音。添加切换效果后，用户还可以根据需要设置切换速度、指针选项、切换与定位幻灯片。

PowerPoint 2016 为用户提供了多种切换声音，用户可以根据制作课件的实际需要，选择合适的切换声音。下面介绍具体的操作方法。

Step 01 单击“文件”|“打开”命令，打开素材文件“素材\第 6 章\法的特征.pptx”，如图 6-81 所示。

Step 02 切换至“切换”面板，单击“计时”选项板中的“声音”右侧的下拉按钮，如图 6-82 所示。

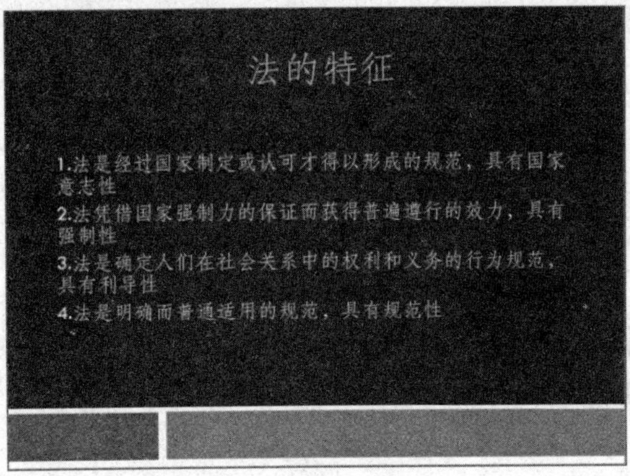

图 6-81　打开素材文件

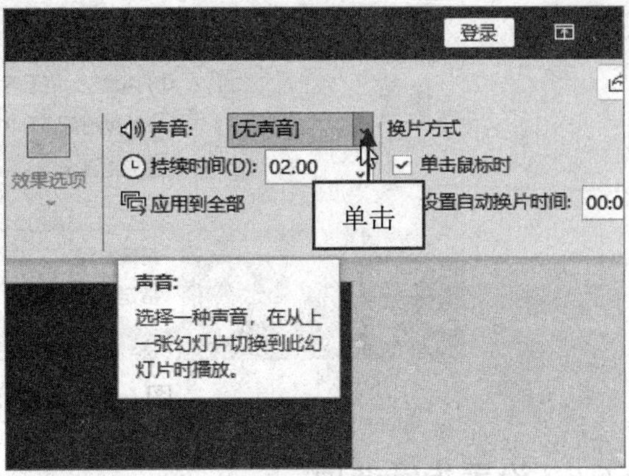

图 6-82　单击“声音”下拉按钮

Step 03　弹出列表框，选择“风声”选项，如图 6-83 所示。

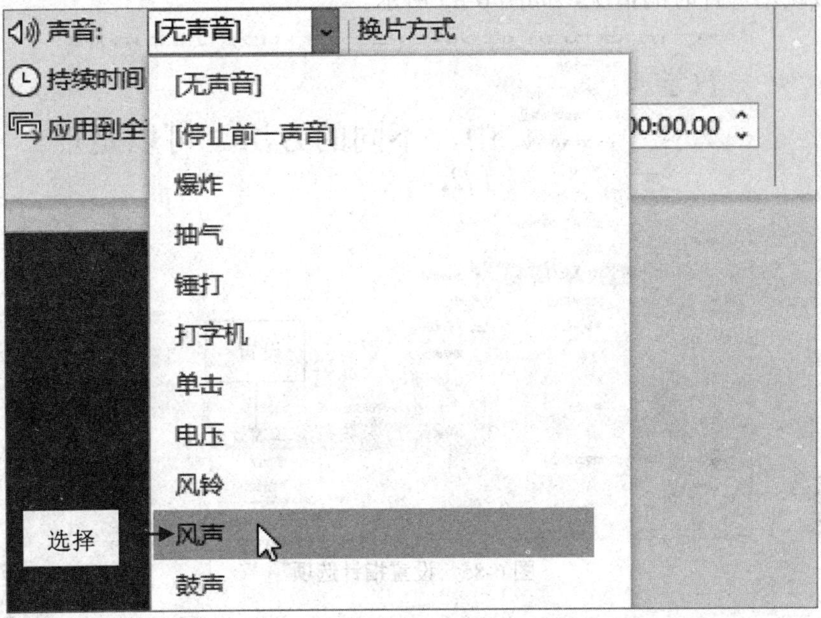

图 6-83　选择“风声”选项

Step 04　执行上述操作后，即可在幻灯片中设置切换声音。

> ▶ 专家指点
>
> 当用户在幻灯片中设置第 1 张幻灯片的切换声音效果后，在“切换到此幻灯片”选项板中单击“全部应用”按钮，可以将声音效果应用于演示文稿中的所有幻灯片。

6.5.5　设置幻灯片切换时间

设置幻灯片切换速度，只需要单击“计时”选项板中的“持续时间”右侧的三角按钮，即可设置幻灯片切换时间，如图 6-84 所示。

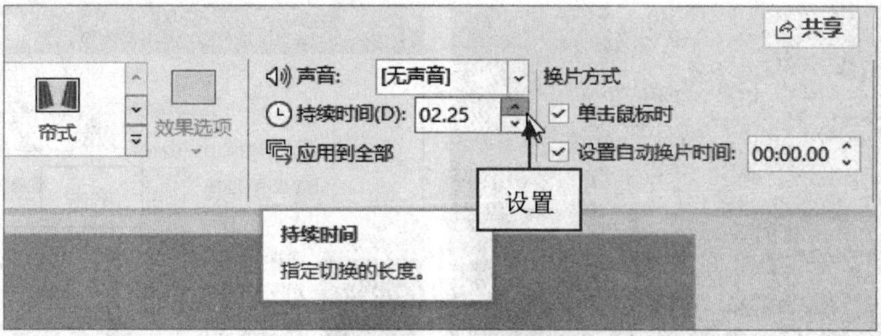

图 6-84　设置幻灯片切换时间

6.5.6　设置指针选项

在放映幻灯片时，在幻灯片上的空白位置上单击鼠标右键，在弹出的快捷菜单中，可以设置指针在放映幻灯片时的情况，如图 6-85 所示。

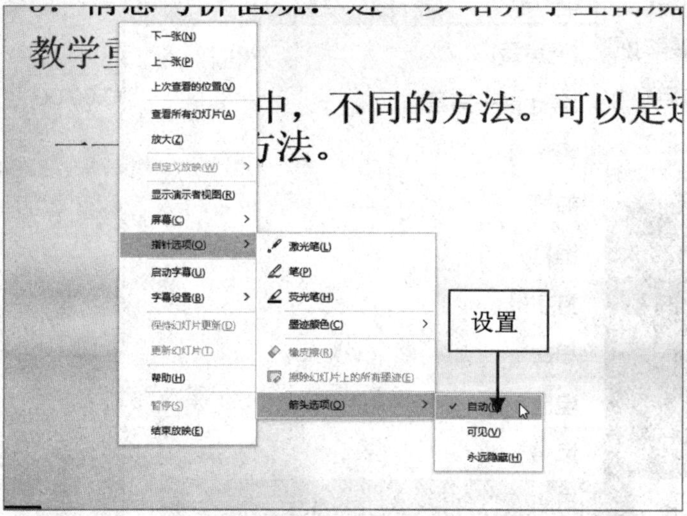

图 6-85　设置指针选项

6.5.7　切换至指定幻灯片

切换至指定幻灯片是指在幻灯片放映的过程中，使用快捷菜单中的命令自由切换至上一张或者下一张幻灯片，或者直接选择所有幻灯片。下面介绍具体的操作方法。

Step 01　单击“文件”|“打开”命令，打开素材文件“素材\第 6 章\平面向量的概念.pptx”，如图 6-86 所示。

Step 02　切换至“幻灯片放映”面板，单击“开始放映幻灯片”选项板中的“从头开始”按钮，如图 6-87 所示。

Step 03　切换至幻灯片放映视图，单击幻灯片中左下角的“下一页”按钮，如图 6-88 所示。

Step 04　在第 2 个按钮上，单击鼠标右键，在弹出的快捷菜单中，选择“查看所有幻灯片”选项，如图 6-89 所示。

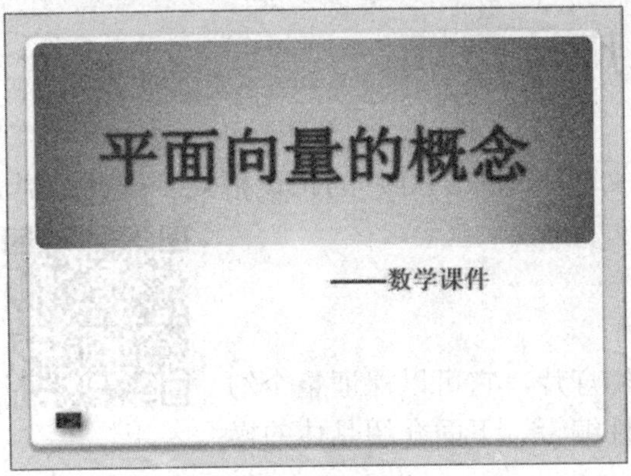

图 6-86　打开素材文件

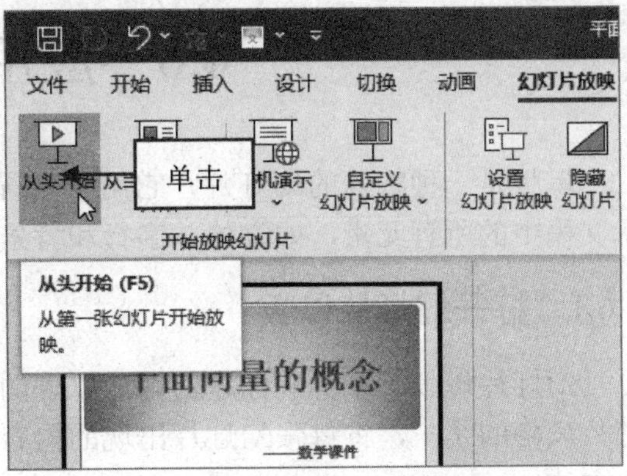

图 6-87　单击“从头开始”按钮

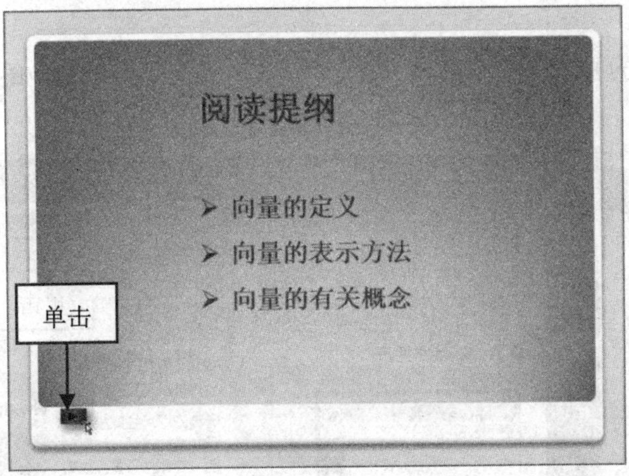

图 6-88　单击“下一页”按钮

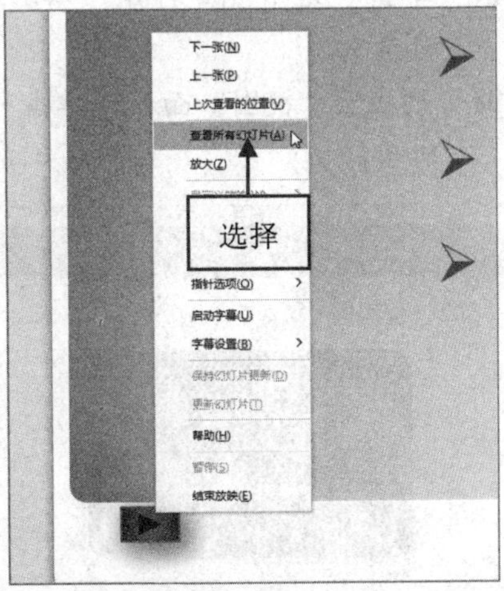

图 6-89　选择相应选项

Step 05　执行上述操作后，即可定位至相应幻灯片，效果如图 6-90 所示。

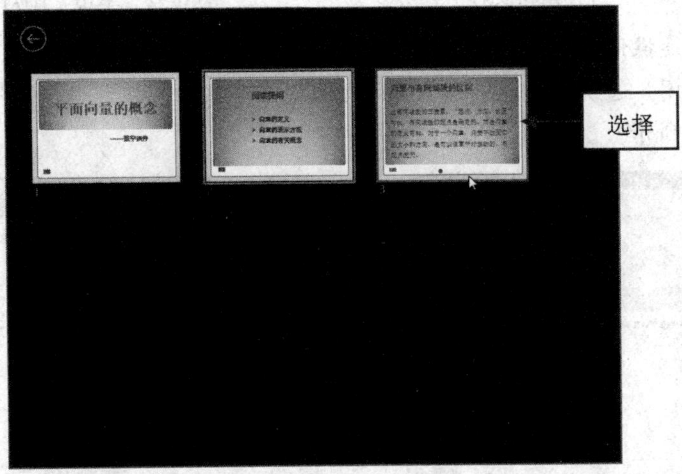

图 6-90　选择相应幻灯片

6.6 应用幻灯片母版

母版是一种特殊的幻灯片，它用于设置演示文稿中每张幻灯片的预设格式。母版控制演示文稿中的所有元素，如字体、字行和背景等。

6.6.1 打开幻灯片母版

幻灯片母版可以影响标题幻灯片以外的所有幻灯片，它可以保证整个幻灯片风格的统一，将每张幻灯片出现的内容一次性编辑。下面介绍具体的操作方法。

Step 01 单击“文件”|“打开”命令，打开素材文件“素材\第 6 章\创造学.pptx”，如图 6-91 所示。

Step 02 切换至“视图”面板，单击“母版视图”选项板中的“幻灯片母版”按钮，如图 6-92 所示。

图 6-91　打开素材文件

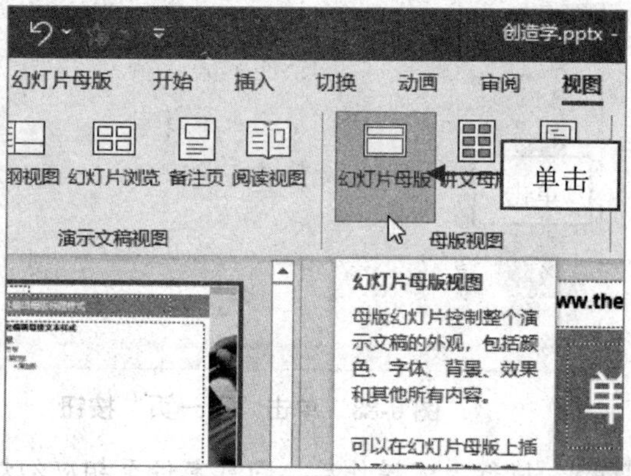

图 6-92　单击“幻灯片母版”按钮

Step 03 执行上述操作后，将展开“幻灯片母版”面板，如图 6-93 所示。

Step 04 在“关闭”选项板中，单击“关闭母版视图”按钮，即可退出“幻灯片母版”视图，如图 6-94 所示。

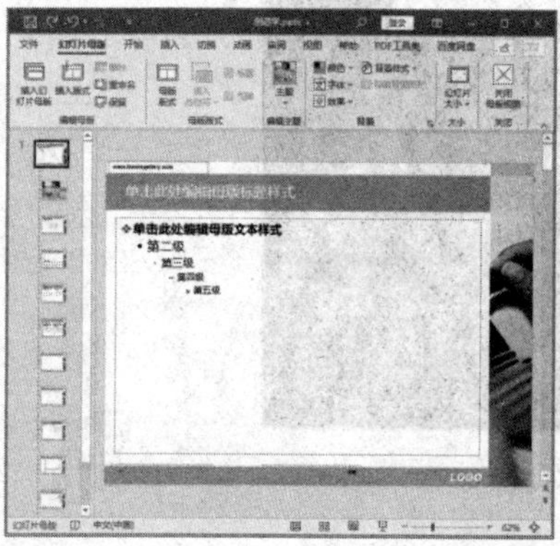

图 6-93　展开“幻灯片母版”面板

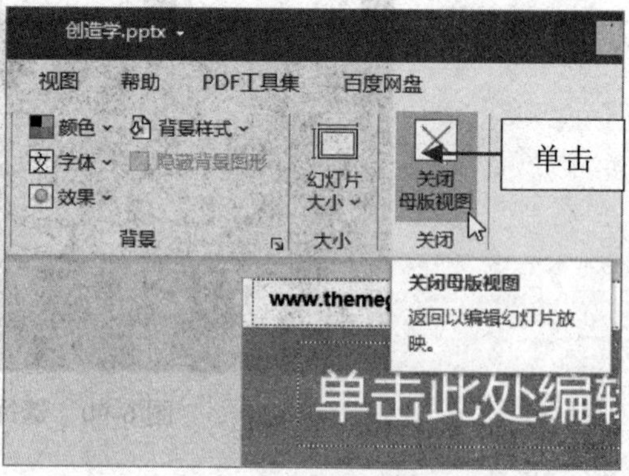

图 6-94　单击“关闭母版视图”按钮

> **▶ 专家指点**
>
> 在幻灯片母版视图下，用户可以看到所有可以输入内容的区域，如标题占位符、副标题占位符和母版下方的页脚占位符。

6.6.2　打开讲义母版

讲义母版是用来控制讲义的打印格式，它允许在一张讲义中设置几张幻灯片，并设置页眉、页脚和页码等基本信息。下面介绍具体的操作方法。

Step 01　单击“文件”|“打开”命令，打开素材文件“素材\第 6 章\音乐歌词欣赏.pptx”，如图 6-95 所示。

Step 02　切换至“视图”面板，单击“母版视图”选项板中的“讲义母版”按钮，如图 6-96 所示。

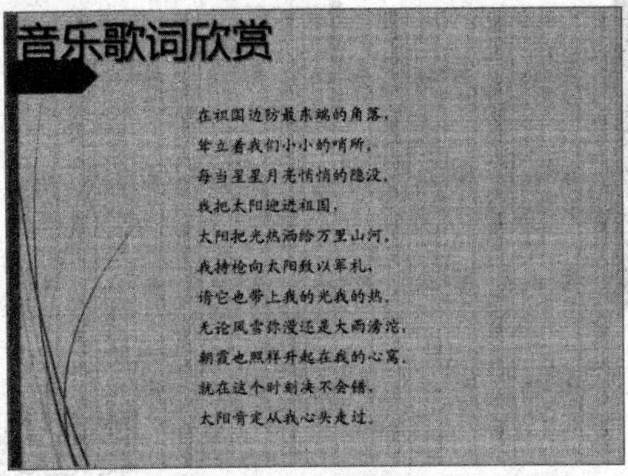

图 6-95　打开素材文件

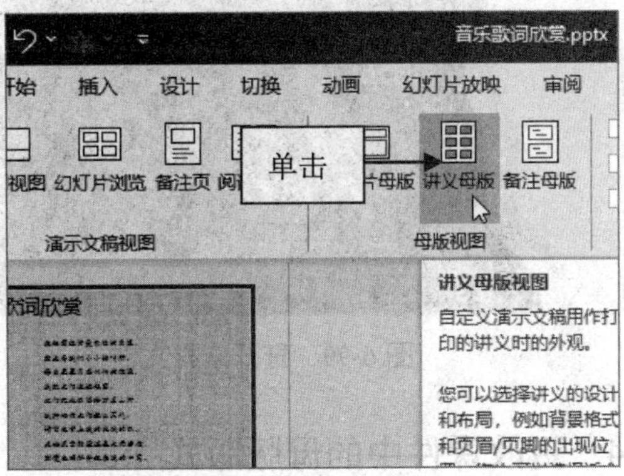

图 6-96　单击“讲义母版”按钮

Step 03　执行上述操作后，将展开“讲义母版”面板，如图 6-97 所示。

Step 04　在“关闭”选项板中，单击“关闭母版视图”按钮，即可退出“讲义母版”视图，如图 6-98 所示。

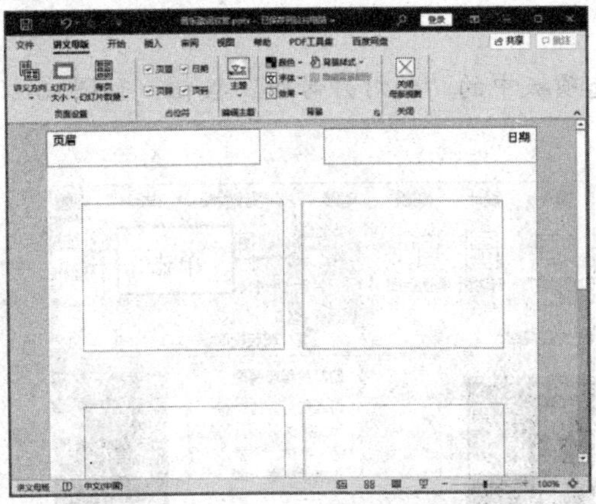

图 6-97　展开“讲义母版”面板

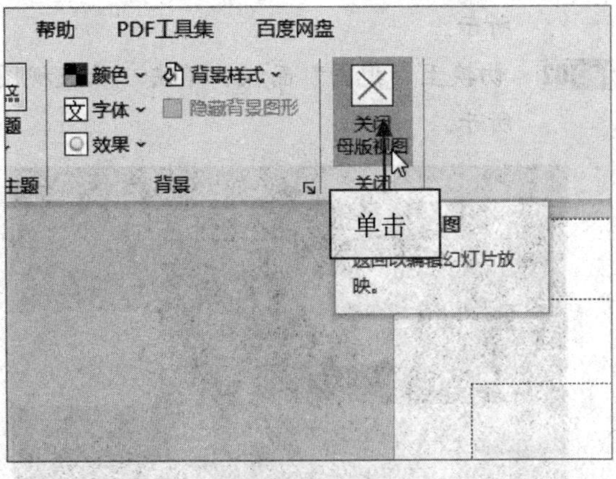

图 6-98　单击“关闭母版视图”按钮

6.6.3 打开备注母版

备注母版主要是用来设置幻灯片的备注格式，用来作为演示者在演示时的提示和参考，备注栏中的内容还可以单独打印出来。下面介绍具体的操作方法。

Step 01 单击“文件”|“打开”命令，打开素材文件“素材\第 6 章\学习时光.pptx”，如图 6-99 所示。

Step 02 切换至“视图”面板，单击“母版视图”选项板中的“备注母版”按钮，即可展开“备注母版”面板，效果如图 6-100 所示。

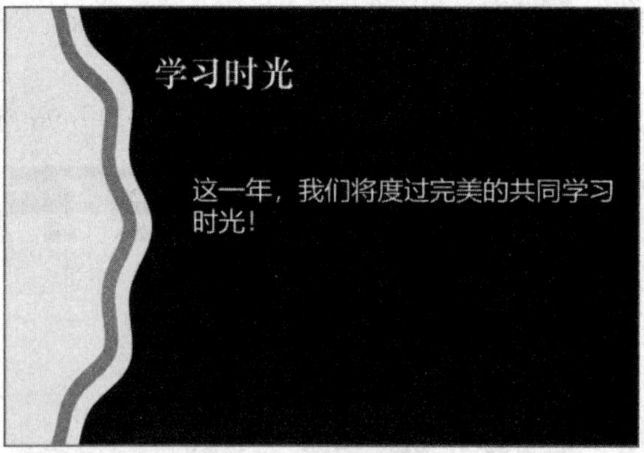

图 6-99 打开素材文件

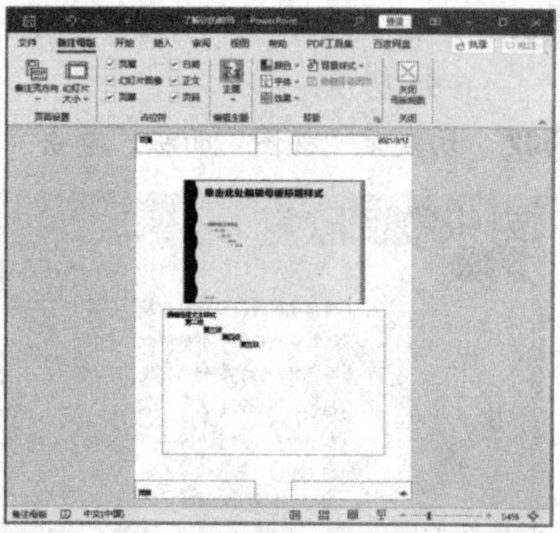

图 6-100 展开“备注母版”面板

6.6.4 更改课件中的母版版式

更改幻灯片母版时，若对单张幻灯片进行更改后，修改的母版将被保留。在应用设计模板时，会在演示文稿上添加幻灯片母版。通常，模板也包含标题母版，可以在标题母版上更改具有“标题幻灯片”版式的幻灯片。下面介绍具体的操作方法。

Step 01 单击“文件”|“打开”命令，打开素材文件“素材\第 6 章\春暖花开.pptx”，如图 6-101 所示。

Step 02 切换至“视图”面板，单击“母版视图”选项板中的“幻灯片母版”按钮，如图 6-102 所示。

图 6-101 打开素材文件

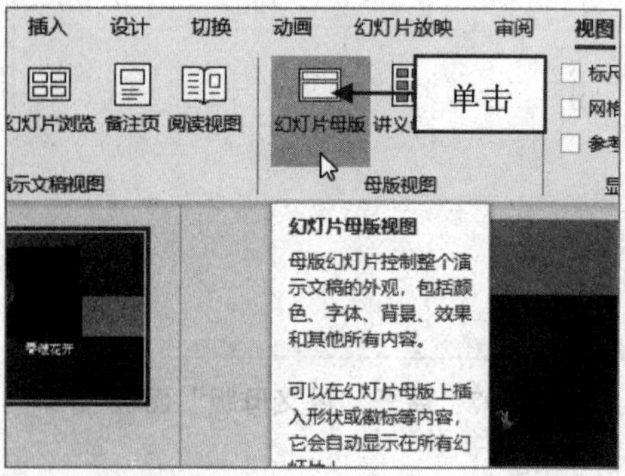

图 6-102 单击“幻灯片母版”按钮

Step03　切换至“幻灯片母版”面板，选择第 2 张幻灯片，如图 6-103 所示。

Step04　选中文本，在字体选项面板中，设置“字号”为 48、“字体颜色”为紫色，如图 6-104 所示。

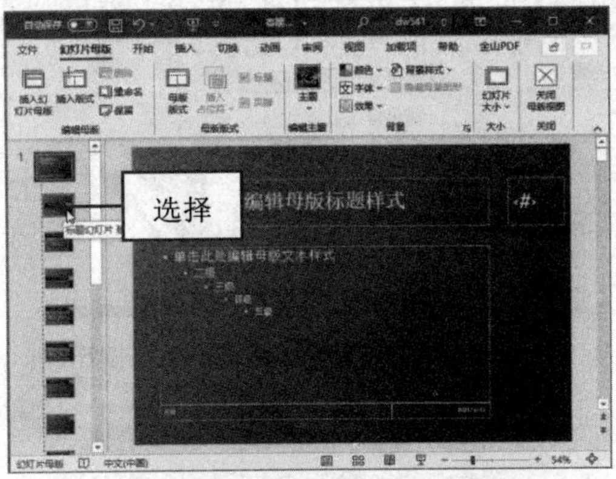

图 6-103　选择需要更改的幻灯片

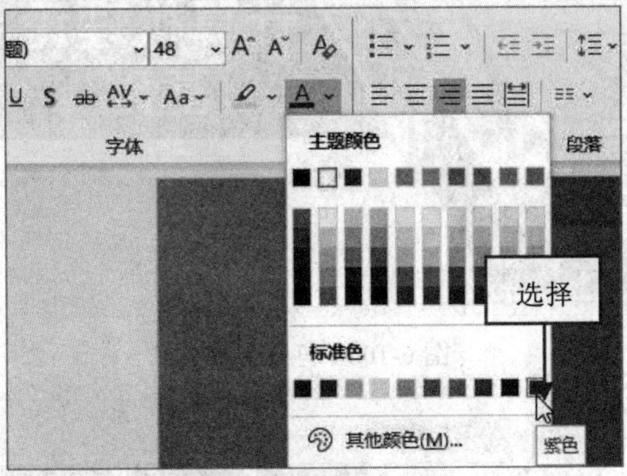

图 6-104　设置字体属性

Step05　执行上述操作后，即可更改母版版式，效果如图 6-105 所示。

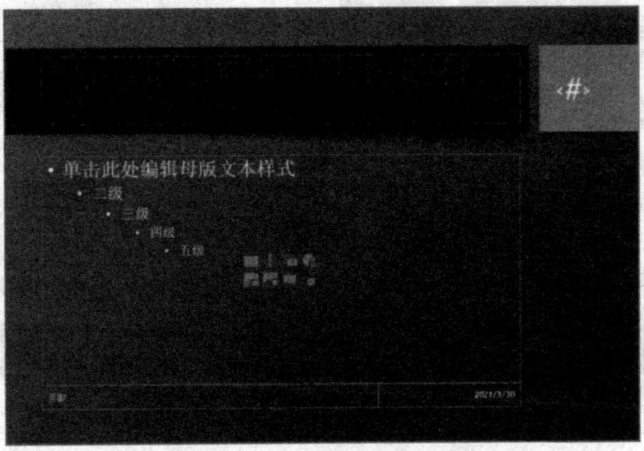

图 6-105　更改母版版式效果

6.6.5　编辑课件母版背景

设置母版背景主要包括纯色填充、渐变填充、纹理填充和图片填充。下面介绍具体的操作方法。

Step01　单击“文件”|“打开”命令，打开素材文件“素材\第 6 章\计算机理论基础.pptx”，如图 6-106 所示。

Step02　切换至“视图”面板，单击“母版视图”选项板中的“幻灯片母版”按钮，进入“幻灯片母版”面板，单击“背景”选项板中的“背景样式”下拉按钮，如图 6-107 所示。

Step03　弹出列表框，选择“设置背景格式”选项，如图 6-108 所示。

Step04　弹出“设置背景格式”对话框，在“填充”选项区中，选中“图片或纹理填充”单选按钮，如图 6-109 所示。

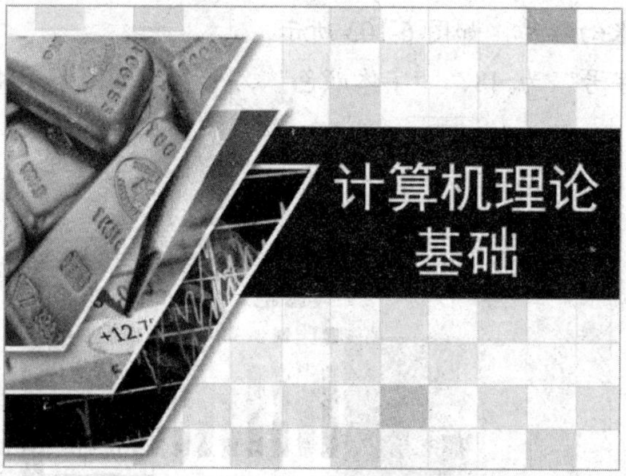

图 6-106　打开素材文件

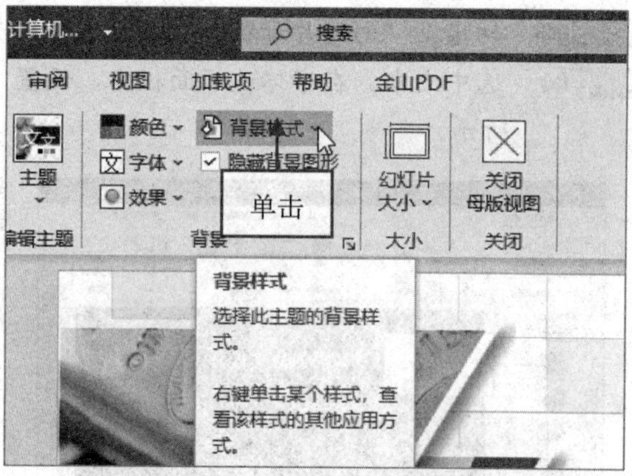

图 6-107　单击“背景样式”下拉按钮

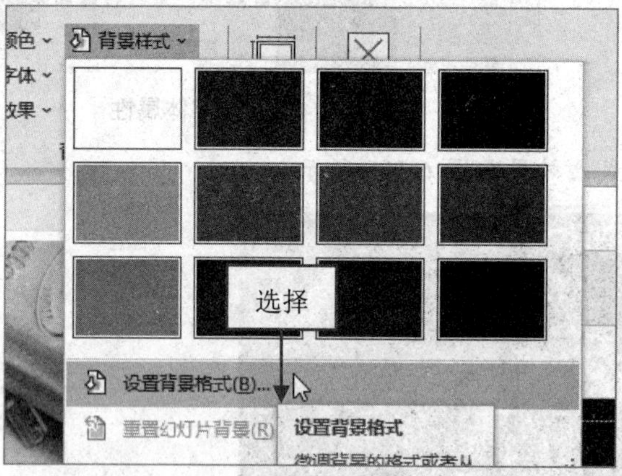

图 6-108　选择“设置背景格式”选项

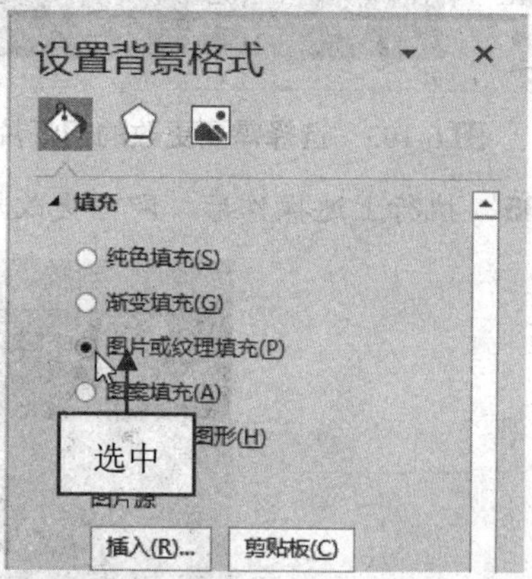

图 6-109　选中“图片或纹理填充”单选按钮

> ▶ 专家指点
>
> 在母版中增加背景对象将出现在所有幻灯片背景上，在母版中可删除所有幻灯片上的背景对象。

Step 05　单击“纹理”下拉按钮，在弹出的列表框中，选择“羊皮纸”选项，如图 6-110 所示。

Step 06　执行上述操作后，即可设置幻灯片母版背景，如图 6-111 所示。

图 6-110　选择“羊皮纸”选项

图 6-111　设置幻灯片母版背景

▶ 专家指点

在弹出的“设置背景格式”对话框中，用户可以选择插入自文件中的图片，作为母版背景。但要注意的是在“幻灯片母版”中插入图片的情况下，如果单击“关闭母版视图”按钮，就不能对幻灯片背景进行编辑。

6.6.6　在课件幻灯片母版中插入占位符

在幻灯片母版中，当用户选择了母版版式以后，会发现母版都是自带了占位符格式的，如果用户不满意程序所带的占位符格式，那么可以选择自行插入占位符。下面介绍具体的操作方法。

Step 01　单击“文件”|“打开”命令，打开素材文件“素材\第 6 章\历史记录中的著名事件.pptx”，如图 6-112 所示。

Step 02　切换至“视图”面板，单击“母版视图”选项板中的“幻灯片母版”按钮，进入“幻灯片母版”面板，选择需要插入占位符的幻灯片母版，如图 6-113 所示。

图 6-112　打开素材文件

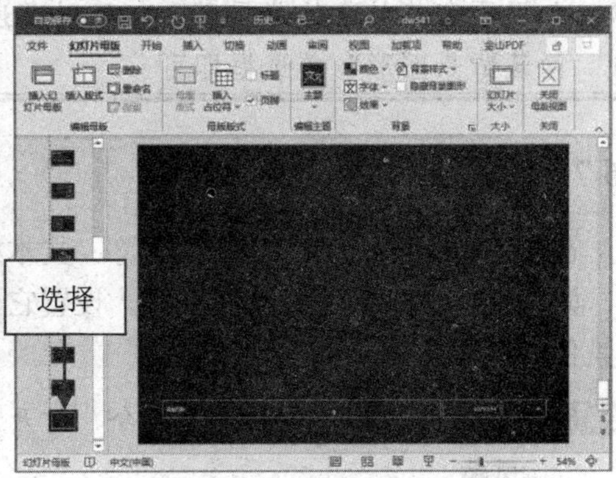

图 6-113　选择幻灯片母版

Step 03　在“母版版式”选项板中，单击“插入占位符”下拉按钮，如图 6-114 所示。

Step 04　弹出列表框，选择“表格”选项，效果如图 6-115 所示。

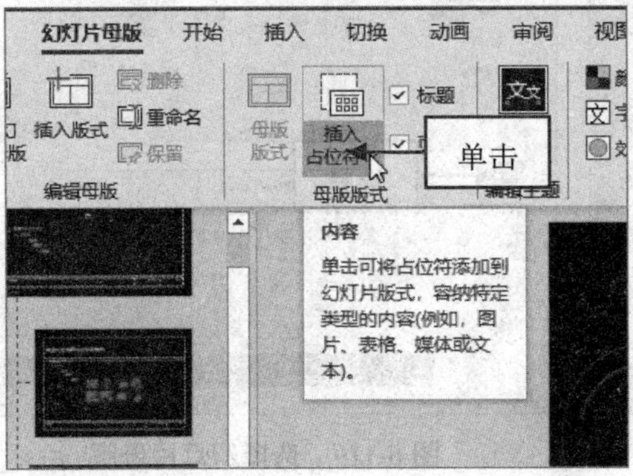

图 6-114　单击“插入占位符”下拉按钮

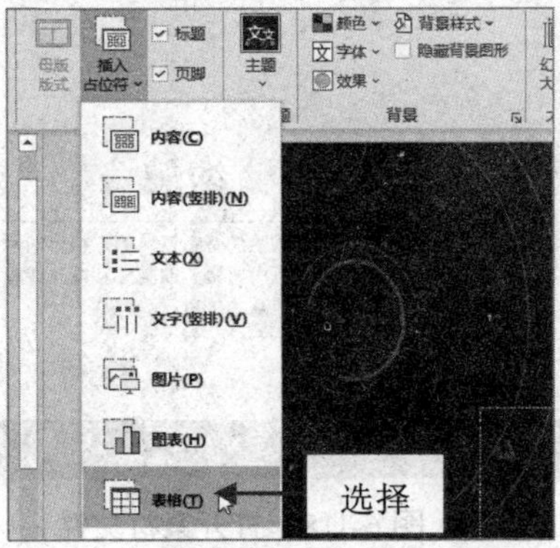

图 6-115　选择“表格”选项

Step 05 此时鼠标指针呈十字状，在幻灯片中的合适位置，按住鼠标左键并拖拽，如图 6-116 所示。

Step 06 至合适位置后释放鼠标左键，即可插入相应大小的占位符，效果如图 6-117 所示。

图 6-116 单击鼠标左键并拖拽

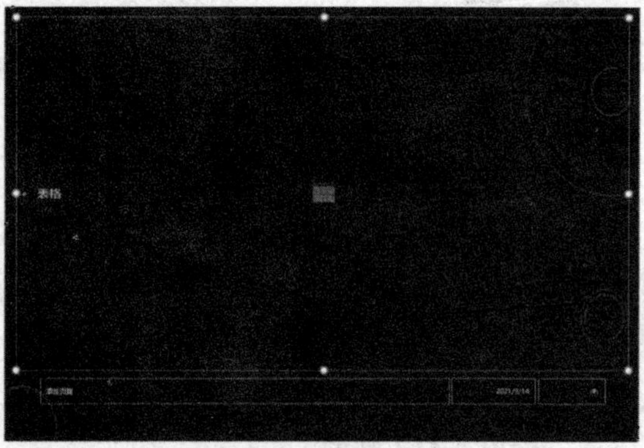

图 6-117 插入占位符

▶ 专家指点

如果要忽略其中的背景图形，可以通过在“幻灯片母版”选项卡的“背景”组中，选中“隐藏背景图形”复选框即可。

6.6.7 设置课件占位符属性

在 PowerPoint 2016 中，占位符、文本框及自选图形对象具有相似的属性，如大小、填充颜色以及线型等，设置它们的属性操作是相似的。下面介绍具体的操作方法。

Step 01 单击“文件”|“打开”命令，打开素材文件“素材\第 6 章\细胞.pptx”，如图 6-118 所示。

Step 02 切换至“视图”面板，单击“母版视图”选项板中的“幻灯片母版”按钮，进入“幻灯片母版”面板，选择需要编辑占位符的幻灯片母版，如图 6-119 所示。

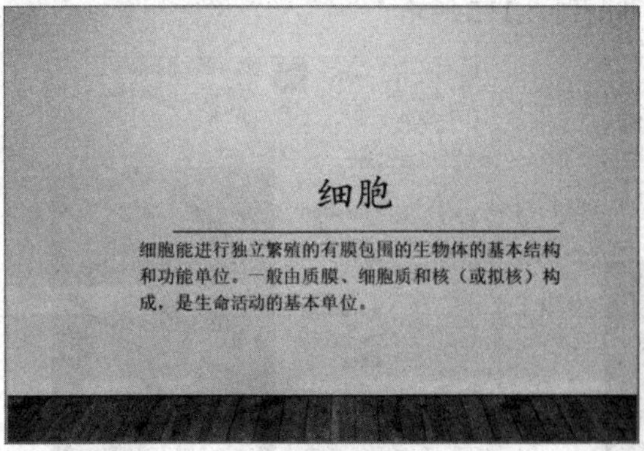

图 6-118 打开素材文件

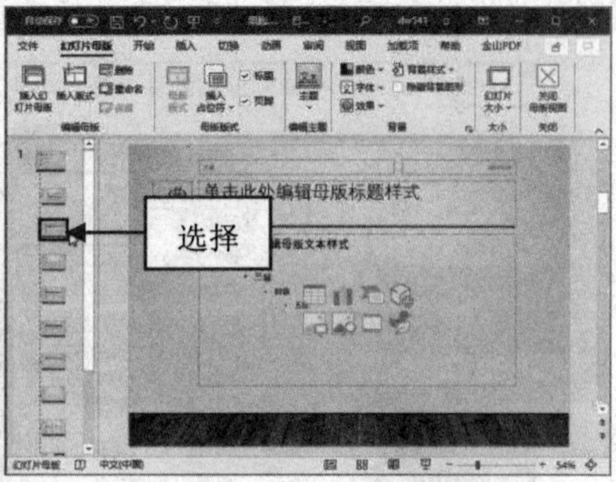

图 6-119 选择幻灯片母版

Step 03 在标题占位符中单击鼠标右键，在弹出的快捷菜单中，选择“设置形状格式”选项，如图 6-120 所示。

Step 04 弹出“设置形状格式”对话框，在“填充”选项区中，选中“纯色填充”单选按钮，如图 6-121 所示。

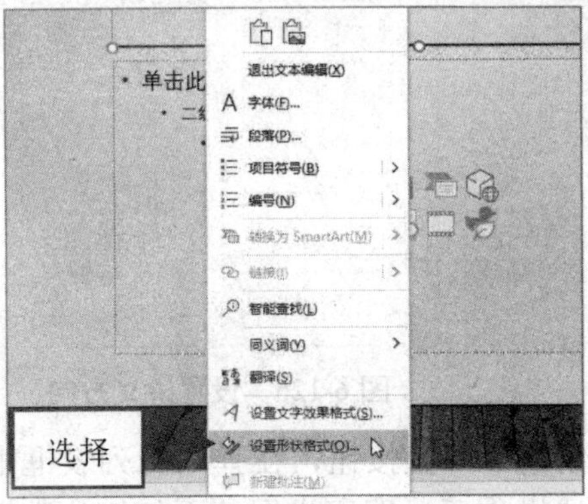

图 6-120 选择“设置形状格式”选项

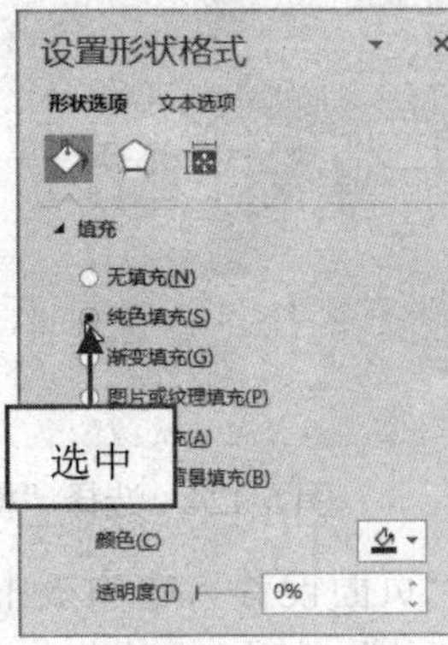

图 6-121 选中“纯色填充”单选按钮

Step 05 在“填充颜色”选项区中，单击“颜色”右侧的下拉按钮，在弹出的列表框中，选择“粉红，个性色 2”选项，如图 6-122 所示。

Step 06 执行上述操作后，即可设置占位符属性，效果如图 6-123 所示。

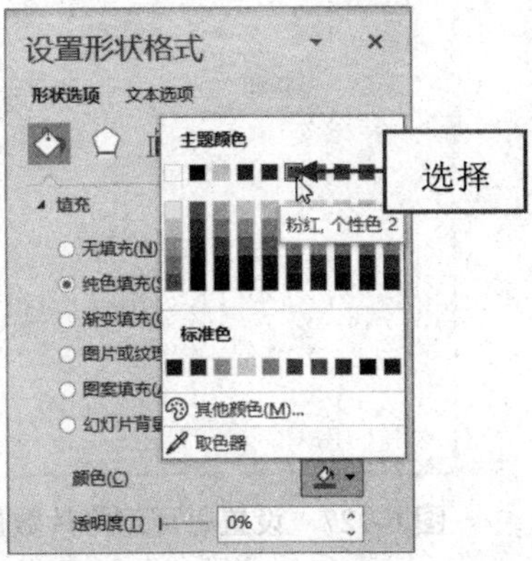

图 6-122 选择“粉红，个性色 2”选项

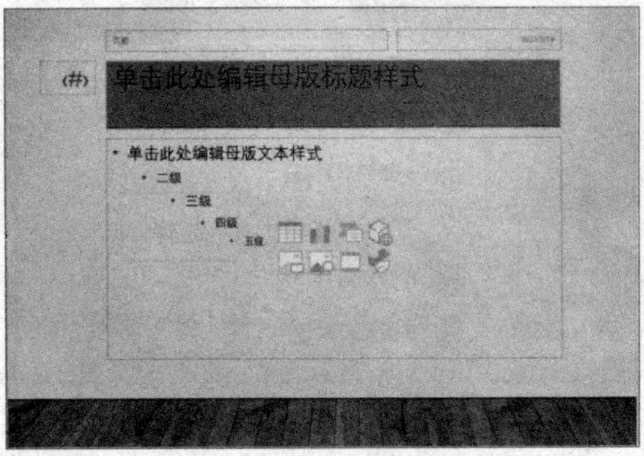

图 6-123 设置占位符属性

6.6.8 应用讲义母版

讲义母版是用来控制讲义的打印格式，它允许在一张讲义中设置几张幻灯片，并设置页眉、页脚和页码等基本信息。

如果要更改“讲义母版”中页眉和页脚内的文本、日期或页码的外观、位置和大小，就要更改讲义母版。在每一张幻灯片的板式中，如果不希望页眉和页脚的文本、日期或幻灯片编号在幻灯片中显示，那么只能将页眉和页脚应用于讲义而不是幻灯片中。

打开演示文稿，切换至“视图”面板，单击“讲义母版”按钮，即可进入“讲义母版”视图。单击“讲义方向”下拉按钮，在弹出的列表框中选择“横向”选项，如图 6-124 所示。执行上述操作后，即可设置讲义方向，如图 6-125 所示。

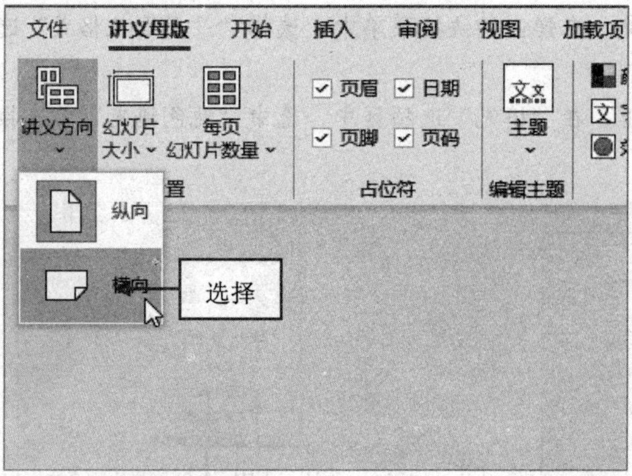

图 6-124　选择“横向”选项

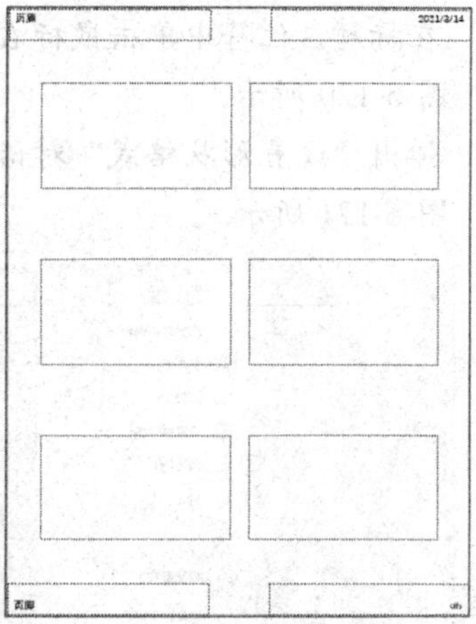

图 6-125　设置讲义方向

单击“页面设置”选项板中的“每页幻灯片数量”下拉按钮，在弹出的列表框中，选择“4 张幻灯片”选项，如图 6-126 所示。执行上述操作后，即可设置每页幻灯片数量，如图 6-127 所示。

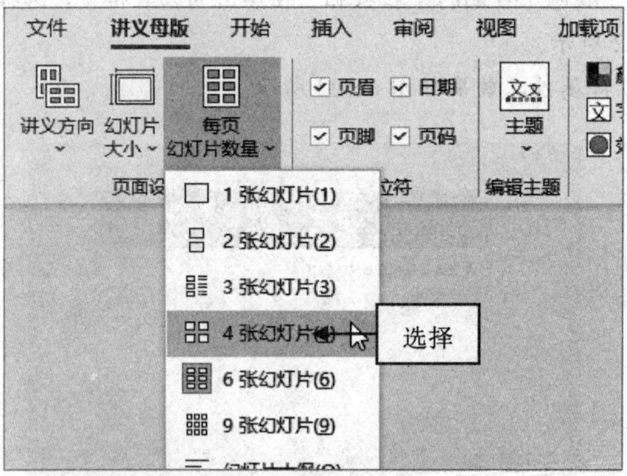

图 6-126　选择“4 张幻灯片”选项

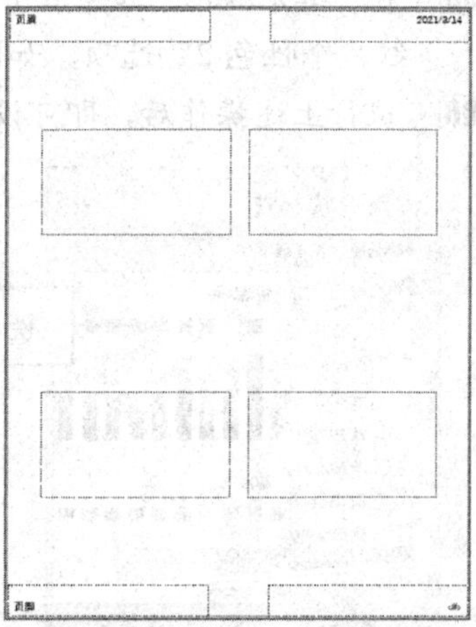

图 6-127　设置每页幻灯片数量

6.6.9　应用备注母版

备注母版主要用来设置幻灯片的备注格式，一般是用于打印输出的，所以备注母版的设置大多也和打印页面相关。PowerPoint 2016 为每张幻灯片都设置了一个备注页，供演讲人添加备注，备注母版用于控制报告人注释的显示内容和格式，使多数注释有统一的外观。

要显示备注母版，可在“视图”面板中，单击“备注母版”按钮，即可显示备注母版视图，如图 6-128 所示。备注母版的上方是幻灯片缩略图，选中该缩略图，拖拽其四周的控制点，可调整缩略图的大小，效果如图 6-129 所示。

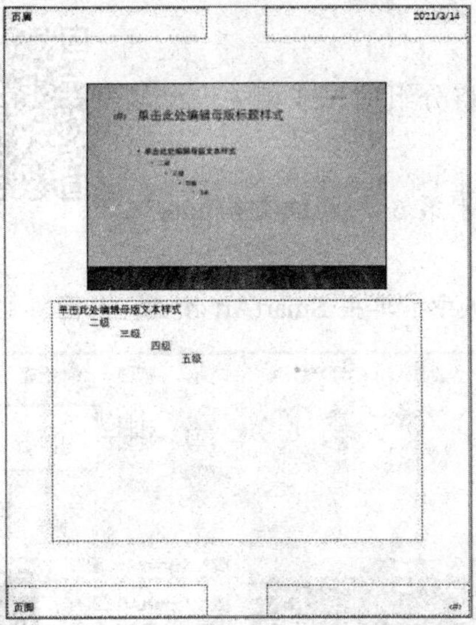

图 6-128　“备注母版”视图

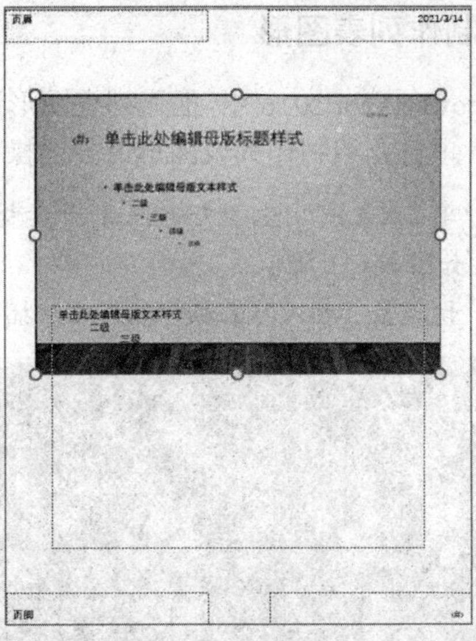

图 6-129　调整缩略图的大小

切换至“形状格式”面板，可设置缩略图的颜色和边框效果，如图 6-130 所示。

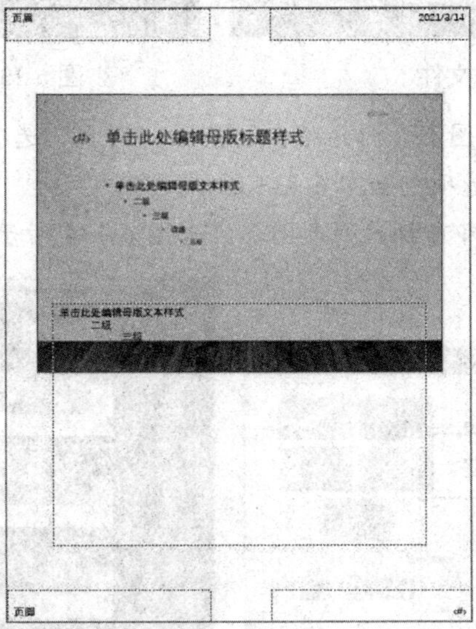

图 6-130　设置“备注母版”后的效果

6.7　制作 SmartArt 图形课件

SmrartArt 图形是信息和观点的视觉表示形式。创建 SmrartArt 图形可以非常直观地说明层级关系、附属关系、并列关系和循环关系等各种常见的关系，而且制作出来的图形漂亮精美，具有很强的立体感和画面感。

6.7.1 制作列表图形

在 PowerPoint 2016 中，插入列表图形课件可以将分组信息或相关信息显示出来。项目介绍制作列表图形课件的操作方法。

Step01 单击“文件”|“打开”命令，打开素材文件“素材\第 6 章\初级实务.pptx”，如图 6-131 所示。

Step02 切换至“插入”面板，然后在“插图”选项板中，单击 SmartArt 按钮，如图 6-132 所示。

图 6-131 打开素材文件

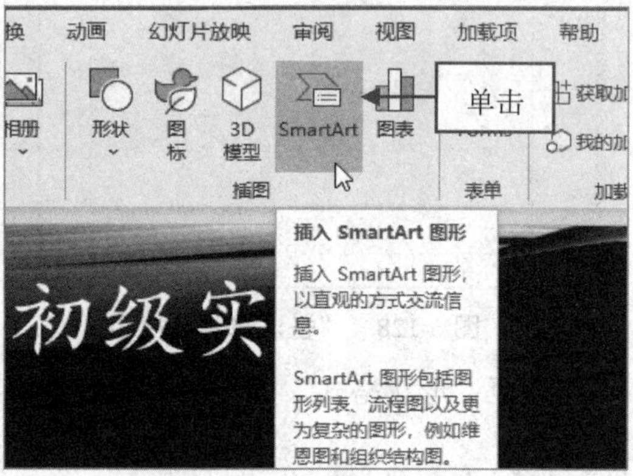

图 6-132 单击 SmartArt 按钮

Step03 弹出“选择 SmartArt 图形”对话框，切换至“列表”选项卡，在中间的下拉列表框中，选择“垂直框列表”选项，如图 6-133 所示。

Step04 单击“确定”按钮，即可插入列表图形，如图 6-134 所示。

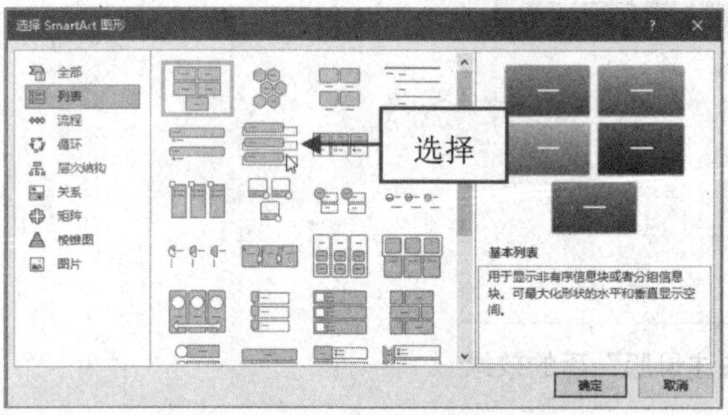

图 6-133 选择“垂直块列表”选项

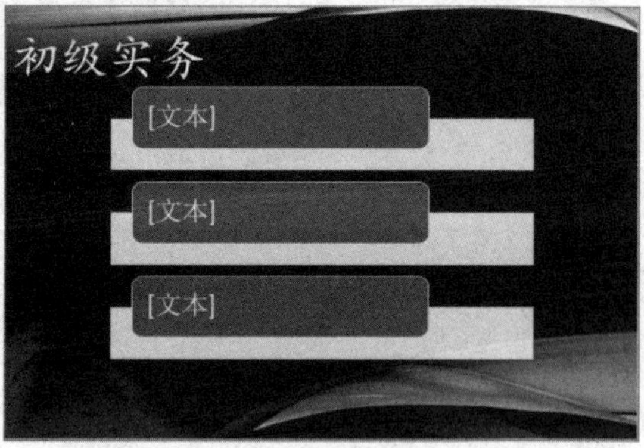

图 6-134 插入列表图形

Step05 单击 SmartArt 图形中的文本占位符，输入文本，如图 6-135 所示。

Step06 用与上同样的方法，输入其他文本即可，效果如图 6-136 所示。

▶ 专家指点

将 SmartArt 图形保存为图片格式，只需要选中 SmartArt 图形并单击鼠标右键，在弹出的快捷菜单中选择“另存为图片”选项，在弹出的“另存为”对话框中选择要保存的图片格式，再单击“保存”按钮即可。

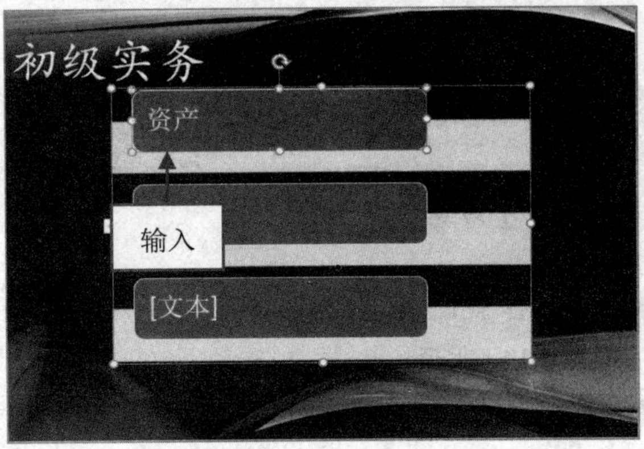

图 6-135　输入文本

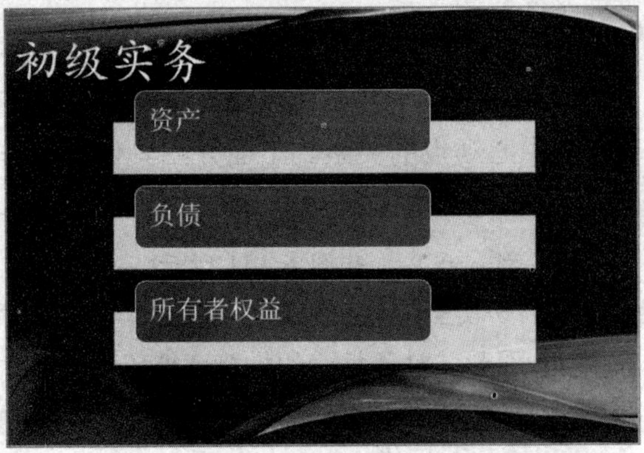

图 6-136　输入其他文本

6.7.2　制作流程图形

在 PowerPoint 2016 中，流程图形主要用于显示非有序信息块或者分组信息块，可最大化形状的水平和垂直显示空间。下面介绍具体的操作方法。

Step 01　启动 PowerPoint 2016，切换至“插入”面板，在“插图”选项板中，单击 SmartArt 按钮，弹出“选择 SmartArt 图形”对话框，如图 6-137 所示。

Step 02　切换至“流程”选项卡，在中间的下拉列表框中，选择“连续块状流程”选项，如图 6-138 所示。

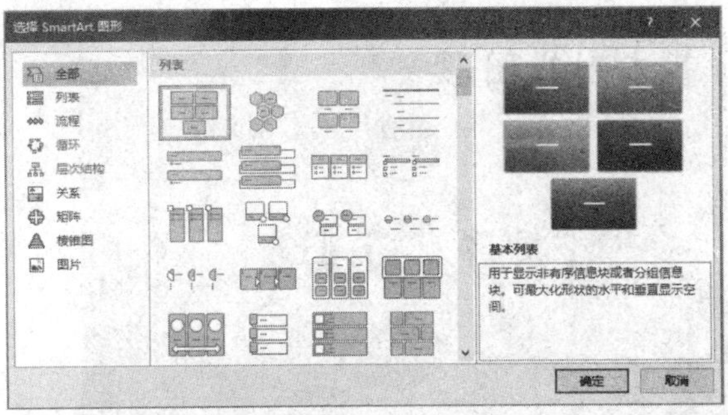

图 6-137　弹出“选择 SmartArt 图形”对话框

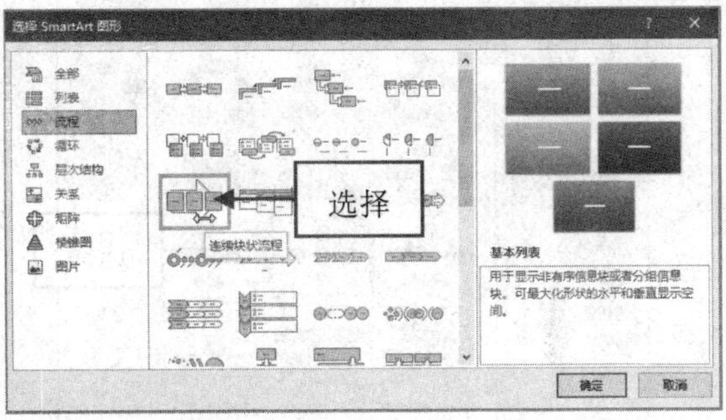

图 6-138　选择“连续块状流程”选项

Step 03　在右侧列表框中，单击“确定”按钮，如图 6-139 所示。

Step 04　执行上述操作后，即可制作流程图课件，如图 6-140 所示。

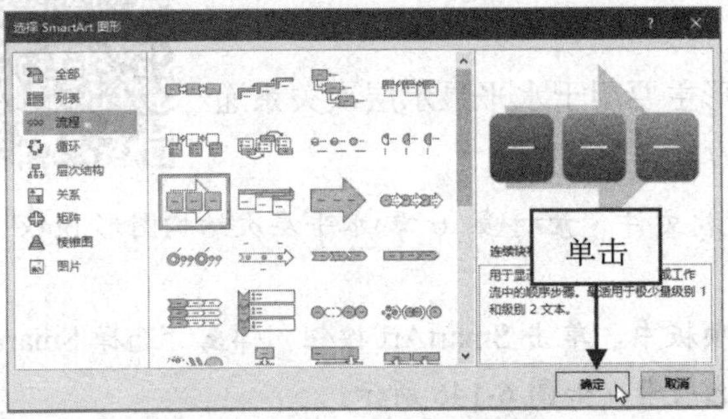

图 6-139　单击“确定”按钮

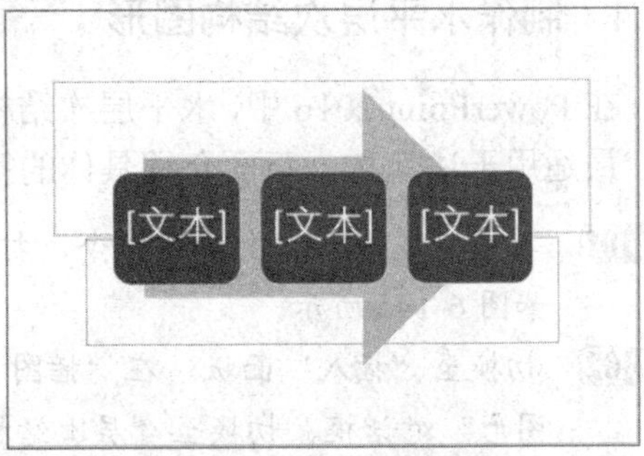

图 6-140　制作流程图课件

6.7.3 制作基本射线图形

在 PowerPoint 2016 中，基本射线图形直属于循环图形，主要用于显示循环中与中心观点的关系。下面介绍具体的操作方法。

Step 01 单击“文件”|“打开”命令，打开素材文件“素材\第 6 章\基本射线图形.pptx”，如图 6-141 所示。

Step 02 切换至“插入”面板，在“插图”选项板中，单击 SmartArt 按钮，弹出“选择 SmartArt 图形”对话框，切换至“循环”选项卡，如图 6-142 所示。

图 6-141 打开素材文件

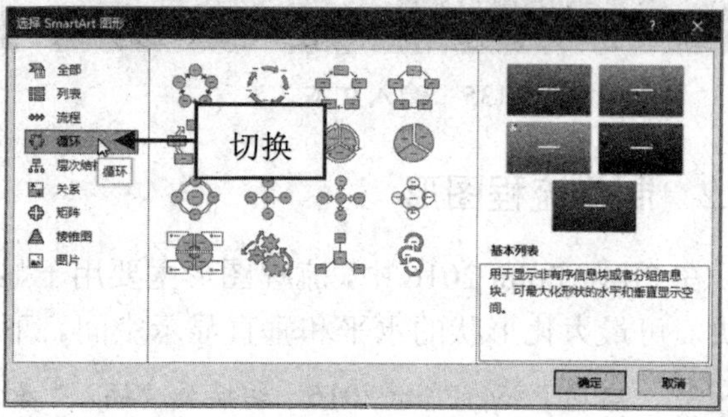

图 6-142 切换至“循环”选项卡

Step 03 在中间的列表框中，选择“基本射线图”选项，如图 6-143 所示。

Step 04 单击“确定”按钮，即可制作基本射线图形，调整至合适位置，效果如图 6-144 所示。

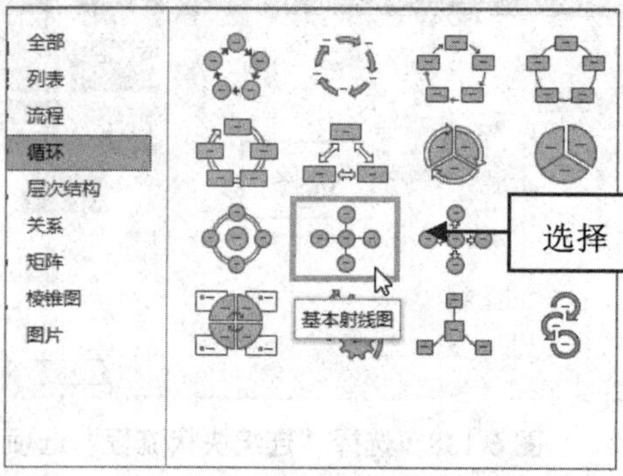

图 6-143 选择“基本射线图”选项

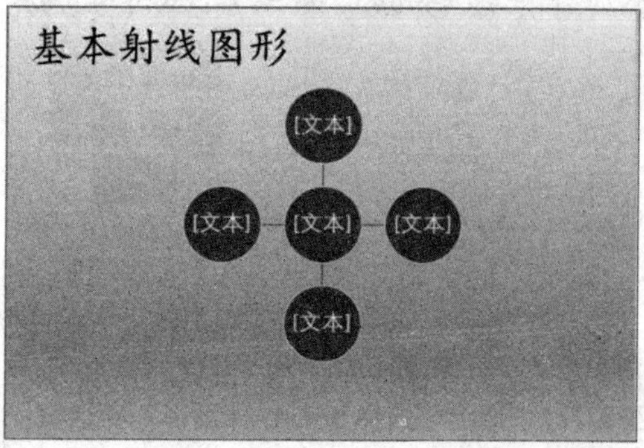

图 6-144 制作基本射线图形

6.7.4 制作水平层次结构图形

在 PowerPoint 2016 中，水平层次结构图形主要用于水平显示层次关系递进，最适用于决策树。下面介绍具体的操作方法。

Step 01 单击“文件”|“打开”命令，打开素材文件“素材\第 6 章\水平层次结构图形.pptx”，如图 6-145 所示。

Step 02 切换至“插入”面板，在“插图”选项板中，单击 SmartArt 按钮，弹出“选择 SmartArt 图形”对话框，切换至“层次结构”选项卡，如图 6-146 所示。

图 6-145　打开素材文件

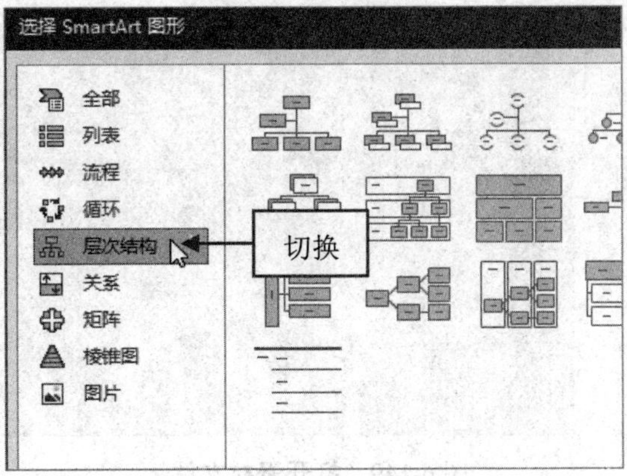

图 6-146　切换至“层次结构”选项卡

Step 03　在中间的列表框中，选择“水平层次结构”选项，如图 6-147 所示。

Step 04　单击“确定”按钮，即可制作水平层次结构图形，调整至合适位置，效果如图 6-148 所示。

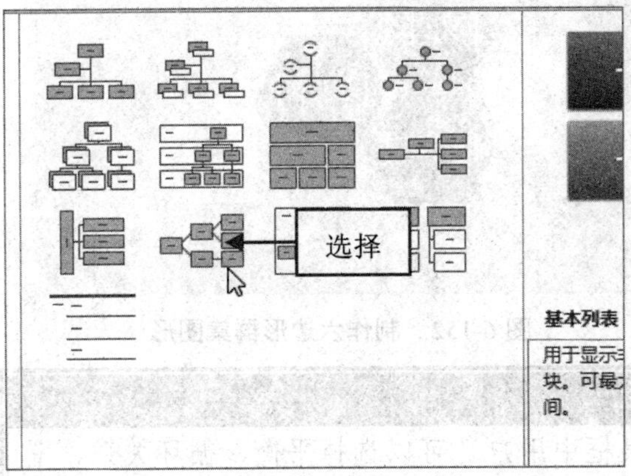

图 6-147　选择“水平层次结构”选项

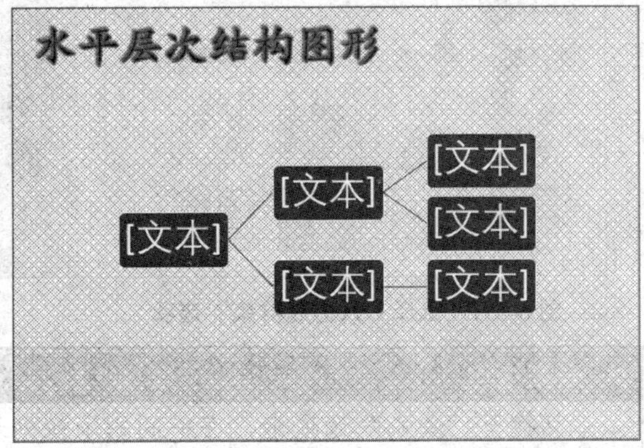

图 6-148　制作水平层次结构

6.7.5　制作六边形群集图形

在 PowerPoint 2016 中，六边形群集图形主要用于显示包含关联描述性文本的图片。下面介绍具体的操作方法。

Step 01　单击“文件”|“打开”命令，打开素材文件“素材\第 6 章\六边形群集图形.pptx”，如图 6-149 所示。

Step 02　切换至“插入”面板，在“插图”选项板中，单击 SmartArt 按钮，弹出“选择 SmartArt 图形”对话框，切换至“关系”选项卡，如图 6-150 所示。

Step 03　在中间的下拉列表框中，选择“六边形群集”选项，如图 6-151 所示。

Step 04　单击“确定”按钮，即可制作六边形群集图形，调整至合适位置，效果如图 6-152 所示。

图 6-149　打开素材文件

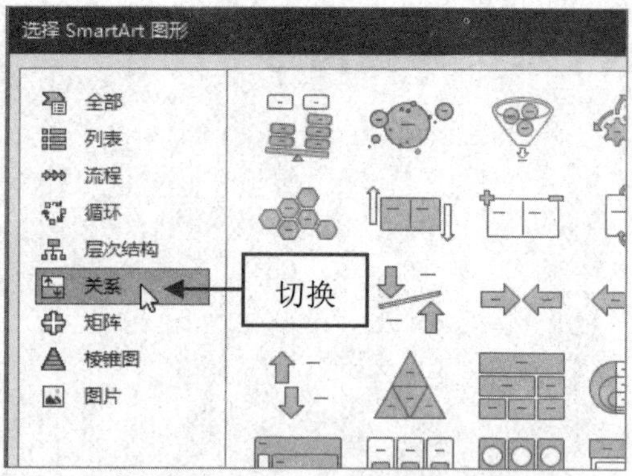

图 6-150　切换至“关系”选项卡

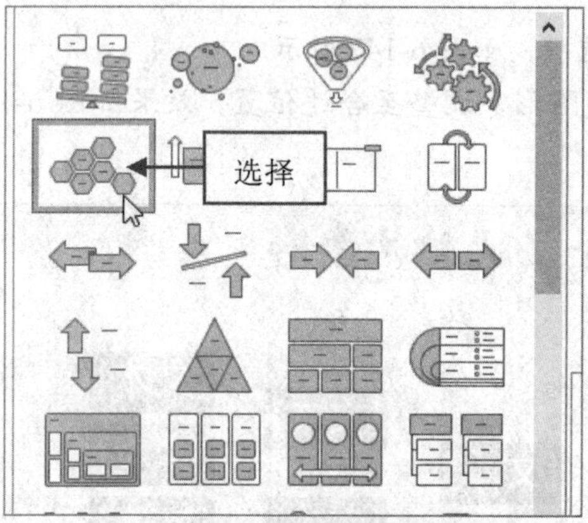

图 6-151　选择“六边形群集”选项

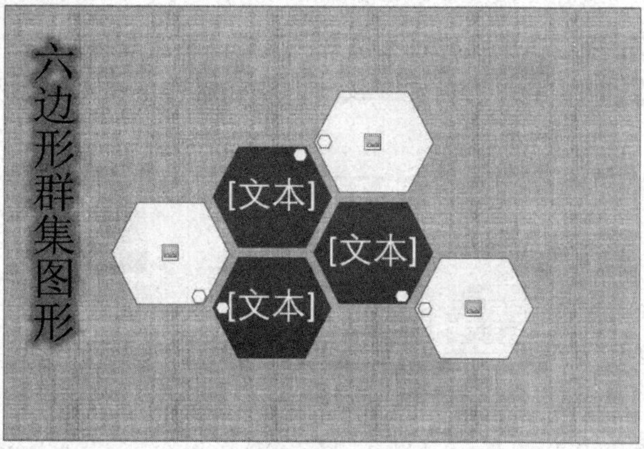

图 6-152　制作六边形群集图形

▶ 专家指点

切换至“关系”选项卡，在中间的下拉列表框中用户还可以选择平衡、循环关系、漏斗和齿轮等其他关系图形。选择不同的图形关系图，可以得到不同的效果。

6.7.6　制作循环矩阵图形

循环矩阵图形主要用于显示循环行进中与中央观点的关系。级别 1 是指文本前四行的每一行均与某一个楔形或饼形相对应，并且每行的级别 2 文本，将显示在楔形或饼形旁边的矩形中，未使用的文本不会显示，但是如果切换布局，这些文本仍将可用。下面介绍具体的操作方法。

Step 01　单击“文件”|“打开”命令，打开素材文件“素材\第 6 章\循环矩阵图形.pptx”，如图 6-153 所示。

Step 02　切换至“插入”面板，在“插图”选项板中，单击 SmartArt 按钮，弹出“选择 SmartArt 图形”对话框，切换至“矩阵”选项卡，如图 6-154 所示。

Step 03　在中间的列表框中，选择“循环矩阵”选项，如图 6-155 所示。

Step 04　单击“确定”按钮，即可制作循环矩阵图形，调整至合适位置，效果如图 6-156 所示。

图 6-153　打开素材文件

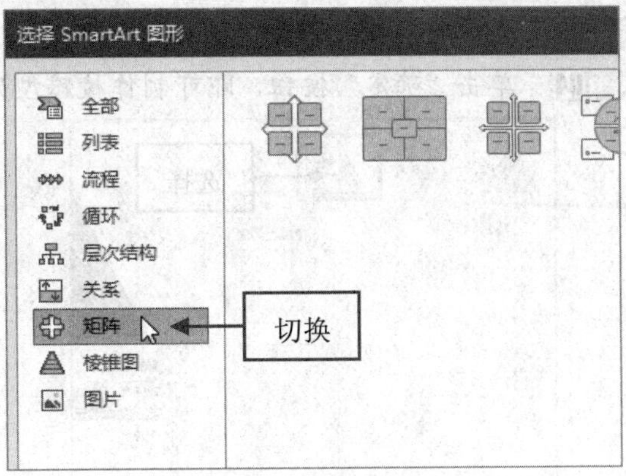

图 6-154　切换至“矩阵”选项卡

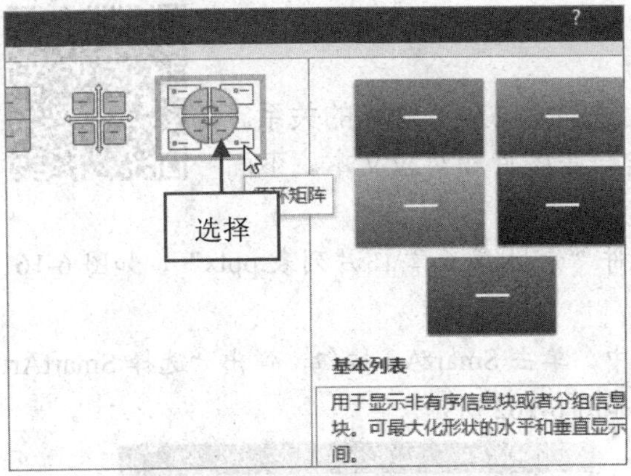

图 6-155　选择“循环矩阵”选项

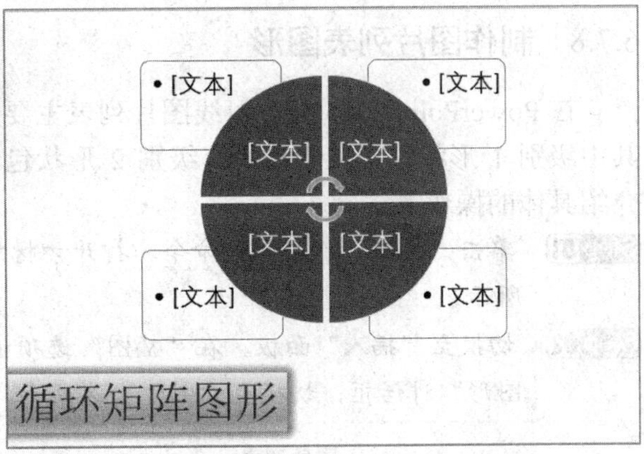

图 6-156　制作循环矩阵图形

6.7.7　制作棱锥型列表图形

在 PowerPoint 2016 中，棱锥型列表用于显示比例关系、互连关系或分层关系，文本显示在棱锥形背景顶端的矩形中。下面介绍具体的操作方法。

Step 01　单击“文件”|“打开”命令，打开素材文件“素材\第 6 章\棱锥型列表.pptx”，如图 6-157 所示，下面介绍具体操作方法。

Step 02　切换至“插入”面板，在“插图”选项板中，单击 SmartArt 按钮，弹出“选择 SmartArt 图形”对话框，切换至“棱锥图”选项卡，如图 6-158 所示。

图 6-157　打开素材文件

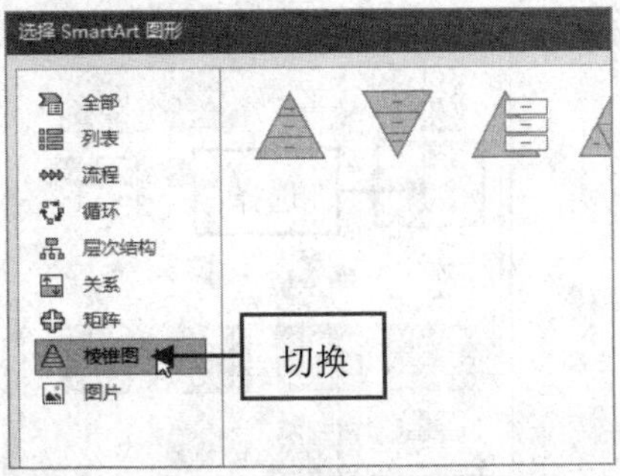

图 6-158　切换至“棱锥图”选项卡

Step03 在中间的列表框中，选择“棱锥型列表”选项，如图 6-159 所示。

Step04 单击“确定”按钮，即可制作棱锥型列表图形，调整至合适位置，效果如图 6-160 所示。

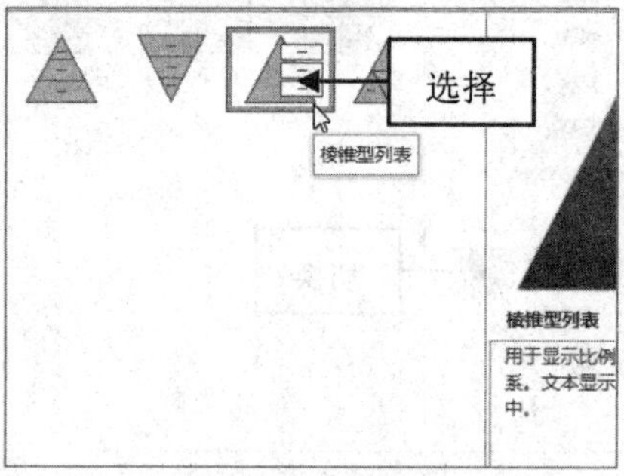

图 6-159　选择“棱锥型列表”选项

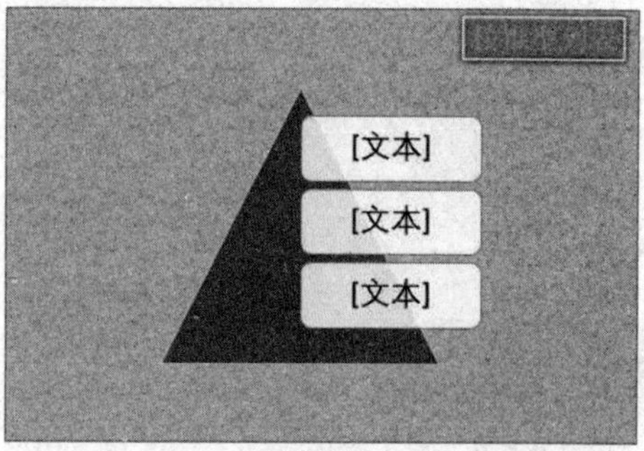

图 6-160　制作棱锥型列表图形

6.7.8　制作图片列表图形

在 PowerPoint 2016 中，射线图片列表主要用于显示与中心观点的关系。其中级别 1 形状包含文本，所有级别 2 形状包含一张图片和对应文本。下面介绍具体的操作方法。

Step01 单击“文件”|“打开”命令，打开素材文件“素材\第 6 章\图片列表.pptx”，如图 6-161 所示。

Step02 切换至“插入”面板，在“插图”选项板中，单击 SmartArt 按钮，弹出“选择 SmartArt 图形”对话框，切换至“图片”选项卡，如图 6-162 所示。

图 6-161　打开素材文件

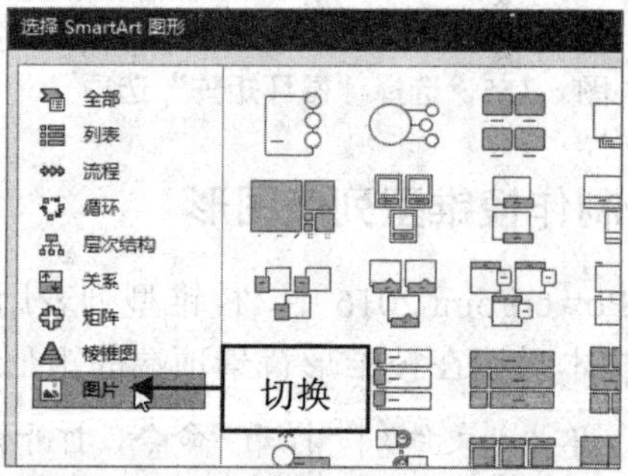

图 6-162　切换至“图片”选项卡

Step03 在中间的下拉列表框中，选择“升序图片重点流程”选项，如图 6-163 所示。

Step04 单击“确定”按钮，即可制作图片列表图形，调整至合适位置，效果如图 6-164 所示。

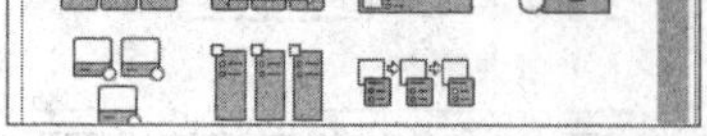

图 6-163　选择“升序图片重点流程”选项

图 6-164　制作射线图片列表图形

6.7.9　更改图形布局

在 PowerPoint 2016 中，当用户添加了 SmartArt 图形之后，还可以方便地修改已经创建好的图形布局。下面介绍具体的操作方法。

Step 01　单击“文件”|“打开”命令，打开素材文件“素材\第 6 章\综合学科.pptx”，如图 6-165 所示。

Step 02　在编辑区中选择插入的“SmartArt 设计”面板，如图 6-166 所示。

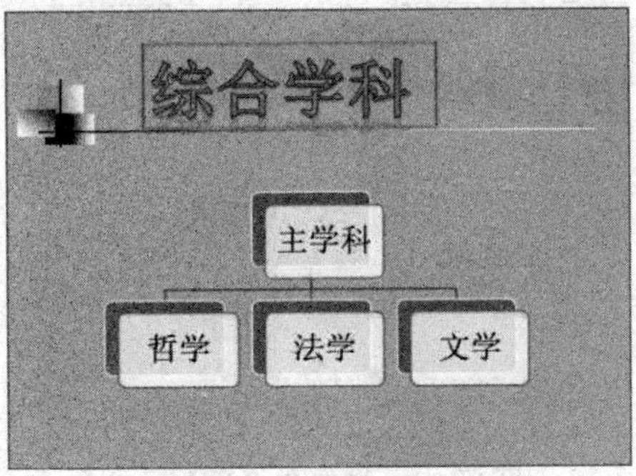

图 6-165　打开素材文件

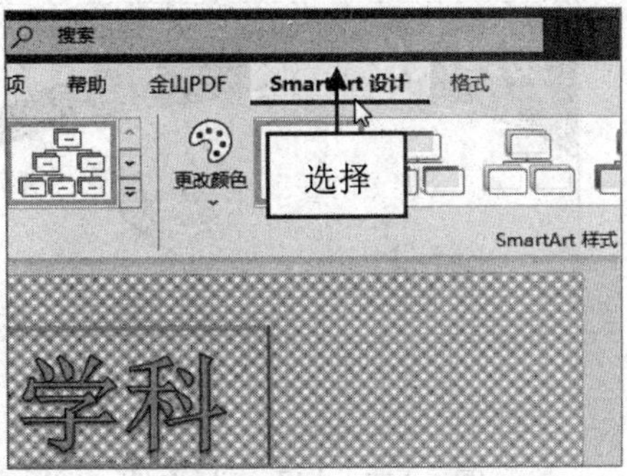

图 6-166　选择插入的“SmartArt 设计”面板

Step 03　单击“版式”选项板中的“其他”按钮，在弹出的列表框中，选择“其他布局”选项，如图 6-167 所示。

Step 04　弹出“选择 SmartArt 图形”对话框，在中间下拉列表框中的“层次结构”选项区中，选择“水平层次结构”选项，如图 6-168 所示。

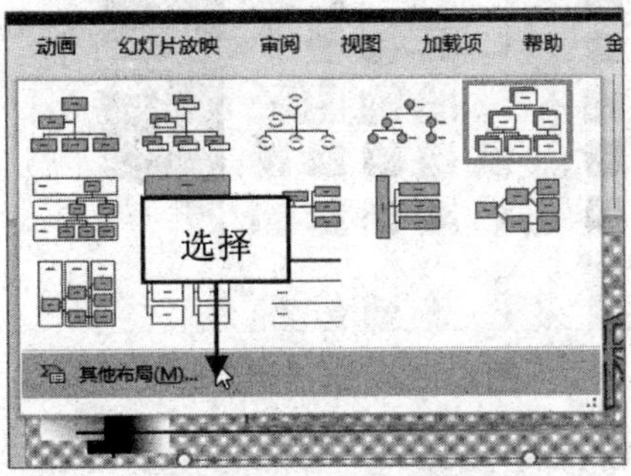

图 6-167　选择“其他布局”选项

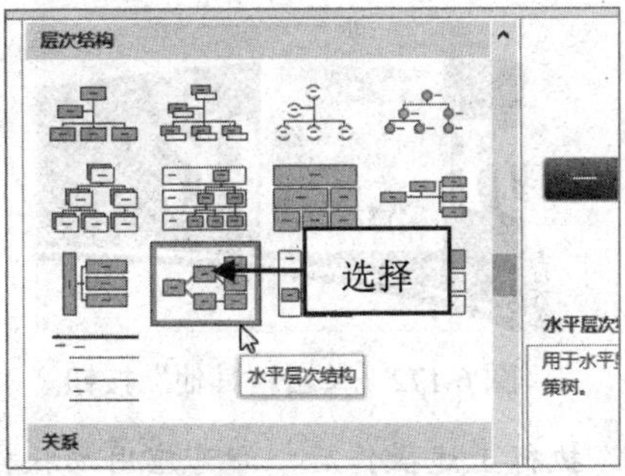

图 6-168　选择“水平层次结构”选项

Step 05　单击“确定”按钮，即可更改图形布局，如图 6-169 所示。

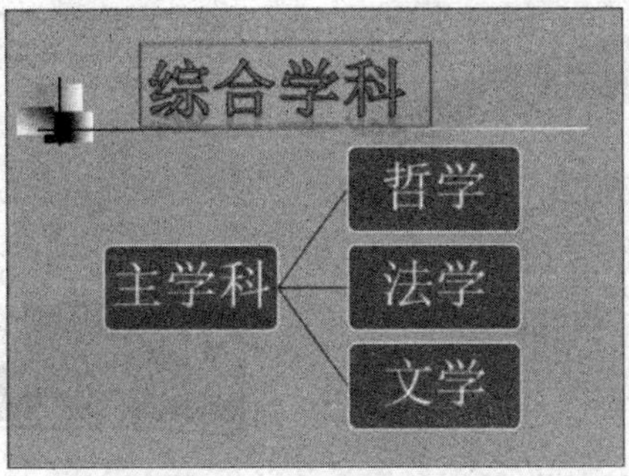

图 6-169　更改图形布局

6.7.10　设置图形样式

在创建 SmartArt 图形之后，图形本身带了一定的样式，用户也可以根据需要更改 SmartArt 图形的样式。下面介绍具体的操作方法。

Step 01　单击“文件”|“打开”命令，打开素材文件“素材\第 6 章\物理汽化.pptx”，如图 6-170 所示。

Step 02　按住【Ctrl】键的同时，在编辑区中选择所有单个图形，如图 6-171 所示。

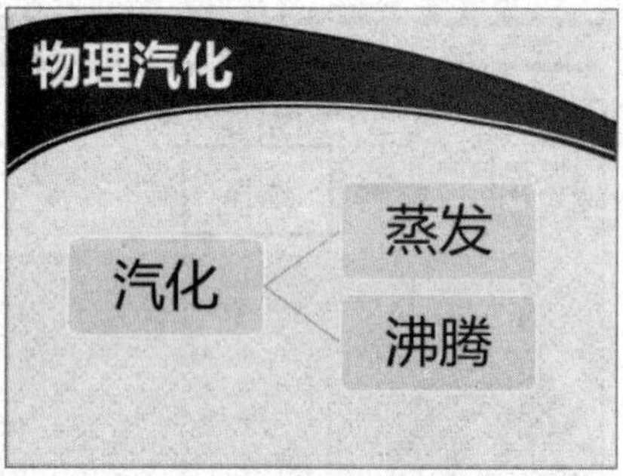

图 6-170　打开素材文件

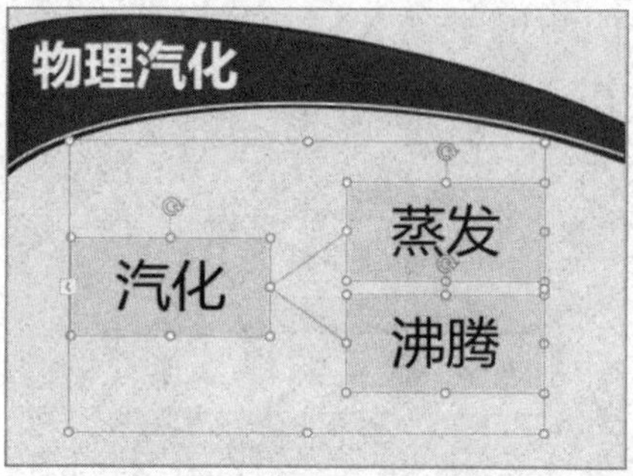

图 6-171　选择单个图形

Step 03　切换至“格式”面板，在“形状样式”选项板中，单击“其他”按钮，如图 6-172 所示。

Step 04　在弹出的列表框中，选择“彩色填充-橙色，强调颜色 6”选项，如图 6-173 所示。

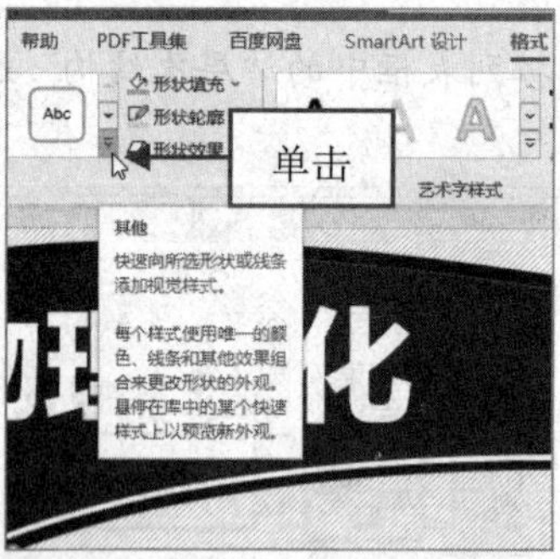

图 6-172　单击“其他”按钮

图 6-173　选择相应选项

Step 05　执行上述操作后，即可应用形状样式，如图 6-174 所示。

Step 06　选择左侧的图形，切换至“格式”面板，单击“形状样式”选项板中的“形状填充”下拉按钮，如图 6-175 所示。

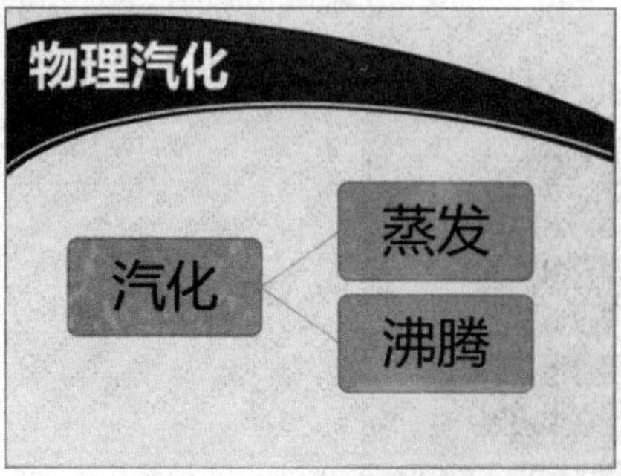

图 6-174　应用形状样式

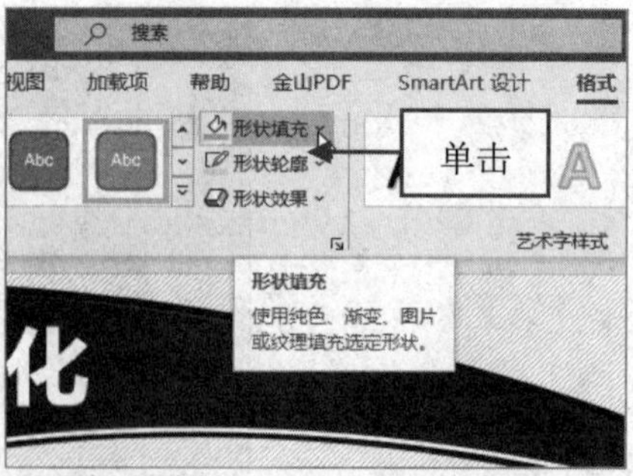

图 6-175　单击“形状填充”按钮

Step07 弹出列表框，在“标准色”选项区中选择“浅蓝”选项，如图 6-176 所示。

Step08 执行上述操作后，即可设置图形颜色，效果如图 6-177 所示。

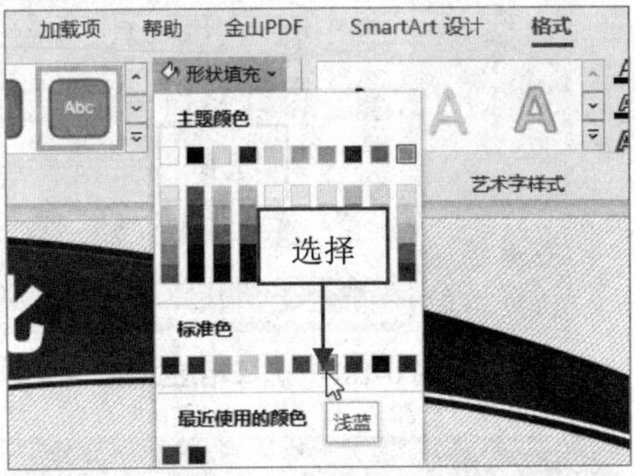

图 6-176　选择“浅蓝”选项

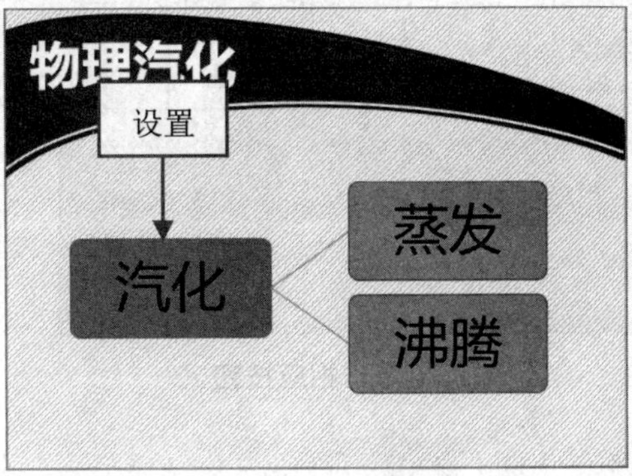

图 6-177　设置图形样式

6.7.11　转换学习文本为图形

在 PowerPoint 2016 中，可以将文本直接转为 SmartArt 图形，使用这个功能可以方便地处理图形。下面介绍具体的操作方法。

Step01 单击“文件”|“打开”命令，打开素材文件“素材\第 6 章\学习周期.pptx”，如图 6-178 所示。

Step02 在编辑区中选择需要转换为图形的文本，如图 6-179 所示。

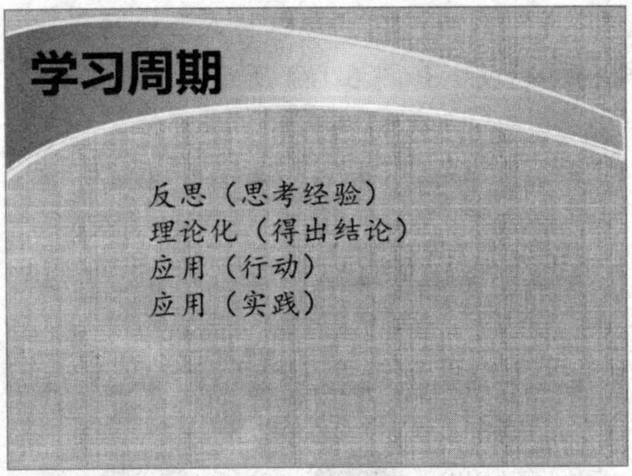

图 6-178　打开素材文件

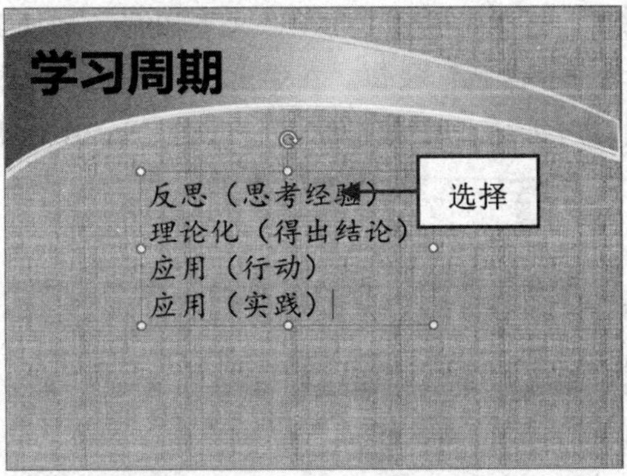

图 6-179　选择文本

Step03 在“开始”面板中的“段落”选项板中，单击“转换为 SmartArt 图形”下拉按钮，如图 6-180 所示。

Step04 弹出列表框，选择“其他 SmartArt 图形”选项，如图 6-181 所示。

Step05 弹出“选择 SmartArt 图形”对话框，切换至“循环”选项卡，在中间的列表框中，选择“基本循环”选项，如图 6-182 所示。

Step06 单击“确定”按钮，即可将文本转换为 SmartArt 图形，调整图形大小和位置，如图 6-183 所示。

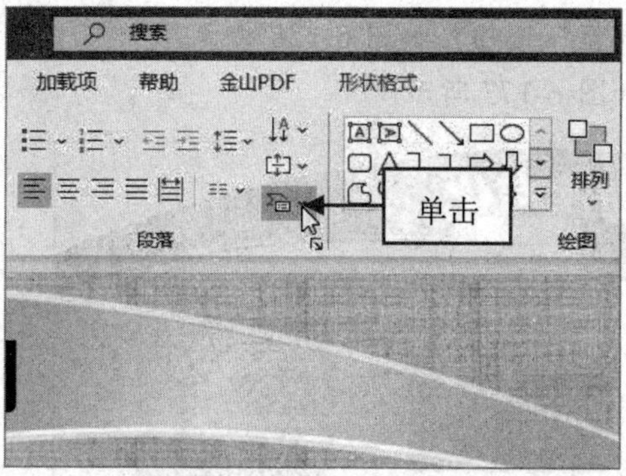

图 6-180　单击相应按钮

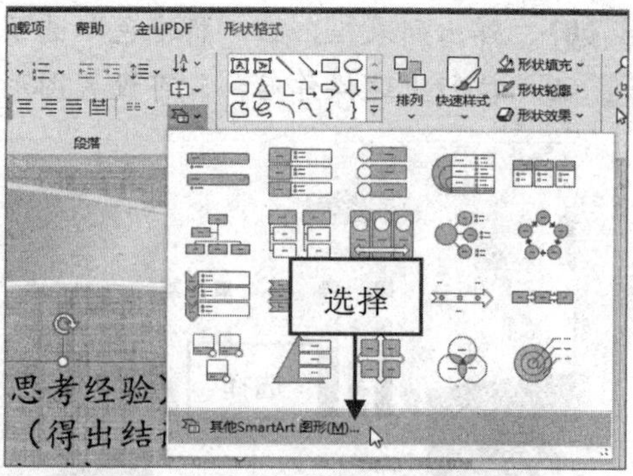

图 6-181　选择相应选项

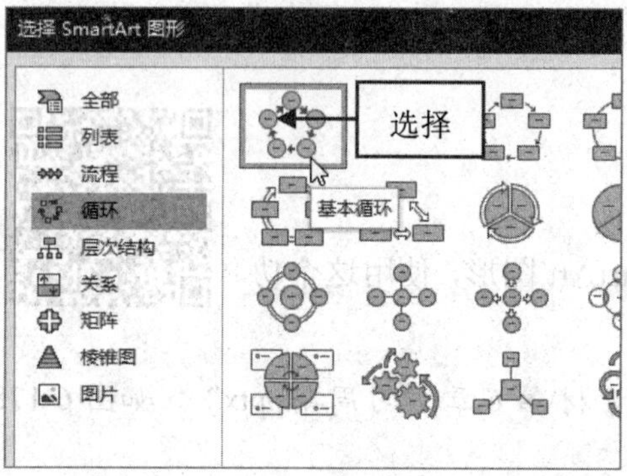

图 6-182　选择“基本循环”选项

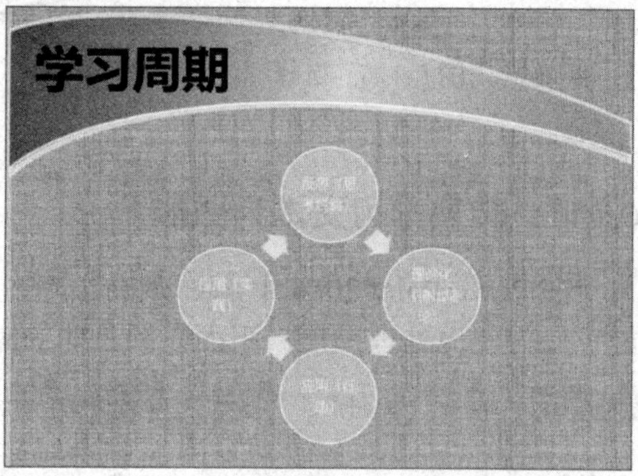

图 6-183　将文本转换为 SmartArt 图形

Step 07　选择编辑区中的单个文本图形，切换至“格式”面板，在“形状样式”选项板中，单击“其他”按钮，在弹出的列表框中，选择相应选项，如图 6-184 所示。

Step 08　执行上述操作后，即可设置 SmartArt 图形，如图 6-185 所示。

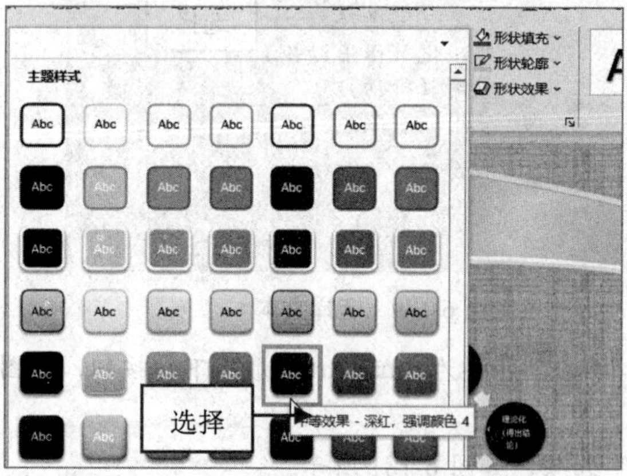

图 6-184　选择相应选项

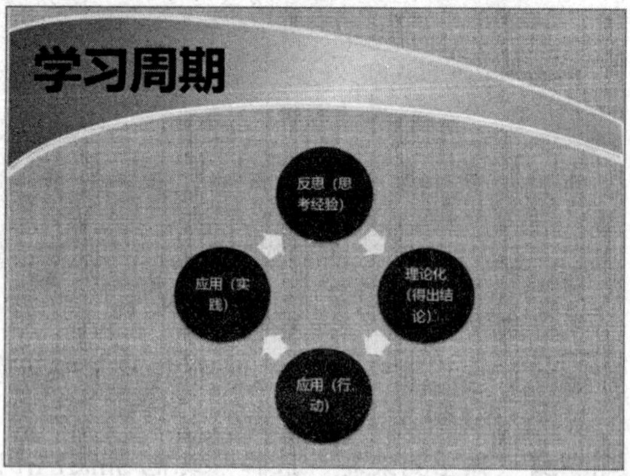

图 6-185　设置 SmartArt 图形

本章小结

本章主要介绍了控件及母版的应用方法。首先介绍了图形模板制作、表格模板制作、图表模板制作、动画模板制作和切换效果模板制作等；然后介绍了应用幻灯片母版的用途；最后介绍了制作 SmartArt 图形的课件，其中包括了列表、流程、基本射线、水平层次结构、六边形群集、循环矩阵和棱锥型列表等制作图形。

本章习题

本章重点介绍了显示效果课件模板制作的方法。本节将通过上机练习题，对本章的知识点进行回顾。

打开“素材\第 6 章”文件夹下的“传统与文化.pptx”课件素材，如图 6-186 所示。尝试为传统与文化课件添加缩放动画，效果如图 6-187 所示。

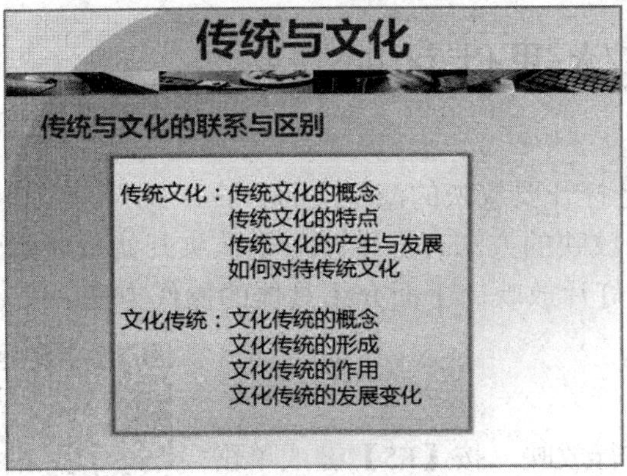

图 6-186　打开素材文件

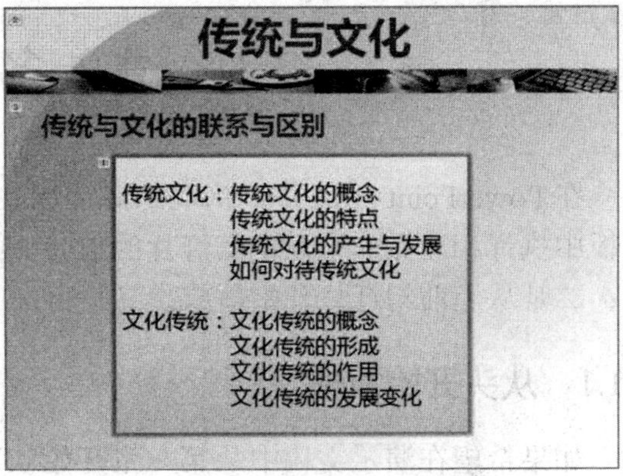

图 6-187　传统与文化课件效果

第 7 章　多媒体课件的放映

【本章概览】

PowerPoint 2016 中提供了多种放映和控制幻灯片的方法，如计时放映、跳转放映等。用户可以选择最为理想的放映速度与放映方式，使幻灯片在放映时结构清晰、流畅。本章主要介绍多媒体课件的放映。

【本章重点】

- 进入多媒体课件放映
- 多媒体课件放映方式
- 设置多媒体课件放映

7.1　进入多媒体课件放映

在 PowerPoint 2016 中，启动幻灯片放映就是打开要放映的演示文稿，在“幻灯片放映”面板中执行相应操作来启动幻灯片的放映。启动放映的方法有三种：一是从头开始放映幻灯片；二是从当前幻灯片开始播放；三是自定义幻灯片放映。下面介绍具体的操作方法。

7.1.1　从头开始放映

如果希望在演示文稿中从第一张开始依次进行放映，按【F5】键或单击“开始放映幻灯片”选项板中的“从头开始”按钮即可。下面介绍具体的操作方法。

Step 01　单击“文件”|“打开”命令，打开素材文件“素材\第 7 章\春暖花开.pptx”，如图 7-1 所示。

Step 02　切换至“幻灯片放映”面板，单击“开始放映幻灯片”选项板中的“从头开始”按钮，如图 7-2 所示。

Step 03　执行上述操作后，即可从头开始放映幻灯片，如图 7-3 所示。

> ▶ 专家指点
>
> 如果是从桌面上打开的放映文件，放映退出时 PowerPoint 2016 会自动关闭并回到桌面上；如果从 PowerPoint 2016 中启动，放映退出时演示文稿仍然会保持打开状态，并可进行编辑。

图 7-1　打开素材文件

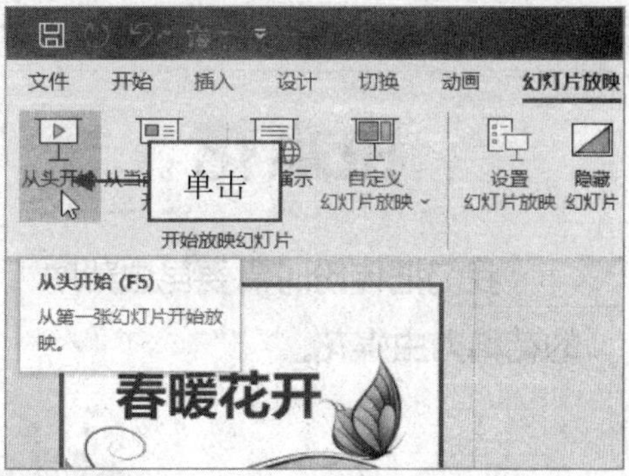

图 7-2　单击“从头开始”按钮

图 7-3　放映幻灯片

7.1.2　从当前幻灯片开始放映

若用户需要从当前选择的幻灯片处开始放映，可以按【Shift＋F5】组合键，或单击“开始放映幻灯片”选项板中的“从当前幻灯片开始”按钮。下面介绍具体的操作方法。

Step 01 单击“文件”|“打开”命令，打开素材文件“素材\第 7 章\开花和结果.pptx”，如图 7-4 所示。

Step 02 进入第 2 张幻灯片，切换至“幻灯片放映”面板，单击“开始放映幻灯片”选项板中的“从当前幻灯片开始”按钮，如图 7-5 所示。

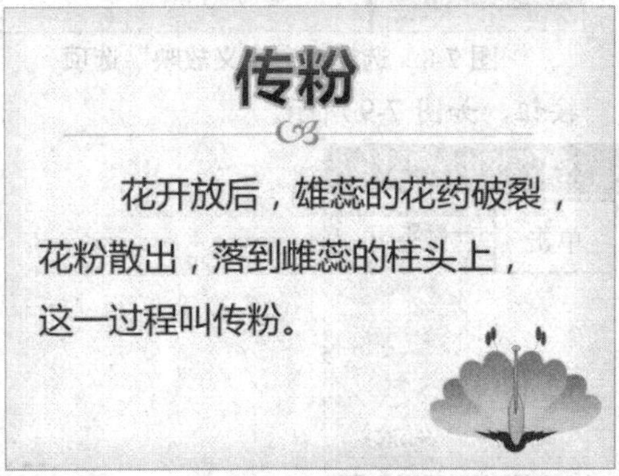

图 7-4　打开素材文件

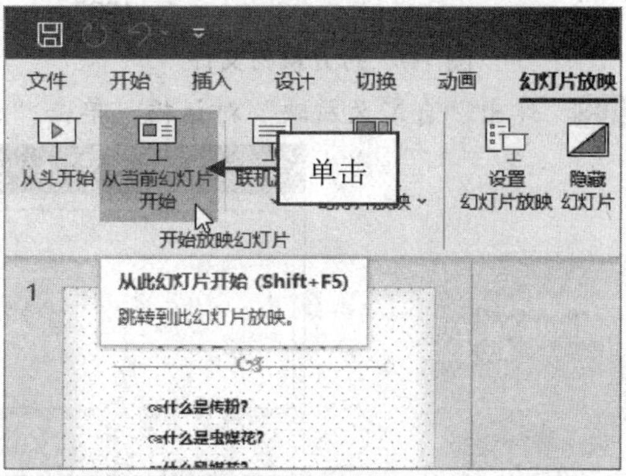

图 7-5　单击“从当前幻灯片开始”按钮

Step 03 执行上述操作后，即可从当前幻灯片处开始放映，如图 7-6 所示。

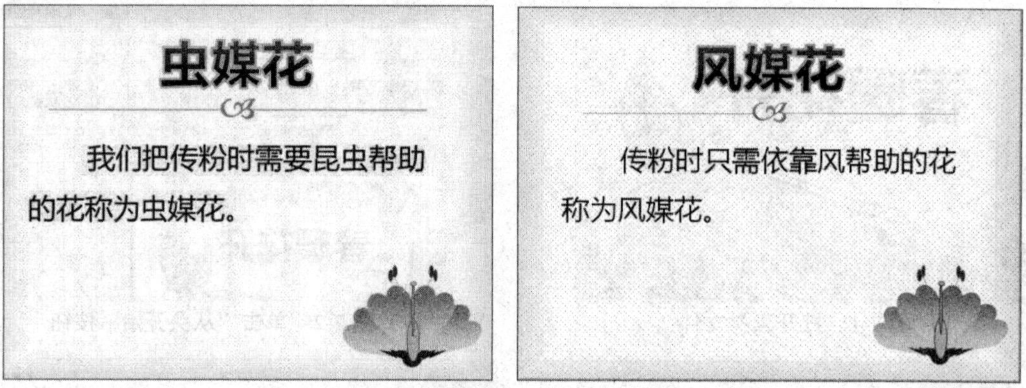

图 7-6　从当前幻灯片处开始放映

7.1.3　自定义幻灯片放映

自定义幻灯片放映是按设定的顺序播放，而不会按顺序依次放映每一张幻灯片，用户可在“定义自定义放映”对话框中设置幻灯片的放映顺序。下面介绍具体的操作方法。

Step 01 单击“文件”|“打开”命令，打开素材文件“素材\第 7 章\家庭理财.pptx”，如图 7-7 所示。

Step 02 切换至“幻灯片放映”面板，❶单击“开始放映幻灯片”选项板中的“自定义幻灯片放映”下拉按钮；❷在弹出的列表框中选择“自定义放映”选项，如图 7-8 所示。

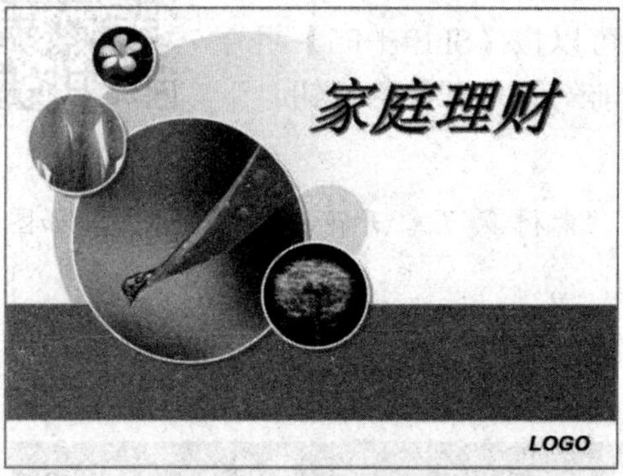

图 7-7　打开素材文件

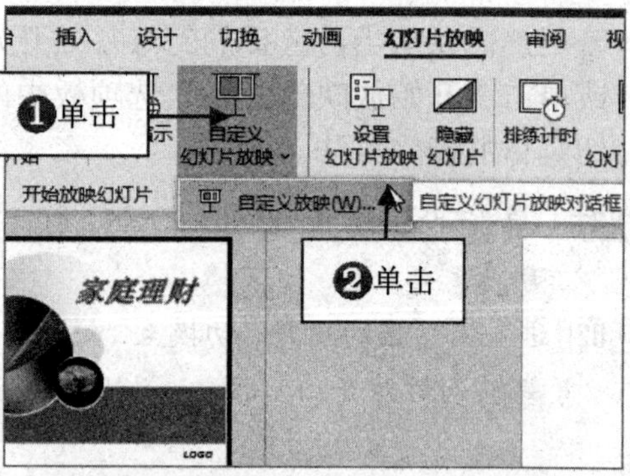

图 7-8　选择“自定义放映”选项

Step 03 弹出“自定义放映”对话框，单击“新建”按钮，如图 7-9 所示。

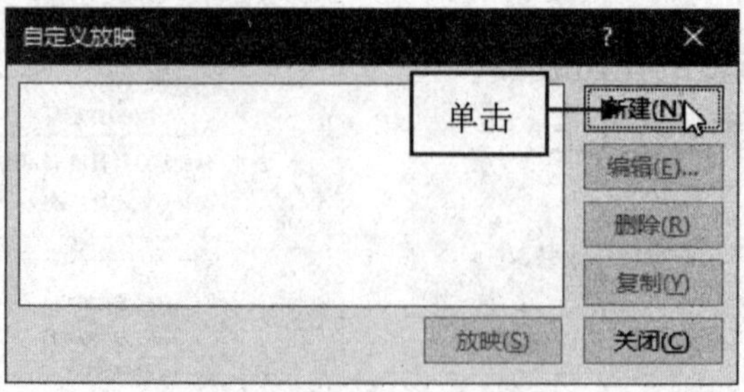

图 7-9　单击“新建”按钮

Step 04 弹出“定义自定义放映”对话框，在左边的列表框中选中“储蓄可以这样理财”复选框，单击“添加”按钮，如图 7-10 所示。

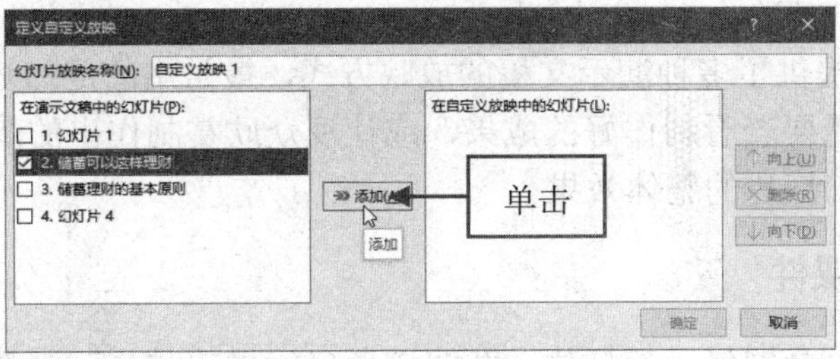

图 7-10 单击“添加”按钮

Step 05 用同样的方法，依次添加“储蓄理财的基本原则”“幻灯片 4”选项，如图 7-11 所示。

Step 06 ❶选择“储蓄理财的基本原则”选项；❷单击右侧的“向上”按钮，如图 7-12 所示。执行上述操作后，将“储蓄理财的基本原则”移至“储蓄可以这样理财”上方。

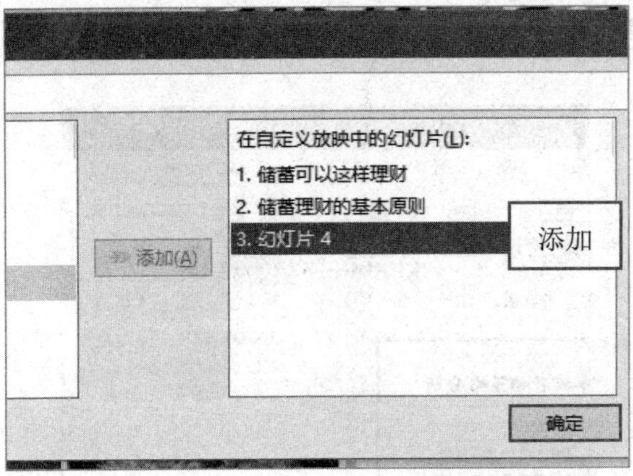

图 7-11 添加相应选项

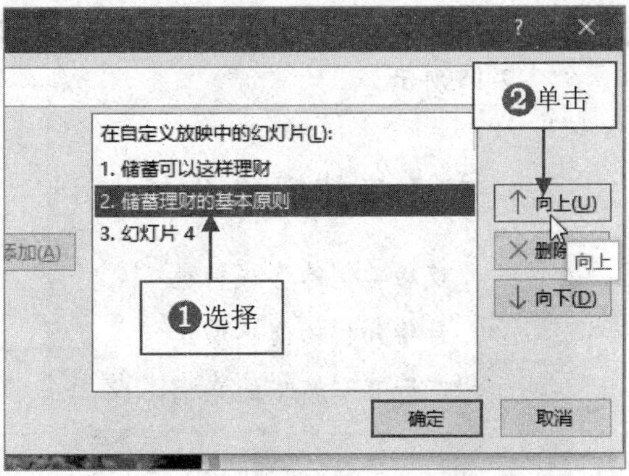

图 7-12 单击“向上”按钮

Step 07 单击“确定”按钮，返回“自定义放映”对话框，单击“放映”按钮，即可按自定义幻灯片顺序放映，如图 7-13 所示。

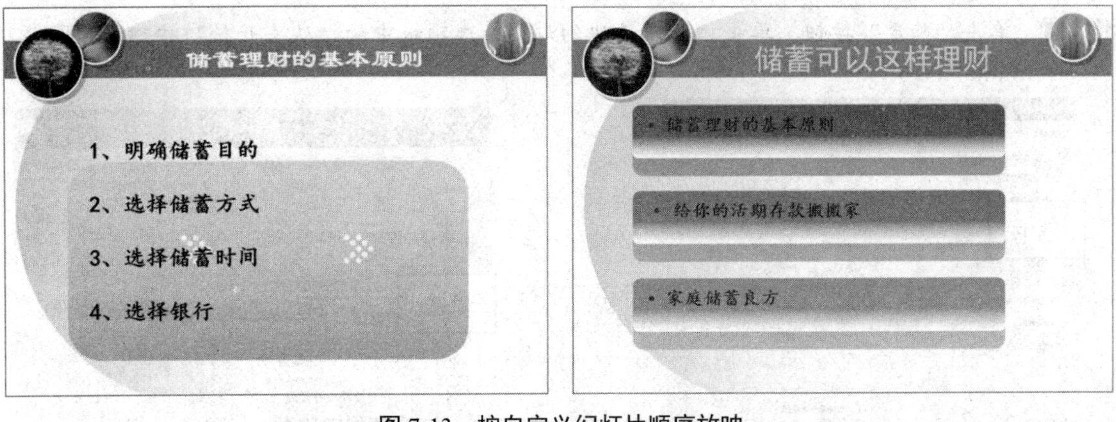

图 7-13 按自定义幻灯片顺序放映

7.2 多媒体课件放映方式

PowerPoint 2016 提供了多种演示文稿的放映方式，最常用的是幻灯片页面的演示控制。制作好演示文稿后，需要查看制作好的成果，或让观众欣赏制作出的演示文稿，此时可以通过放映幻灯片来观看幻灯片的整体效果。

7.2.1 演讲者放映课件

演讲者放映方式可全屏显示幻灯片，在演讲者自行播放时，演讲都具有完整的控制权。可采用人工或自动方式放映，也可以将演示文稿暂停，添加更多的细节或修改错误，还可以在放映过程中录下旁白。下面介绍具体的操作方法。

Step 01 单击“文件”|“打开”命令，打开素材文件“素材\第 7 章\市场营销策略分析.pptx”，如图 7-14 所示。

Step 02 切换至“幻灯片放映”面板，单击“设置”选项板中的“设置幻灯片放映”按钮，如图 7-15 所示。

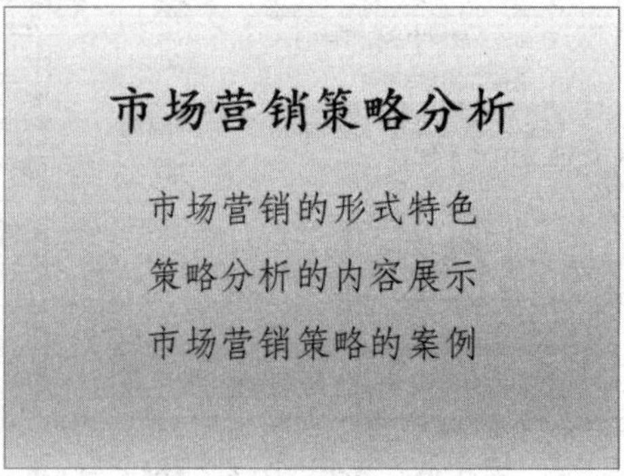

图 7-14 打开素材文件

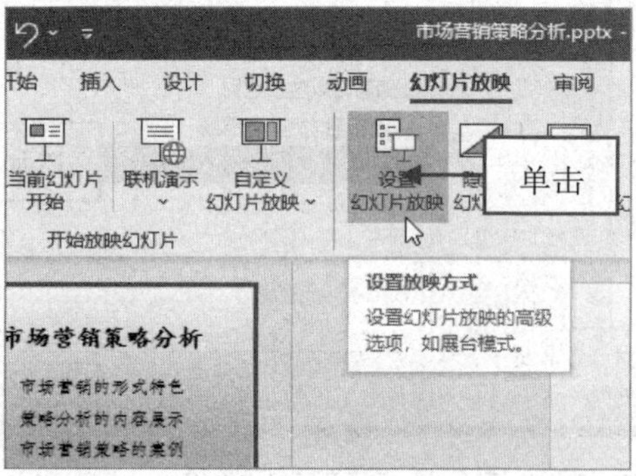

图 7-15 单击“设置幻灯片放映”按钮

Step 03 弹出“设置放映方式”对话框，在“放映类型”选项区中，选中“演讲者放映（全屏幕）”单选按钮，如图 7-16 所示。

Step 04 单击“确定”按钮，单击“开始放映幻灯片”选项板中的“从头开始”按钮，如图 7-17 所示。

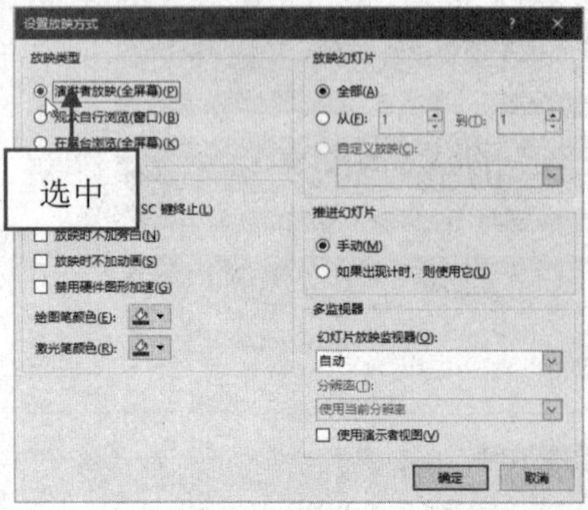

图 7-16 选中“演讲者放映（全屏幕）”单选按钮

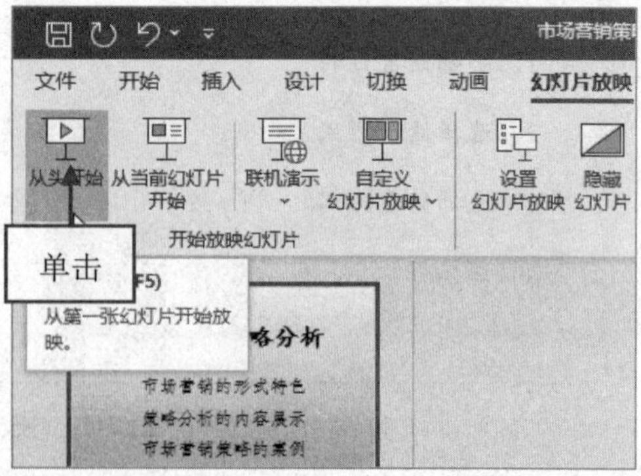

图 7-17 单击“从头开始”按钮

▶ 专家指点

在 Step03 中，选中“演讲者放映（全屏幕）”单选按钮的作用是可以全屏显示幻灯片，这样演讲者即可完全掌握幻灯片的放映。

Step05　执行上述操作后，即可开始放映幻灯片，如图 7-18 所示。

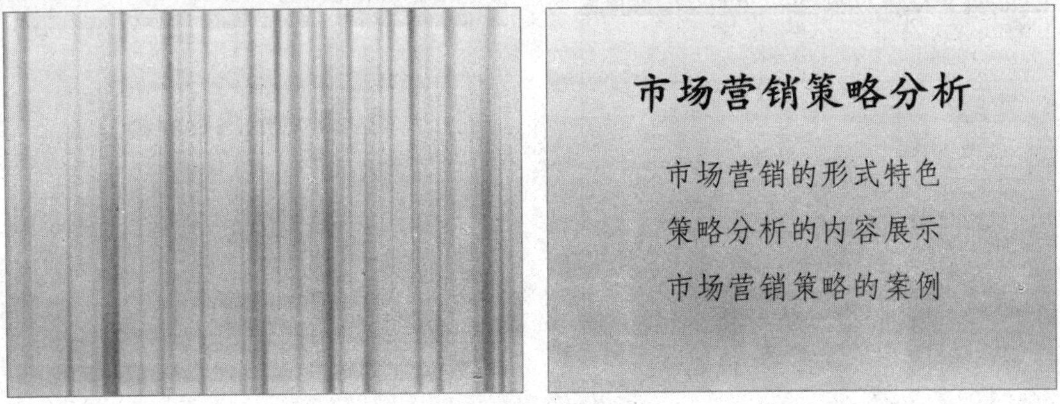

图 7-18　放映幻灯片

7.2.2　观众自行浏览课件

观众自行浏览方式将在标准窗口中放映幻灯片，通过底部的“上一张”和“下一张”按钮可选择放映的幻灯片。下面介绍具体的操作方法。

Step01　单击“文件”|“打开”命令，打开素材文件“素材\第 7 章\财务计划的内容步骤.pptx”，如图 7-19 所示。

Step02　切换至“幻灯片放映”面板，单击“设置”选项板中的“设置幻灯片放映”按钮，如图 7-20 所示。

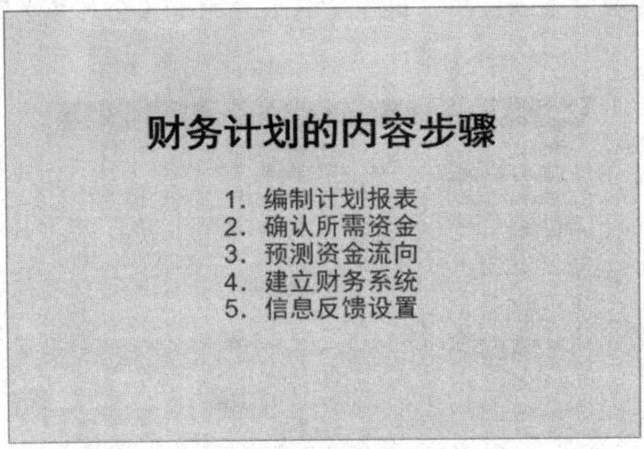

图 7-19　打开素材文件

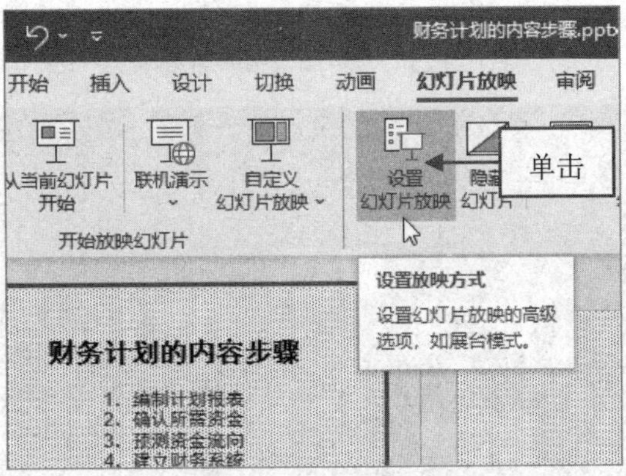

图 7-20　单击“设置幻灯片放映”按钮

▶ 专家指点

在“设置放映方式”对话框中，选中“观众自行浏览（窗口）”单选按钮，在下方的“显示状态栏”复选框将会处于编辑状态并被选中。

Step 03 弹出“设置放映方式”对话框，在“放映类型”选项区中，选中“观众自行浏览（窗口）”单选按钮，如图 7-21 所示。

Step 04 单击“确定”按钮，选中“开始放映幻灯片”选项板中的“从头开始”按钮，即可开始放映幻灯片，如图 7-22 所示。

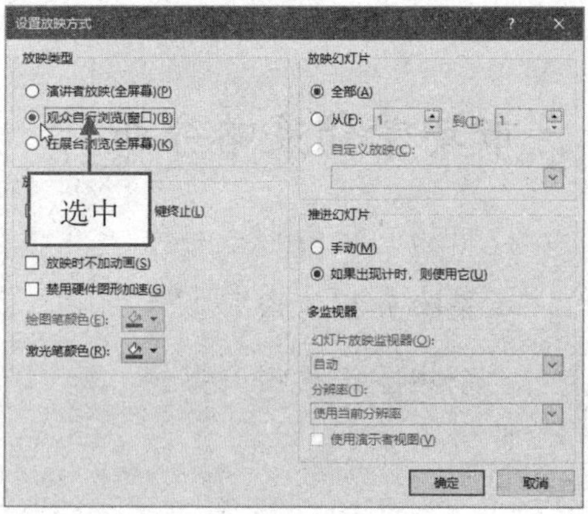

图 7-21　选中相应单选按钮

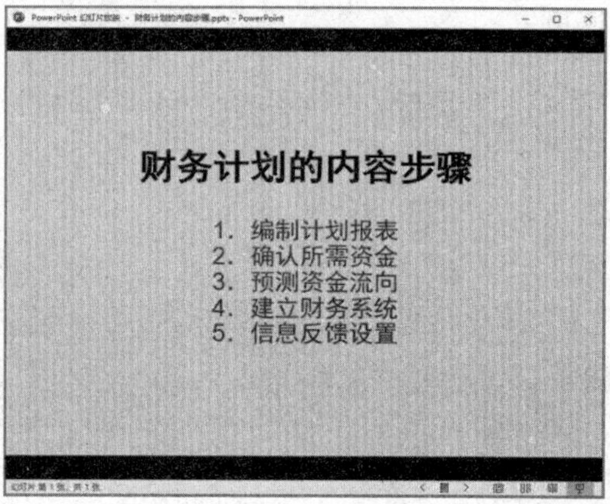

图 7-22　放映幻灯片

7.2.3　在展台浏览放映课件

设置放映课件为展台浏览方式后，幻灯片将自动运行全屏放映，并且循环放映演示文稿。在放映过程中，除了保留鼠标指针用于选择屏幕对象放映外，其他功能会全部失效，按【Esc】键可终止放映。下面介绍具体的操作方法。

Step 01 单击“文件”|“打开”命令，打开素材文件“素材\第 7 章\电商运输.pptx”，如图 7-23 所示。

Step 02 切换至“幻灯片放映”面板，单击“设置”选项板中的“设置幻灯片放映”按钮，弹出“设置放映方式”对话框，在“放映类型”选项区中，选中“在展台浏览（全屏幕）”单选按钮，如图 7-24 所示。

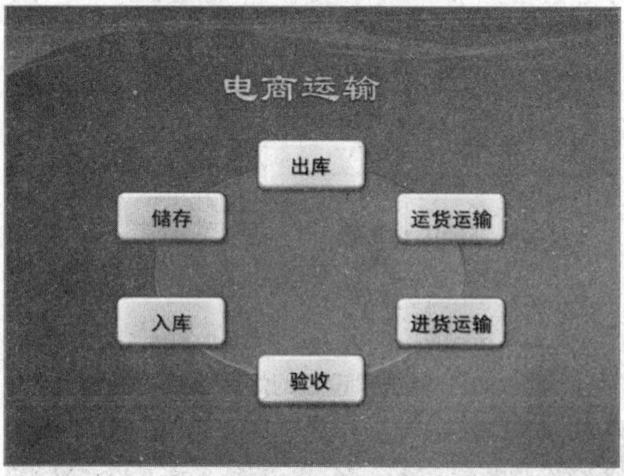

图 7-23　打开素材文件

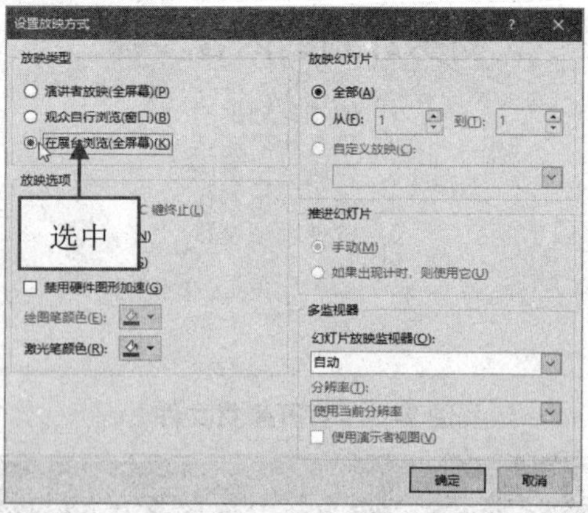

图 7-24　选中“在展台浏览（全屏幕）”单选按钮

▶ 专家指点

运用展台浏览方式无法单击鼠标手动放映幻灯片，但可以通过单击超链接和动作按钮来切换，在展览会或会议中运行时，若无人管理幻灯片放映时，适合运用这种方式。

Step 03　单击“确定”按钮，即可更改放映方式，单击“开始放映幻灯片”选项板中的“从头开始”按钮，放映幻灯片，如图 7-25 所示。

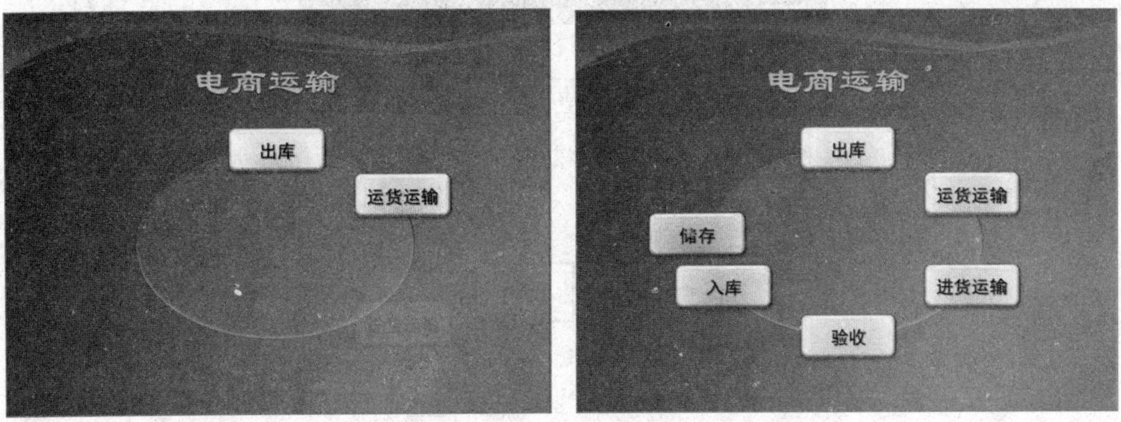

图 7-25　放映幻灯片

7.2.4　设置循环放映

设置循环放映幻灯片，只需要打开“设置放映方式”对话框，在“放映选项”选项区中选中“循环播放，按【ESC】键终止”复选框，如图 7-26 所示。单击“确定”按钮后，即可设置循环放映。

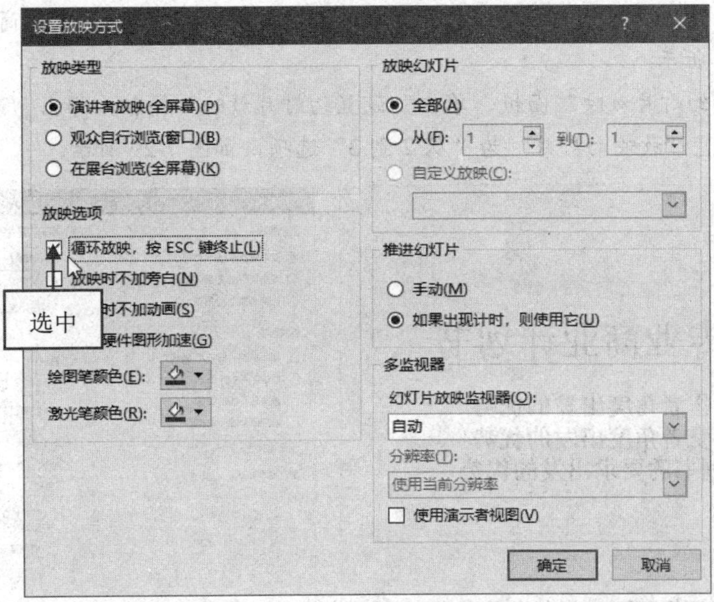

图 7-26　选中“循环播放，按【Esc】键终止”复选框

7.2.5 设置换片方式

在“设置放映方式”对话框中，还可以使用“换片方式”选项区中的选项来指定如何从一张幻灯片移动到另一张幻灯片。用户只需要打开“设置放映方式”对话框，在“换片方式”选项区中设定幻灯片放映时的换片方式，如选中“手动”单选按钮，如图 7-27 所示，单击“确定”按钮即可。

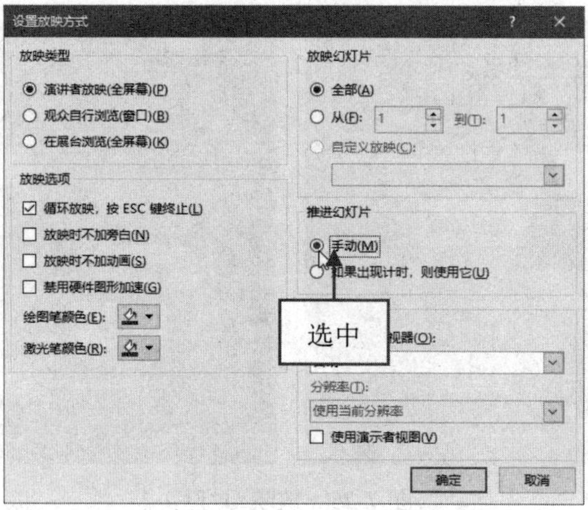

图 7-27 选中“手动”单选按钮

7.2.6 放映课件中的指定幻灯片

在 PowerPoint 2016 中，当用户制作完演示文稿后，在幻灯片放映时可以指定幻灯片的放映范围。下面介绍具体的操作方法。

Step 01 单击“文件”|“打开”命令，打开素材文件“素材\第 7 章\打造专业商业计划书.pptx”，如图 7-28 所示。

Step 02 切换至“幻灯片放映”面板，单击“设置幻灯片放映”按钮，弹出“设置放映方式”对话框，设置“放映幻灯片”为“从 2 到 3”选项，如图 7-29 所示。

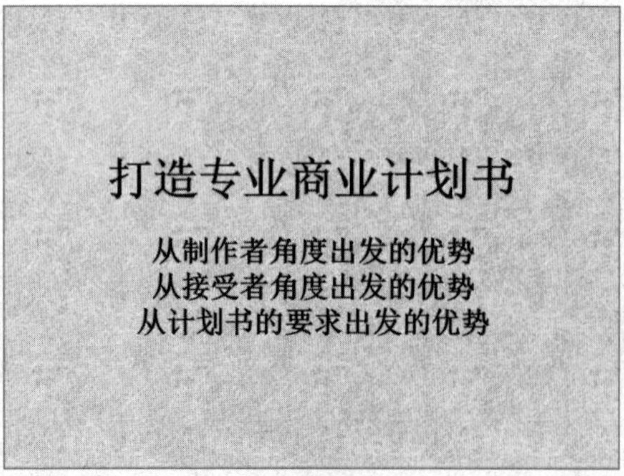

图 7-28 打开素材文件

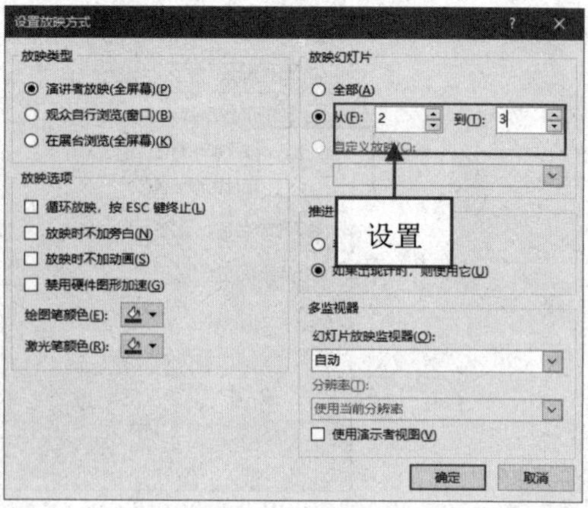

图 7-29 设置各选项

> **▶ 专家指点**
>
> 在打开的“设置放映方式”对话框的“从”文本框中为空时，将从第一张幻灯片开始放映，“到”文本框中为空时，将放映到最后一个幻灯片。在“从”和“到”两个文本框中输入的编号相同时，将放映单个幻灯片。

Step 03 单击“确定”按钮，在“开始放映幻灯片”选项板中单击“从头开始”按钮，即可从第 2 页开始放映幻灯片，直到第 3 页结束，如图 7-30 所示。

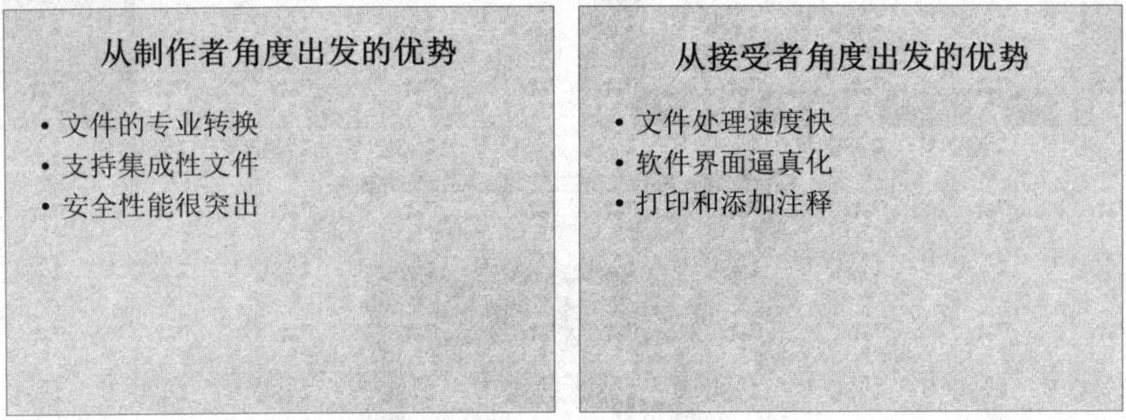

图 7-30　放映幻灯片

7.3　设置多媒体课件放映

在 PowerPoint 2016 中，用户可以设置幻灯片隐藏和显示以及设置演示文稿排练计时和录制旁白等。

7.3.1　隐藏和显示课件

隐藏幻灯片就是将演示文稿中的某一部分幻灯片隐藏起来，在放映的时候将不会放映隐藏的幻灯片。下面介绍具体的操作方法。

Step 01 单击“文件”|“打开”命令，打开素材文件“素材\第 7 章\垃圾对环境的影响.pptx”，如图 7-31 所示。

Step 02 切换至“幻灯片放映”面板，在“设置”选项板中，单击“隐藏幻灯片”按钮，如图 7-32 所示。

> **▶ 专家指点**
>
> 被隐藏的幻灯片编号上将显示一个带有斜线的灰色小方框，即表示该幻灯片在正常放映时不会被显示。只有当用户单击了指向的超链接或动作按钮后才会被显示。选中被隐藏的幻灯片，再次单击“隐藏幻灯片”按钮，即可显示该幻灯片。

Step 03 执行上述操作后，即可隐藏幻灯片，如图 7-33 所示。

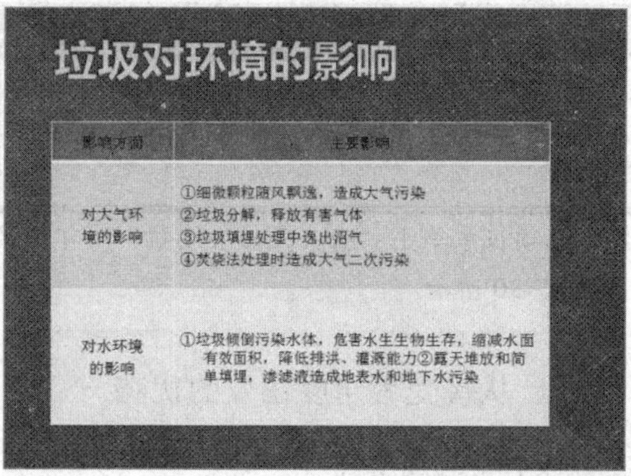

图 7-31　打开素材文件

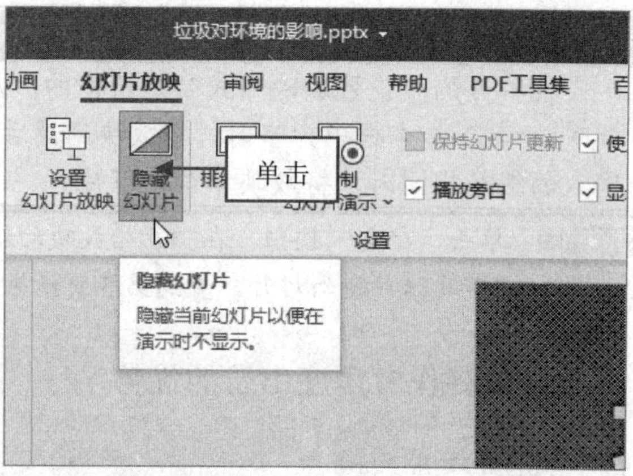

图 7-32　单击“隐藏幻灯片”按钮

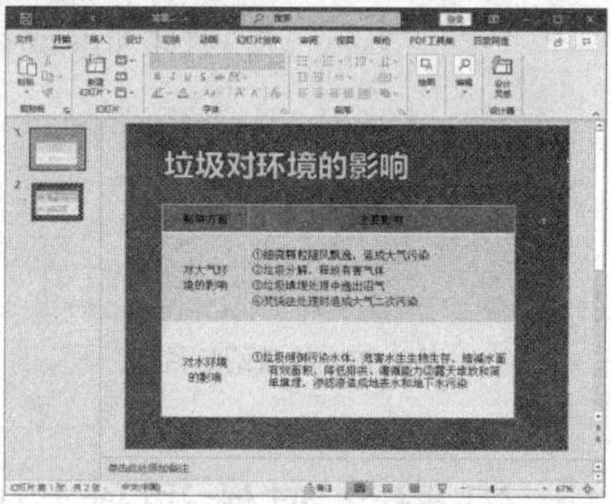

图 7-33　隐藏幻灯片

7.3.2　设置排练计时

运用“排练计时”功能可以让演讲者确切了解每一张幻灯片需要讲解的时间，以及整个演示文稿的总放映时间。下面介绍具体的操作方法。

Step 01　单击“文件”|“打开”命令，打开素材文件“素材\第 7 章\花季少女.pptx”，如图 7-34 所示。

Step 02　切换至“幻灯片放映”面板，在“设置”选项板中，单击“排练计时”按钮，如图 7-35 所示。

图 7-34　打开素材文件

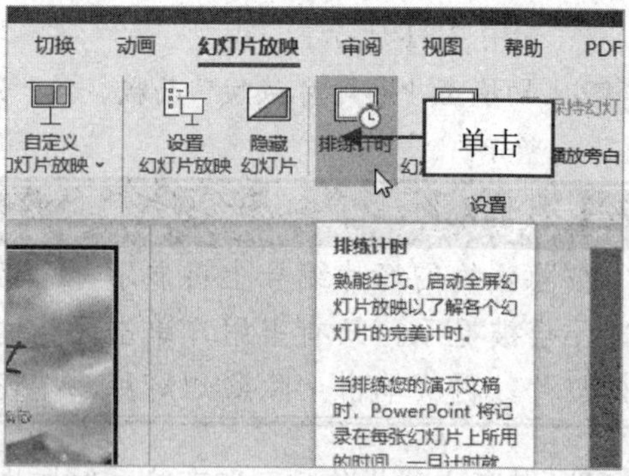

图 7-35　单击“排练计时”按钮

Step03　演示文稿将自动切换至幻灯片放映状态，此时演示文稿左上角将弹出“录制”对话框，如图 7-36 所示。

Step04　演讲者根据需要对每一张幻灯片进行手动切换，“录制”工具栏将对每张幻灯片播放的时间进行计时，演示文稿放映完成后，弹出信息提示框，单击“是”按钮，演示文稿将切换至幻灯片浏览视图，如图 7-37 所示，从幻灯片浏览视图中可以看到每张幻灯片下方均显示各自的排练时间。

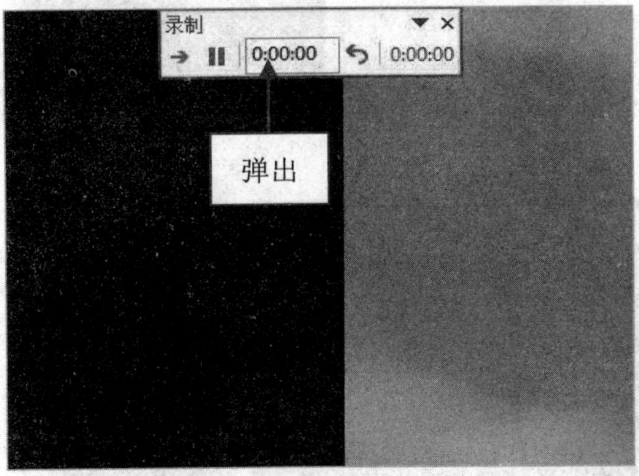

图 7-36　弹出“录制”对话框

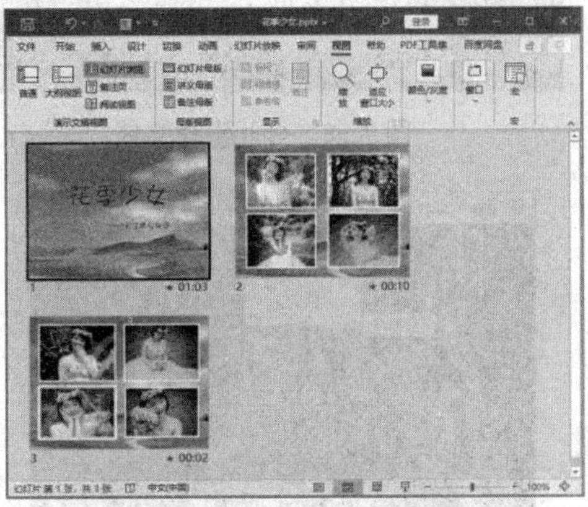

图 7-37　幻灯片浏览视图

▶ 专家指点

用户在放映幻灯片时可以选择是否启用设置好的排练时间。具体方法是：在“幻灯片放映”面板中的“设置”选项板中单击“幻灯片放映”按钮，弹出“设置放映方式”对话框。如果在对话框的“换片方式”选项区中选中“手动”单选按钮，那么存在的排练计时不起作用，在放映幻灯片时只有通过单击鼠标左键、按键盘上的【Enter】键或空格键才能切换幻灯片。

7.3.3　录制旁白

在 PowerPoint 2016 中，用户还可以录制旁白，录制的旁白将会在幻灯片放映的状态下，一同播放。下面介绍具体的操作方法。

Step01　单击“文件”|“打开”命令，打开素材文件“素材\第 7 章\创意中国风.pptx”，如图 7-38 所示。

Step02　切换至“幻灯片放映”面板，在“设置”选项板中，单击“录制幻灯片演示”下拉按钮，在弹出的列表框中，选择“从头开始录制”选项，如图 7-39 所示。

Step03　弹出“录制幻灯片演示”对话框，单击“录制”按钮，如图 7-40 所示。

Step04　执行上述操作后，幻灯片切换至放映模式，在左上角弹出录制对话框，如图 7-41 所示，在幻灯片中的任意位置单击鼠标左键，即可切换至下一张幻灯片继续录制旁白。

图 7-38　打开素材文件

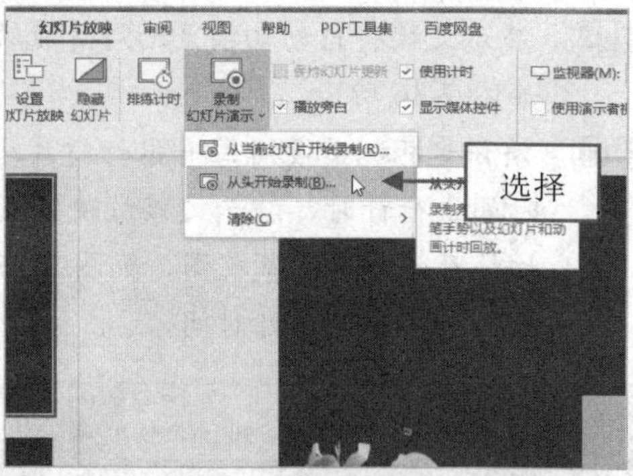

图 7-39　选择“从头开始录制”选项

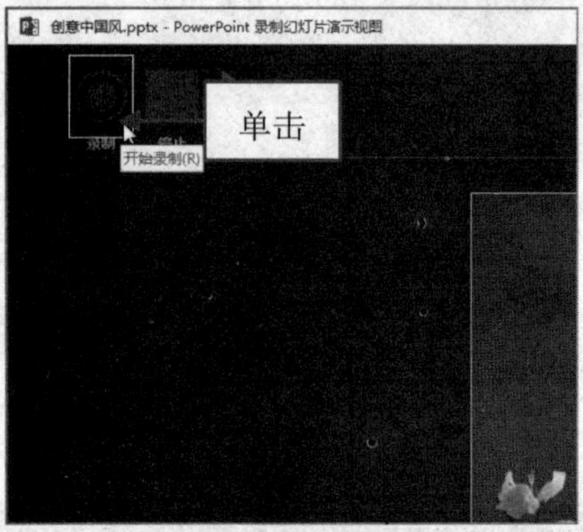

图 7-40　单击“录制”按钮

图 7-41　切换放映模式

Step 05　录制完成后，演示文稿将切换至幻灯片浏览视图，如图 7-42 所示。

Step 06　切换至“视图”面板，单击“演示文稿视图”选项板中的“普通视图”按钮，演示文稿切换至普通视图，在添加旁白的幻灯片的右下角将显示一个声音图标，如图 7-43 所示。

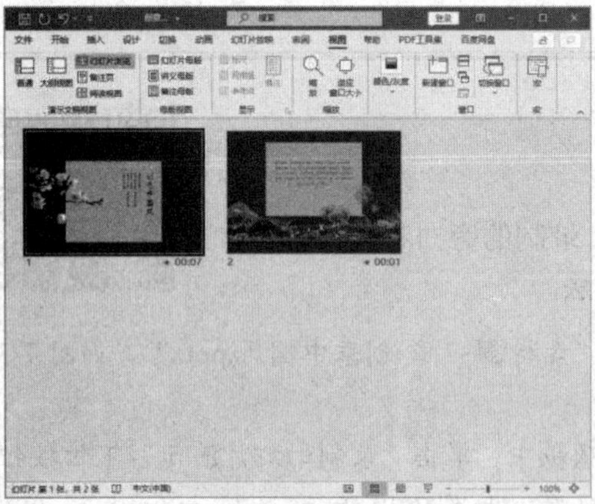

图 7-42　幻灯片浏览视图

图 7-43　显示声音图标

本章小结

本章主要介绍了多媒体课件的放映。首先介绍了进入多媒体课件放映的方法，包括了从头开始放映、从当前幻灯片开始放映，以及自定义幻灯片放映等内容；然后介绍了多媒体课件的放映方式；最后对放映多媒体课件效果的设置方法作了详细说明。通过本章的学习，可以帮助读者掌握多媒体课件的放映方法。

本章习题

本章重点介绍了放映课件模板制作的方法。本节将通过上机练习题，对本章的知识点进行回顾。

打开“素材\第 7 章”文件夹下的“软件介绍.pptx” 课件素材，如图 7-44 所示；尝试为软件介绍课件设置从当前幻灯片开始放映，如图 7-45 所示。

图 7-44　打开素材文件

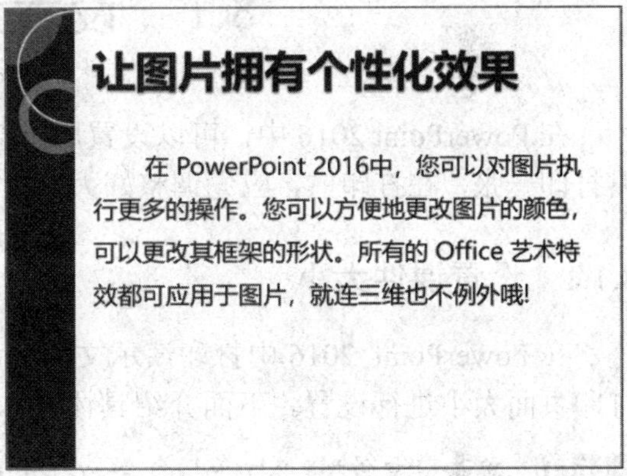

图 7-45　软件介绍课件效果

第 8 章　课件的设置与打印

【本章概览】

在 PowerPoint 2016 中，演示文稿制作好以后，可以将整个演示文稿中的部分幻灯片、讲义、备注页和大纲等打印出来。本章主要介绍课件的设置与打印。

【本章重点】

➢ 设置课件打印页面
➢ 打印多媒体课件

8.1　设置课件打印页面

在 PowerPoint 2016 中，可以设置用于打印的幻灯片大小、方向和其他版式。幻灯片每页只打印一张，在打印前，应先调整好大小，以适合各种纸张大小，还可以自定义打印的方式。

8.1.1　设置课件大小

在 PowerPoint 2016 中打印演示文稿前，用户可以根据自己的需要，对打印页面大小进行设置。下面介绍具体操作方法。

Step 01　单击“文件”|“打开”命令，打开素材文件“素材\第 8 章\服装直播带货技巧.pptx”，如图 8-1 所示。

Step 02　切换至“设计”面板，❶单击“幻灯片大小”下拉按钮；❷选择“自定义幻灯片大小”选项，如图 8-2 所示。

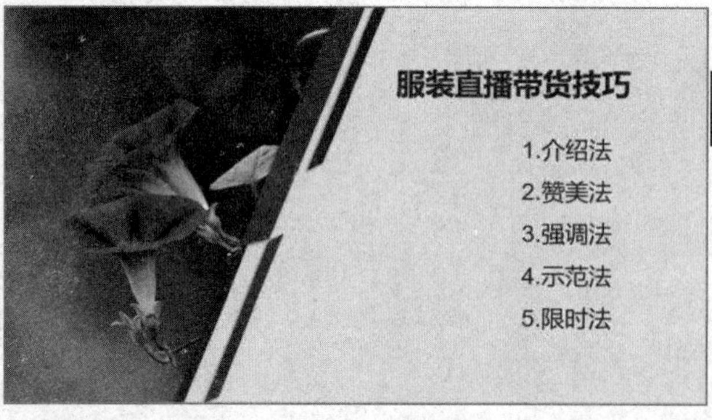

图 8-1　打开素材文件

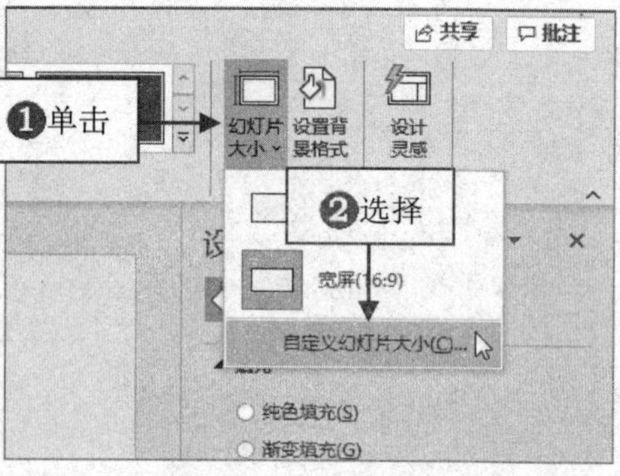

图 8-2　选择“自定义幻灯片大小”选项

Step 03　弹出“幻灯片大小”对话框，❶单击“幻灯片大小”下拉按钮；❷在弹出的列表框中选择“A4 纸张（210 × 297 毫米）”选项，如图 8-3 所示。

Step 04　单击“确定”按钮，即可设置幻灯片的大小，如图 8-4 所示。

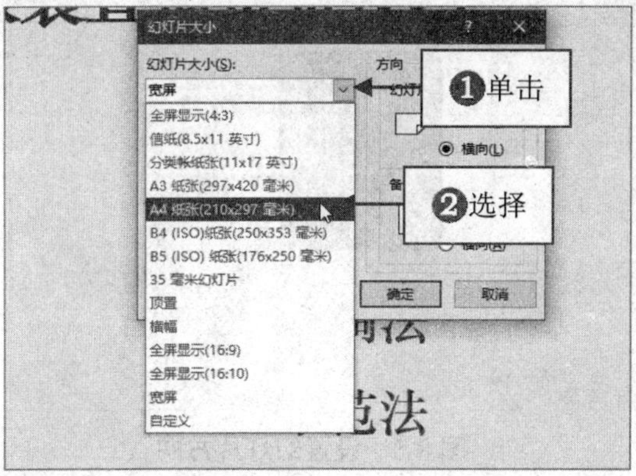

图 8-3　选择“A4 纸张（210×297 毫米）”选项

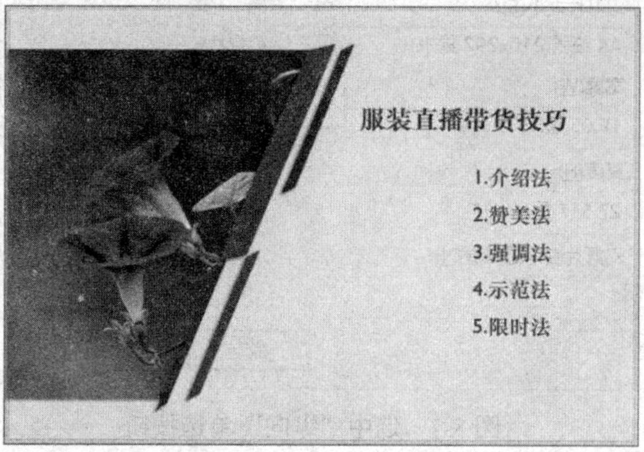

图 8-4　设置幻灯片的大小

8.1.2　设置课件方向

设置文稿中幻灯片的方向，需要进入“页面设置”对话框中的“方向”选项区，在其中选中“横向”或“纵向”单选按钮即可。下面介绍具体的操作方法。

Step 01　单击“文件”|“打开”命令，打开素材文件“素材\第 8 章\网络时代.pptx”，如图 8-5 所示。

Step 02　切换至“设计”面板，单击“幻灯片大小”下拉按钮，选择“自定义幻灯片大小”选项，如图 8-6 所示。

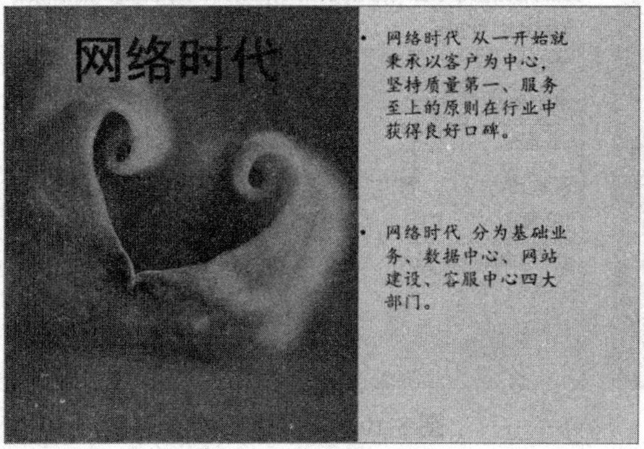

图 8-5　打开素材文件

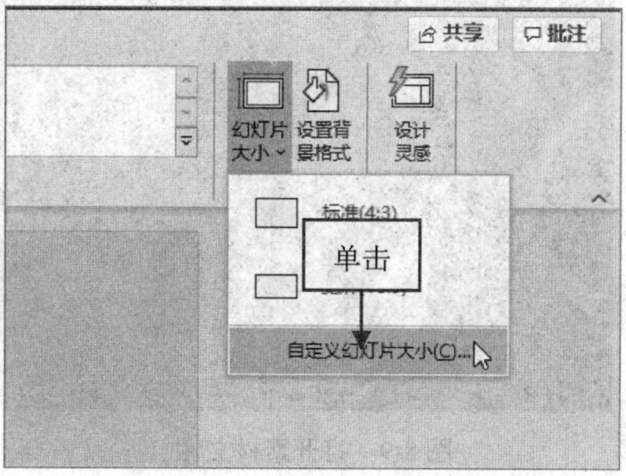

图 8-6　单击“幻灯片大小”按钮

Step 03　弹出“幻灯片大小”对话框，在“方向”选项区中，选中“幻灯片”选项区中的“纵向”单选按钮，如图 8-7 所示。

Step 04　单击“确定”按钮，即可设置幻灯片方向，效果如图 8-8 所示。

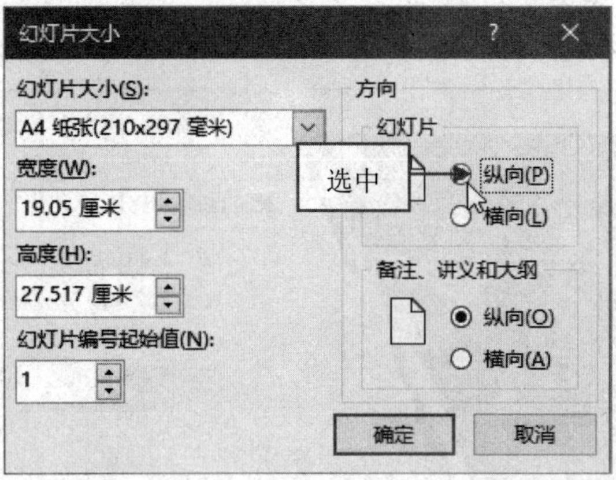

图 8-7　选中“纵向”单选按钮

图 8-8　设置幻灯片方向

8.1.3　设置课件宽度和高度

在 PowerPoitn 2016 中，用户还可以在调出的“页面设置”对话框中，设置幻灯片的宽度和高度。下面介绍具体的操作方法。

Step 01　单击“文件”|“打开”命令，打开素材文件“素材\第 8 章\水珠涟漪.pptx”，如图 8-9 所示。

Step 02　切换至“设计”面板，单击“幻灯片大小”下拉按钮，选择“自定义幻灯片大小”选项，弹出“幻灯片大小”对话框，设置“宽度”为 28 厘米、“高度”为 16 厘米，如图 8-10 所示。

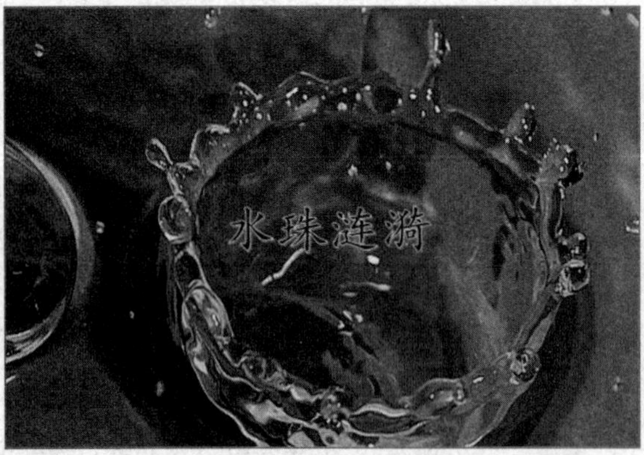

图 8-9　打开素材文件

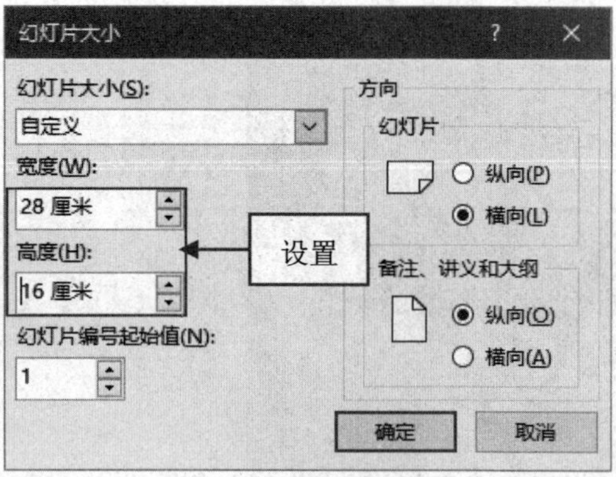

图 8-10　设置相应数值

Step 03　单击“确定”按钮，即可设置幻灯片宽度和高度，如图 8-11 所示。

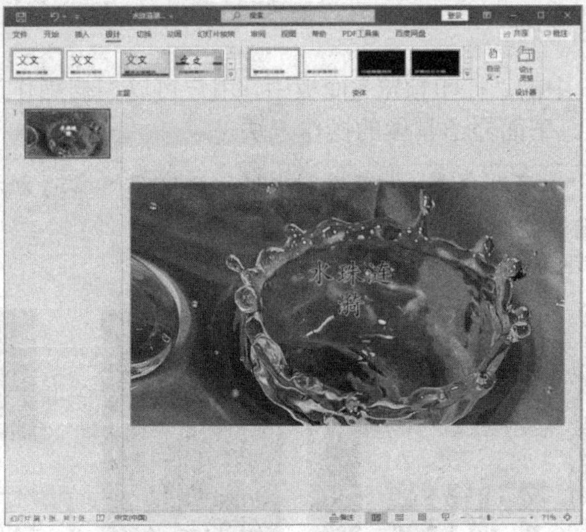

图 8-11　设置幻灯片宽度和高度

8.1.4　设置幻灯片编号起始值

设置文稿中幻灯片编号起始值，只需要打开“幻灯片大小”对话框，然后在“幻灯片编号起始值”数值框中输入幻灯片的起始编号，如图 8-12 所示，即可设置幻灯片编号的起始值。

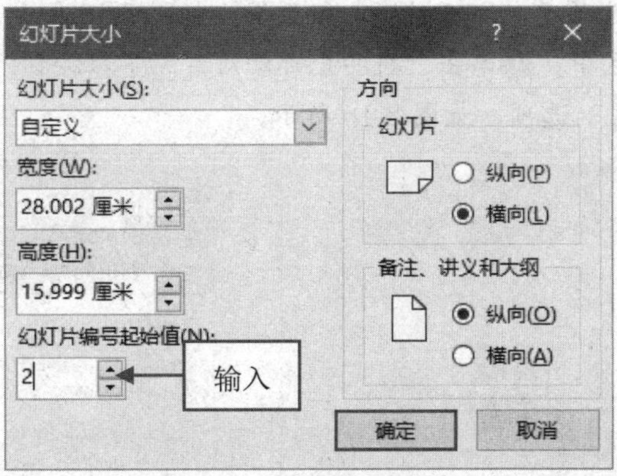

图 8-12　输入起始编号

> ▶ 专家指点
>
> 在“幻灯片大小”对话框中设置的起始编号，对整个演示文稿中的所有幻灯片、备注、讲义和大纲均有效。

8.2　打印多媒体课件

在 PowerPoint 2016 中，可以将制作好的演示文稿打印出来。在打印时，根据不同的目的将演示文稿打印为不同的形式。常用的打印稿形式有幻灯片、讲义、备注和大纲视图。

8.2.1 设置课件打印选项

在 PowerPoint 2016 中的“打印预览”面板中，用户可以根据制作课件的实际需要设置打印选项。下面介绍具体的操作方法。

Step 01 单击“文件”|“打开”命令，打开素材文件“素材\第 8 章\手机摄影构图.pptx”，如图 8-13 所示。

Step 02 单击“文件”|“打印”命令，如图 8-14 所示。

图 8-13 打开素材文件

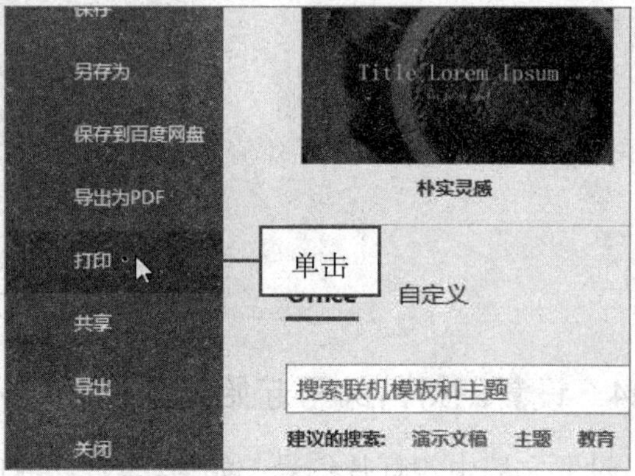

图 8-14 单击“打印”命令

Step 03 切换至“打印”选项卡，即可预览打印效果，如图 8-15 所示。

Step 04 在“设置”选项区中，❶单击“打印全部幻灯片”下拉按钮；❷在弹出的列表框中选择“打印当前幻灯片”选项，如图 8-16 所示。

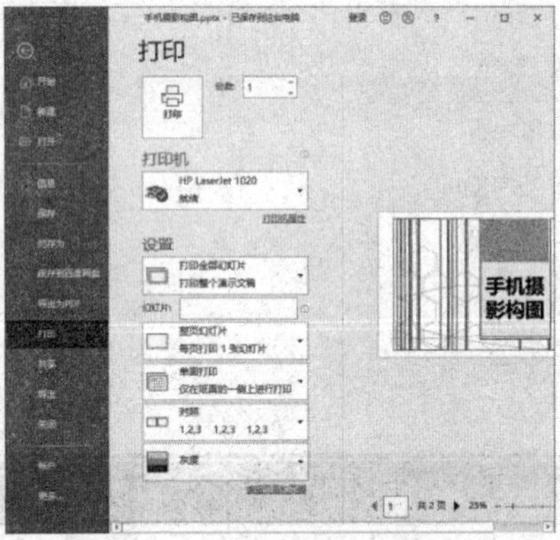

图 8-15 预览打印效果

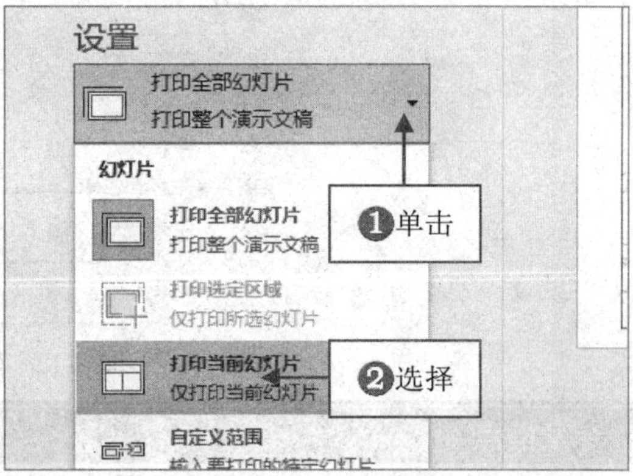

图 8-16 选择“打印当前幻灯片”选项

Step 05 执行上述操作后，即可设置打印选项。

> ▶ 专家指点
>
> 单击“打印全部幻灯片”下拉按钮，在弹出的列表框中，用户还可以选择“自定义范围”选项，将需要的某一特定的幻灯片进行打印。

8.2.2　设置课件打印内容

设置打印内容是指打印幻灯片、讲义、备注以及大纲视图。单击“页面设置”选项板中的“打印内容”按钮，在弹出的列表框中用户可以根据自己的需求选择打印的内容。下面介绍具体的操作方法。

Step 01　单击“文件”|“打开”命令，打开素材文件“素材\第 8 章\学习计划五个原则.pptx”，如图 8-17 所示。

Step 02　单击“文件”|“打印”命令，切换至“打印”选项卡，如图 8-18 所示。

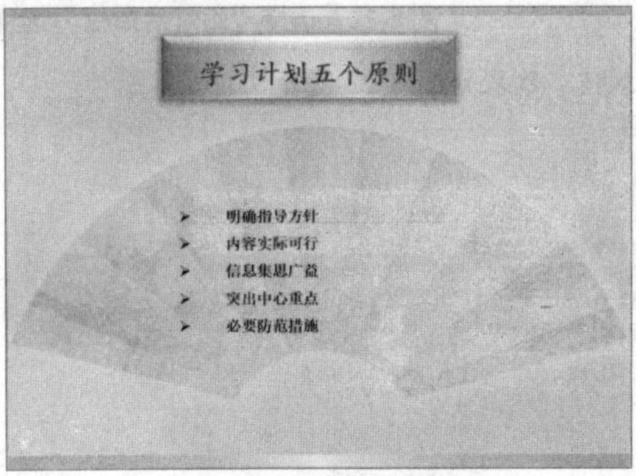

图 8-17　打开素材文件

图 8-18　切换至“打印”选项卡

Step 03　在“设置”选项区中，❶单击“整页幻灯片”下拉按钮，弹出列表框，在“讲义”选项区中；❷选择“3 张幻灯片”选项，如图 8-19 所示。

Step 04　执行上述操作后，即可显示 3 张竖排放置的幻灯片，如图 8-20 所示。

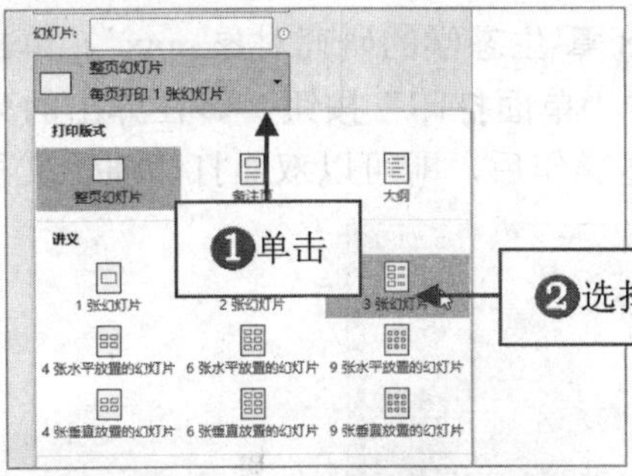

图 8-19　选择“3 张幻灯片”选项

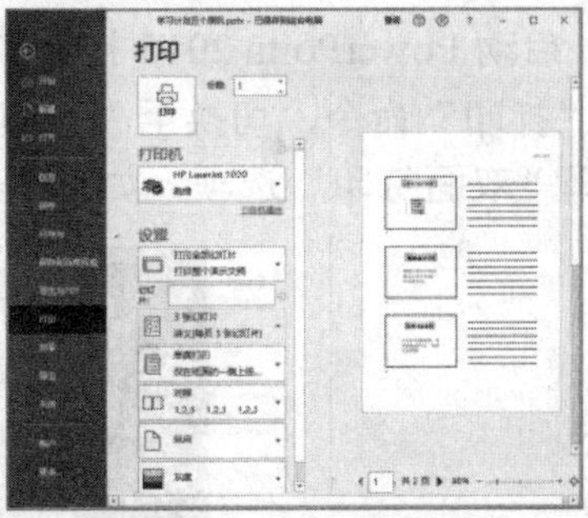

图 8-20　显示预览

8.2.3　设置课件打印边框

如果要选择“幻灯片加框”选项，只有在打印幻灯片、备注页和大纲视图的时候才能被激活。下面介绍具体的操作方法。

Step 01　单击“文件”|“打开”命令，打开素材文件“素材\第 8 章\商业计划四个要点.pptx”，如图 8-21 所示。

Step 02　单击“文件”|“打印”命令，切换至“打印”选项卡，❶单击“整页幻灯片”下拉按钮；❷在弹出的列表框中选择“幻灯片加框”选项，如图 8-22 所示。

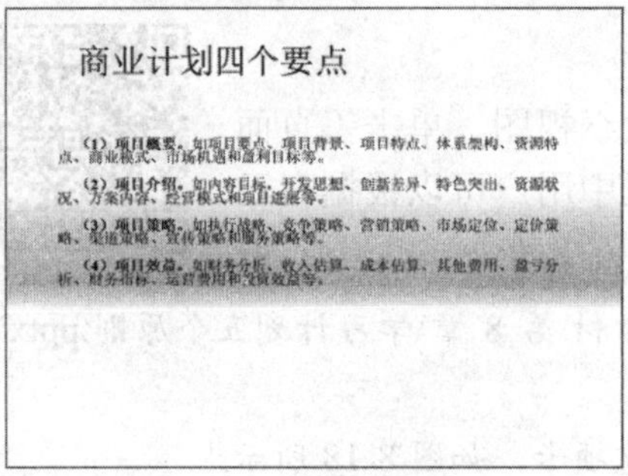

图 8-21　打开素材文件

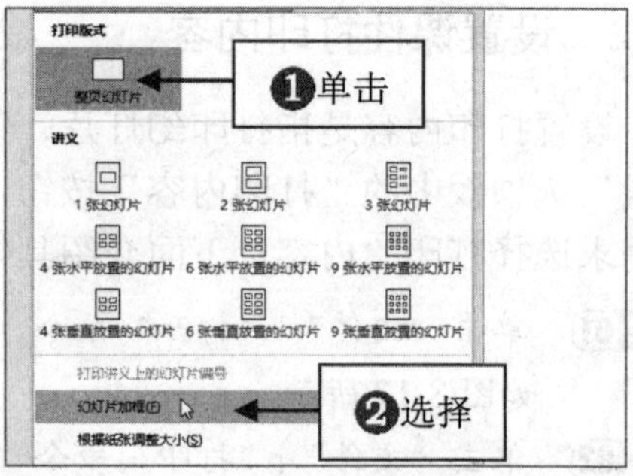

图 8-22　选择“幻灯片加框”选项

Step03　执行上述操作后，即可为幻灯片添加边框，效果如图 8-23 所示。

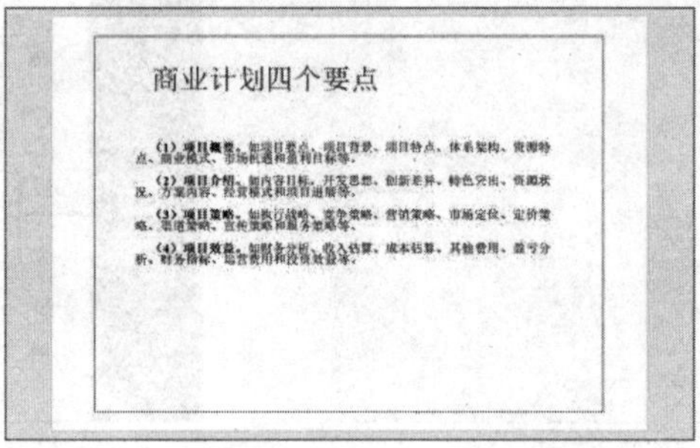

图 8-23　添加边框

8.2.4　双面打印演示文稿

在 PowerPoint 2016 中，用户可以将演示文稿中的幻灯片设置为双面打印，具体操作方法如下：启动 PowerPoitn 2016 打开素材文件“素材\第 8 章\生态学的研究对象.pptx”，单击“文件”|“打印”命令，切换至“打印”选项卡，❶单击“单面打印”按钮；❷在弹出的列表框中选择“双面打印”选项，如图 8-24 所示。执行上述操作后，即可以双面打印演示文稿。

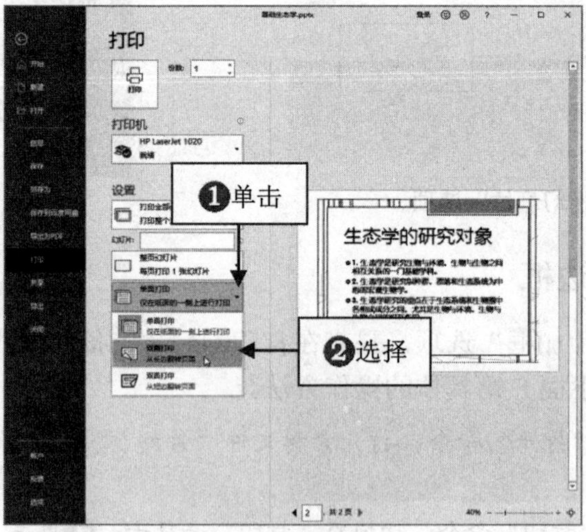

图 8-24　选择“双面打印”选项

本章小结

本章首先介绍了课件打印页面的设置，其中包括了设置课件大小、设置课件方向、设置宽度和高度以及设置幻灯片编号起始值等；最后介绍了打印多媒体课件的方法。通过本章的学习，可以帮助读者更加方便地打印需要的课件。

本章习题

本章重点介绍了设置与打印课件模板制作的方法。下面将通过上机练习题，对本章的知识点进行回顾。

打开“素材\第 8 章”文件夹下的“太阳系.pptx”课件素材，如图 8-25 所示，尝试设置太阳系课件的页面为 A4 纸张大小，如图 8-26 所示。

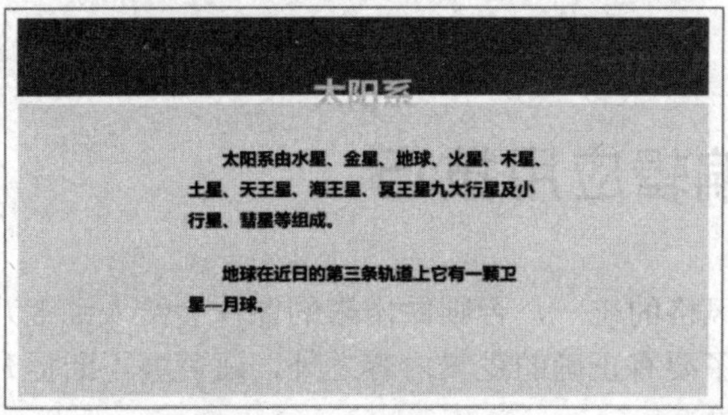

图 8-25　打开素材文件

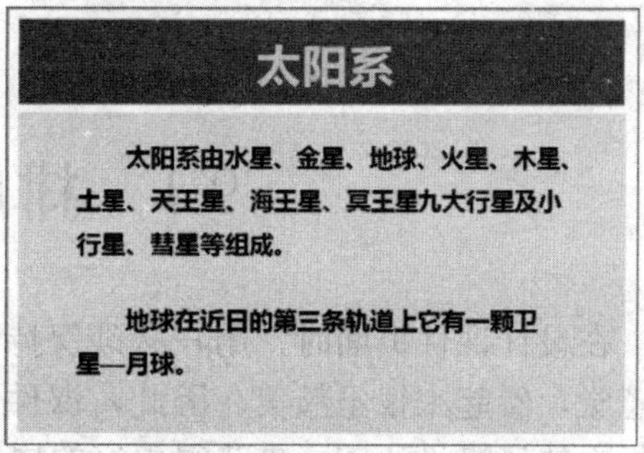

图 8-26　太阳系课件效果

第 9 章　课件的排版与输出

【本章概览】

在 PowerPoint 2016 中，设计者可以通过设置排版方式，统一设置整个课件的页面背景和文字格式，提高课件的制作效率。本章主要者介绍课件的排版与输出。

【本章重点】

- 排版编辑应用技巧
- 输出 PowerPoint 课件

9.1　排版编辑应用技巧

在设计课件页面时，用户必须保持设计风格的统一，否则做出来的课件会给人乱七八糟的感觉，看起来很不精美。因此，课件中除了要有正确的逻辑内容之外，还需要不断提升整体版面的风格设计感，来获得更好的展示效果。

9.1.1　快速去除课件中的默认版式

制作幻灯片的第一步就是新建课件，但新建的演示文稿通常都会自带默认版式，如“单击此处添加标题”“单击此处添加副标题”等。很多时候，并不需要这些元素，甚至还会影响自己的制作流程和创意思路，因此先要去除这种默认版式效果。下面介绍快速去除课件默认版式的操作方法。

Step 01　单击“文件”|“打开”命令，打开一个素材文件“素材\第 9 章\实例 1.pptx”，如图 9-1 所示。

Step 02　在左侧的视图区中单击鼠标右键，在弹出的快捷菜单中选择“新建幻灯片”选项，新建一个幻灯片页面，如图 9-2 所示。

Step 03　选中新建的幻灯片，切换至“开始”面板，在“幻灯片”选项板中单击“版式”按钮，如图 9-3 所示。

Step 04　在弹出的列表框中选择“空白”模板，如图 9-4 所示。

图 9-1　打开素材文件

图 9-2　新建一个幻灯片页面

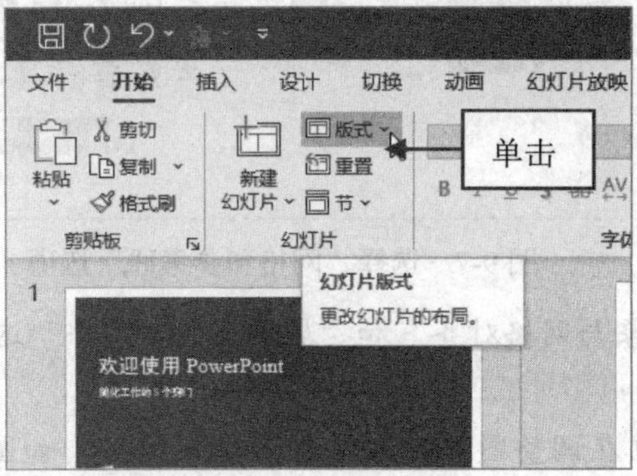

图 9-3　单击“版式”按钮

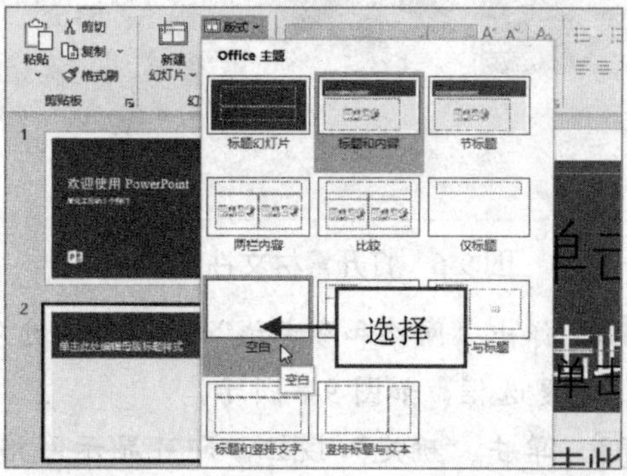

图 9-4　选择“空白”模板

Step 05　执行上述操作后，即可删除新建的幻灯片中的所有元素，变成空白幻灯片，效果如图 9-5 所示。

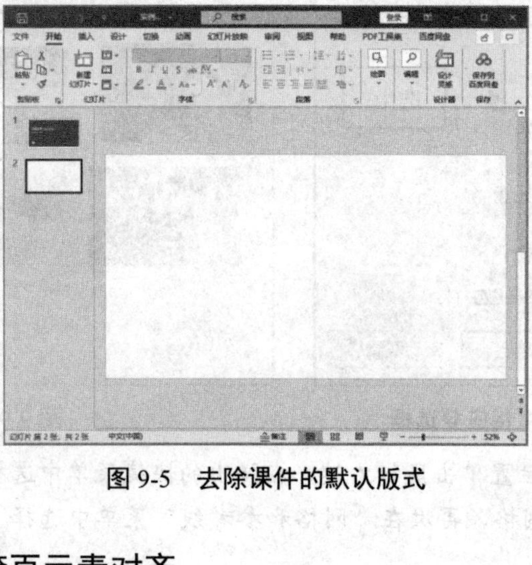

图 9-5　去除课件的默认版式

9.1.2　用参考线实现跨页元素对齐

在对课件中的各个元素进行排版编辑时，使用网格和参考线可以更快地将多种图形对齐。用户可以将增加水平或垂直方向的网络参考线，方便各种形状整齐排列对齐。下面介绍使用参考线实现跨页元素对齐的操作方法。

Step 01 单击“文件”|“打开”命令，打开一个素材文件“素材\第 9 章\我的相册.pptx”，如图 9-6 所示。

Step 02 在编辑区的空白位置单击鼠标右键，在弹出的快捷菜单中选择“网格和参考线”选项，如图 9-7 所示。

图 9-6 打开素材文件

图 9-7 选择“网格和参考线”选项

Step 03 弹出“网格和参考线”对话框，选中“对象与网格对齐”和“屏幕上显示网格”这两个复选框，如图 9-8 所示。

Step 04 单击“确定”按钮，即可显示网格，用户在调整图片时可以自动对齐网格，如图 9-9 所示。

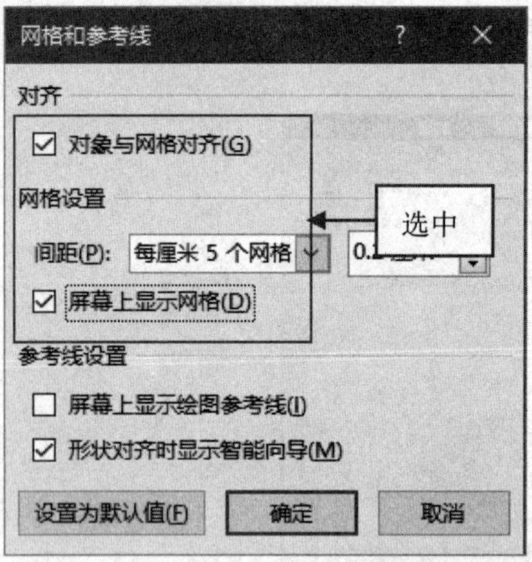

图 9-8 选中相应复选框

图 9-9 显示网格

Step 05 在编辑区的空白位置单击鼠标右键，在弹出的快捷菜单中选择“网格和参考线”|“网格线”选项，隐藏网格，再次在“网格和参考线”菜单中选择“添加垂直参考线”选项，如图 9-10 所示。

Step 06 执行上述操作后，即可添加一条垂直参考线，适当调整其位置，如图 9-11 所示。

图 9-10　选择“添加垂直参考线”选项

图 9-11　调整垂直参考线

Step 07　用同样的方法，添加其他的垂直参考线和水平参考线，如图 9-12 所示。

Step 08　切换至幻灯片第 2 页，可以看到页面也自动添加了相应的参考线，如图 9-13 所示。

图 9-12　添加其他参考线

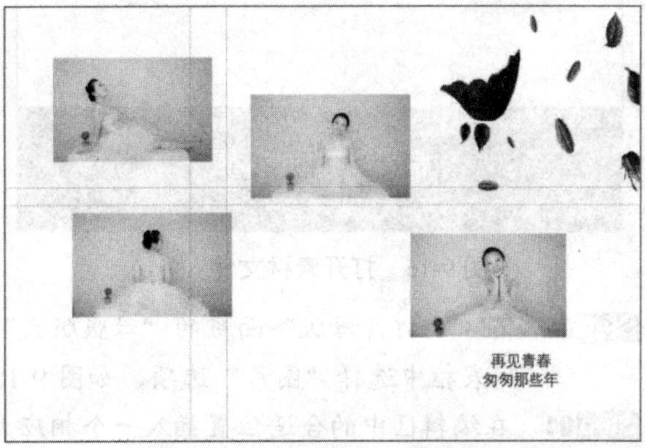

图 9-13　切换至幻灯片的第 2 页

Step 09　选择一张图片，单击鼠标左键并拖拽，在贴近参考线时会自动对齐边缘，效果如图 9-14 所示。

Step 10　根据参考线调整其他的图片位置，给页面中的所有图片进行排版，并隐藏参考线，最终效果如图 9-15 所示。

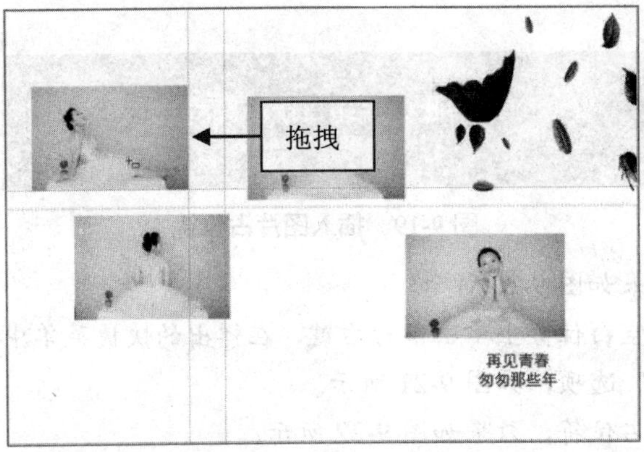

图 9-14　调整图片位置

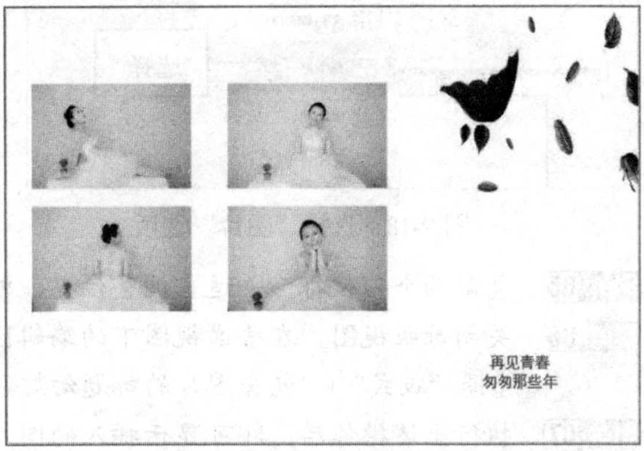

图 9-15　最终效果

9.1.3　通过占位符对版式进行固定

占位符是一种带有虚线边框的方框，可以插入文字、图形和图片等内容。用户可以在占位符中预设了对象的外形、属性和样式，能够让用户在进行 PPT 排版设计时效率更高。下面介绍通过占位符对版式进行固定的操作方法。

Step 01 单击“文件”|“打开”命令，打开一个素材文件“素材\第 9 章\带图片布局的标题.pptx”，如图 9-16 所示。

Step 02 切换至“视图”面板，在“母版视图”选项板中单击“幻灯片母版”按钮，进入幻灯片母版视图编辑模式，如图 9-17 所示。

图 9-16　打开素材文件

图 9-17　进入幻灯片母版视图

Step 03 在“幻灯片母版”面板的“母版版式”选项板中，单击“插入占位符”按钮，在弹出的列表框中选择“图片”选项，如图 9-18 所示。

Step 04 在编辑区中的合适位置插入一个相应大小的图片占位符，如图 9-19 所示。

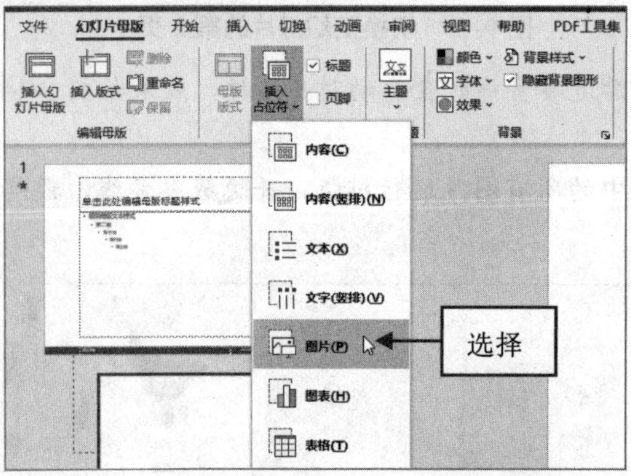

图 9-18　选择“图片”选项

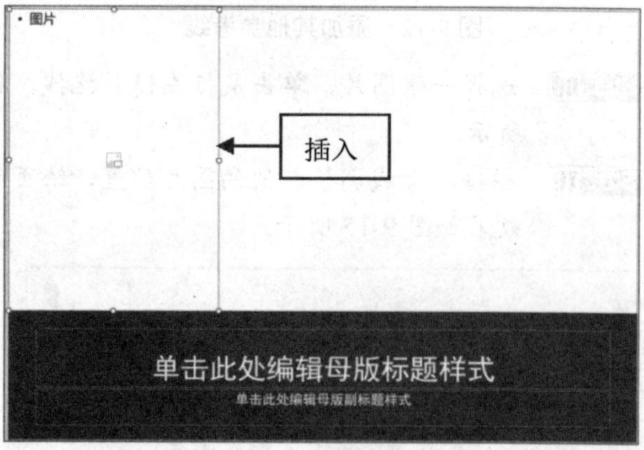

图 9-19　插入图片占位符

Step 05 复制两个占位符，并适当调整位置，效果如图 9-20 所示。

Step 06 关闭母版视图，在普通视图下的编辑区空白位置上单击鼠标右键，在弹出的快捷菜单中选择“版式”|“包含图片的标题幻灯片”选项，如图 9-21 所示。

Step 07 执行上述操作后，即可显示插入的图片占位符，效果如图 9-22 所示。

Step 08 单击图片占位符中间的图片按钮，即可插入相应的图片，效果如图 9-23 所示。

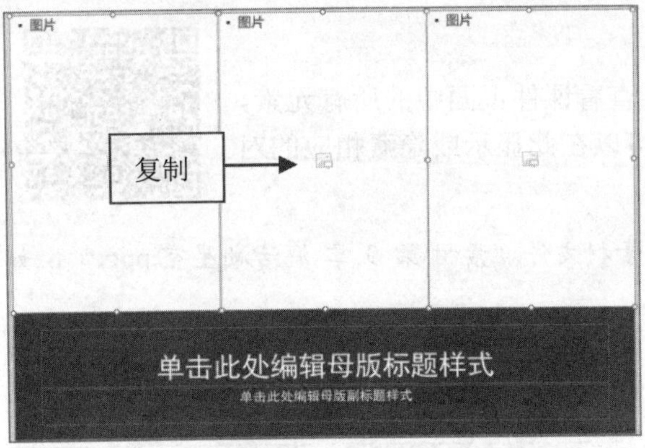

图 9-20　复制两个占位符

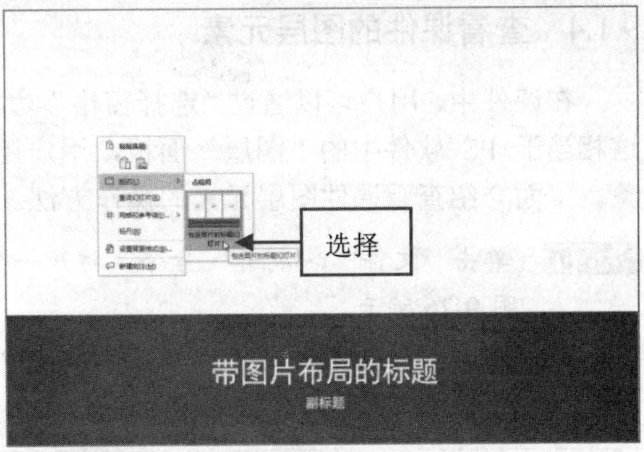

图 9-21　选择版式

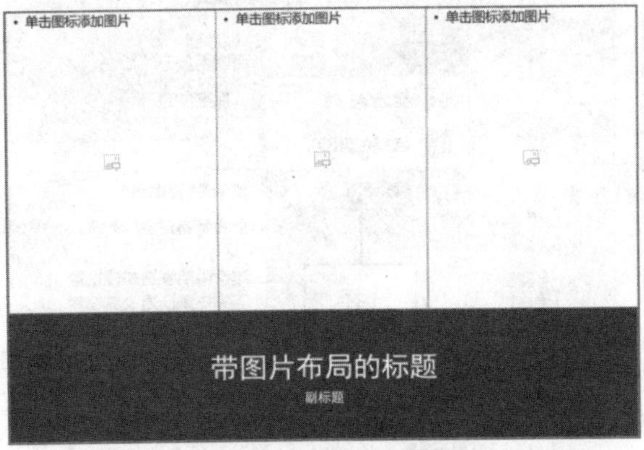

图 9-22　显示图片占位符

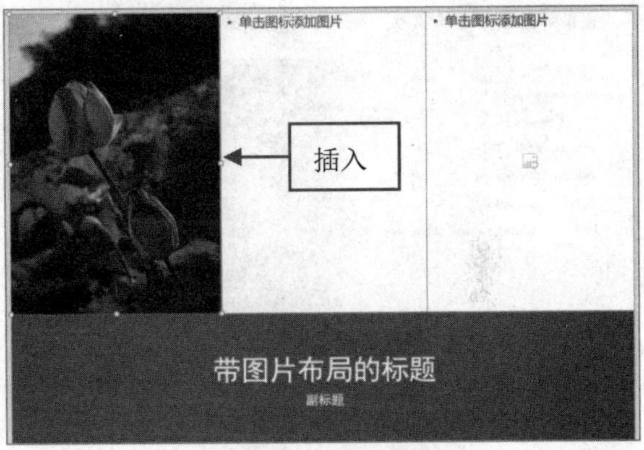

图 9-23　插入相应的图片

▶ 专家指点

占位符在课件中的表现就是一个虚线的框，它通过先占据某个固定位置，然后由创作者往其中添加内容。

Step 09　继续在占位符中插入图片，在图片上单击鼠标右键，在弹出的快捷菜单中选择“裁剪”选项，对图片进行适当裁剪，如图 9-24 所示。

Step 10　用同样的操作方法，插入其他图片，效果如图 9-25 所示。

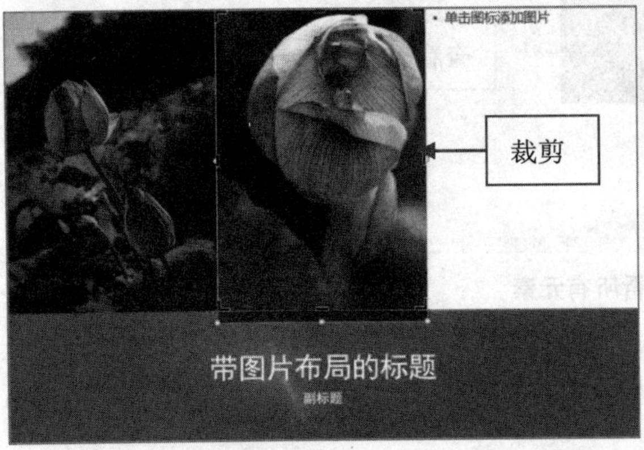

图 9-24　裁剪图片

图 9-25　插入其他图片

9.1.4 查看课件的图层元素

在课件中，用户可以通过“选择窗格”功能查看课件页面中的所有元素，这相当于 PS 软件中的“图层”面板，用户还可以在此显示或隐藏相应的对象。下面介绍查看课件图层元素的操作方法。

Step 01 单击“文件”|“打开”命令，打开一个素材文件“素材\第 9 章\泸沽湖星空.pptx”，如图 9-26 所示。

Step 02 在“开始”面板的“编辑”选项板中，选择“选择”|“选择窗格”选项，如图 9-27 所示。

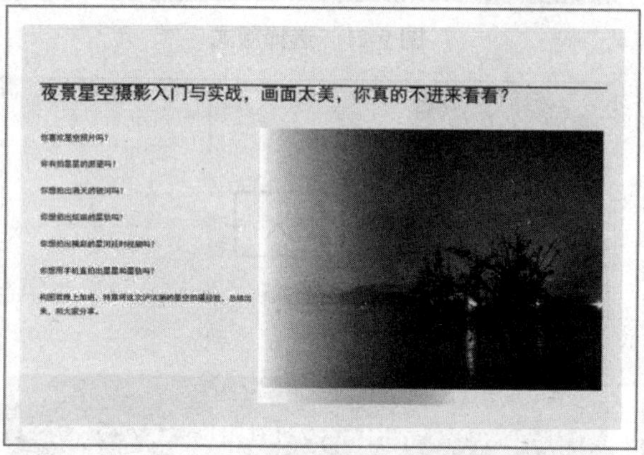

图 9-26　打开素材文件

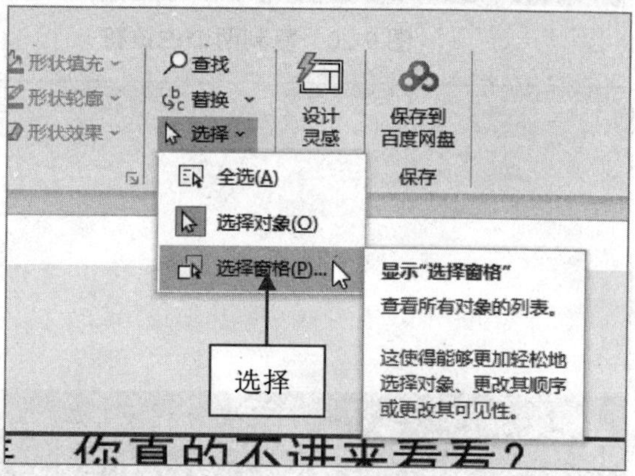

图 9-27　选择“选择窗格”选项

Step 03 打开“选择”窗口，即可看到该页面的所有元素，如图 9-28 所示。

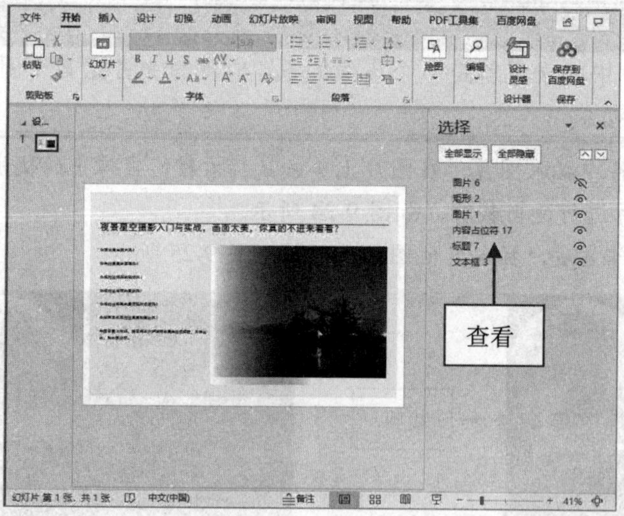

图 9-28　查看所有元素

Step 04 单击“全部显示”按钮，即可显示所有的隐藏元素，如图 9-29 所示。

Step 05 将“文本框 3”图层拖拽至“图片 1”图层的上方，即可调整图层顺序，效果如图 9-30 所示。

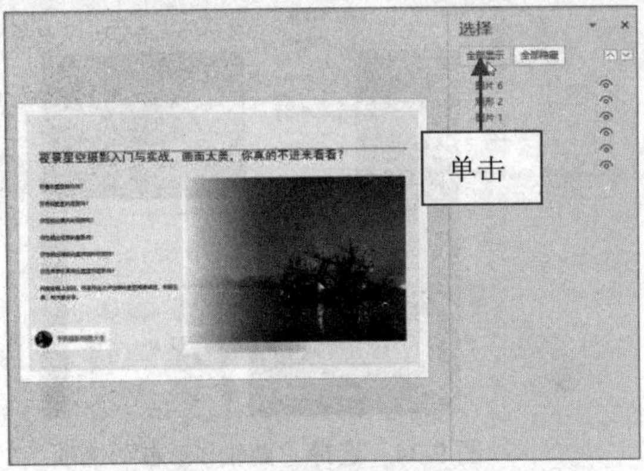

图 9-29　显示所有的隐藏元素

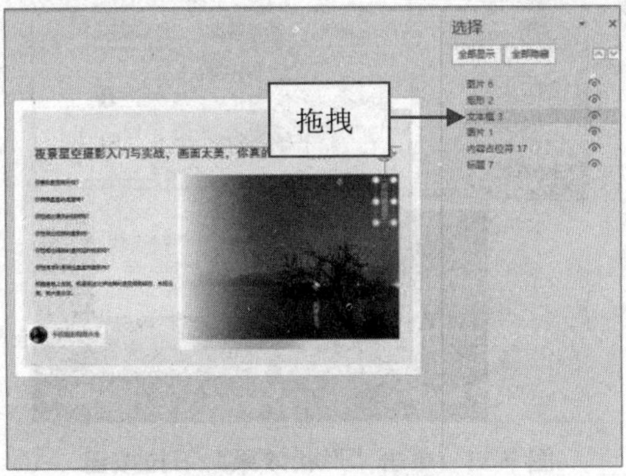

图 9-30　调整图层顺序

▶ 专家指点

在“选择”窗格中，用户不仅可以查看该课件页面中的所有对象，还可以单击相应对象元素右侧的眼睛图标，将对象隐藏起来。

9.1.5　制作三维旋转横排文字效果

在给课件中的横排文字进行排版时，如果都是一些四平八稳的文字，那么看上去会显得比较普通。此时用户可以通过错落排版的方式，制作三维旋转文字效果，让文字在课件中更好的表现出来。下面介绍制作三维旋转文字的操作方法。

Step 01 单击“文件”|“打开”命令，打开一个素材文件“素材\第 9 章\2021 工作总结汇报.pptx”，如图 9-31 所示。

Step 02 在编辑区中选择相应的文字对象，如图 9-32 所示。

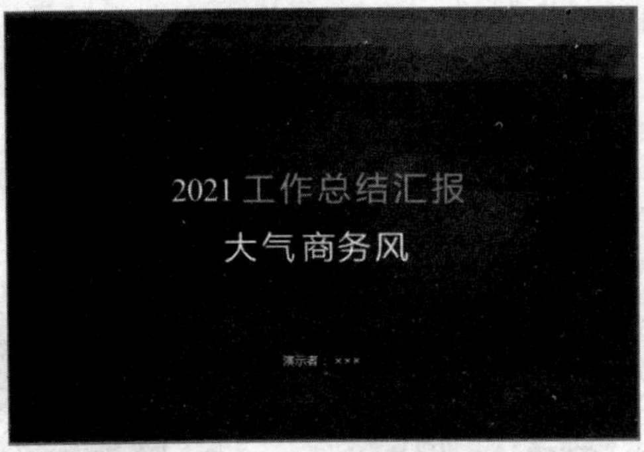

图 9-31　打开素材文件

图 9-32　选择相应文字

Step 03 在“形状格式”面板的“形状样式”选项板中，单击“形状效果”下拉按钮，如图 9-33 所示。

Step 04 弹出下拉列表，选择“三维旋转”|“离轴 1:右”选项，如图 9-34 所示。

Step 05 执行上述操作后，即可制作三维旋转文字效果，如图 9-35 所示。

Step 06 适当调整相应文字的字号和位置，打造出错落排版的效果，如图 9-36 所示。

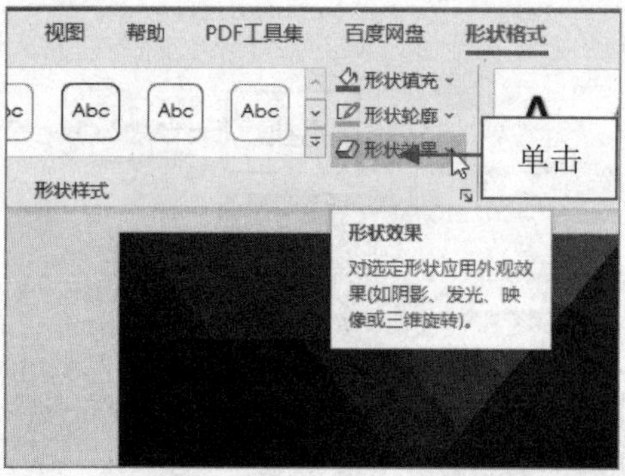

图 9-33　单击“形状效果”下拉按钮

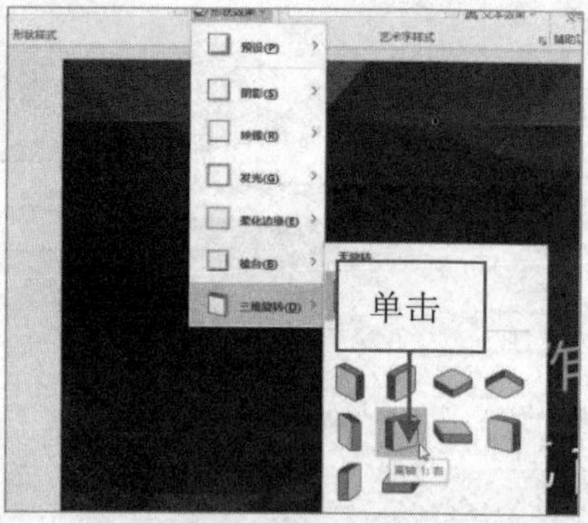

图 9-34　选择“离轴 1：右”选项

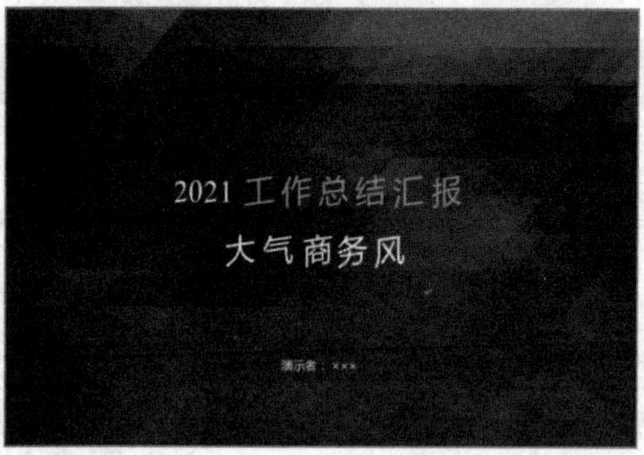

图 9-35　制作三维旋转文字效果

图 9-36　调整文字效果

9.1.6　快速对齐多个对象

在幻灯片中绘制多个图形或者编辑多个图片对象时，可能会出现多个元素排列不整齐的情况，影响画面的整体效果，用户可以通过设置对齐与分布功能进行调整，快速对齐多个对象。下面介绍具体操作方法。

Step 01　单击“文件”|“打开”命令，打开一个素材文件“素材\第 9 章\认识小动物.pptx”，如图 9-37 所示。

Step 02　在编辑区中选择上方的 4 个动物图标，如图 9-38 所示。

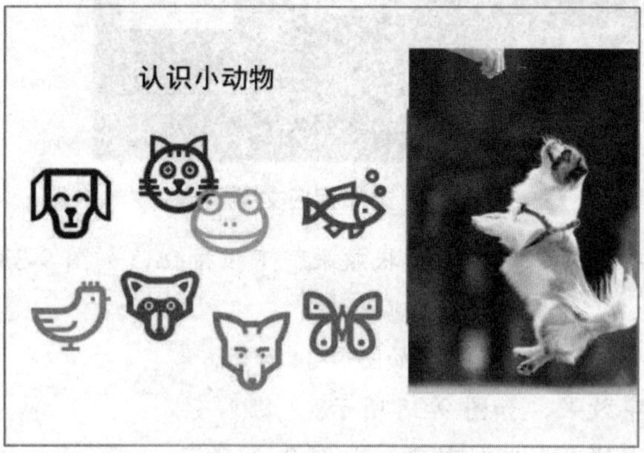

图 9-37　打开素材文件

图 9-38　选择多个对象

Step 03　切换至“格式”面板，在“排列”选项板中单击“对齐”按钮，在弹出的列表框中选择“横向分布”选项，如图 9-39 所示。

Step 04　执行上述操作后，即可设置对象横向均匀分布，如图 9-40 所示。

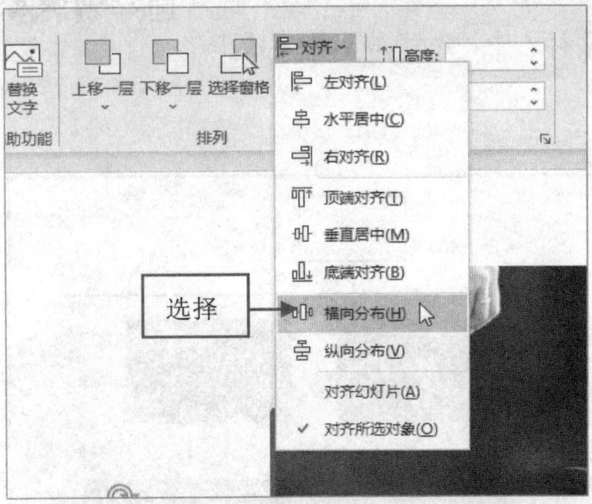

图 9-39　选择“横向分布”选项

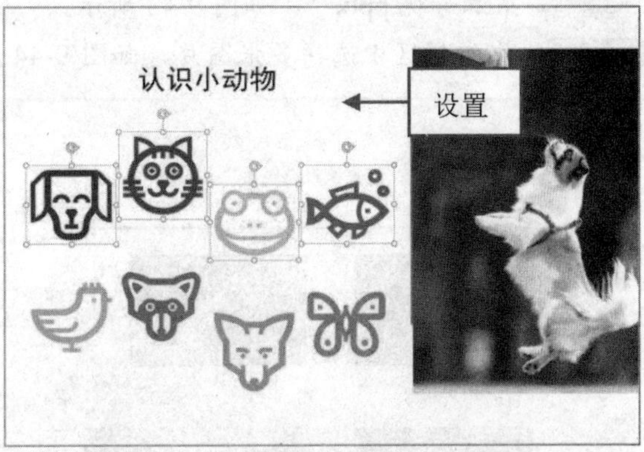

图 9-40　横向均匀分布

▶ 专家指点

在“对齐”下拉列表中除了几个“对齐”选项，还有两个分布选项：横向分布和纵向分布，使用这两个选项可以让对象均匀的排列，即等间距排列。其中，选择“横向分布”选项，将以最两端的对象为总长度，使选择的对象水平等间距排列；选择“纵向分布”选项，将以最两端的对象为总长度，使选择的对象垂直等间距排列。

Step 05　在“对齐”列表框中选择“垂直居中”选项，即可让所选对象垂直居中对齐，如图 9-41 所示。

Step 06　用同样的操作方法，对齐分布其他对象，效果如图 9-42 所示。

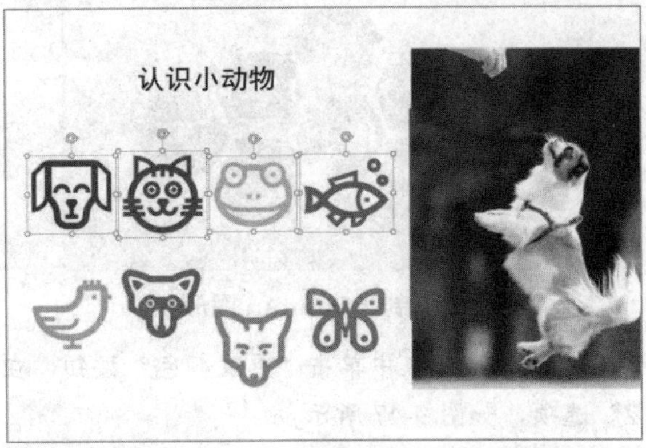

图 9-41　垂直居中对齐

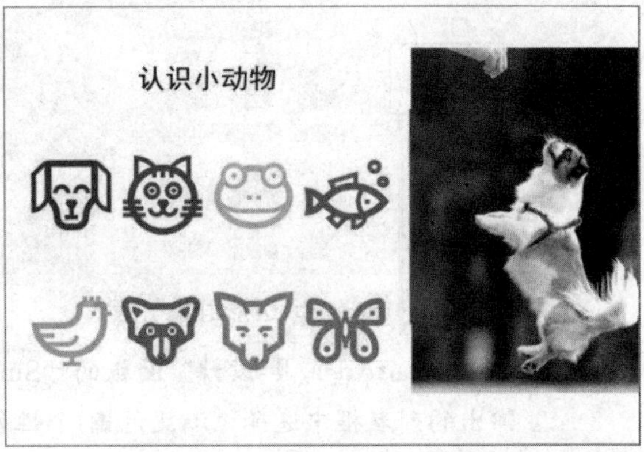

图 9-42　调整其他对象效果

9.1.7 使用 SmartArt 排版多张图片

SmartArt 图形还可以用于多张图片的排版，能够让页面的版式更为清晰、美观。下面介绍用 SmartArt 图形排版多张图片的具体操作方法。

Step 01 单击“文件”|“打开”命令，打开一个素材文件“素材\第 9 章\雾漫小东江奇观.pptx”，如图 9-43 所示。

Step 02 在编辑区中选择多张图片，如图 9-44 所示。

图 9-43 打开素材文件

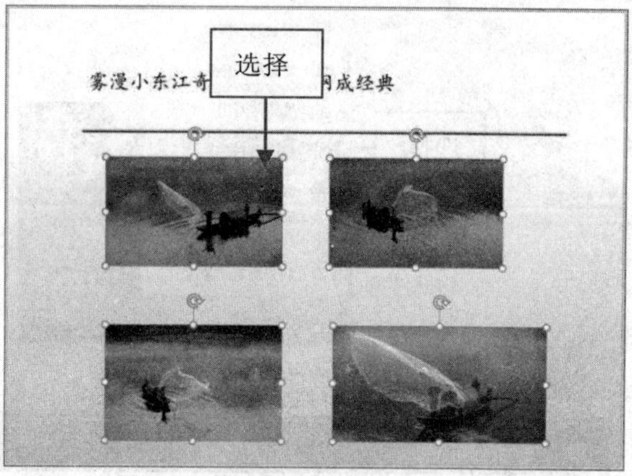

图 9-44 选择相应的图片

Step 03 在“图片格式”面板的“图片样式”选项板中单击“图片版式”按钮，在弹出的列表框中选择“六边形群集”版式，如图 9-45 所示。

Step 04 执行上述操作后，即可使用 SmartArt 图形排版多张图片，效果如图 9-46 所示。

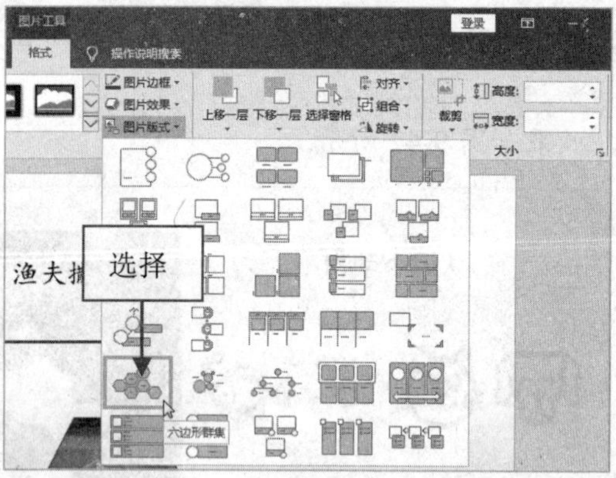

图 9-45 选择“六边形群集”版式

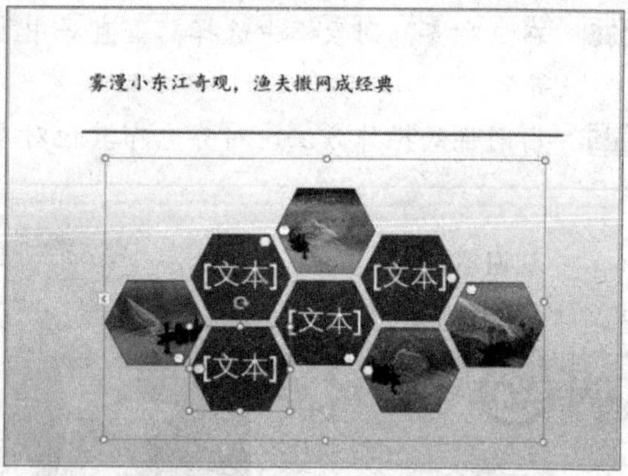

图 9-46 制作 SmartArt 图形

Step 05 在“SmartArt 工具-设计”面板的“SmartArt 样式”选项板中单击“更改颜色”按钮，在弹出的列表框中选择“渐变范围-个性色 2”选项，如图 9-47 所示。

Step 06 执行上述操作后，即可调整 SmartArt 图形的颜色，效果如图 9-48 所示。

Step 07 单击 SmartArt 图形左侧的 〉 按钮，打开“在此处键输入文字”窗口，输入相应的文本内容，如图 9-49 所示。

Step 08 设置文字的“字体”为楷体、“字号”为 20，效果如图 9-50 所示。

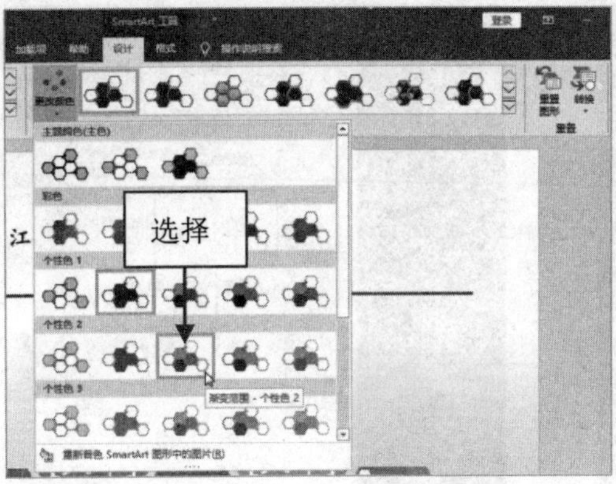

图 9-47　选择“渐变范围-个性色 2”选项

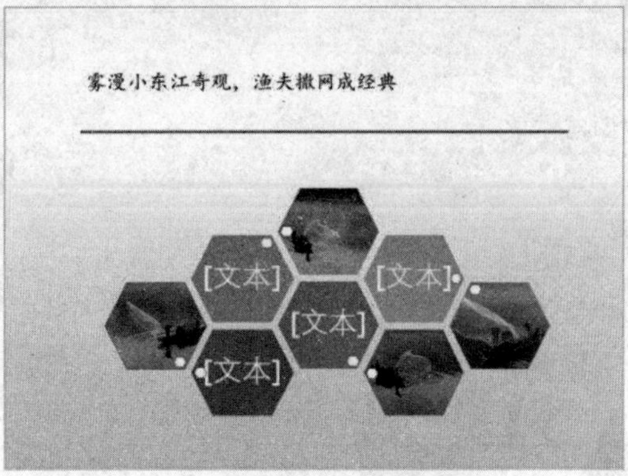

图 9-48　更改颜色

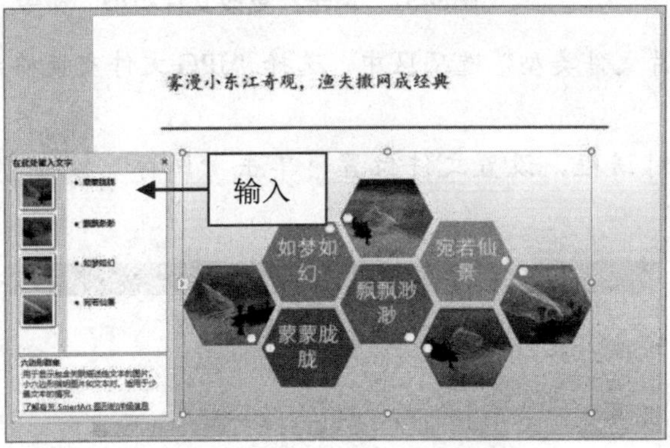

图 9-49　输入相应的文本内容

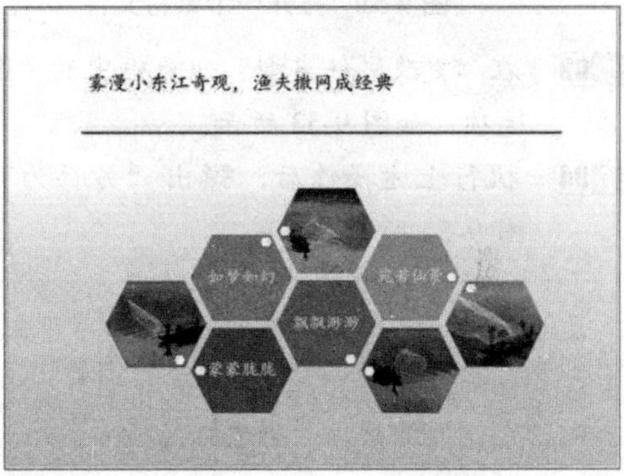

图 9-50　调整文本效果

9.2　输出 PowerPoint 课件

在 PowerPoint 中，经常用到的输出格式有图形文件格式和幻灯片放映文件。幻灯片放映是将演示文稿保存为以幻灯片放映的形式打开演示文稿，每次打开该类型文件，PowerPoint 会自动切换到幻灯片放映状态，而不会出现 PowerPoint 编辑窗口；而图形文件则是将每一张幻灯片输出为单一的图形文件。

9.2.1　输出 JPG 文件

PowerPoint 支持将演示文稿中的幻灯片输出为 GIF、JPG、TIFF、BMP、PNG 和 WMF 等格式的图形文件。下面具体介绍输出 JPG 文件的操作方法。

Step 01　单击“文件”|“打开”命令，打开一个素材文件“素材\第 9 章\细胞学说.pptx”，如图 9-51 所示。

Step 02　单击“文件”|“导出”|“更改文件类型”命令，如图 9-52 所示。

图 9-51　打开一个素材文件

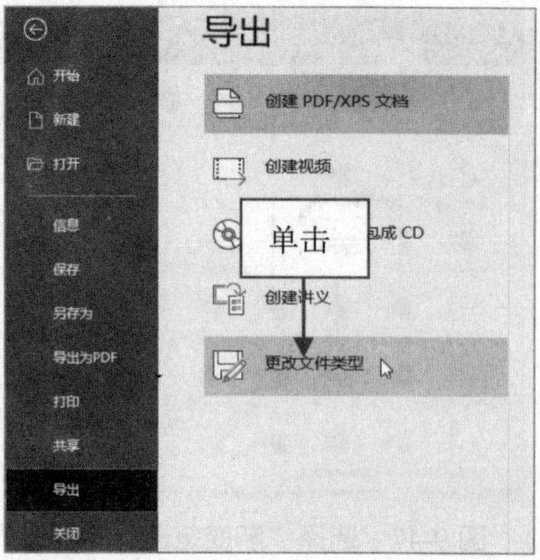

图 9-52　单击“更改文件类型”命令

Step 03　在“更改文件类型”列表框中的“图片文件类型”选项区中，选择“JPG 文件交换格式”选项，如图 9-53 所示。

Step 04　执行上述操作后，弹出“另存为”对话框，设置文件位置，单击“保存”按钮，如图 9-54 所示。

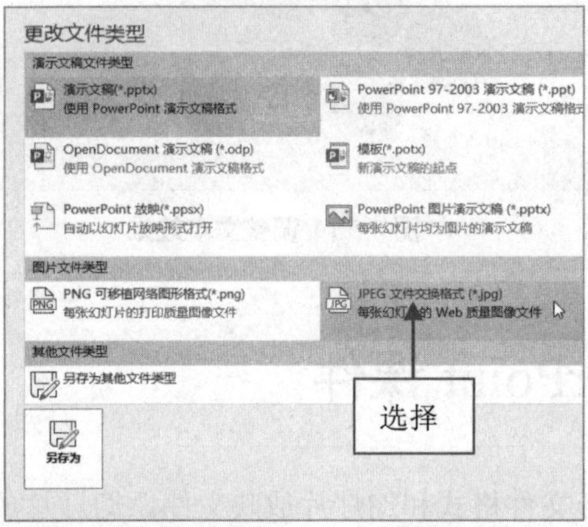

图 9-53　选择“JPG 文件交换格式”选项

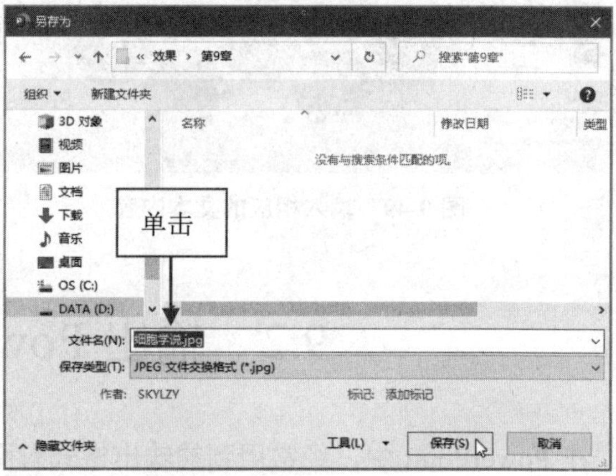

图 9-54　单击“保存”按钮

Step 05　弹出信息提示框，单击“所有幻灯片”按钮，如图 9-55 所示。

图 9-55　单击“所有幻灯片”按钮

Step 06　执行上述操作后，弹出信息提示框，单击“确定”按钮，如图 9-56 所示。

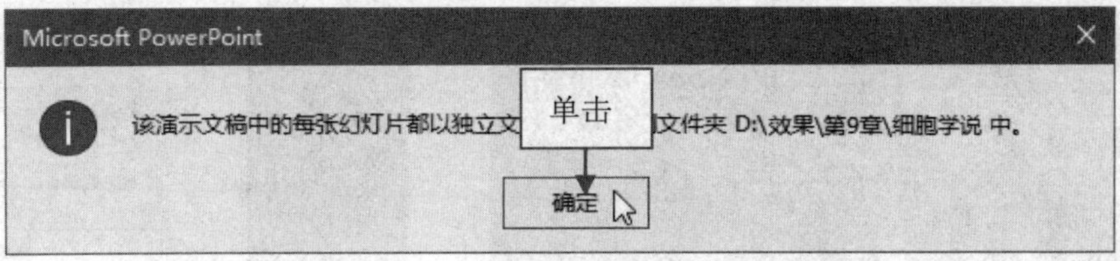

图 9-56　单击“确定”按钮

Step 07　执行上述操作后，即可输出演示文稿为图形文件，打开所存储的文件夹，查看输出的图像文件，如图 9-57 所示。

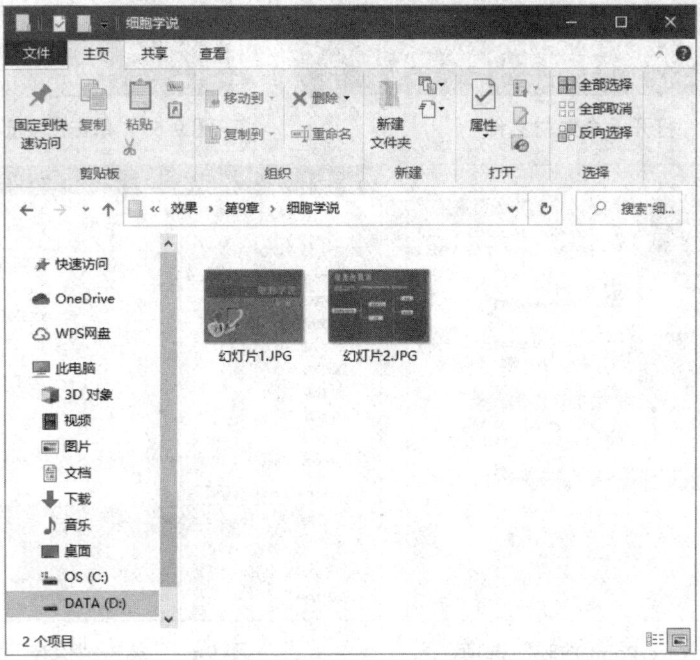

图 9-57　查看输出的图像文件

9.2.2　输出放映文件

在 PowerPoint 2016 中，经常用到的输出格式还有幻灯片放映文件格式。幻灯片放映是将演示文稿保存为总是以幻灯片放映的形式打开的演示文稿，每当打开该类型文件，PowerPoint 将自动切换到幻灯片放映状态，而不会出现 PowerPoint 编辑窗口。下面介绍具体的操作方法。

Step 01　单击“文件”|“打开”命令，打开一个素材文件“素材\第 9 章\活动策划.pptx”，如图 9-58 所示。

Step 02　单击“文件”|“导出”|“更改文件类型”命令，如图 9-59 所示。

Step 03　在“更改文件类型”列表框中的“演示文稿文件类型”选项区中，选择“PowerPoint 放映”选项，如图 9-60 所示。

Step 04　执行上述操作后，弹出“另存为”对话框，设置文件位置，单击“保存”按钮，如图 9-61 所示。

图 9-58　打开一个素材文件

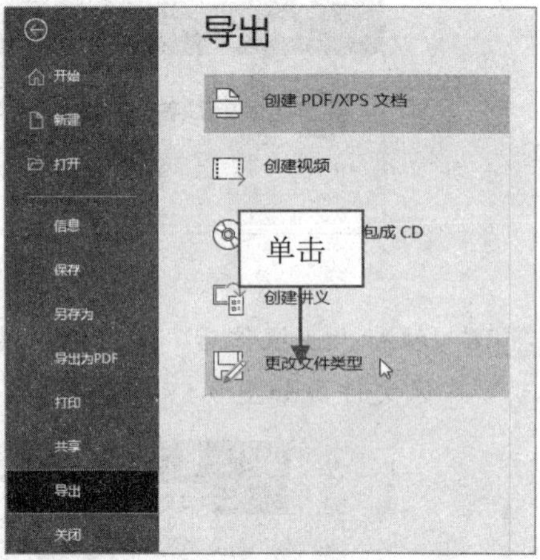

图 9-59　单击“更改文件类型”命令

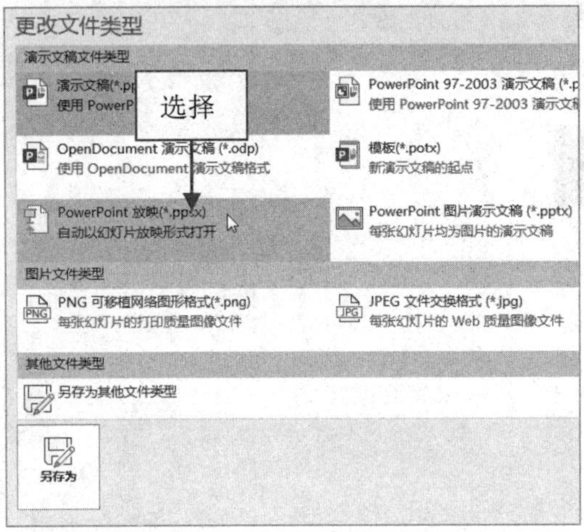

图 9-60　选择“PowerPoint 放映”选项

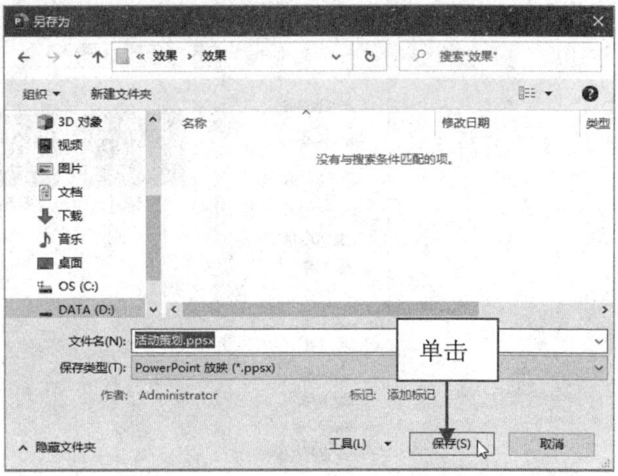

图 9-61　单击“保存”按钮

Step 05　执行上述操作后即可输出文件，打开所存储的文件夹，查看输出的图像文件，如图 9-62 所示。

Step 06　在保存的文件中双击，即可放映文件，如图 9-63 所示。

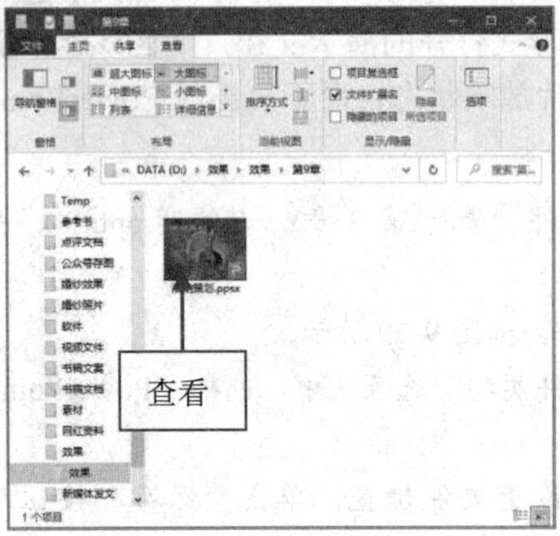

图 9-62　查看输出的图像文件

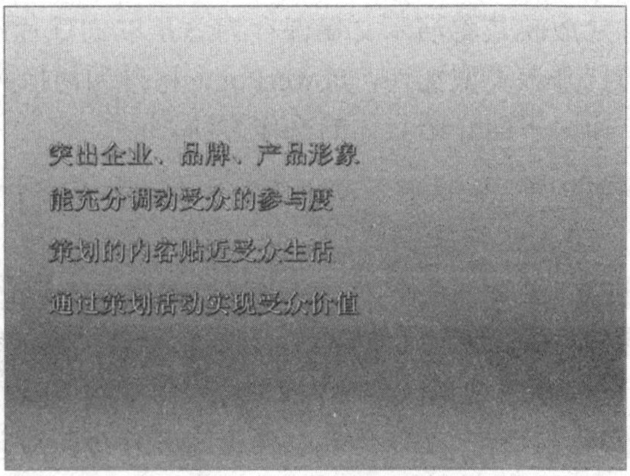

图 9-63　放映文件

本章小结

本章主要介绍了课件的排版与输出，展示了排版编辑应用技巧，其中包括了去除课件的默认版式、实现跨页元素对齐、通过占位符对版式进行固定、如何查看课件的图层元素、制作三维旋转横排文字效果、快速对齐多个对象，以及使用 SmartArt 排版多张图片等案例；最后介绍对多媒体输出的方式作了详细介绍。通过本章的学习，可以帮助读者掌握课件排版与输出的方法和技巧。

本章习题

本章重点介绍了打包与输出课件模板制作的方法。下面将通过上机练习题，对本章的知识点进行回顾。

打开“素材\第 9 章”文件夹下的“电流做功的快慢.pptx”课件素材，如图 9-64 所示。尝试为电流做功的快慢课件输出图形文件，如图 9-65 所示。

图 9-64　打开一个素材文件

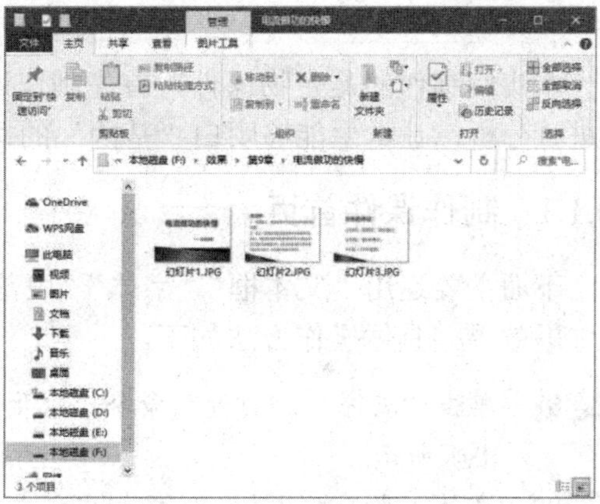

图 9-65　电流做功的快慢课件效果

第 10 章　PowerPoint 课件制作综合案例

【本章概览】

本章主要介绍三个综合案例，分别为制作生物课件、语文课件和数学课件的操作方法。

【本章重点】

- 生物课件
- 语文课件
- 数学课件

10.1　生物课件

本实例制作的是生物课件，首先制作课件的主题页面，然后制作详细的内容页面，对主题进行分析，让学生能够明白“基因”的概念。

10.1.1　制作课件首页

下面主要运用“文本框”“字体”“段落”“填充”等功能，设置生物课件的主题效果。具体操作方法如下。

Step 01 单击“文件”|“打开”命令，打开一个素材文件“素材\第 10 章\基因讲解.pptx”，如图 10-1 所示。

Step 02 在第 1 张幻灯片中，选择相应文本，如图 10-2 所示。

图 10-1　打开一个素材文件

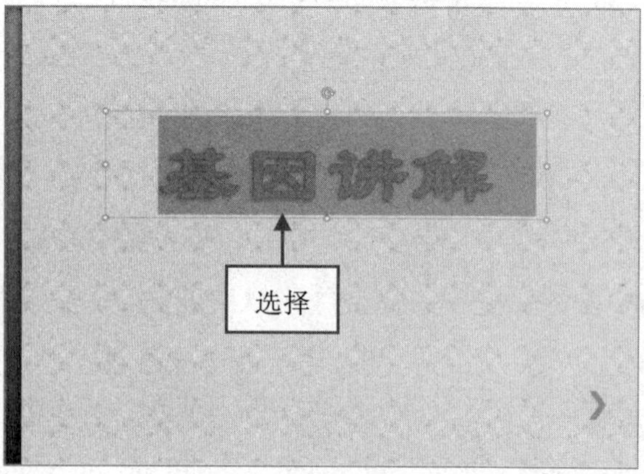

图 10-2　选择相应文本

Step 03 在“开始”面板中的“字体”选项板中，❶单击“字体颜色”右侧的下拉按钮；❷在弹出的列表框中选择“标准色”选项区中的“红色”选项，如图 10-3 所示。

Step 04 执行上述操作后，即可更改文字颜色，效果如图 10-4 所示。

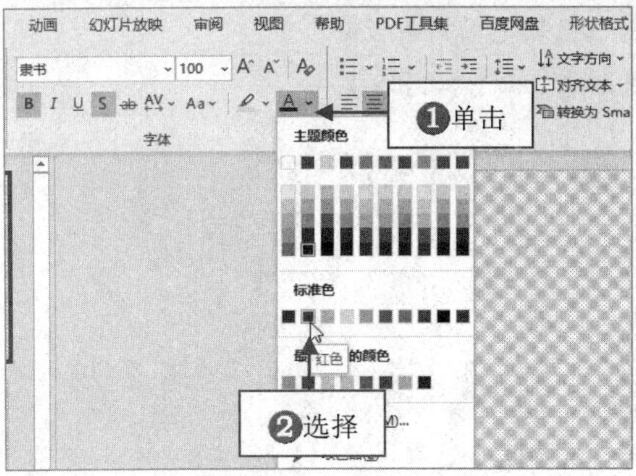

图 10-3　选择相应选项

图 10-4　效果图

10.1.2　制作内容页面

下面主要运用“文本框”“字体”“段落”“填充”等功能，设置内容文本的格式效果。具体操作方法如下。

Step 01 切换至第 2 张幻灯片，然后切换至“插入”面板，在“文本”选项板中单击“文本框”下拉按钮，如图 10-5 所示。

Step 02 在弹出的列表框中选择“绘制横排文本框”选项，如图 10-6 所示。

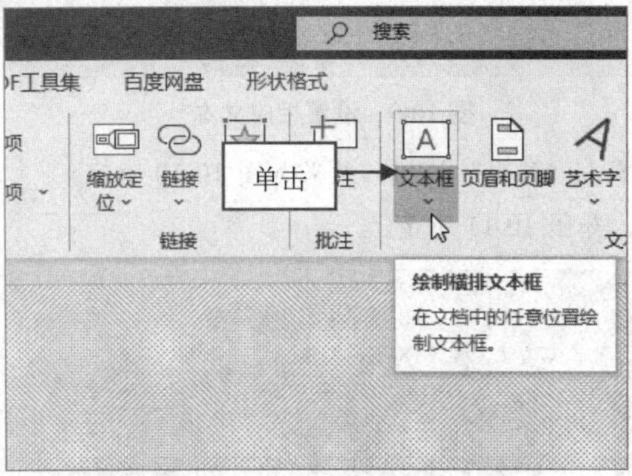

图 10-5　单击“文本框”下拉按钮

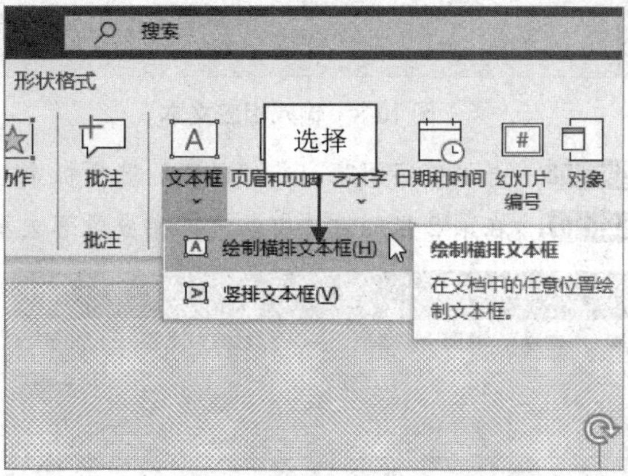

图 10-6　选择“绘制横排文本框”选项

Step 03 在编辑区中的合适位置，按住鼠标左键并拖拽，至合适位置后，释放鼠标左键，绘制一个文本框，如图 10-7 所示。

Step 04 在文本框中输入文本“解读教材”，如图 10-8 所示。

Step 05 选中文本，在“字体”选项板中，设置“字体”为“隶书”、“字号”为 50、“字体颜色”为红色，如图 10-9 所示。

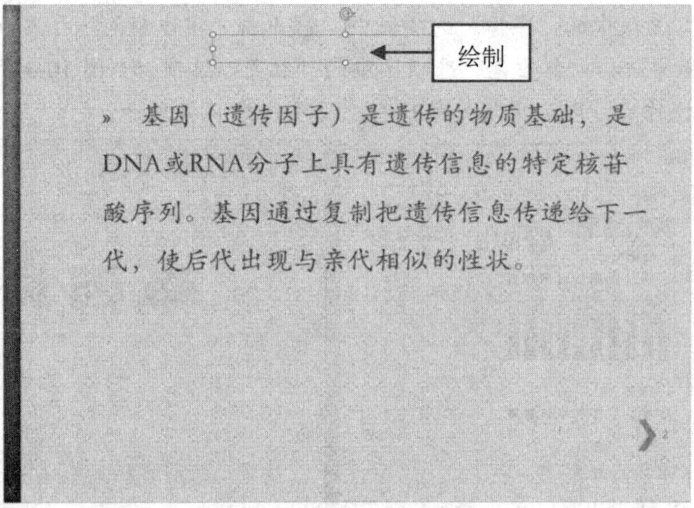

图 10-7　绘制一个文本框

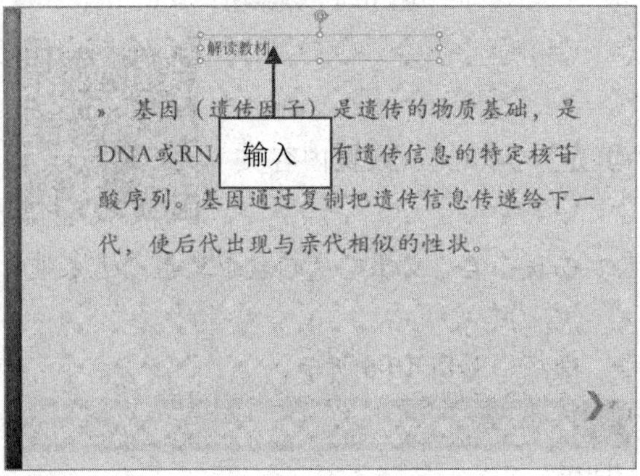

图 10-8　输入相应文本

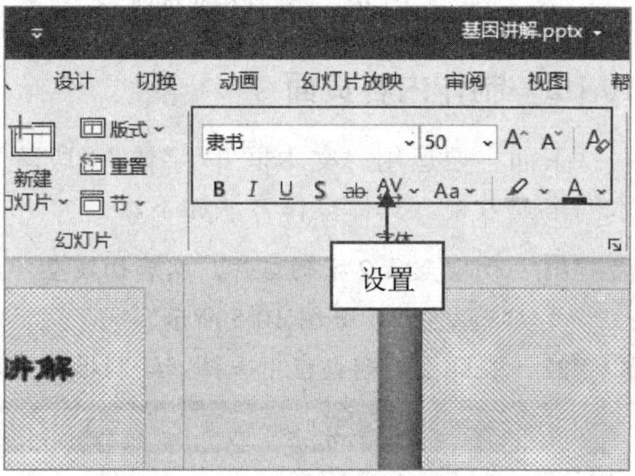

图 10-9　设置相应文本

Step 06 并调整字间距，在“段落”选项板中，单击“居中”按钮，效果如图 10-10 所示。

Step 07 在第 2 张幻灯片中，选择相应段落文本，如图 10-11 所示。

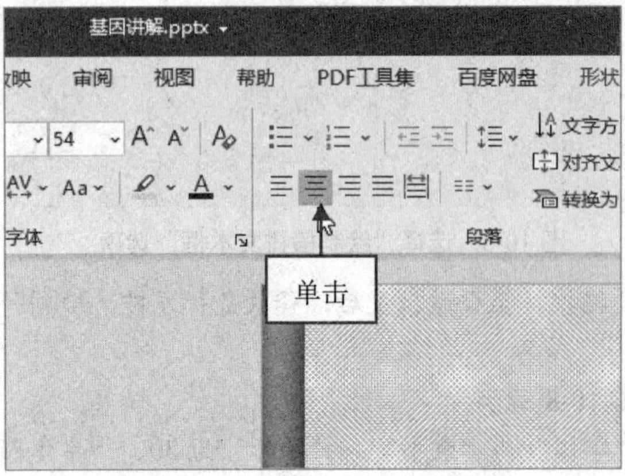

图 10-10　单击“居中”按钮

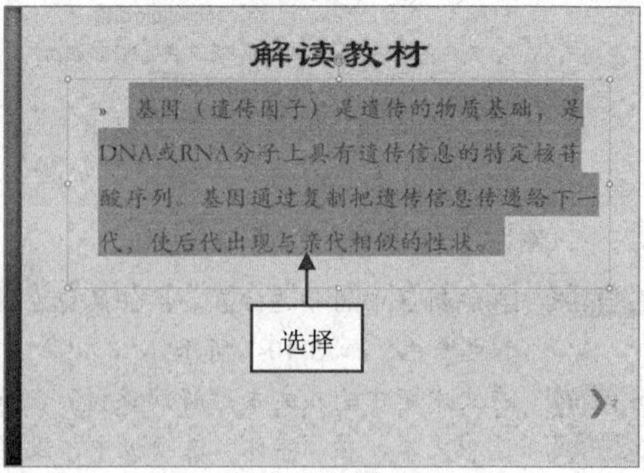

图 10-11　选择相应段落文本

Step 08 单击“段落”选项板中的“段落”按钮，如图 10-12 所示。

Step 09 弹出“段落”对话框，在“缩进和间距”选项卡中的“间距”选项区中，设置段前为“3 磅”“段后”为“3 磅”，如图 10-13 所示。

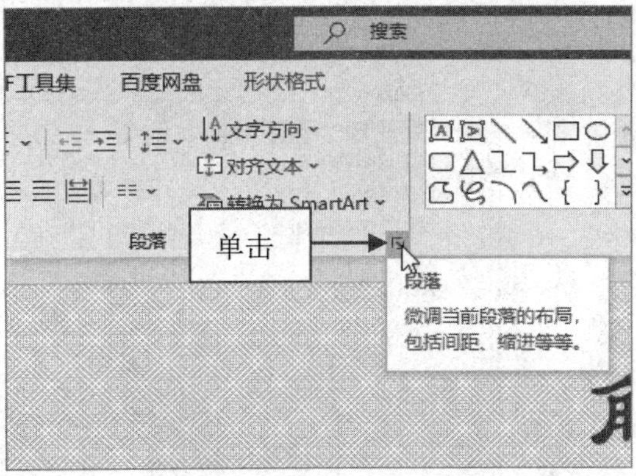

图 10-12　单击“段落”按钮

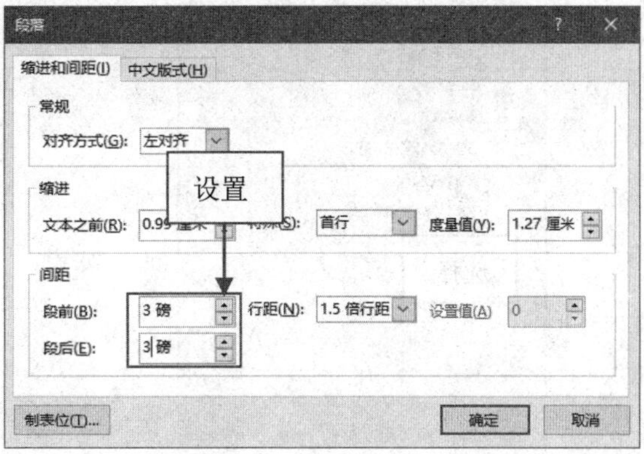

图 10-13　设置相应选项

Step 10 单击“确定”按钮，然后在“字体”选项板中设置“字号”为 28，效果如图 10-14 所示。

Step 11 选择第 2 张幻灯片中的段落文本框，单击鼠标右键，在弹出的快捷菜单中，选择“设置形状格式”选项，如图 10-15 所示。

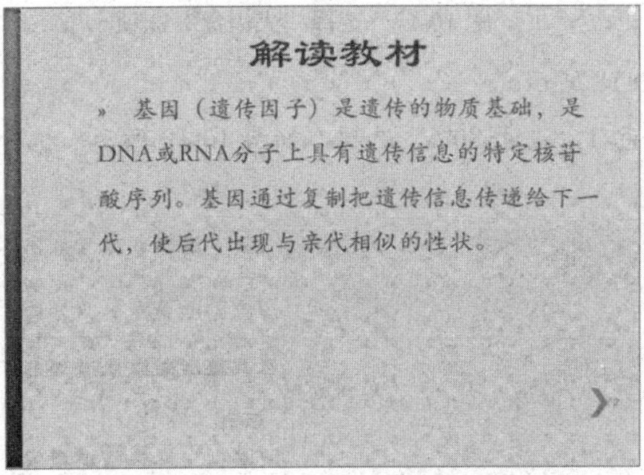

图 10-14　设置文本字号效果

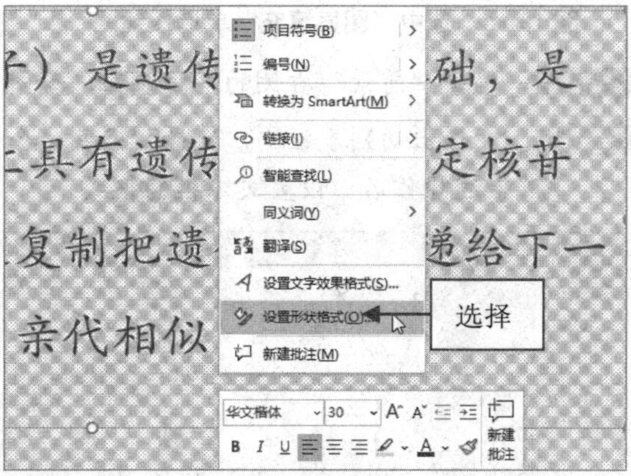

图 10-15　选择“设置形状格式”选项

Step 12 弹出“设置形状格式”对话框，在“填充”选项卡中，选中“图案填充”单选按钮，如图 10-16 所示。

Step 13 在下方的列表框中选择“大棋盘”选项，如图 10-17 所示。

▶ 专家指点

在弹出的“设置为形状格式”对话框中，用户可以在填充的选项卡中选择渐变填充选项，设置渐变颜色的背景效果，使背景颜色更加美观。

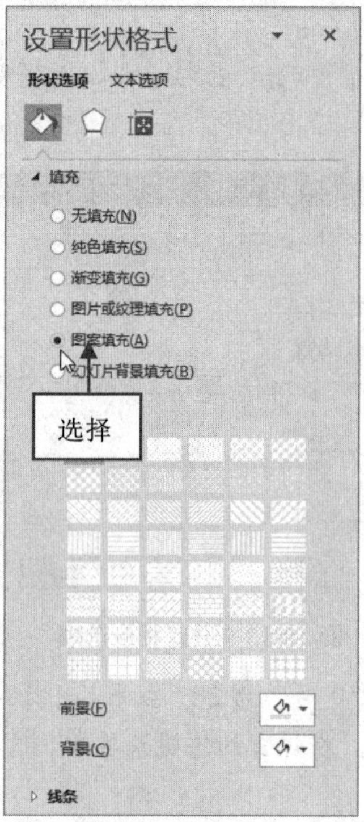

图 10-16　选中“图案填充”单选按钮

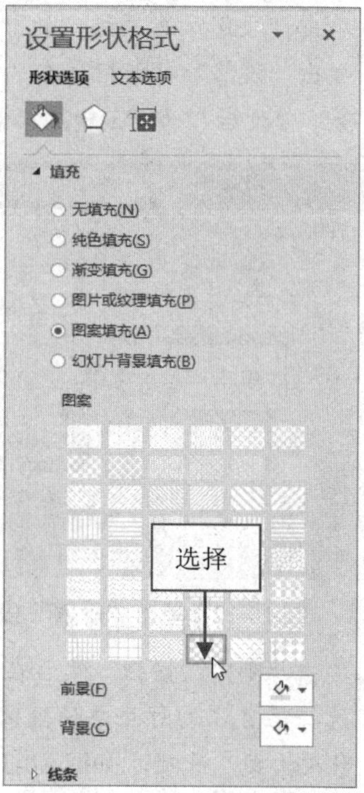

图 10-17　选择“大棋盘”选项

Step 14　单击“前景”右侧的下拉按钮，如图 10-18 所示。

Step 15　在弹出的列表框中，选择“橙色，个性色 1，淡色 80%”选项，如图 10-19 所示。执行上述操作后，设置文本框的格式。

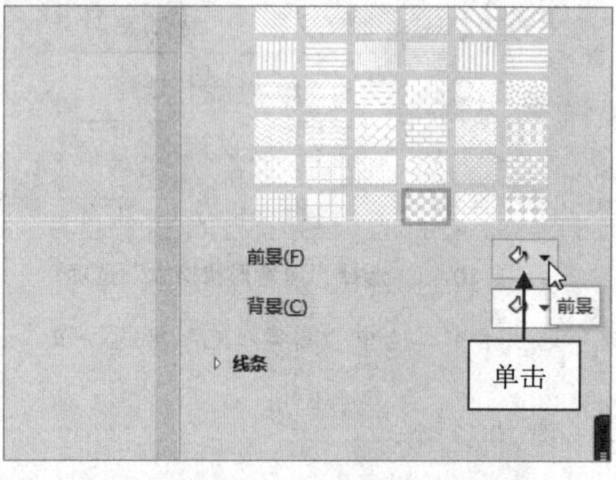

图 10-18　单击“前景”下拉按钮

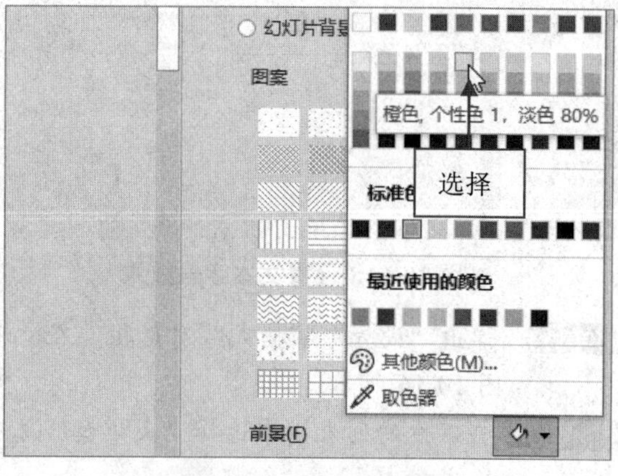

图 10-19　选择相应选项

Step 16　分别切换至第 3 张、第 4 张幻灯片，在编辑区中，选择相应文本，用与上同样的方法，设置与第 2 张幻灯片中相同的文本框格式，效果如图 10-20 所示。

Step 17　切换至第 5 张幻灯片，在编辑区中，选择相应文本，用与上同样的方法，设置与第 2 张幻灯片中相同的文本框格式，效果如图 10-21 所示。

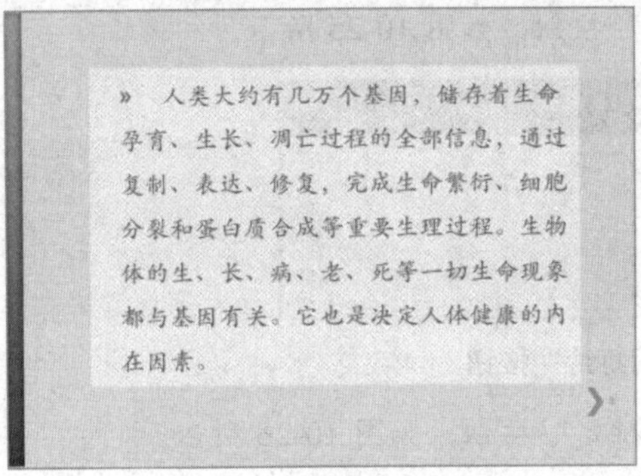

图 10-20 效果图（1）

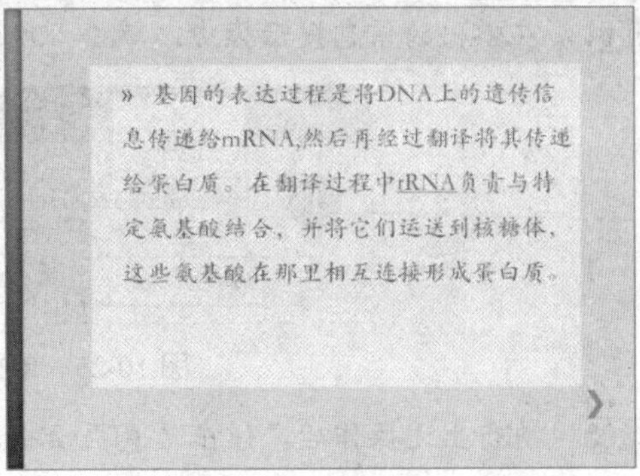

图 10-21 效果图（2）

10.1.3 输出保存课件

在 PowerPoint 2016 中，文件编辑完成后，用户即可对其进行输出和保存操作。下面介绍具体的操作方法。

Step 01 单击“文件”|“导出”命令，选择“更改文件类型”选项，如图 10-22 所示。

Step 02 在“更改文件类型”列表框中的“图片文件类型”选项区中，选择“JPEG 文件交换格式”选项，如图 10-23 所示。

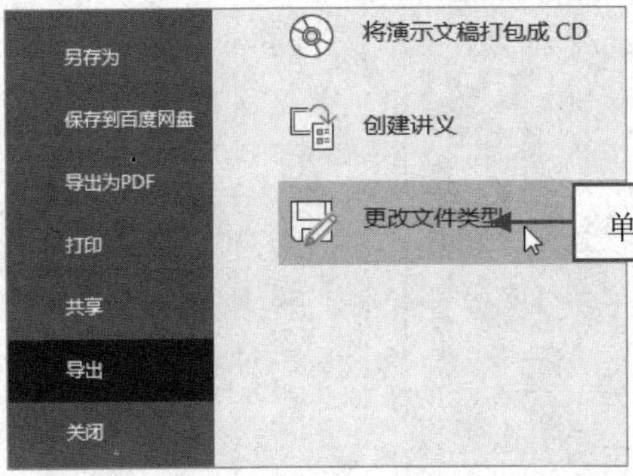

图 10-22 单击“更改文件类型”命令

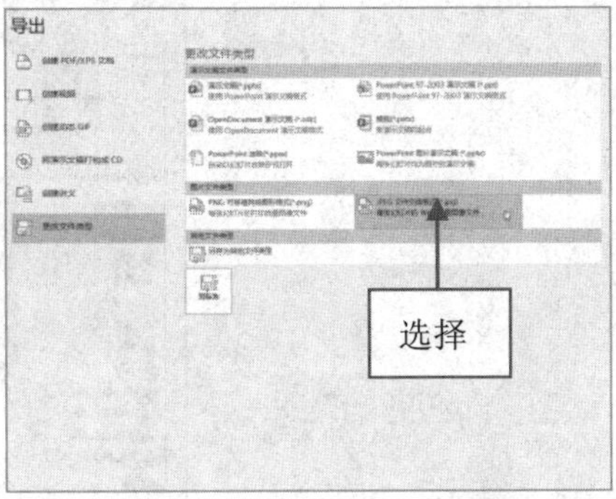

图 10-23 选择“JPEG 文件交换格式”选项

Step 03 弹出“另存为”对话框，设置文件保存位置后，单击“保存”按钮，如图 10-24 所示。

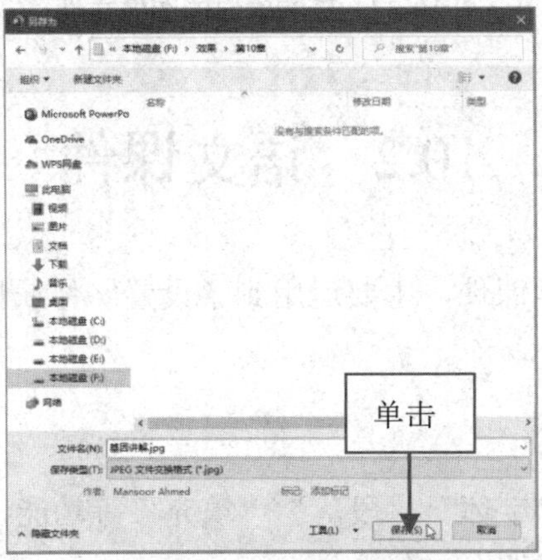

图 10-24 设置文件保存位置

Step 04 在弹出的信息提示框中，单击“所有幻灯片”按钮，如图 10-25 所示。

图 10-25　单击“所有幻灯片”按钮

Step 05 执行上述操作后，弹出信息提示框，单击“确定”按钮，如图 10-26 所示。

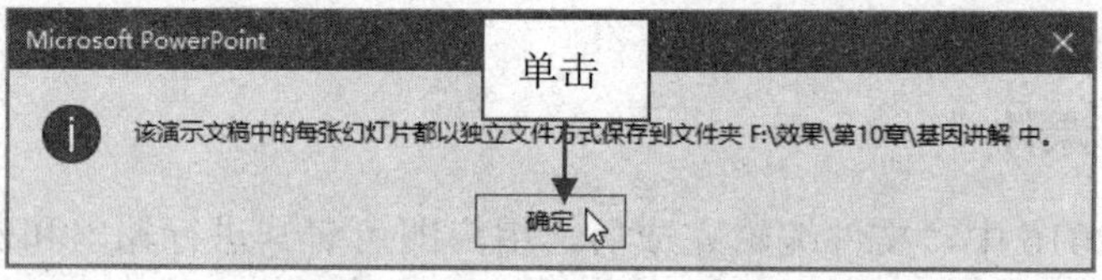

图 10-26　单击“确定”按钮

Step 06 单击“确定”按钮，即可输出演示文稿为图形文件，打开所存储的文件夹，查看输出的图像文件，如图 10-27 所示。

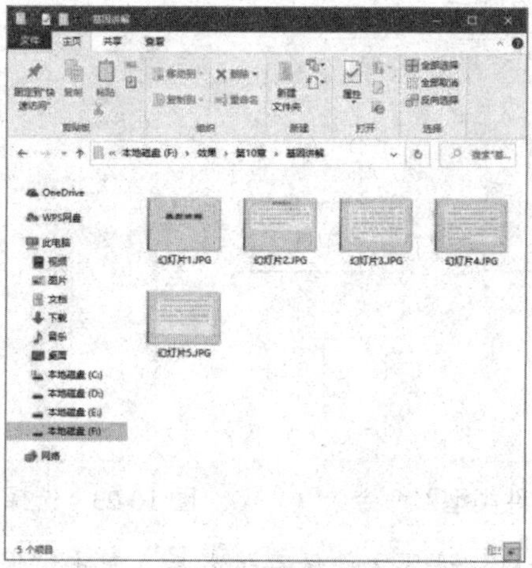

图 10-27　查看输出的图像文件

10.2　语文课件

本实例制作的是语文教学课件，主要运用到了设置字体属性、设置形状样式、添加音频文件和设置动画效果等内容。

10.2.1　制作课件首页

下面主要运用“插图”“字体”“段落”“填充”等功能，设置语文课件的主题效果。具体操作方法如下。

Step 01 单击“文件”|“打开”命令，打开一个素材文件“素材\第 10 章\语文课件.pptx”，如图 10-28 所示。

Step 02 切换至“插入”面板，在“插图”选项板中，单击“3D 模型”按钮，如图 10-29 所示。

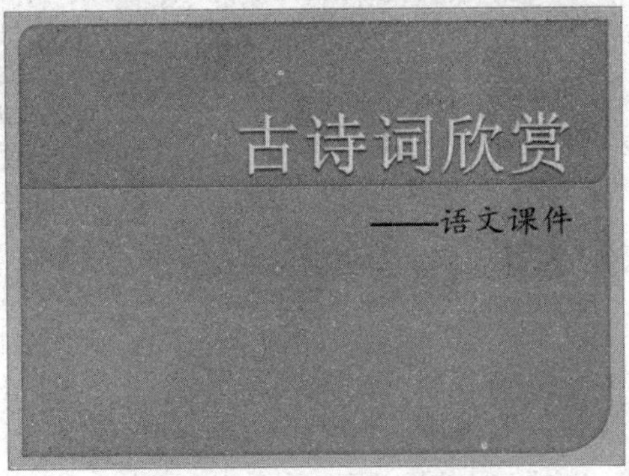

图 10-28　打开一个素材文件

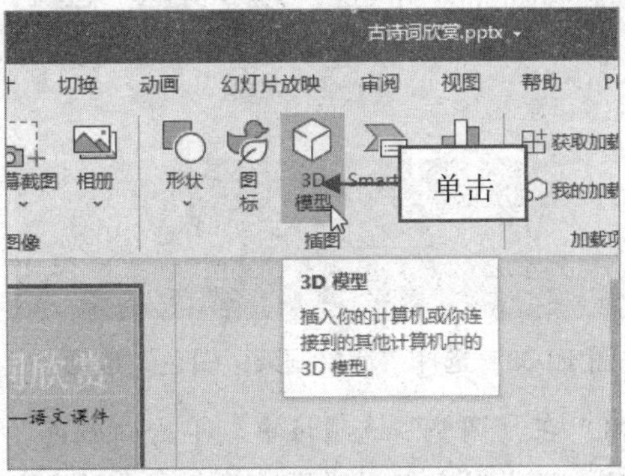

图 10-29　单击“剪贴画”按钮

Step 03 弹出“插入 3D 模型”对话框，选择需要的图片，单击“插入”按钮，如图 10-30 所示。

Step 04 即可插入图标，并调整至合适大小和位置，如图 10-31 所示。

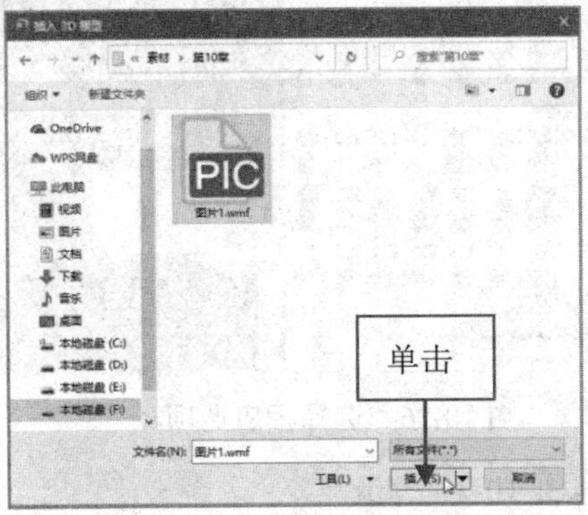

图 10-30　单击“搜索”按钮

图 10-31　调整合适位置

Step 05 执行上述操作后，在编辑区中，选择插入的图标，❶切换至“图片格式”面板；❷单击“图片样式”选项板中的“其他”下拉按钮，如图 10-32 所示。

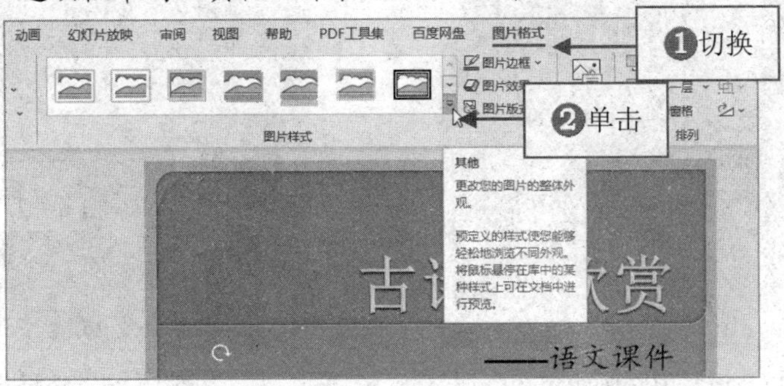

图 10-32　单击“其他”下拉按钮

Step 06 弹出列表框，选择“矩形投影”选项，如图 10-33 所示。

Step 07 执行上述操作后，即可设置图片样式，如图 10-34 所示。

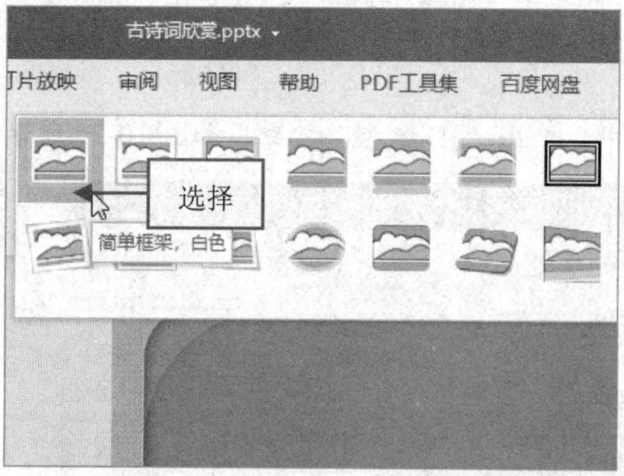

图 10-33　选择“简单框架，白色”选项

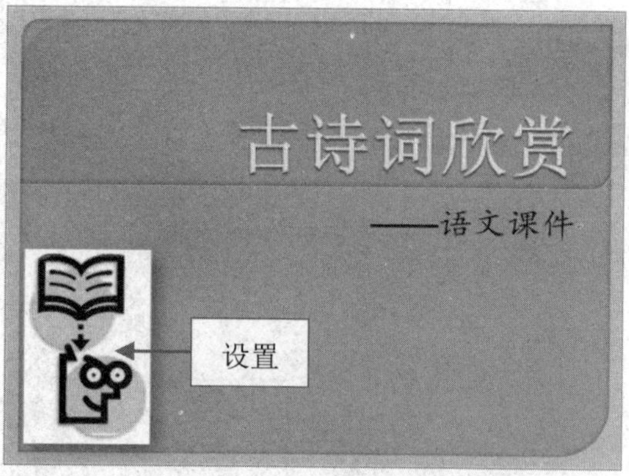

图 10-34　设置图片样式

Step 08　在“调整”选项板中，单击“颜色”下拉按钮，如图 10-35 所示。

Step 09　弹出列表框，选择“茶色，个性色 6 深色”选项，如图 10-36 所示。

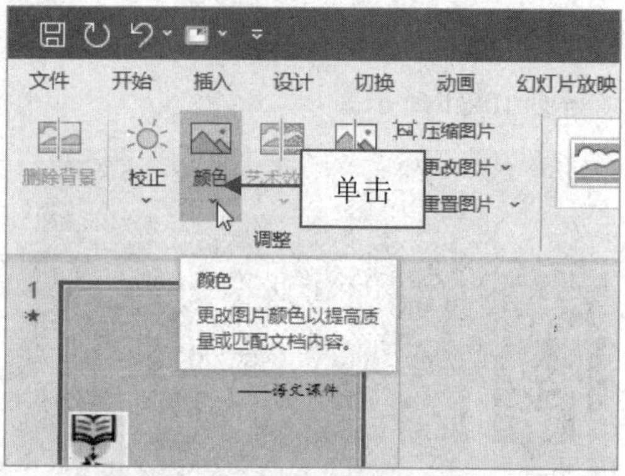

图 10-35　单击“颜色”下拉按钮

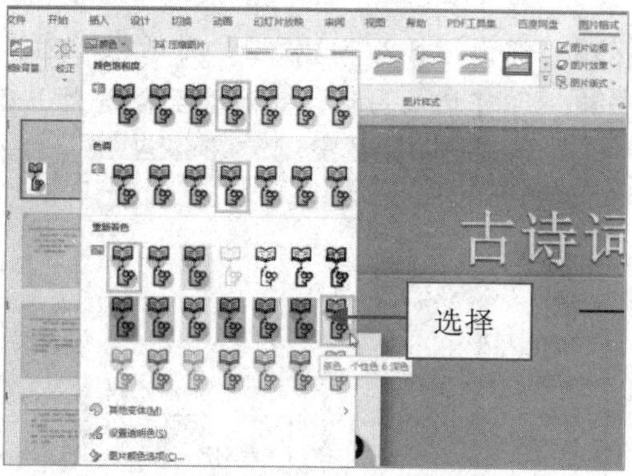

图 10-36　选择相应选项

Step 10　执行上述操作后，即可设置图片的颜色，效果如图 10-37 所示。

Step 11　在编辑区中，选择标题文本，如图 10-38 所示。

图 10-37　设置剪贴画颜色

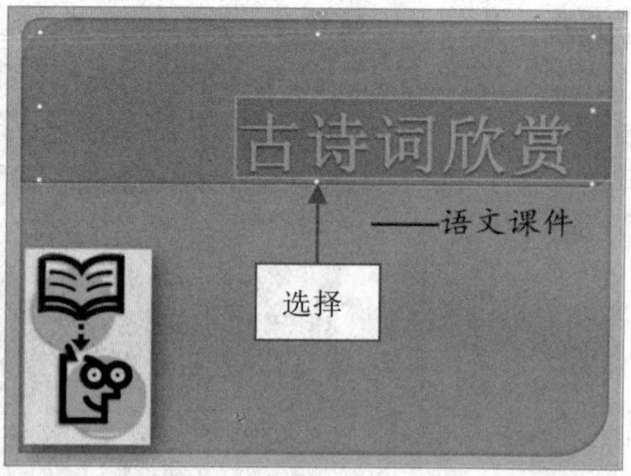

图 10-38　选择标题文本

Step 12　切换至“形状格式”面板，单击“艺术字样式”选项板中的“其他”下拉按钮，如图 10-39 所示。

Step 13　弹出列表框，在选项区中，选择“第二排第四个”选项，如图 10-40 所示。

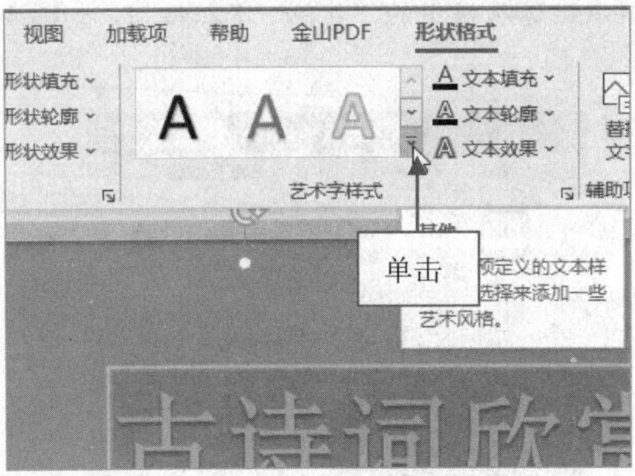

图 10-39　单击“其他”下拉按钮

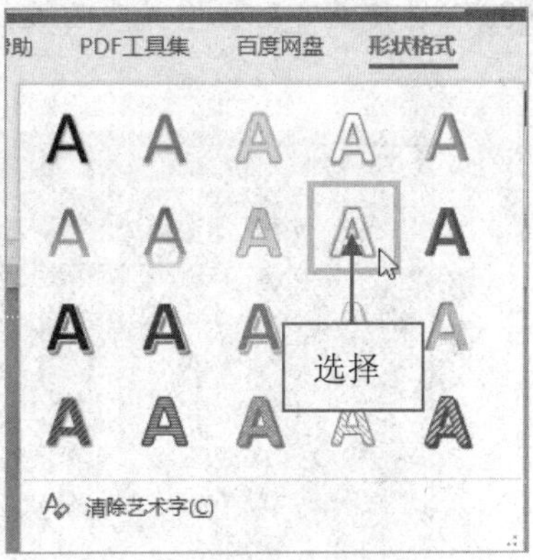

图 10-40　选择相应选项

Step 14　执行上述操作后，即可设置艺术字样式，单击“艺术字样式”选项板中的“文本效果”下拉按钮，如图 10-41 所示。

Step 15　在弹出的列表框中，选择“映像”|“紧密映像，接触”选项，如图 10-42 所示。

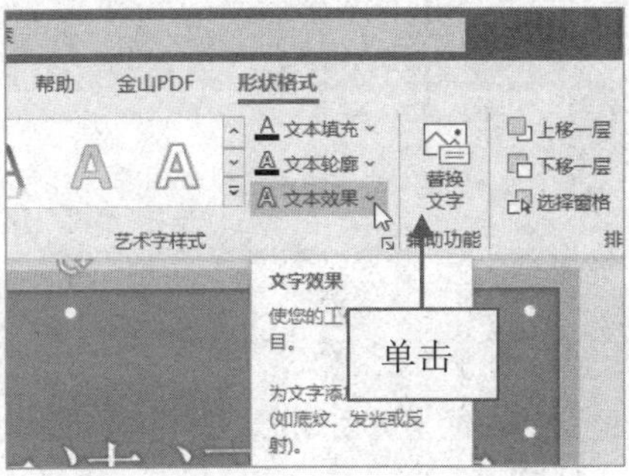

图 10-41　单击“文本效果”下拉按钮

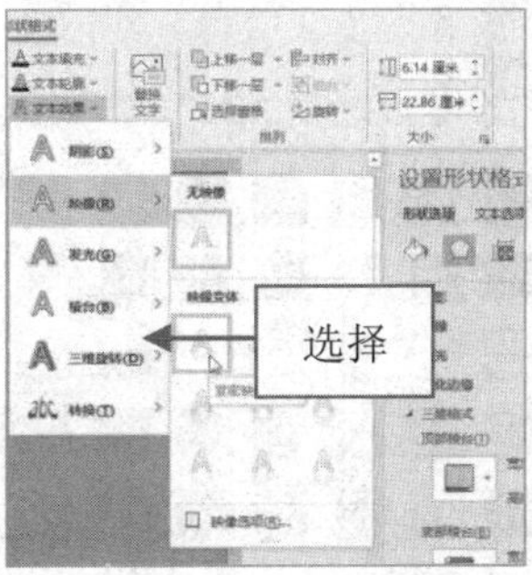

图 10-42　选择“紧密映像，接触”选项

Step 16　执行上述操作后，即可设置艺术字效果，如图 10-43 所示。

图 10-43　设置艺术字效果

10.2.2　制作其他幻灯片

下面主要运用“格式”“形状样式”“形状效果”等功能，设置内容文本的格式效果，具体操作方法如下。

Step 01 切换至第 2 张幻灯片，在编辑区中，选择相应文本，如图 10-44 所示。

Step 02 切换至“形状格式”面板，单击“形状样式”选项板中的“其他”下拉按钮，如图 10-45 所示。

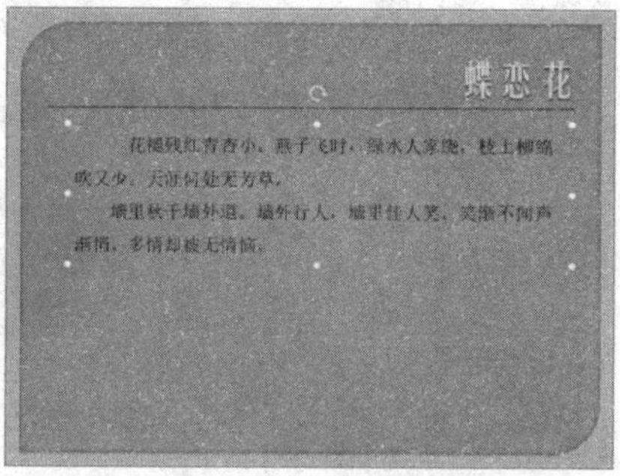

图 10-44　选择相应文本

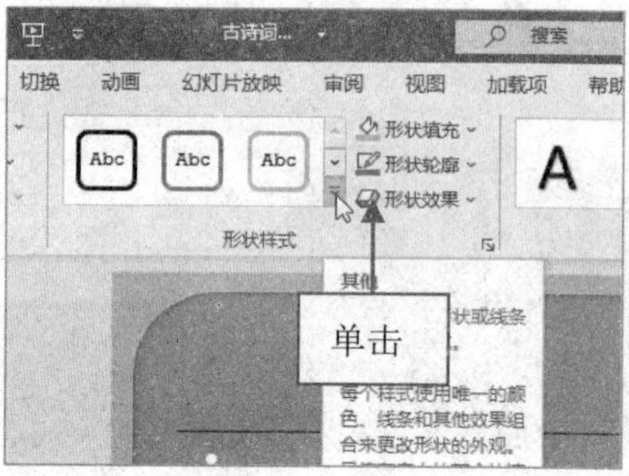

图 10-45　单击“其他”下拉按钮

Step 03 弹出列表框，选择“细微效果-茶色，强调颜色 6”选项，如图 10-46 所示。

Step 04 执行上述操作后，即可设置形状样式，如图 10-47 所示。

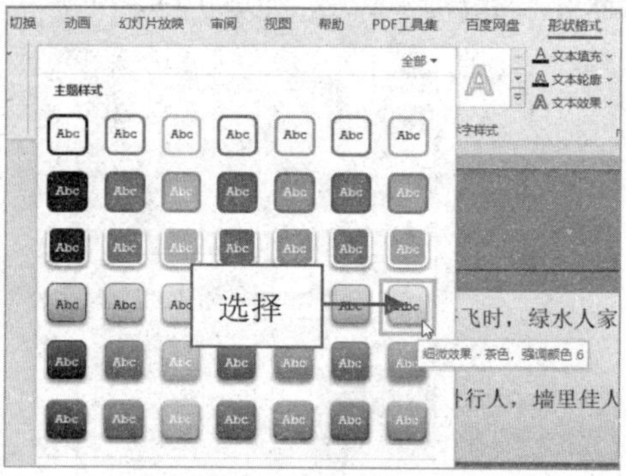

图 10-46　选择相应选项

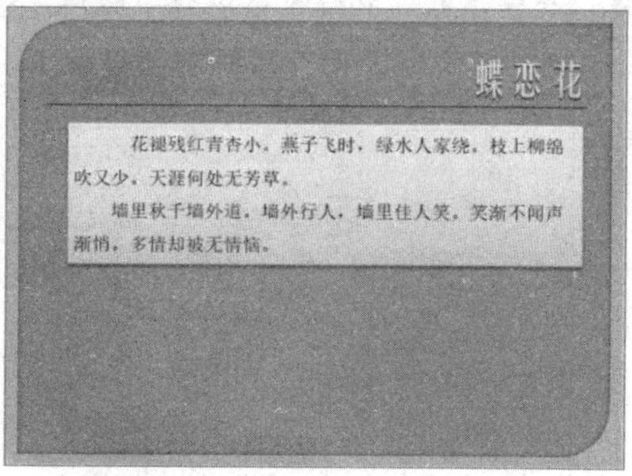

图 10-47　设置形状样式

Step 05 单击“形状样式”选项板中的“形状效果”下拉按钮，如图 10-48 所示。

Step 06 弹出列表框，选择“预设”|“预设 3”选项，如图 10-49 所示。执行上述操作后，即可设置形状预设效果。

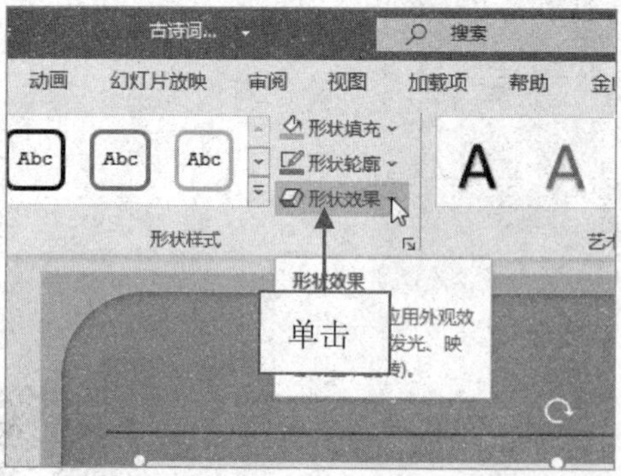

图 10-48　单击“形状效果”下拉按钮

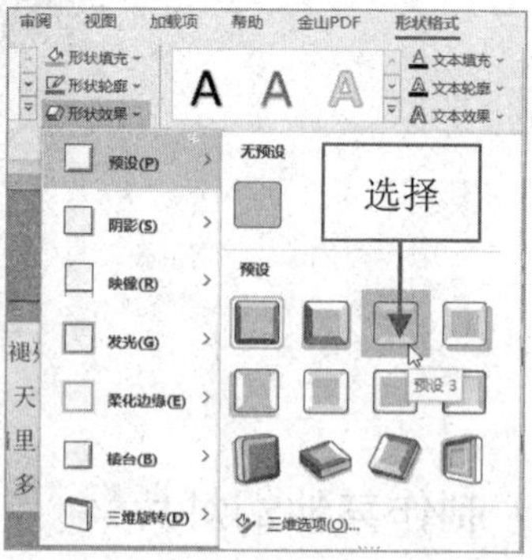

图 10-49　选择“预设 3”选项

Step07　❶再次单击“形状样式”选项板中的“形状效果”下拉按钮，❷在弹出的列表框中选择“棱台”|“松散嵌入”选项，如图 10-50 所示。

Step08　执行上述操作后，即可设置形状棱台效果，如图 10-51 所示。

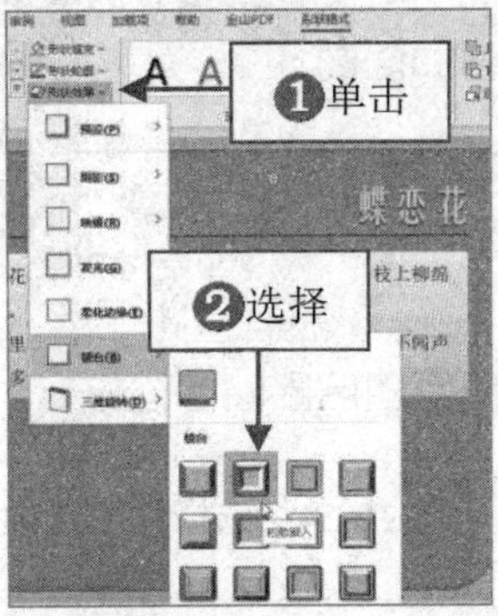

图 10-50　选择“松散嵌入”选项

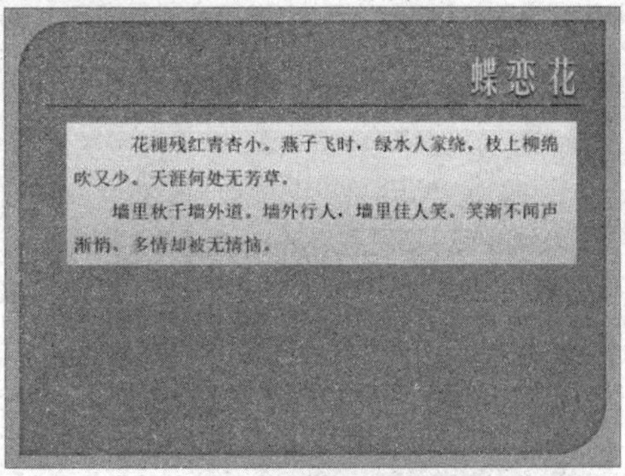

图 10-51　设置形状棱台效果

Step09　分别切换至第 3 张与第 4 张幻灯片，在编辑区中，选择相应文本，用与上同样的方法，设置与第 2 张幻灯片中相同的形状格式，效果如图 10-52 所示。

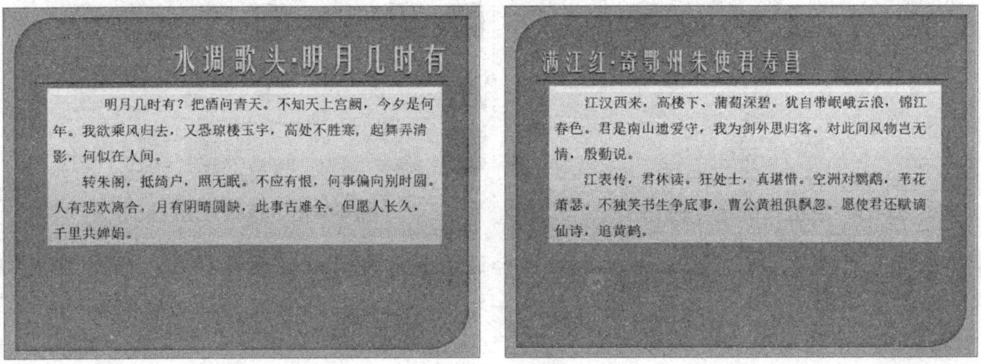

图 10-52　效果图

10.2.3　添加动作按钮

下面主要运用“形状”“动作按钮”“形状格式”等功能，设置语文课件的动作按钮效果。具体操作方法如下。

Step01　切换至第 1 张幻灯片，在“插入”面板中的“插图”选项板中，单击“形状”下拉按钮，如图 10-53 所示。

Step02　弹出列表框，在动作按钮选项区中，选择“动作按钮:转到主页”选项，如图 10-54 所示。

Step03　在幻灯片中的右下角绘制图形，并弹出“操作设置”对话框，各选项为默认设置，单击“确定”按钮，如图 10-55 所示。

Step04　切换至“形状格式”面板，单击“形状样式”选项板中的“其他”下拉按钮，在弹出的列表框中，选择“细微效果-灰色，强调颜色 1”选项，如图 10-56 所示。

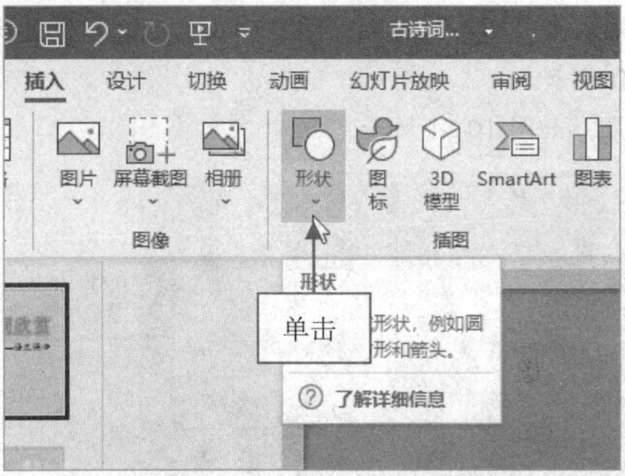

图 10-53　单击“形状”下拉按钮

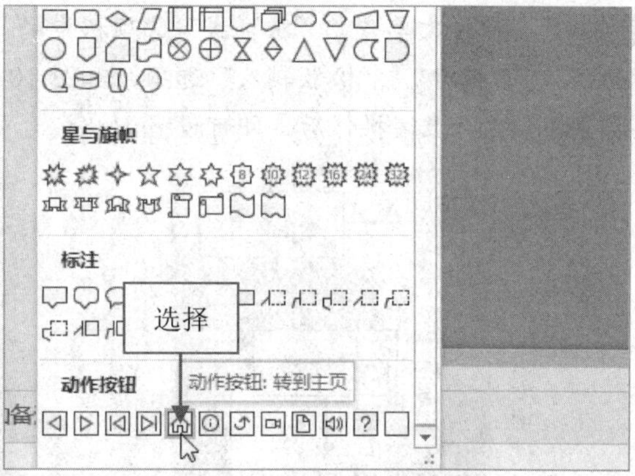

图 10-54　选择相应选项

图 10-55　单击“确定”按钮

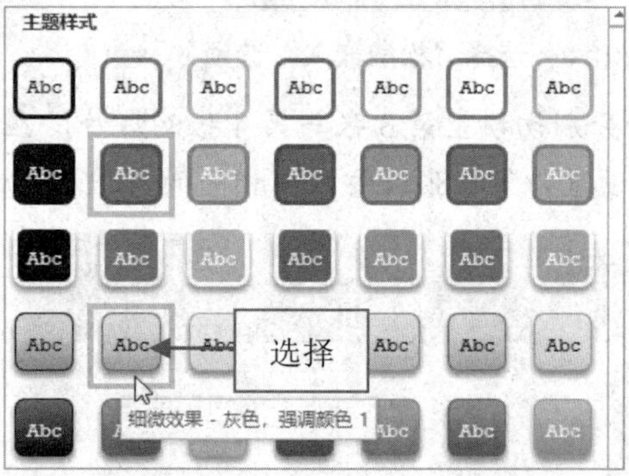

图 10-56　选择相应选项

Step 05　执行上述操作后，调整图片大小拖拽合适位置，即可设置动作样式，如图 10-57 所示。

Step 06　用与上同样的方法，绘制“前进或下一项”动作按钮，并设置与上同样的动作样式，效果如图 10-58 所示。

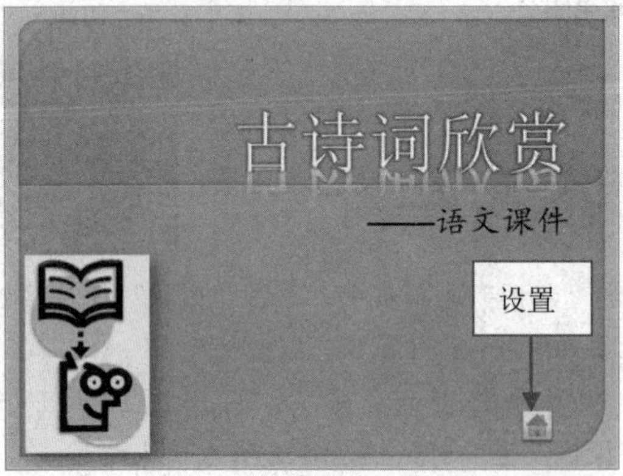

图 10-57　设置动作样式

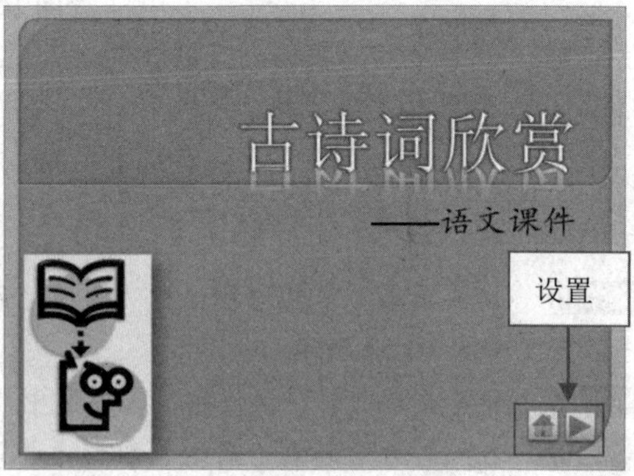

图 10-58　设置其他动作样式

Step 07　切换至第 2 张幻灯片，用与上同样的方法，绘制“后退或前一项”和“前进或下一项”动作按钮，并设置与上同样的动作样式，效果如图 10-59 所示。

Step 08 切换至第 3 张幻灯片，用与上同样的方法，绘制“后退或前一项”和“前进或下一项”动作按钮，并设置与上同样的动作样式，效果如图 10-60 所示。

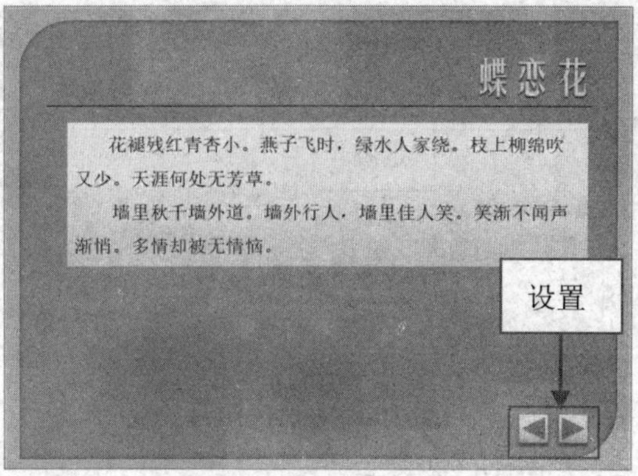

图 10-59　效果图（1）

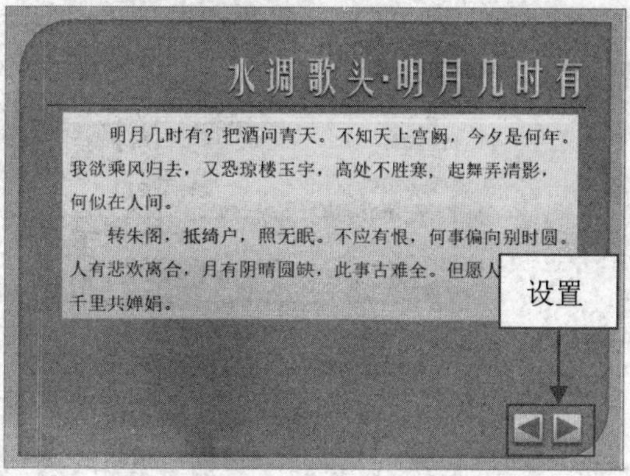

图 10-60　效果图（2）

Step 09 切换至第 4 张幻灯片，用与上同样的方法，绘制动作按钮“后退或前一项”和“动作按钮:转到主页”，并设置与上同样的动作样式，效果如图 10-61 所示。

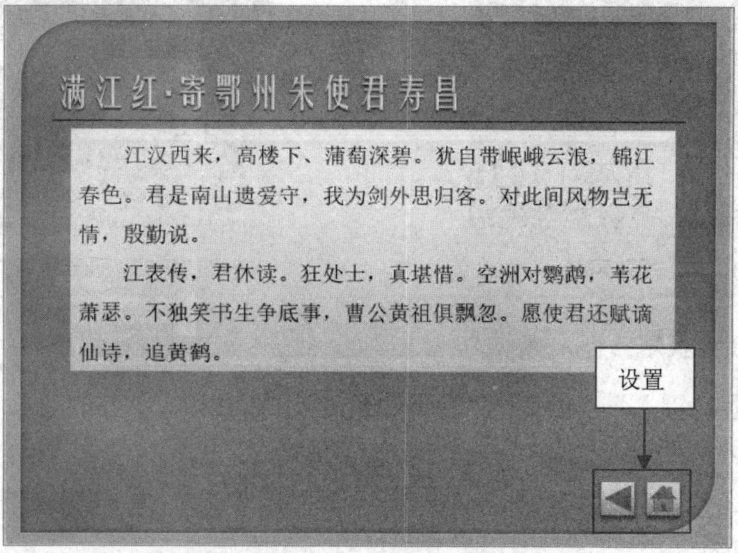

图 10-61　效果图（3）

10.2.4　添加音频

下面主要运用“音频”“动作按钮”“形状格式”等功能，设置语文课件的音频效果。具体操作方法如下。

Step 01 切换至第 1 张幻灯片，切换至“插入”面板，❶单击“媒体”选项板中的“音频”下拉按钮，弹出列表框；❷选择“PC 上的音频”选项，如图 10-62 所示。

Step 02 弹出“插入音频”对话框，选择需要的声音文件，如图 10-63 所示。

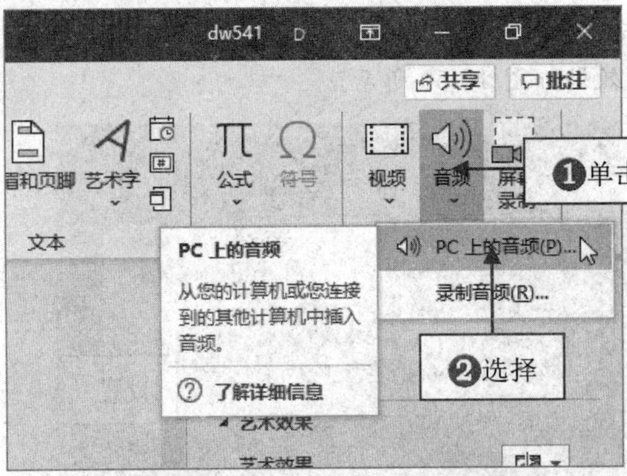

图 10-62　选择“PC 上的音频”选项

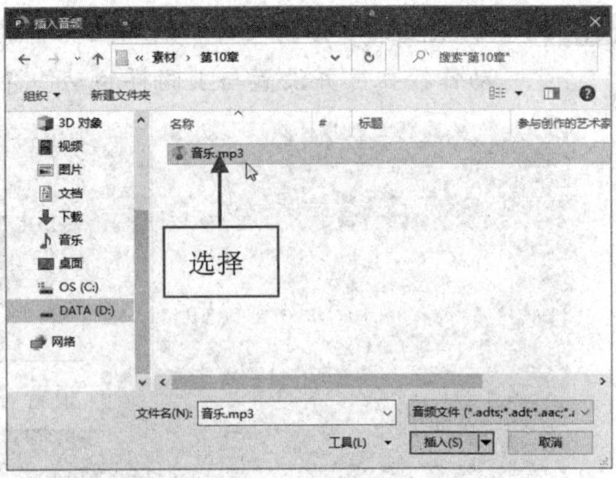

图 10-63　选择声音文件

Step 03　单击“插入”按钮，在幻灯片中插入声音，如图 10-64 所示。

Step 04　选择插入的声音文件，调整至合适位置，如图 10-65 所示。

图 10-64　插入声音

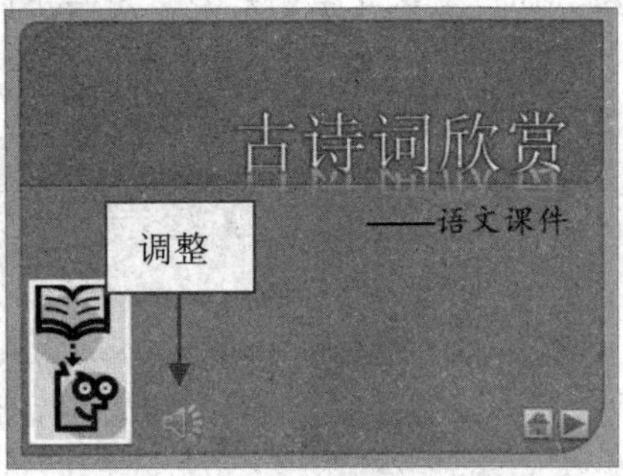

图 10-65　调整声音文件的位置

10.2.5　添加动画效果

下面主要运用“浮入”“形状”“轮子”等功能，设置语文课件的动画效果。具体操作方法如下。

Step 01　在编辑区中，选择标题文本，切换至“动画”选项面板，单击“其他”下拉按钮，如图 10-66 所示。

Step 02　弹出列表框，在“进入”选项区中，选择“浮入”选项，如图 10-67 所示。

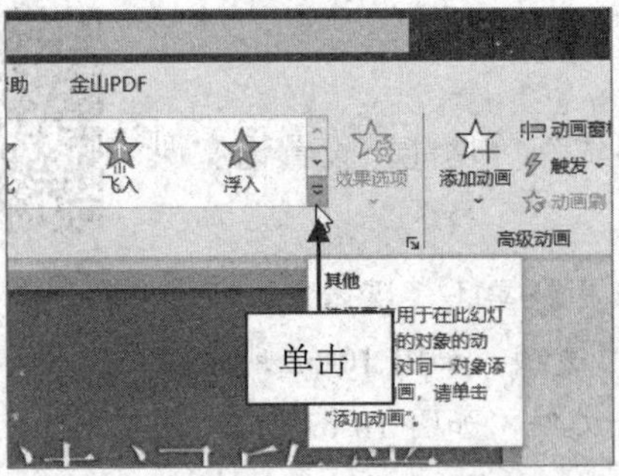

图 10-66　单击“其他”下拉按钮

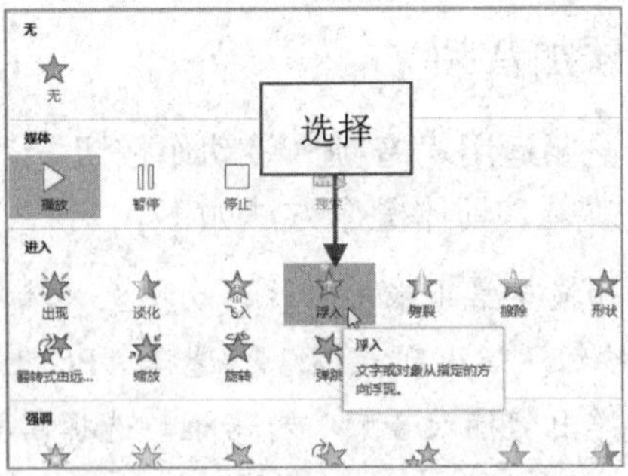

图 10-67　选择“浮入”选项

Step 03 执行上述操作后，即可设置文本动画效果，用与上同样的方法，设置第 1 张幻灯片中的副标题文本为“形状”动画效果、3D 模型效果为“轮子”，单击“预览”选项板中的“预览”按钮☆，预览动画效果，如图 10-68 所示。

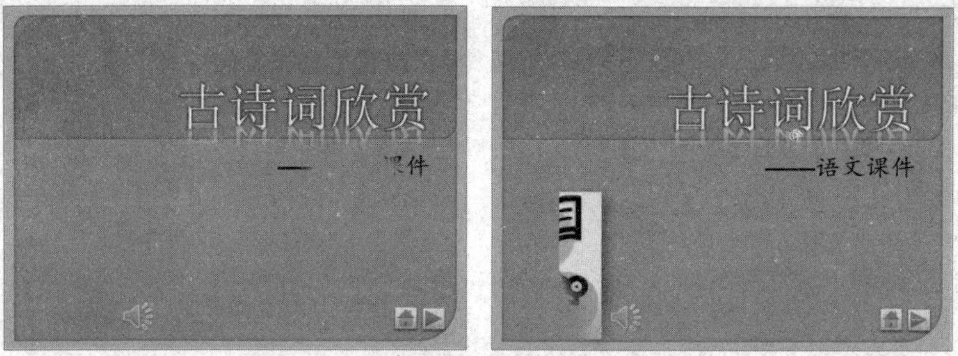

图 10-68 预览第 1 张幻灯片动画效果

Step 04 切换至第 2 张幻灯片，设置标题动画效果为“劈裂”、正文文本动画效果为“形状”，单击“预览”选项板中的“预览”按钮，即可预览动画效果，如图 10-69 所示。

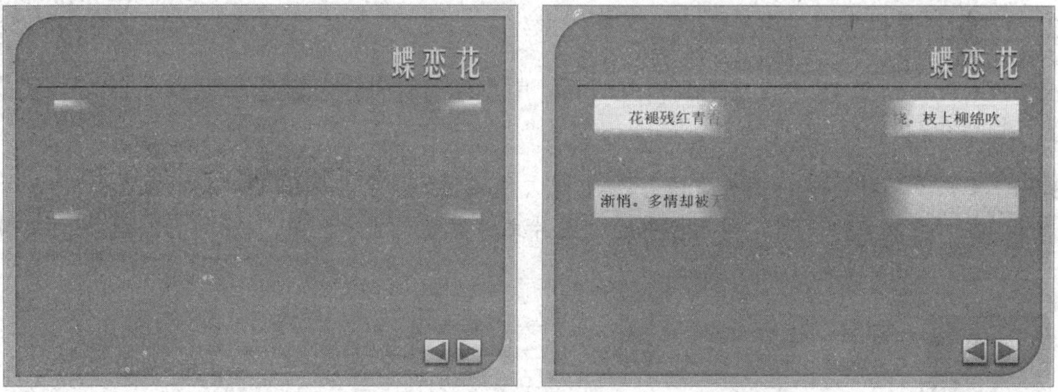

图 10-69 预览第 2 张幻灯片动画效果

Step 05 切换至第 3 张幻灯片，设置标题动画效果为“展开”、正文文本动画效果为“浮入”，单击“预览”选项板中的“预览”按钮，即可预览动画效果，如图 10-70 所示。

图 10-70 预览第 3 张幻灯片动画效果

Step 06 切换至第 4 张幻灯片，设置标题动画效果为“挥鞭式”、正文文本动画效果为“螺旋飞入”，单击“预览”选项板中的“预览”按钮，即可预览动画效果，如图 10-71 所示。

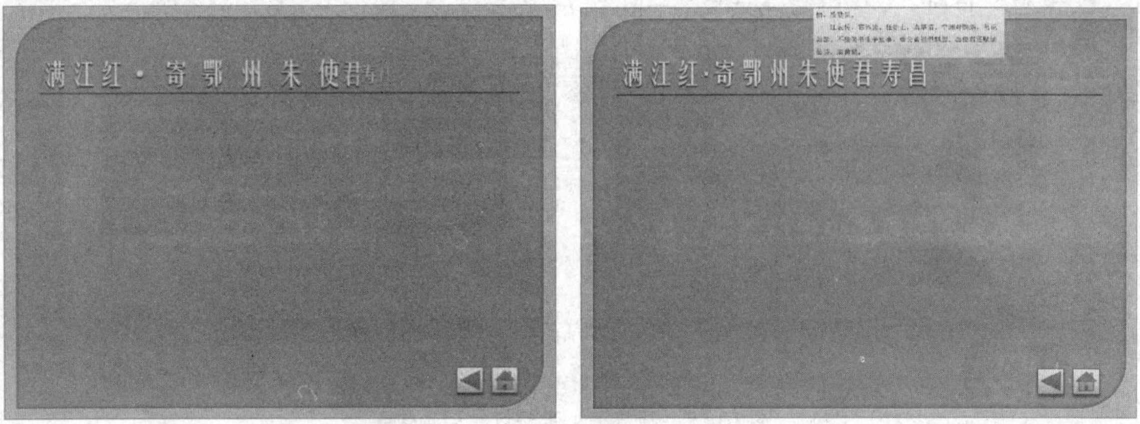

图 10-71　预览第 4 张幻灯片动画效果

10.2.6　输出课件

在 PowerPoint 2016 中，文件编辑完成后，用户即可对其进行输出和保存操作。下面介绍具体的操作方法。

Step 01 单击“文件”|“保存并发送”|“更改文件类型”命令，如图 10-72 所示。

Step 02 在“更改文件类型”列表框中的“图片文件类型”选项区中，选择“JPEG 文件交换格式”选项，如图 10-73 所示。

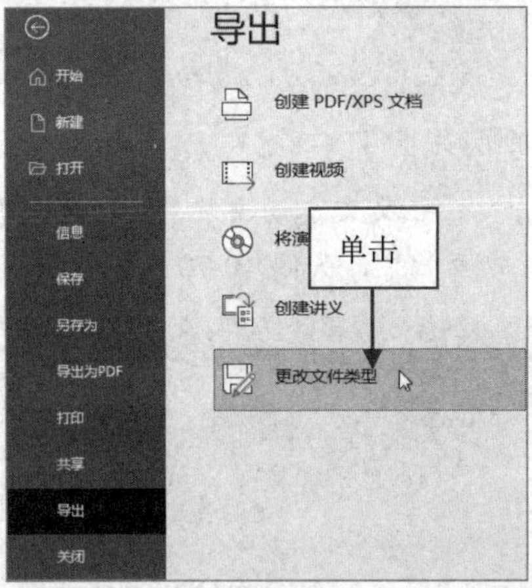

图 10-72　单击“更改文件类型”命令

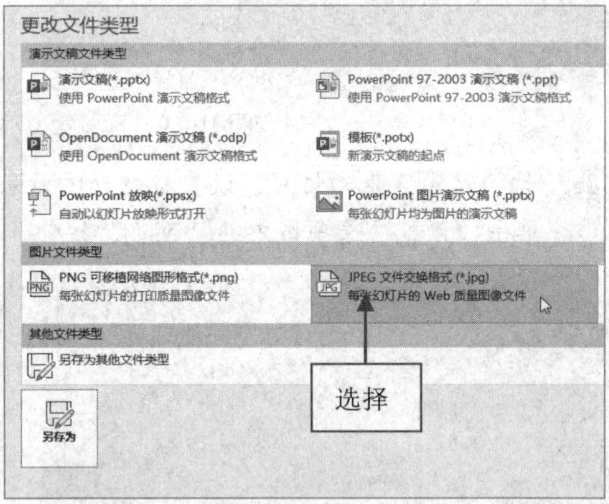

图 10-73　选择“JPEG 文件交换格式”选项

Step 03 弹出“另存为”对话框，设置文件名，单击“保存”按钮，如图 10-74 所示。

Step 04 在弹出的信息提示框中，单击“所有幻灯片”按钮，如图 10-75 所示。

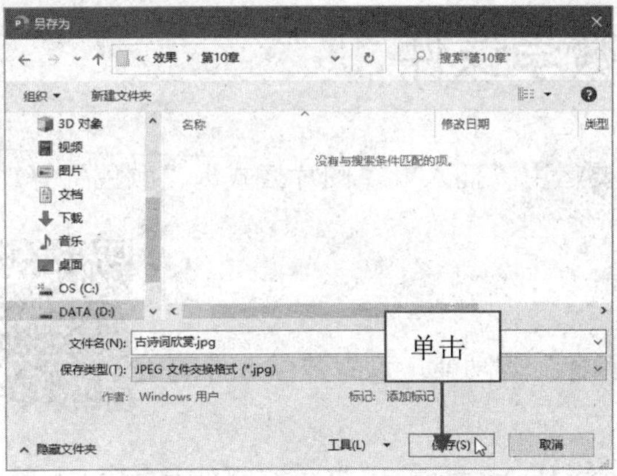

图 10-74　单击"保存"按钮

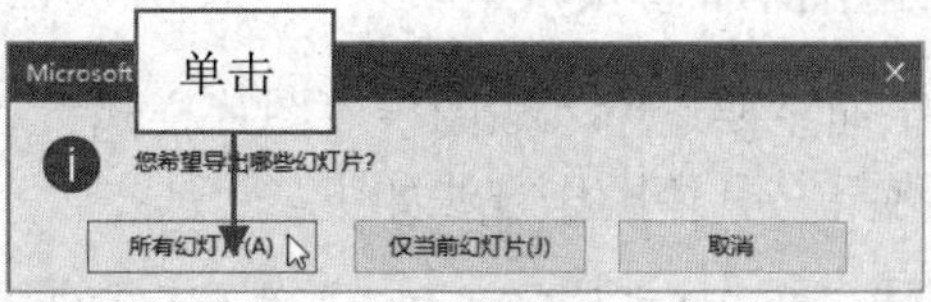

图 10-75　单击"所有幻灯片"按钮

Step 05　执行上述操作后，弹出相应信息提示框，单击"确定"按钮，如图 10-76 所示。

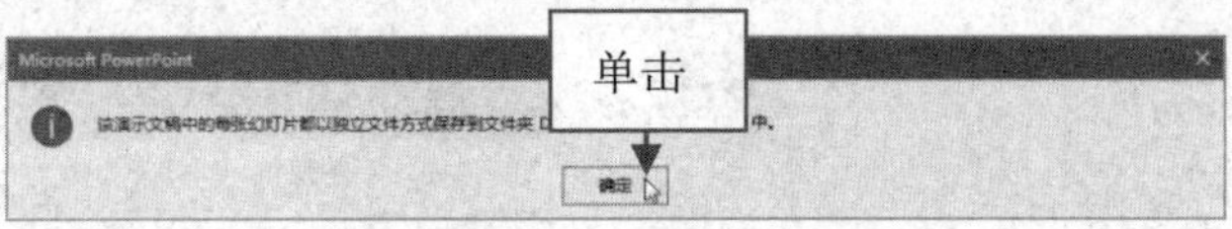

图 10-76　单击"确定"按钮

Step 06　执行上述操作后，即可输出演示文稿为图形文件，预览效果，如图 10-77 所示。

图 10-77　查看输出的图像文件

10.3　数学课件

本实例制作的是数学教学课件，下面主要运用“插入”“图片格式”“颜色”等功能，设置数学课件的格式效果。

10.3.1　制作首页

下面主要运用“插图”“图片样式”“颜色”等功能，设置数学课件的主题效果。具体操作方法如下。

Step 01　单击“文件”|“打开”命令，打开素材文件“素材\第 10 章\数学课件.pptx”，如图 10-78 所示。

Step 02　切换至“插入”面板，在“插图”选项板中，单击“3D 模型”按钮，如图 10-79 所示。

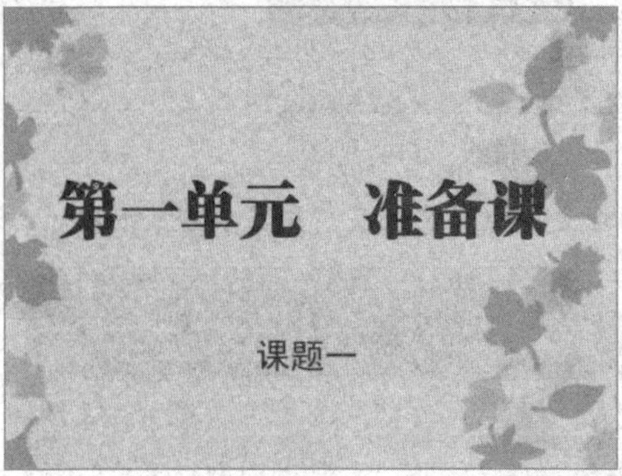

图 10-78　打开素材文件

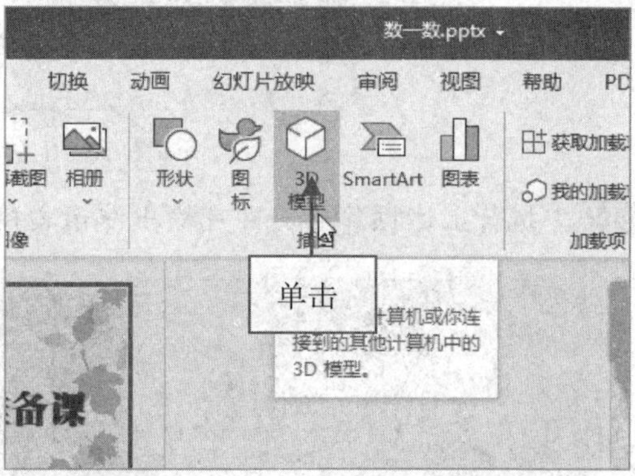

图 10-79　单击“3D 模型”按钮

Step 03　弹出“插入 3D 模型”对话框，选择相应的图片，单击“插入”按钮，如图 10-80 所示。

Step 04　即可插入图标，并调整至合适大小和位置，如图 10-81 所示。

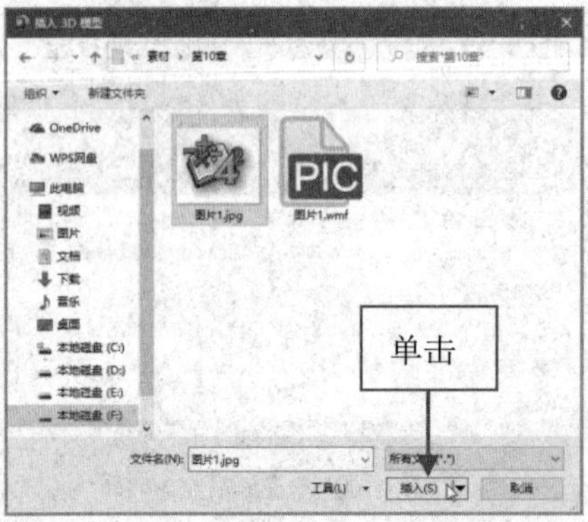

图 10-80　单击“插入”按钮

图 10-81　调整合适位置

Step 05　在编辑区中，选择插入的图标，切换至“图片格式”面板，单击“图片样式”选项板中的“其他”下拉按钮，如图 10-82 所示。

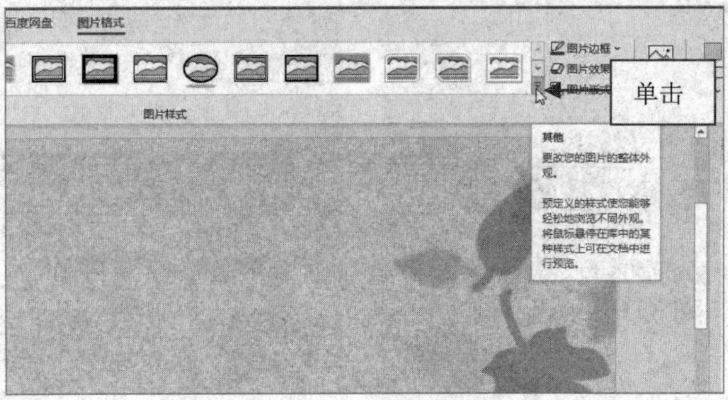

图 10-82　单击“其他”下拉按钮

Step 06　弹出列表框，选择“矩形投影”选项，如图 10-83 所示。

Step 07　执行上述操作后，即可设置图片样式，如图 10-84 所示。

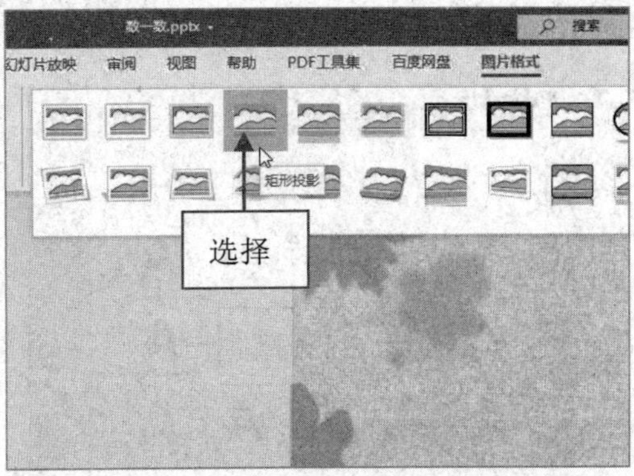

图 10-83　选择“矩形投影”选项

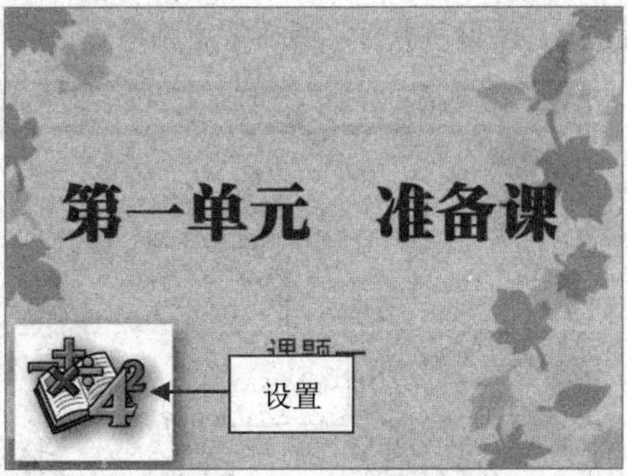

图 10-84　设置图片样式

Step 08　在“调整”选项板中，单击“颜色”下拉按钮，如图 10-85 所示。

Step 09　弹出列表框，选择“深红，背景颜色 2 浅色”选项，如图 10-86 所示。

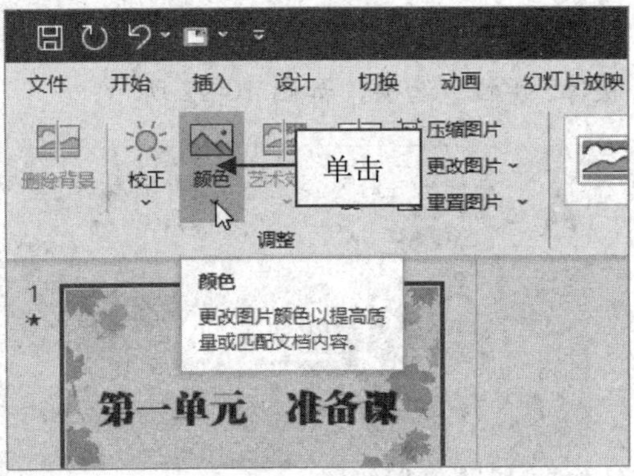

图 10-85　单击“颜色”下拉按钮

图 10-86　选择相应选项

Step 10　执行上述操作后，即可设置图标颜色，效果如图 10-87 所示。

Step 11　在编辑区中，选择标题文本，如图 10-88 所示。

图 10-87　设置图标颜色

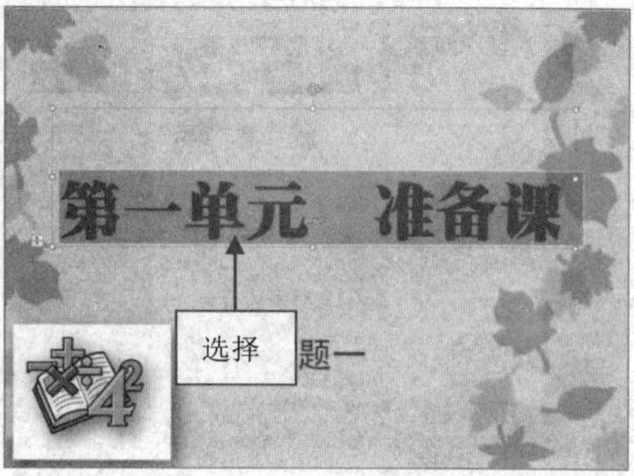

图 10-88　选择标题文本

Step 12　切换至“形状格式”面板，单击“艺术字样式”选项板中的“其他”下拉按钮，如图 10-89 所示。

Step 13　弹出列表框，选择第 3 排第 5 个选项，如图 10-90 所示。

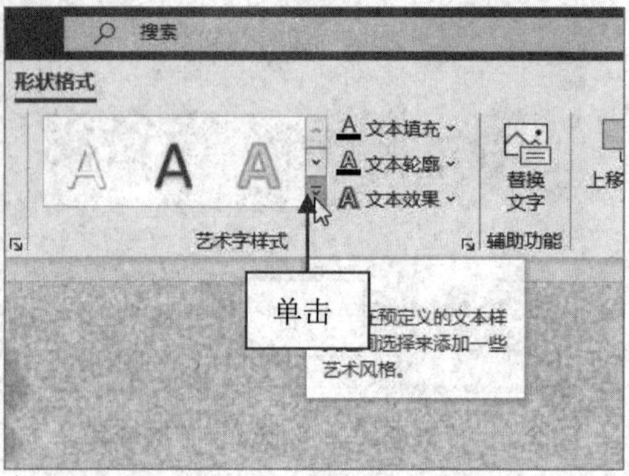

图 10-89　单击“其他”下拉按钮

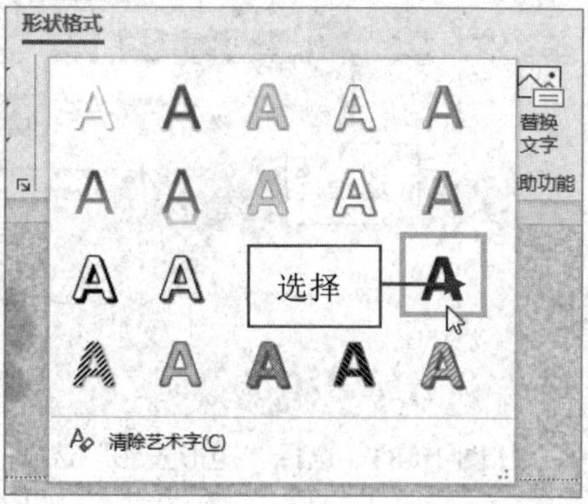

图 10-90　选择相应选项

Step 14　执行上述操作后，即可设置艺术字样式，单击“艺术字样式”选项板中的“文本效果”下拉按钮，如图 10-91 所示。

Step 15　在弹出的列表框中，选择“映像”|“紧密映像:接触”选项，如图 10-92 所示。

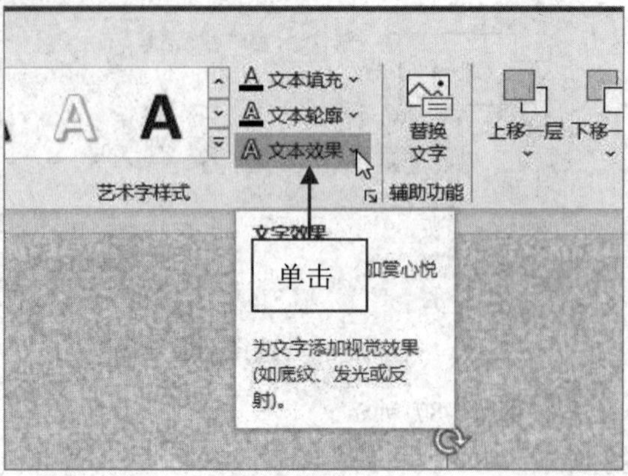

图 10-91　单击“文本效果”下拉按钮

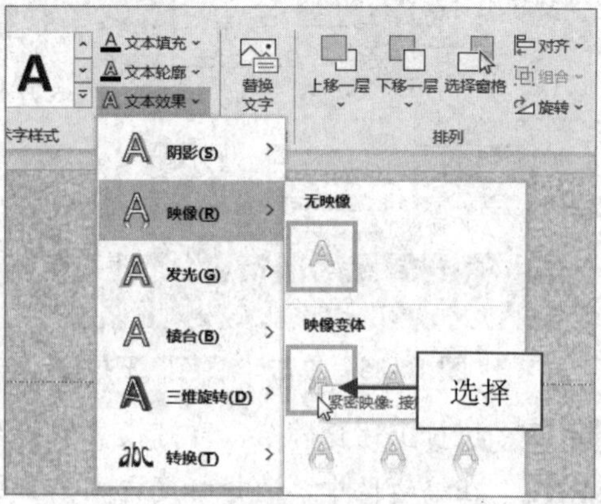

图 10-92　选择“紧密映像，接触”选项

Step 16　执行上述操作后，即可设置艺术字效果，如图 10-93 所示。

图 10-93　设置艺术字效果

10.3.2　制作其他幻灯片

下面主要运用“格式”“棱台矩形”“图片格式”等功能，设置数学课件的图片格式效果。具体操作方法如下。

Step 01　切换至第 2 张幻灯片，在编辑区中，选择相应图片，如图 10-94 所示。

Step 02　切换至“图片格式”面板，单击“图片样式”选项板中的“其他”下拉按钮，如图 10-95 所示。

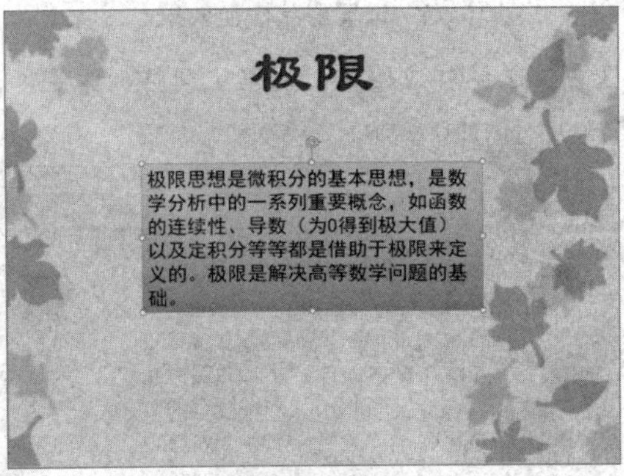

图 10-94　选择相应图片

图 10-95　单击“其他”下拉按钮

Step 03　弹出列表框，选择“棱台矩形”选项，如图 10-96 所示。

Step 04　执行上述操作后，即可设置图片样式，如图 10-97 所示。

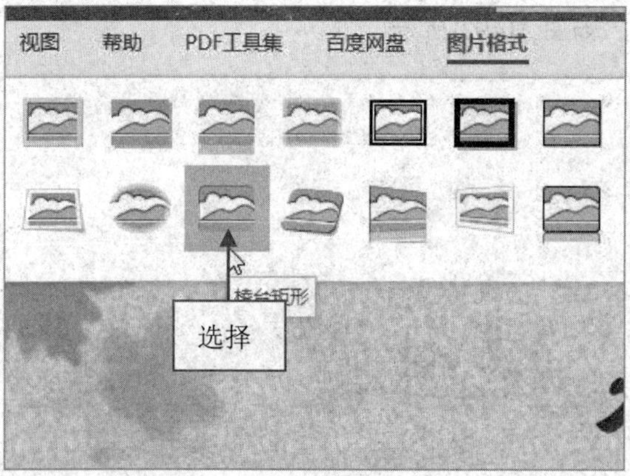

图 10-96　选择相应选项

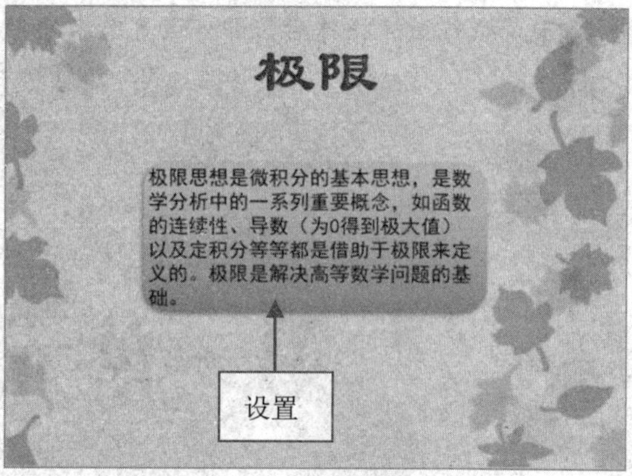

图 10-97　设置图片样式

Step 05　❶单击“图片格式”选项板中的“图片效果”下拉按钮；❷在弹出的列表框中选择“棱台”|“松散嵌入”选项，如图 10-98 所示。

Step 06　执行上述操作后，即可设置形状棱台效果，如图 10-99 所示。

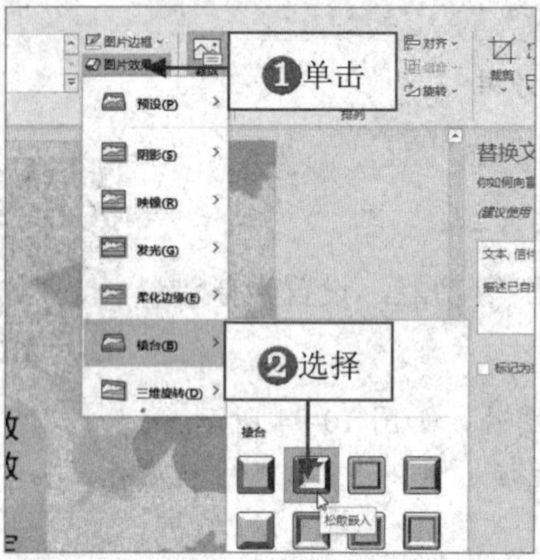

图 10-98　选择“松散嵌入”选项

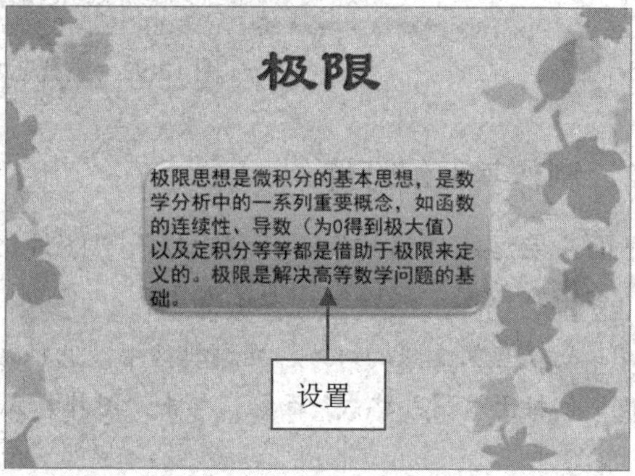

图 10-99　设置形状棱台效果

Step 07　切换至第 3 张与第 4 张幻灯片，在编辑区中，选择相应图片，用与上同样的方法，设置与第 2 张幻灯片中相同的图片格式，效果如图 10-100 所示。

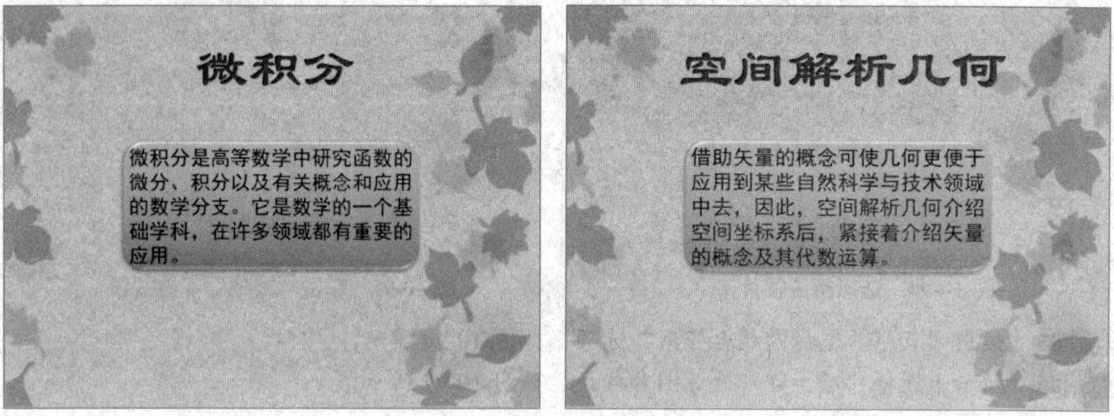

图 10-100　效果图

10.3.3　添加动作按钮

下面主要运用“形状”“插图”“动作按钮”等功能，设置数学课件的动作按钮效果。具体操作方法如下。

Step 01　切换至第 1 张幻灯片，在“插入”面板中的“插图”选项板中，单击“形状”下拉按钮，如图 10-101 所示。

Step 02　弹出列表框，在“动作按钮”选项区中，选择相应动作按钮，如图 10-102 所示。

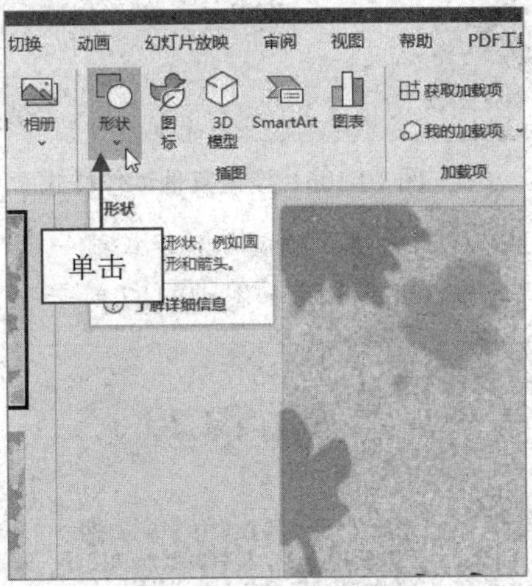

图 10-101　单击“形状”下拉按钮

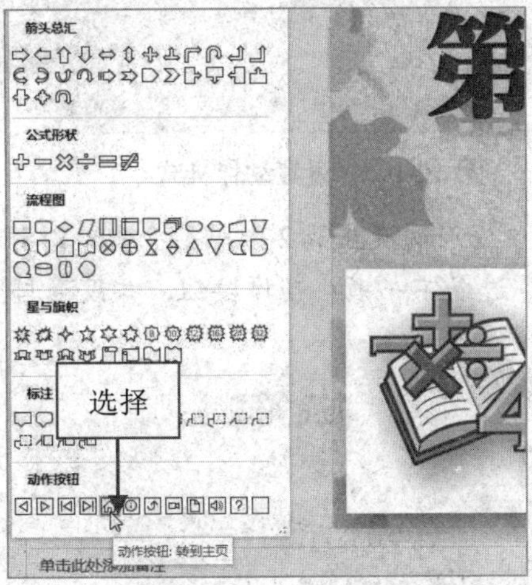

图 10-102　选择相应选项

Step 03　在幻灯片中的右下角绘制图形，并弹出“操作设置”对话框，各选项为默认设置，单击“确定”按钮，如图 10-103 所示。

Step 04　切换至“绘图工具”中的“格式”面板，单击“形状样式”选项板中的“其他”下拉按钮，在弹出的列表框中，选择“强烈效果-红色，强调颜色 1”选项，如图 10-104 所示。

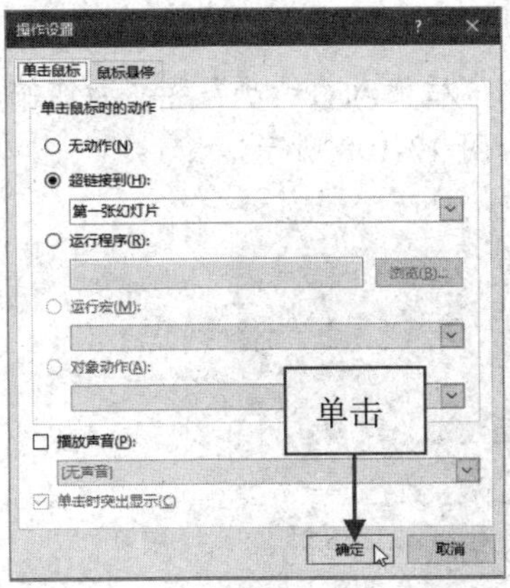

图 10-103　单击“确定”按钮

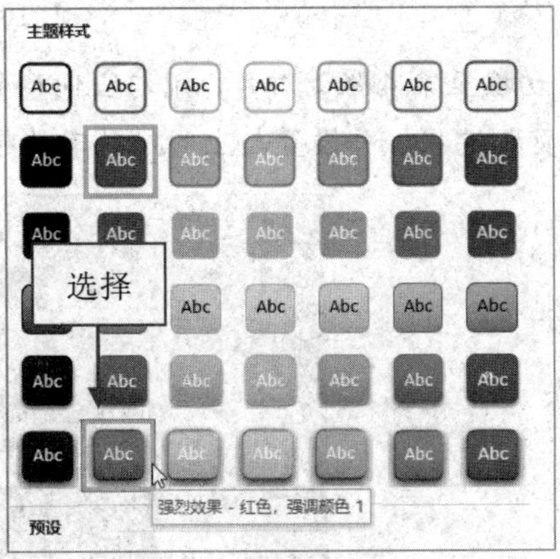

图 10-104　选择相应选项

Step 05　执行上述操作后，调整图片的大小和位置，即可设置动作样式，如图 10-105 所示。

Step 06　用与上同样的方法，绘制“前进或下一项”动作按钮，并设置与上同样的动作样式，效果如图 10-106 所示。

图 10-105　设置动作样式

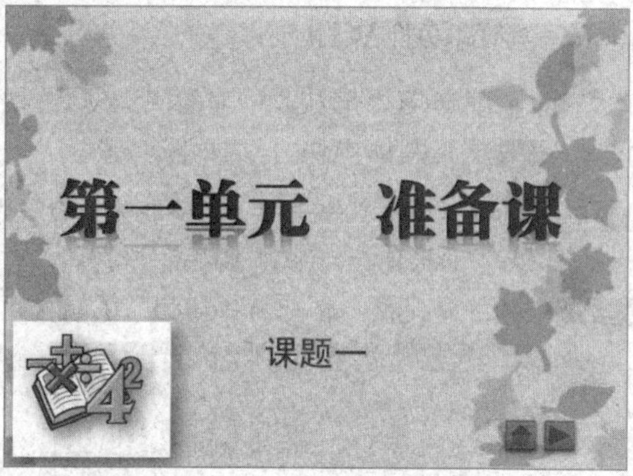

图 10-106　设置其他动作样式

Step 07　分别切换至第 2 张与第 3 张幻灯片，用与上同样的方法，绘制“后退或前一项”和“前进或下一项”动作按钮，并设置与上同样的动作样式，效果如图 10-107 所示。

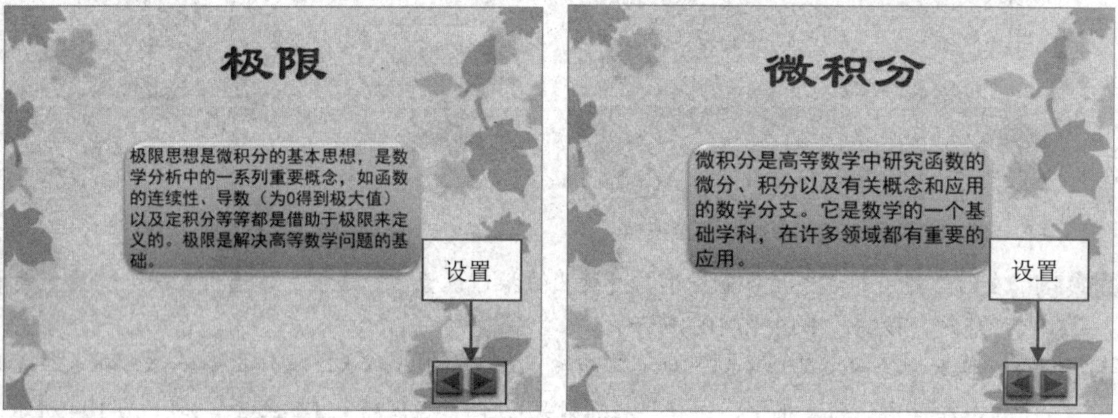

图 10-107　效果图

Step 08　切换至第 4 张幻灯片，用与上同样的方法，绘制“后退或前一项”和“动作按钮:转到主页”选项，并设置与上同样的动作样式，效果如图 10-108 所示。

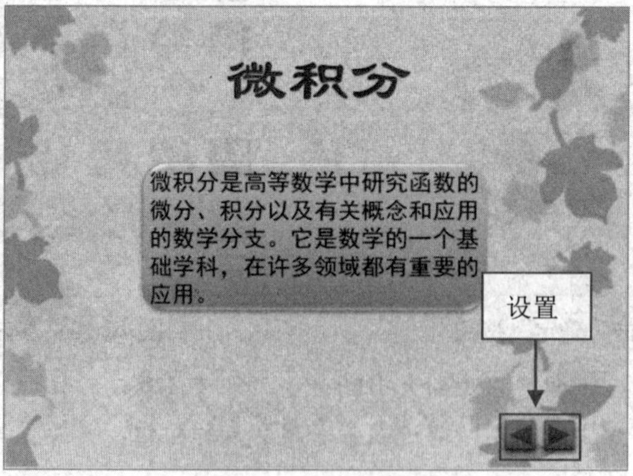

图 10-108　效果图

10.3.4 添加动画效果

下面主要运用“动画”“淡化”“轮子”“预览”等功能，设置数学课件的动画效果。具体操作方法如下。

Step 01 切换至第 1 张幻灯片，在编辑区中，选择标题文本，切换至“动画”面板中的“动画”选项板，单击“其他”下拉按钮，如图 10-109 所示。

Step 02 弹出列表框，在“进入”选项区中，选择“淡化”选项，如图 10-110 所示。

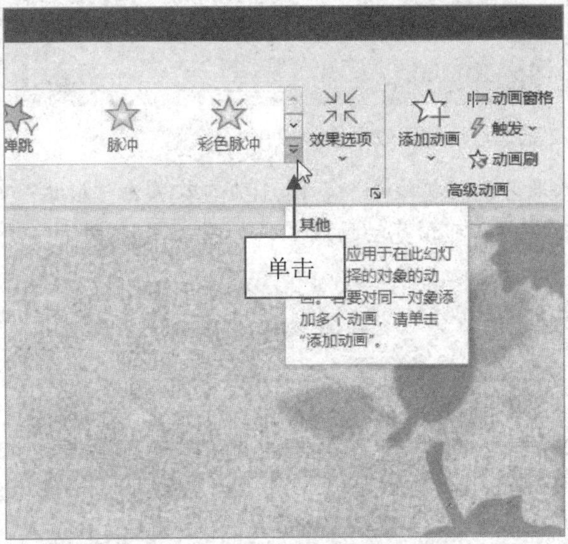

图 10-109 单击“其他”下拉按钮

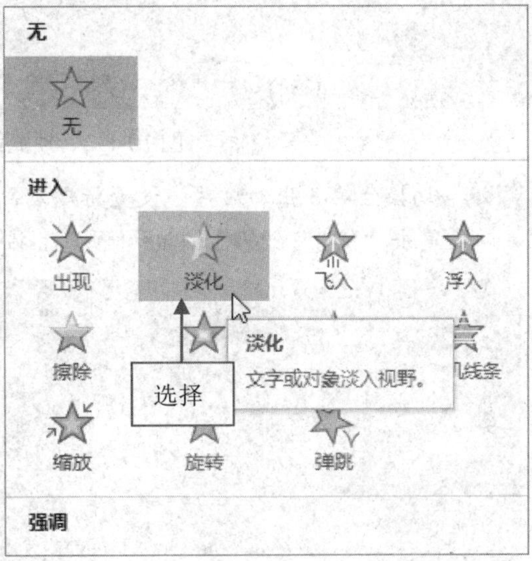

图 10-110 选择“淡出”选项

Step 03 执行上述操作后，即可设置文本动画效果，用与上同样的方法，设置第 1 张幻灯片中的副标题文本动画效果为“形状”、剪贴画动画效果为“轮子”，单击“预览”选项板中的“预览”按钮☆，预览动画效果，如图 10-111 所示。

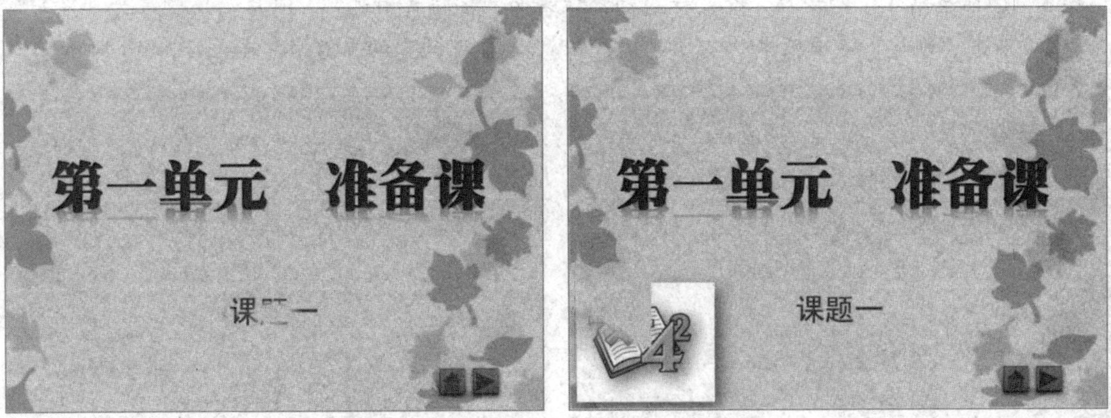

图 10-111 预览第 1 张幻灯片动画效果

Step 04 切换至第 2 张幻灯片，设置标题动画效果为“劈裂”、图片动画效果为“缩放”，单击“预览”选项板中的“预览”按钮☆，即可预览动画效果，如图 10-112 所示。

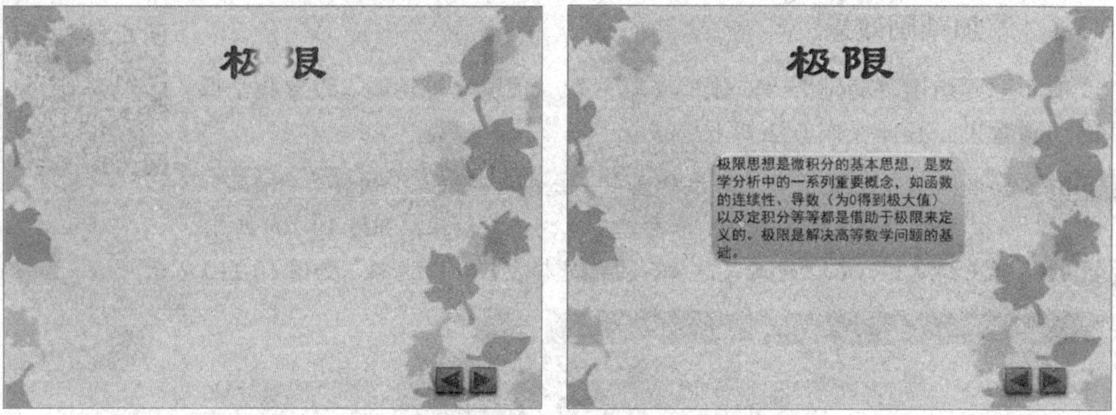

图 10-112　预览第 2 张幻灯片动画效果

Step 05　切换至第 3 张幻灯片，设置标题动画效果为“随机线条”、图片动画效果为“形状”，单击“预览”选项板中的“预览”按钮☆，即可预览动画效果，如图 10-113 所示。

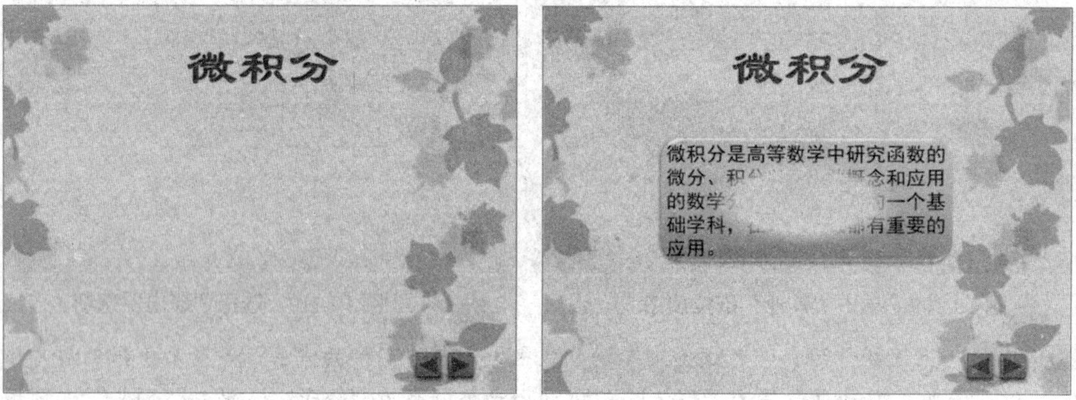

图 10-113　预览第 3 张幻灯片动画效果

Step 06　切换至第 4 张幻灯片，设置标题动画效果为“翻转式由远”、图片动画效果为“飞入”，单击“预览”选项板中的“预览”按钮☆，即可预览动画效果，如图 10-114 所示。

图 10-114　预览第 4 张幻灯片动画效果

10.3.5　输出课件

在 PowerPoint 2016 中，文件编辑完成后，用户即可对其进行输出和保存操作。下面介绍具体的操作方法。

Step 01　单击“文件”|“导出”|“更改文件类型”命令，如图 10-115 所示。

Step 02　在“更改文件类型”列表框中的“演示文稿文件类型”选项区中，选择“PowerPoint 放映”选项，如图 10-116 所示。

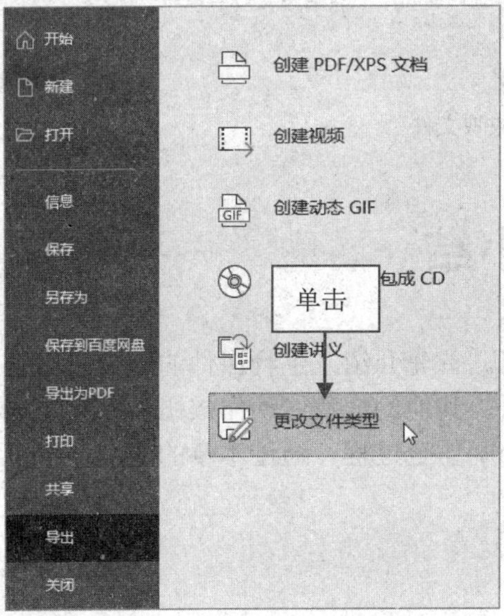

图 10-115　单击“更改文件类型”命令

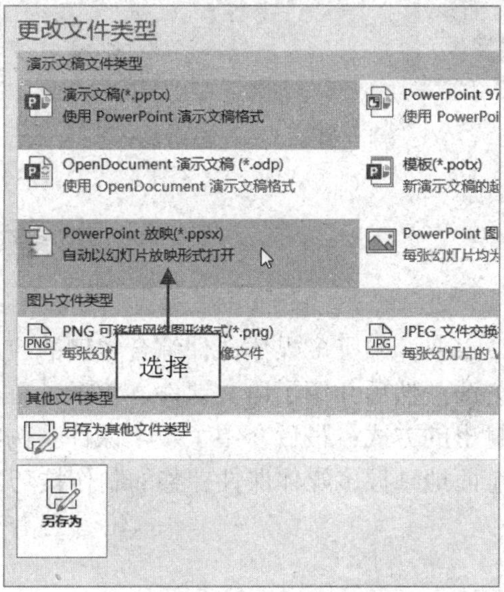

图 10-116　选择“PowerPoint 放映”选项

Step 03　弹出“另存为”对话框，设置文件名，单击“保存”按钮，如图 10-117 所示。

Step 04　即可输出文件，打开所存储的文件夹，查看输出的文件，如图 10-118 所示。

图 10-117　单击“保存”按钮

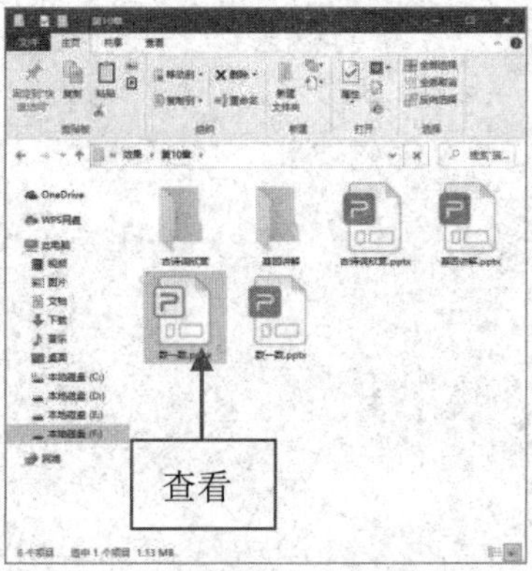

图 10-118　查看输出的图像文件

Step 05　双击保存的文件图标，即可放映文件，效果如图 10-119 所示。

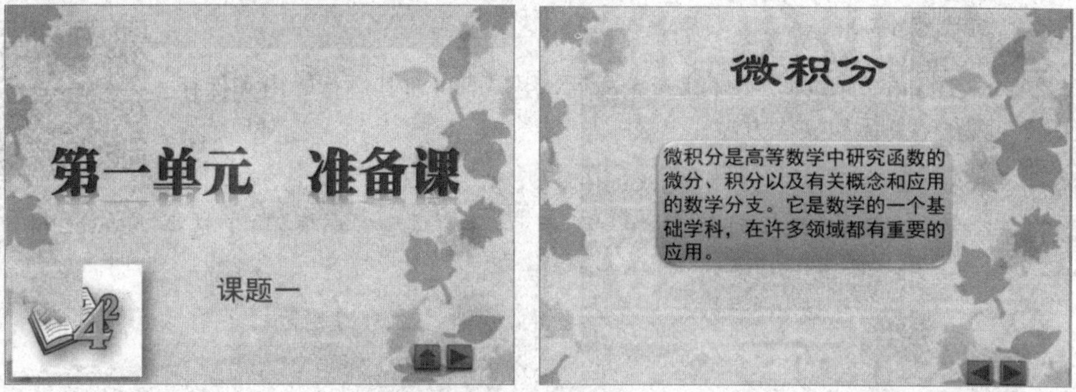

图 10-119　放映文件

本章小结

本章主要介绍了多媒体课件综合实例的应用。首先介绍了生物课件的首页、内容和保存等制作方法；然后介绍了语文课件，包括了首页、其他幻灯片、动作按钮、音频、动画效果和课件输出的方式；最后介绍了数学课件案例的制作全过程。通过本章的学习，可以帮助读者更加全面地掌握多媒体课件完整的制作技巧。